JN441431

憲法判例硏究

〔12〕

韓國憲法判例硏究學會 編

집 현 재

STUDIES ON CONSTITUTIONAL CASES

[12]

Edited by
Korean Association for Precedential Study
of Constitutional Law

JypHyunJae Publishing Co.
Seoul, Korea

머 리 말

한국헌법판례연구학회는 지난 2010년에도 학회의 전통에 따라 헌법이론적 관점에서 헌법판례를 비판적으로 분석하는 월례발표회를 매월 개최하였습니다. 그리고 그 결과의 일부를 「헌법판례연구」 제12권이라는 그릇에 담아 여러분께 선보입니다.

이번 호에도 어김없이 지난 1년간의 헌법재판소 활동을 정리하고, 헌법판례 중 헌법이론적 관점에서 의미가 있는 판례를 선정하여 평가를 하는 논문을 권두논문으로 실었습니다. 그리고 수차례 헌법판례가 나왔지만 아직 명확하게 규명되지 않았던 건강권을 헌법이론적 관점에서 정의하고 그 헌법적 근거와 내용을 확정한 후 이에 근거하여 판례를 비판적으로 분석한 논문, 2008년 11월 28일 지상파방송사에 대한 독점적인 방송광고판매제도에 대한 위헌결정을 비판적으로 분석하고, 이를 통하여 현재 진행되고 있는 대체입법 논의에서 고려하여야 할 헌법이론적 시사점을 제시한 논문, 헌법재판에서 심사기준으로 사용되고 있는 주요 기준을 도출하여 이를 여러 헌법판례의 판시를 통하여 재구성하여 제시한 논문, 헌법재판소와 대법원 갈등의 이론적 근원을 헌법재판소 결정의 기속력에 관한 이견으로 파악하고 이를 헌법이론적 관점에서 정리하여, 기속력이란 헌법재판소의 결정에 부여된 특수한 효력임을 상기시키고 그 범위와 한계를 설정하는 논문, 헌법소원의 청구요건 중 하나인 청구기간의 판단에서 법령에 대한 헌법소원이 갖는 특수성을 국민의 재판청구권과 법적 안정성의 긴장관계에서 균형점을 찾는 작업으로 이론화하고 설득력 있는 주장을 전개하는 논문 등을 실었습니다.

이와 같은 우리의 학문적 노력이 헌법재판실무와 입법실무의 당면한 문제 해결에 크게 도움이 되고, 나아가 세상을 조금 더 정의롭게 만드는

데 일조할 수 있기를 기대합니다. 그리고 창작의 노고를 아끼지 않고 이렇게 훌륭한 논문을 집필하여 기고해 주신 집필자 여러분께 감사를 드립니다. 지난 제11권 출판에 이어서 제12권의 출판에도 헌신적으로 애써준 이상경 교수, 조재현 교수, 김진곤 교수, 정필운 박사와 편집위원 여러분께 감사드립니다.

이번 호부터 「헌법판례연구」를 '집현재'에서 발간하기로 하였습니다. 학문적 담론이 세상을 변화시키는 동력이 된다는 출판인의 책임으로, 수익성의 측면에서만 보면 매력이 없는 「헌법판례연구」를 창간호부터 제11권까지 발간해 주신 '박영사'의 안종만 회장님과 직원 여러분께 머리 숙여 감사의 인사를 드립니다. 그리고 새롭게 이 고된 작업을 흔쾌히 맡아주신 '집현재'의 위호준 대표님께 깊은 감사의 뜻을 표합니다.

2011년 2월

한국헌법판례연구학회를 대표하여 **이승우**

目 次

2010년도 헌법판례의 동향 ········ [김 진 곤] 1

미디어렙제도에 관한 쟁점과 입법적 과제 ········ [고 민 수] 105

헌법상 건강권의 개념 및 그 내용 ········ [김 주 경] 137

헌법재판의 심사기준 ········ [황 치 연] 181

입법자에 대한 연방헌법재판소 규범폐기재판의 기속력 ········ [슈테판 코리오트, 허완중 옮김] 239

법령 헌법소원의 청구기간에 관한 몇 가지 쟁점 ········ [오 훈] 273

憲法判例硏究 總目次 ········ 307

韓國憲法判例硏究學會 會則 ········ 319

學會誌編輯·刊行規程 ········ 325

Table of Contents

Trends in 2010 Constitutional Law Cases ·················· [Jin Gon Kim] 1

The Legal Reform relating to Broadcasting Media Rep system ·· [Min Su Ko] 105

The concepts and contents of Constitutional right to Health ·· [Joo Kyung Kim] 137

Screening Criterion of Constitutional Adjudication ·· [Chee Youn Hwang] 181

Die Bindungswirkung normverwerfender Entscheidungen des Bundesverfassungsgerichts für den Gesetzgeber ······································ [Stefan Korioth, trans. by Wan Jung Heo] 239

Issues on the Filing Period of Constitutional Complaints on Statutes and Regulations ·· [Hwon Oue] 273

2010년도 헌법판례의 동향

김 진 곤*

Ⅰ. 머리말
Ⅱ. 위헌법률심판사건(헌가)
 1. 산업안전보건법 제69조 제1호 위헌제청
 2. 형법 제41조 등 위헌제청
 3. 형사보상법 제7조 위헌제청
 4. 의료법 제25조 제1항 위헌제청
 5. 병역법 제35조 제2항 등 위헌제청
 6. 민법 제818조 위헌제청
 7. 통신비밀보호법 제6조 제7항 단서 위헌제청
 8. 구 자동차손해배상보장법 제39조 등 위헌제청
Ⅲ. 권한쟁의심판사건(헌라)
 1. 국회의원과 법원 간의 권한쟁의
 2. 국가인권위원회와 대통령 간의 권한쟁의
 3. 국회의원과 국회의장 간의 권한쟁의
Ⅳ. 헌법재판소법 제68조 제1항에 의한 헌법소원(헌마)
 1. 공직선거법 제265조 본문 위헌확인
 2. 행정사법 시행령 제4조 제3항 위헌확인
 3. 생명윤리 및 안전에 관한 법률 제13조 제1항 등 위헌확인
 4. 열람·등사 거부처분취소
 5. 지방자치법 제111조 제1항 제3호 위헌확인
 6. 형사보상법 제19조 제1항 등 위헌확인 등
 7. 병역법 제3조 제1항 등 위헌확인
Ⅴ. 헌법재판소법 제68조 제2항에 의한 헌법소원(헌바)
 1. 기반시설부담금에 관한 법률 제8조 제1항 등 위헌소원
 2. 민법 제1113조 제1항 등 위헌소원
 3. 군인연금법 제23조 제1항 위헌소원
 4. 전기통신기본법 제47조 제1항 위헌소원
Ⅵ. 맺음말

* 광운대학교 법과대학 교수

Ⅰ. 머리말

2010년 한 해도 상당히 많은 사건이 헌법재판소에 접수되고 처리되었다.[1] 최근에는 상대적으로 권한쟁의심판사건이 약간씩 많아지고 있는 점이 특징이다. 지방자치제가 실시된 지 꽤 오랜 시간이 흘러가면서 이에 대한 다툼들이 여러 방면에서 불거져 나오고 있다. 제도적 측면에서 권한쟁의심판에 대한 논의가 더욱 다양하고 심도 있게 전개될 필요성이 있을 것이다.

예년과 마찬가지로 전체 접수사건의 대부분이 헌법소원사건(약 94%)

---

1) 헌법재판소가 2010년도(1. 1.~12. 31.)에 접수하여 처리한 사건의 통계를 보면 다음과 같다.

구분		접수	처리											미제
			계	위헌	헌법불합치	한정위헌	한정합헌	인용	합헌	기각	각하	기타	취하	
합계		1720	1670 <58>	69 <50>	7 <8>			25	135	132	1252 (1177)	1	49	660
위헌법률		99	113 <52>	62 <46>	5 <6>				14		28		4	35
탄핵														
정당해산														
권한쟁의		6	12					4		2	4		2	9
헌법소원	계	1615	1545 <6>	7 <4>	2 <2>			21	121	130	1220 (1177)	1	43	616
	§68①	1035	979 <2>	3 <1>	1 <1>			21		130	786 (755)	1	37	345
	§68②	580	566 <4>	4 <3>	1 <1>				121		434 (422)		6	271

※ 주

- 1. 결정란의 < >는 심판대상법률조문의 숫자임.
- 2. 헌법소원심판사건 중 지정재판부의 처리건수는 ( ) 안에 기재하고 본란의 숫자에 합산표시하였음.
- 3. 법령에 대한 §68①의 헌법소원심판사건이 인용된 경우는 그 내용에 따라 위헌, 헌법불합치, 한정위헌 등으로 분류하였음.

이었는데, 그 중에서 헌법재판소법 제68조 제2항의 사건이 약 36%나 차지하였다. 이것은 위헌법률심판절차에서 불복하여 당사자가 스스로 헌법소원의 경로로 권리구제를 시도한다는 점에서 입법자는 향후 헌법재판제도의 설계 및 체계성과 관련하여 되짚어보아야 할 것으로 본다.

헌법재판소는 2010년 한 해 동안 한정위헌 또는 한정합헌결정을 선택하지는 않았으며, 헌법불합치결정의 유형을 주로 선택하였다. 아마도 대법원과 마찰을 빚고 있는 사안으로서 결정의 기속력 확보의 시비에서 원천적으로 벗어나고자 그러한 입장을 취하였는지 아니면 그러한 결정유형을 선택할 사건이 없었는지는 더 깊은 분석이 필요하겠지만, 헌법재판소는 어떻든 결정유형을 더욱 단순화하고 있음을 보여주었다.

아래에서 2010년 헌법재판소가 내놓은 결정 중 사회적 이슈화가 되었거나 중요한 헌법적 쟁점을 포함하는 사건을 간추려 이를 소개하고, 그에 대하여 간략하게 평가해 보기로 하겠다.

Ⅱ. 위헌법률심판사건(헌가)

1. 산업안전보건법 제69조 제1호 위헌제청[2)]

(1) 사건개요

당해사건의 피고인은 주식회사 ○○○정보기술의 대표이사로서 위 회사 소속 근로자들의 안전을 책임지는 안전보건 책임자, 같은 피고인 주식회사 ○○○정보기술은 정보통신공사업을 목적으로 설립된 법인으로서, 다음과 같은 공소사실로 기소되었다. 『피고인 김○기는, 회사 근로자인 피해

2) 헌재결 2010. 2. 25. 2008헌가23(위헌결정).

자 신○해가 2006. 7. 21. 17:00경 서울 광진구 ○○동 167의 11 소재 4층 단독주택 옥상에서 인터넷 케이블을 맞은편 노상의 전신주에 연결된 통신케이블에 연결하는 작업을 할 때, 위 주택 건물과 전신주 사이에 154킬로볼트의 초고압 송전선이 나선 형태로 지나가고 있음에도 이를 고려한 작업방법 및 작업절차를 제대로 교육하지 아니하고, 절연용 방호구를 지급하거나 그 착용 및 이상유무를 점검하지 아니하고, 충전전로에 대한 접근한계거리인 120센티미터를 유지하도록 하지 아니하는 등의 업무상 과실로, 위 피해자가 전신주를 향하여 인터넷 케이블을 투척하다가 초고압송전선의 전류에 감전되어 사망에 이르게 하고, 위와 같이 위험방지에 필요한 안전조치를 취하지 아니하고, 위와 같은 중대재해 발생 사고에 대하여 관할 지방노동관서의 장에게 제대로 보고하지 아니하였고, 피고인 주식회사 ○○○정보기술은 그 사용인인 피고인 김○기가 필요한 안전상 조치를 취하지 아니하고 중대재해의 발생을 보고하지 아니하였다.』

서울동부지방법원은 위 2006고정3366 산업안전보건법 위반 등 사건에서 직권으로 구 산업안전보건법 제69조 제1호 중 제10조 제1항에 관한 부분이 죄형법정주의 및 포괄위임입법금지의 원칙을 위반하여 위헌이라고 인정할 만한 상당한 이유가 있다는 이유로 2008. 2. 19. 위헌제청결정을 하였고, 위 결정은 대법원을 경유하여 2008. 3. 4. 헌법재판소에 접수되었다.

(2) 결정요지

1) 이 사건 법률조항은 형사처벌법규의 구성요건을 이루는 조항이면서도 그 내용 중 "이 법 또는 이 법에 의한 명령의 시행을 위하여 필요한 사항"의 의미범위가 명확하지 아니하여 수범자로 하여금 그 내용을 예측하여 자신의 행위를 결정하기 어렵게 하고 있으므로, 죄형법정주의에서 요구하는 명확성의 원칙에 위배된다.

2) 이 사건 법률조항이 내포하고 있는 처벌법규의 구성요건에 관한

기본사항인 "보고내용"에 관하여 그 대강이 확정되지 않은 상태에서 그 규범의 실질을 모두 하위법령인 노동부령에 위임한 것은 포괄적 위임입법으로서 헌법 제75조의 포괄위임입법금지원칙에 위반된다.

(3) 평 가

이 사안은 입법자가 특정한 사항을 규율하기 위하여 입법구조를 선택하는 경우에 지켜야 하는 한계점을 제시해주고 있으며, 특히 위임입법의 과정에서 무엇을 어느 범위까지 위임할 수 있는지 그 명확성의 기준을 또한 밝혀주고 있다. 입법자는 여러 법률문언에서 '이 법 또는 이 법에 의한 명령'이라는 문구를 자주 활용하고 있는데, '이 법'을 제외하고 '이 법에 의한 명령'의 범위가 어디까지 포섭될 수 있는지에 대하여 아무런 한계도 명시해 주지 못하고 있다. 여기서 말하는 '명령'이 해당 법률문언에 포함되어 지시되는 명령인지, 해당 법률에 근거하여 위임된 명령을 포함하는지 또는 '해당 법률 중 특정한 감독권 행사로 발동되는 명령'인지 등에 대하여 아무런 명확한 기준을 제시해 주지 못하고 있다. 그러므로 법률의 수범자는 자신의 행위에 대하여 예측가능성을 확보할 수 없게 된다.

그리고 이 법 또는 이 법에 의한 명령의 시행을 위하여 '필요한 사항'에 대한 문제가 또 다시 내재되어 있는 규범구조에 해당한다. 이때 말하는 '필요한 사항'은 무엇인지에 대하여 해당 법률에서 하위규범으로 위임하면서도 그 한계를 적절하게 언급하고 있지 않은 관계로 무엇을 어느 범위까지 법규명령으로 정하여야 할지 여부를 도저히 가늠할 수 없게 만들어버렸다. 이것은 행위의무를 지는 자가 '필요한 사항'을 위반하면 형벌의 구성요건을 충족할 수 있게 되는 규범구조에 더해져서 더욱 위헌성을 가중시키고 있다. 이러한 입법적 기술은 위임입법에서 요구하는 엄격성을 이탈한 것으로서, 해당 법률에서 규범의 내용적 측면에 대한 윤곽을 제시해 주지 못할 긴급한 사유가 있다거나 미리 법률로써 자세하게 정하지 못할 부득이한 사유가 존재하는 경우에도 해당하지 못한다.

따라서 입법자는 '이 법 또는 이 법에 의한 명령'이라는 법문언의 사용과 '필요한 사항'이라는 문구를 사용하는 데 보다 신중한 자세를 가져야 하며, 특히 형벌의 구성요건과 결부되는 구조에서는 엄격한 요건 아래 활용하여야 한다.

2. 형법 제41조 등 위헌제청[3)]

(1) 사건개요

제청신청인은 2회에 걸쳐 4명을 살해하고 그 중 3명의 여성을 추행한 범죄사실로 구속기소되어, 1심인 광주지방법원 순천지원에서는 형법 제250조 제1항, 성폭력범죄의 처벌 및 피해자보호 등에 관한 법률 제10조 제1항, 형법 제300조를 적용하여 사형을 선고하였고, 제청신청인이 항소하여 광주고등법원에서 재판을 받는 중이다.

광주고등법원은 2008. 9. 26. 형법 제250조 제1항, 사형제도를 규정한 형법 제41조 제1호 등이 헌법에 위반된다는 이유로 제청신청인 변호인의 위헌법률심판제청신청을 받아들여 위헌제청결정을 하였다.

(2) 결정요지

1) 가석방의 요건에 관한 규정은 사법부에 의하여 형이 선고·확정된 이후의 집행에 관한 문제일 뿐 이 사건 당해 재판 단계에서 문제될 이유는 없고, 달리 위 규정이 당해 사건에 적용될 법률조항임을 인정할 자료를 찾아 볼 수 없으므로, 이 사건 위헌제청 중 형법 제72조 제1항 중 '무기징역' 부분은 재판의 전제성이 없어 부적법하다.

---

3) 헌재결 2010. 2. 25. 2008헌가23(합헌, 각하).

2) 사형제도가 위헌인지 여부의 문제는 성문헌법을 비롯한 헌법의 법원을 토대로 헌법규범의 내용을 밝혀 사형제도가 그러한 헌법규범에 위반하는지 여부를 판단하는 것으로서 헌법재판소에 최종적인 결정권한이 있는 반면, 사형제도를 법률상 존치시킬 것인지 또는 폐지할 것인지의 문제는 사형제도의 존치가 필요하거나 유용한지 또는 바람직한지에 관한 평가를 통하여 민주적 정당성을 가진 입법부가 결정할 입법정책적 문제이지 헌법재판소가 심사할 대상은 아니다.

그리고 극악한 범죄 중 극히 일부에 대하여서라도 헌법질서내에서 사형이 허용될 수 있다고 한다면 사형제도 자체를 위헌이라고 할 수는 없고, 사형제도 자체의 합헌성을 전제로 사형이 허용되는 범죄유형을 어느 범위까지 인정할 것인지가 문제될 뿐이며, 이는 개별 형벌조항의 위헌성 여부의 판단을 통하여 해결할 문제이다.

3) 헌법 제110조 제4항은 법률에 의하여 사형이 형벌로서 규정되고 그 형벌조항의 적용으로 사형이 선고될 수 있음을 전제로 하여, 사형을 선고한 경우에는 비상계엄하의 군사재판이라도 단심으로 할 수 없고 사법절차를 통한 불복이 보장되어야 한다는 취지의 규정으로, 우리 헌법은 문언의 해석상 사형제도를 간접적으로나마 인정하고 있다.

4) 헌법은 절대적 기본권을 명문으로 인정하고 있지 아니하며, 헌법 제37조 제2항에서는 국민의 모든 자유와 권리는 국가안전보장·질서유지 또는 공공복리를 위하여 필요한 경우에 한하여 법률로써 제한할 수 있도록 규정하고 있어, 비록 생명이 이념적으로 절대적 가치를 지닌 것이라 하더라도 생명에 대한 법적 평가가 예외적으로 허용될 수 있다고 할 것이므로, 생명권 역시 헌법 제37조 제2항에 의한 일반적 법률유보의 대상이 될 수밖에 없다. 나아가 생명권의 경우, 다른 일반적인 기본권 제한의 구조와는 달리, 생명의 일부 박탈이라는 것을 상정할 수 없기 때문에 생명권에 대한 제한은 필연적으로 생명권의 완전한 박탈을 의미하게 되는바, 위와 같이 생명권의 제한이 정당화될 수 있는 예외적인 경우에는 생명권의 박

탈이 초래된다 하더라도 곧바로 기본권의 본질적인 내용을 침해하는 것이라 볼 수는 없다.

5) (가) 사형은 일반국민에 대한 심리적 위하를 통하여 범죄의 발생을 예방하며 극악한 범죄에 대한 정당한 응보를 통하여 정의를 실현하고, 당해 범죄인의 재범 가능성을 영구히 차단함으로써 사회를 방어하려는 것으로 그 입법목적은 정당하고, 가장 무거운 형벌인 사형은 입법목적의 달성을 위한 적합한 수단이다.

(나) 사형은 무기징역형이나 가석방이 불가능한 종신형보다도 범죄자에 대한 법익침해의 정도가 큰 형벌로서, 인간의 생존본능과 죽음에 대한 근원적인 공포까지 고려하면, 무기징역형 등 자유형보다 더 큰 위하력을 발휘함으로써 가장 강력한 범죄억지력을 가지고 있다고 보아야 하고, 극악한 범죄의 경우에는 무기징역형 등 자유형의 선고만으로는 범죄자의 책임에 미치지 못하게 될 뿐만 아니라 피해자들의 가족 및 일반국민의 정의관념에도 부합하지 못하며, 입법목적의 달성에 있어서 사형과 동일한 효과를 나타내면서도 사형보다 범죄자에 대한 법익침해 정도가 작은 다른 형벌이 명백히 존재한다고 보기 어려우므로 사형제도가 침해최소성원칙에 어긋난다고 할 수 없다. 한편, 오판가능성은 사법제도의 숙명적 한계이지 사형이라는 형벌제도 자체의 문제로 볼 수 없으며 심급제도, 재심제도 등의 제도적 장치 및 그에 대한 개선을 통하여 해결할 문제이지, 오판가능성을 이유로 사형이라는 형벌의 부과 자체가 위헌이라고 할 수는 없다.

(다) 사형제도에 의하여 달성되는 범죄예방을 통한 무고한 일반국민의 생명 보호 등 중대한 공익의 보호와 정의의 실현 및 사회방위라는 공익은 사형제도로 발생하는 극악한 범죄를 저지른 자의 생명권이라는 사익보다 결코 작다고 볼 수 없을 뿐만 아니라, 다수의 인명을 잔혹하게 살해하는 등의 극악한 범죄에 대하여 한정적으로 부과되는 사형이 그 범죄의 잔혹함에 비하여 과도한 형벌이라고 볼 수 없으므로, 사형제도는 법익균형성원칙에 위배되지 아니한다.

6) 사형제도는 우리 헌법이 적어도 간접적으로나마 인정하고 있는 형벌의 한 종류일 뿐만 아니라, 사형제도가 생명권 제한에 있어서 헌법 제37조 제2항에 의한 헌법적 한계를 일탈하였다고 볼 수 없는 이상, 범죄자의 생명권 박탈을 내용으로 한다는 이유만으로 곧바로 인간의 존엄과 가치를 규정한 헌법 제10조에 위배된다고 할 수 없으며, 사형제도는 형벌의 경고기능을 무시하고 극악한 범죄를 저지른 자에 대하여 그 중한 불법 정도와 책임에 상응하는 형벌을 부과하는 것으로서 범죄자가 스스로 선택한 잔악무도한 범죄행위의 결과인바, 범죄자를 오로지 사회방위라는 공익 추구를 위한 객체로만 취급함으로써 범죄자의 인간으로서의 존엄과 가치를 침해한 것으로 볼 수 없다. 한편 사형을 선고하거나 집행하는 법관 및 교도관 등이 인간적 자책감을 가질 수 있다는 이유만으로 사형제도가 법관 및 교도관 등의 인간으로서의 존엄과 가치를 침해하는 위헌적인 형벌제도라고 할 수는 없다.

7) 절대적 종신형제도는 사형제도와는 또 다른 위헌성 문제를 야기할 수 있고, 현행 형사법령 하에서도 가석방제도의 운영 여하에 따라 사회로부터의 영구적 격리가 가능한 절대적 종신형과 상대적 종신형의 각 취지를 살릴 수 있다는 점 등을 고려하면, 현행 무기징역형제도가 상대적 종신형 외에 절대적 종신형을 따로 두고 있지 않은 것이 형벌체계상 정당성과 균형을 상실하여 헌법 제11조의 평등원칙에 반한다거나 형벌이 죄질과 책임에 상응하도록 비례성을 갖추어야 한다는 책임원칙에 반한다고 단정하기 어렵다.

8) 형법 제250조 제1항이 규정하고 있는 살인의 죄는 인간 생명을 부정하는 범죄행위의 전형이고, 이러한 범죄에는 행위의 태양이나 결과의 중대성으로 보아 반인륜적 범죄라고 할 수 있는 극악한 유형의 것들도 포함되어 있을 수 있으므로, 타인의 생명을 부정하는 범죄행위에 대하여 5년 이상의 징역 외에 사형이나 무기징역을 규정한 것은 하나의 혹은 다수의 생명을 보호하기 위하여 필요한 수단의 선택이라고 볼 수밖에 없으므로

비례의 원칙이나 평등의 원칙에 반한다고 할 수 없다.

9) 구 '성폭력범죄의 처벌 및 피해자보호 등에 관한 법률'(1997. 8. 22. 법률 제5343호로 개정되고 2008. 6. 13. 법률 제9110호로 개정되기 전의 것) 제10조 제1항의 범죄구성요건은 살인과 성폭력범죄가 합쳐진 결합범인데, 성폭력범죄자가 타인의 생명까지 침해한 행위에 대하여 행위자의 사형이나 무기징역을 그 불법효과의 하나로서 규정한 것은 하나의 혹은 다수의 생명과 타인의 성적자기결정의 자유를 보호하기 위하여 필요한 수단의 선택이라고 볼 수 있고, 성폭력범죄로 인해 발생하는 개인의 성적자유침해라는 추가적 법익침해를 감안할 때 일반 살인죄의 법정형에서 5년 이상의 유기징역을 제외한 것을 가리켜 비례의 원칙이나 평등의 원칙에 반한다고 할 수 없다.

재판관 이강국의 보충의견

헌법 제10조에서 도출된 생명권과 헌법 제110조 제4항 단서와의 대립관계는 헌법의 통일성의 원칙이나 실제적 조화의 원칙에 따라 위 2개의 법익이 통일적으로, 그리고 실제적으로 가장 잘 조화되고 비례될 수 있도록 해석하여야 한다. 따라서 사형제는 헌법 자체가 긍정하고 있는 형(刑)이지만, 동시에 이와 충돌되는 생명권의 높은 이념적 가치 때문에 그 규범영역은 상당부분 양보·축소되어야 할 것이므로 사형의 선고는 정의와 형평에 비추어 불가피한 경우에만, 그것도 비례의 원칙과 최소 침해의 원칙에 따라 행해져야 한다고 해석하는 것이 상당하고, 이러한 해석과는 달리, 생명권의 최상위 기본권성만을 내세워 실정 헌법에서 규정하고 있는 사형제를 가볍게 위헌이라고 부정하는 것은 헌법해석의 범위를 벗어나 헌법의 개정이나 헌법의 변질에 이르게 될 수 있다.

재판관 민형기의 보충의견

현행 헌법질서 내에서의 사형제 자체의 존재 이유 및 필요성은 인정될 수 있으나, 사형의 오·남용 소지와 그에 따른 폐해를 최대한 불식시키고, 잔혹하고도 비이성적이라거나 목적 달성에 필요한 정도를 넘는 과도한 형벌이라는 지적을 면할 수 있도록, 그 적용 대상과 범위를 최소화하는 것이 필요하며, 원칙적으로 사형 대상 범죄는 인간의 생명을 고의적으로 침해하는 범죄나 생명의 침해를 수반할 개연성이 매우 높거나 흉악한 범죄로 인해 치사의 결과에 이른 범죄, 전쟁의 승패나 국가안보와 직접 관련된 범죄 등으로 한정되어야 한다. 입법자는 외국의 입법례 등을 참고하여 국민적 합의를 바탕으로 사형제 전반에 걸친 문제점을 개선하고 필요한 경우 문제가 되는 법률이나 법률조항을 폐지하는 등의 노력을 게을리 하여서는 아니 될 것이다.

재판관 송두환의 보충의견

인간의 존엄성 및 인간 생명의 존엄한 가치를 선명하기 위하여, 역설적으로 그 파괴자인 인간의 생명을 박탈하는 것이 불가피한 예외적 상황도 있을 수 있으므로, 반인륜적인 범죄에 대비하여 사형을 규정한 것으로 한정적으로 이해하는 한 사형제도가 헌법 제10조에 반한다고 볼 수 없고, 반인륜적인 범죄에 대한 법정형 범위에 사형을 포함시킨 것 자체를 '생명권을 공동화한 것'이라고 평가하기 어려우므로 자유와 권리의 본질적인 내용을 침해한 것으로 볼 수 없다. 근본적인 문제는 사형제도 자체에 있는 것이 아니라 사형제도의 남용 및 오용에 있으므로, 형벌조항들을 전면적으로 재검토하여 사형이 선택될 수 있는 범죄의 종류를 반인륜적으로 타인의 생명을 해치는 극악범죄로 한정하고, 사회적, 국가적 법익에만 관련된 각종 범죄의 경우 등에는 법정형에서 사형을 삭제하며, 전체 사법절차가 엄격하고 신중한 적법절차에 의하여 진행되고 '잔혹하고 이상한 형벌' 또는 인간의 존엄성을 무시하거나 해하는 형벌이 되지 않도록 수사 및 재판, 형의 집행 등 모든 절차를 세심하게 다듬고 정비하여야 할 것이다.

재판관 조대현의 일부위헌의견

인간의 생명권은 지고(至高)의 가치를 가지는 것이므로 이를 제한하기 위한 사유도 역시 지고의 가치를 가지는 인간의 생명을 보호하거나 구원하기 위한 것이라야 하는데, 범죄에 대한 형벌로서 범죄자를 사형시키는 것은 이미 이루어진 법익침해에 대한 응보에 불과하고, 살인자를 사형시킨다고 하여 피살자의 생명이 보호되거나 구원되지 아니하므로, 사형제도는 인간의 생명을 박탈하기에 필요한 헌법 제37조 제2항의 요건을 갖추지 못하였으며, 생명권의 본질적인 내용을 침해하는 것이라고 보지 않을 수 없다. 다만, 헌법 제110조 제4항 단서가 비상계엄 하의 군사재판에서 사형을 선고하는 경우를 인정하고 있으므로, 비상계엄 하의 군사재판이라는 특수상황에서 사형을 선고하는 것은 헌법 스스로 예외적으로 허용하였다고 봄이 상당하다. 따라서 사형제도는 헌법 제110조 제4항 단서에 해당되는 경우에 적용하면 헌법에 위반된다고 할 수 없지만, 헌법 제110조 제4항 단서에 해당되지 않는 경우에 적용하면 생명권을 침해할 정당한 사유도 없이 생명권의 본질적인 내용을 침해하는 것으로서 헌법 제37조 제2항에 위반된다.

재판관 김희옥의 위헌의견

(1) 헌법 제110조 제4항 단서의 규정은 그 도입 배경이나 규정의 맥락을 고려할 때, 법률상 존재하는 사형의 선고를 억제하여 최소한의 인권을 존중하기 위하여 규정된 것이므로 간접적으로도 헌법상 사형제도를 인정하는 근거 규정이라고 보기 어렵다.

(2) 사형제도는 인간의 존엄과 가치를 천명하고 생명권을 보장하는 우리 헌법 체계에서는 입법목적 달성을 위한 적합한 수단으로 인정할 수 없고, 사형제도를 통하여 확보하고자 하는 형벌로서의 기능을 대체할 만한 가석방 없는 무기자유형 등의 수단을 고려할 수 있으므로 피해의 최소성 원칙에도 어긋나며, 사형 당시에는 사형을 통해 보호하려는 타인의 생명권

이나 중대한 법익은 이미 그 침해가 종료되어 범죄인의 생명이나 신체를 박탈해야 할 긴급성이나 불가피성이 없고 사형을 통해 달성하려는 공익에 비하여 사형으로 인하여 침해되는 사익의 비중이 훨씬 크므로 법익의 균형성도 인정되지 아니한다. 또한 사형제도는 이미 중대 범죄가 종료되어 상당 기간이 지난 후 체포되어 수감 중인, 한 인간의 생명을 일정한 절차에 따라 빼앗는 것을 전제로 하므로, 생명에 대한 법적 평가가 필요한 예외적인 경우라고 볼 수 없어 생명권의 본질적 내용을 침해하고, 신체의 자유의 본질적 내용까지도 침해한다.

(3) 사형제도는 범죄인을 사회전체의 이익 또는 다른 범죄의 예방을 위한 수단 또는 복수의 대상으로만 취급하고 한 인간으로서 자기의 책임하에 반성과 개선을 할 최소한의 도덕적 자유조차 남겨주지 아니하는 제도이므로 헌법 제10조가 선언하는 인간의 존엄과 가치에 위배되며, 법관이나 교도관 등 직무상 사형제도의 운영에 관여하여야 하는 사람들로 하여금 인간의 생명을 계획적으로 빼앗는 과정에 참여하게 함으로써 그들을 인간으로서의 양심과 무관하게 국가목적을 위한 수단으로 전락시키고 있다는 점에서 그들의 인간으로서의 존엄과 가치 또한 침해한다.

재판관 김종대의 위헌의견

(1) 헌법 제37조 제2항 후단은 그 내용이 본질적인 부분과 그렇지 않은 부분의 중층적 구조로 구성된 기본권의 제한에 관한 규정이고, 성질상 본질적인 부분과 그렇지 않은 부분이 구별되지 않는 생명권과 같은 경우에는 그 적용이 없으므로, 생명권에 대해서도 헌법 제37조 제2항 전단에 따라 그 제한이 가능하고 그 제한의 정당화 여부는 비례의 원칙에 따른 심사를 통해 판단하여야 한다.

(2) 형벌로서 사형을 부과할 당시에는 국가의 존립이나 피해자의 생명이 범인의 생명과 충돌하는 상황은 이미 존재하지 않으며, 국가가 범인을 교도소에 계속해서 수용하고 있는 한 개인과 사회를 보호하는 목적은

범인을 사형시켰을 때와 똑같이 달성될 수 있다. 사형제도는 범죄억제라는 형사정책적 목적을 위해 사람의 생명을 빼앗는 것으로 그 자체로 인간으로서의 존엄과 가치에 반하고, 사형제도를 통해 일반예방의 목적이 달성되는지도 불확실하다. 다만, 지금의 무기징역형은 개인의 생명과 사회의 안전의 방어라는 점에서 사형의 효력을 대체할 수 없으므로, 가석방이나 사면 등의 가능성을 제한하는 최고의 자유형이 도입되는 것을 조건으로 사형제도는 폐지되어야 한다.

재판관 목영준의 위헌의견

(1) 생명권은 개념적으로나 실질적으로나 본질적인 부분을 그렇지 않은 부분과 구분하여 상정할 수 없어 헌법상 제한이 불가능한 절대적 기본권이라고 할 수 밖에 없고, 생명의 박탈은 곧 신체의 박탈도 되므로 사형제도는 생명권과 신체의 자유의 본질적 내용을 침해하는 것이다.

(2) 사형제도는 사회로부터 범죄인을 영원히 배제한다는 점 이외에는 형벌의 목적에 기여하는 바가 결코 명백하다고 볼 수 없고, 우리나라는 국제인권단체로부터 사실상의 사형폐지국으로 분류되고 있어 사형제도가 실효성을 상실하여 더 이상 입법목적 달성을 위한 적절한 수단이라고 할 수 없으며, 절대적 종신형제 또는 유기징역제도의 개선 등 사형제도를 대체할 만한 수단을 고려할 수 있음에도, 생명권을 박탈하는 것은 피해의 최소성 원칙에도 어긋나고, 사형을 통해 침해되는 사익은 범죄인에게는 절대적이고 근원적인 기본권인 반면, 이를 통해 달성하고자 하는 공익은 다른 형벌에 의하여 상당 수준 달성될 수 있어 공익과 사익 간에 법익의 균형성이 갖추어졌다고 볼 수 없다.

(3) 사형은 악성이 극대화된 흥분된 상태의 범죄인에 대하여 집행되는 것이 아니라 이성이 일부라도 회복된 안정된 상태의 범죄인에 대하여 생명을 박탈하는 것이므로 인간의 존엄과 가치에 위배되며, 직무상 사형제도의 운영에 관여하여야 하는 사람들로 하여금 그들의 양심과 무관하게

인간의 생명을 계획적으로 박탈하는 과정에 참여하게 함으로써, 그들의 인간으로서 가지는 존엄과 가치 또한 침해한다.

(4) 사형제도가 헌법에 위반되어 폐지되어야 한다고 하더라도 이를 대신하여 흉악범을 사회로부터 영구히 격리하는 실질적 방안이 강구되어야 하는바, 가석방이 불가능한 절대적 종신형제도를 도입하고, 엄중한 유기징역형을 선고할 수 있도록 경합범합산 규정을 수정하고 유기징역형의 상한을 대폭 상향조정해야 하므로, 형벌의 종류로서 사형을 열거하고 있는 형법 제41조 제1호를 위헌으로 선언함과 동시에, 무기징역형, 경합범 가중규정, 유기징역형 상한 및 가석방에 관한 현행 법규정들이 헌법에 합치되지 않음을 선언하여야 한다.

(3) 평가

헌법재판소는 사형제도의 위헌성 여부가 문제된 사안에서 이미 합헌이라고 판단한 바 있다.[4] 1996년 결정에서 9인 가운데 7인은 합헌이라고 보았으나, 나머지 2인(재판관 김진우, 재판관 조승형)은 위헌이라고 판단하였다. 하지만 2010년 결정에서 9인 중 5인은 합헌, 1인은 일부위헌(재판관 조대현), 나머지 3인(재판관 김희옥, 재판관 김종대, 재판관 목영준)은 위헌이라고 보았다. 이 두 결정은 그 논리적 측면에서 다소 달라진 점이 있는데, 이를 살펴보면 다음과 같다.

첫째, 합헌의견은 1996년 결정과 2010년 결정에서 크게 달라진 점은 없다. 생명권 또한 헌법 제37조 제2항에 따라 매우 예외적인 상황에서 제한될 수 있음을 긍정하고 있다. 그리고 사형제도는 헌법 제10조가 규정한 인간의 존엄과 가치에 위반되는 것도 아니라고 하였다.

둘째, 헌법재판소의 결정문에서 사형제도의 위헌성을 논증한 재판관들

4) 헌재결 1996. 11. 28. 95헌바1(합헌).

의 헌법적 이해가 다소간 차이가 존재하였다. 1996년 결정에서 재판관 김진우는 사형제도가 헌법 제10조에 위반되는 것으로 보았으며, 재판관 조승형은 생명권에 대하여 일반적 법률유보의 대상이 될 수 없는 것으로 보았으며, 사형제도가 기본권의 본질적 내용을 침해하는 것으로서 헌법 제37조 제2항 단서에 위반되는 것으로 보았다. 이에 비하여 2010년 결정에서 재판관 조대현은 사형제도가 기본적으로 헌법 제37조 제2항의 요건을 갖추지 못한 것으로 보면서 헌법 제110조 제4항 단서에 해당되는 경우에만 예외적으로 적용될 수 있는 것으로 보아 일부위헌을 선언하였다. 한편 재판관 김희옥은 헌법 제110조 제4항 단서 규정은 간접적으로라도 사형제도를 인정하는 근거규정이라고 보기 어렵다고 밝히면서, 생명권 및 신체의 자유의 본질적 내용을 침해하고, 법관이나 교도관 등이 직업상 관여하게 되어 이들의 인간의 존엄과 가치가 침해된다고 하였다. 재판관 김종대는 헌법 제37조 제2항의 전단과 후단의 관계(단층구조와 중층구조)를 논리적으로 설명하면서 사형제도의 위헌성을 논증하고 있으며, 사형을 대체할 최고의 자유형이 도입될 것을 조건으로 사형제도가 위헌적인 제도로서 폐지되어야 한다고 보았다. 끝으로 재판관 목영준은 사형제도가 생명권과 신체의 자유의 본질적 내용을 침해하는 것으로 보아 헌법 제37조 제2항을 위반한 것으로 판단하였다.

비록 헌법재판소가 두 번에 걸친 사안에서 사형제도를 합헌이라고 판단하였으나, 이 문제는 앞으로 다시 그 위헌성 여부가 논의될 여지가 항상 존재한다. 헌법이 명시적으로 사형제도의 폐지를 선언하지 않는 이상 끝없는 찬반이 제기될 것이고, 잔혹한 범죄가 사회적 이슈로 등장할 때면 늘 여론의 향배에 기대어 무한반복의 토론이 전개될 것이다.

3. 형사보상법 제7조 위헌제청[5)]

(1) 사건개요

당해사건의 청구인인 김○○는 광주민주화운동과 관련하여 1980. 7. 29. 구속영장이 집행된 후 기소되어 무기징역을 선고받고 형의 집행 중이던 1982. 12. 24. 형집행정지로 석방되었다. 이후 위 사건에 대한 재심절차에서 청구인에게 무죄가 선고되었고, 그 판결은 그 무렵 확정되었다.

청구인은 위 무죄판결이 확정된 때로부터 약 8년여가 지난 2007. 10. 9.에 이르러, 서울고등법원에 위와 같이 무죄재판을 받았다는 이유로 위 유죄판결에 의하여 집행된 기간인 941일에 대하여 형사보상금 청구를 하였다.

서울고등법원은 위 재판계속 중인 2008. 1. 25. 형사보상법 제7조가 위헌이라고 인정할 상당한 이유가 있다며 직권으로 이 사건 위헌법률심판을 제청하였다.

(2) 결정요지

권리의 행사가 용이하고 일상 빈번히 발생하는 것이거나 권리의 행사로 인하여 상대방의 지위가 불안정해지는 경우 또는 법률관계를 보다 신속히 확정하여 분쟁을 방지할 필요가 있는 경우에는 특별히 짧은 소멸시효나 제척기간을 인정할 필요가 있으나, 이 사건 법률조항은 위의 어떠한 사유에도 해당하지 아니하는 등 달리 합리적인 이유를 찾기 어렵고, 일반적인 사법상의 권리보다 더 확실하게 보호되어야 할 권리인 형사보상청구권의 보호를 저해하고 있다.

또한, 이 사건 법률조항은 형사소송법상 형사피고인이 재정하지 아니

---

5) 헌재결 2010. 7. 29. 2008헌가4(헌법불합치). 헌법재판소는 2010. 10. 28. 2008헌마514 결정에서 다시 한 번 형사보상법 관련 규정에 대하여 중요한 판단을 하였다(보상수준, 불복신청의 금지).

한 가운데 재판할 수 있는 예외적인 경우를 상정하고 있는 등 형사피고인은 당사자가 책임질 수 없는 사유에 의하여 무죄재판의 확정사실을 모를 수 있는 가능성이 있으므로, 형사피고인이 책임질 수 없는 사유에 의하여 제척기간을 도과할 가능성이 있는바, 이는 국가의 잘못된 형사사법작용에 의하여 신체의 자유라는 중대한 법익을 침해받은 국민의 기본권을 사법상의 권리보다도 가볍게 보호하는 것으로서 부당하다.

재판관 이동흡의 반대의견

형사피고인으로서 무죄판결을 받은 자는 재판서 등본과 확정증명서를 송부 받게 되므로 형사보상청구권의 존재사실을 알고 있는 경우가 대부분이고, 이후 형사보상청구시 특별한 증거를 수집할 필요가 없다는 등의 사정을 고려하면, '1년'이라는 기간은 형사보상청구권의 권리행사를 현저히 곤란하게 하는 것이라고 보기 어려우며, 형사보상청구권과 같이 그 발생을 예상하기 어려운 경우 불안정성이 적지 아니하여 단기간에 법률관계를 안정시켜야 할 필요성이 상대적으로 크다.

또한, 형사소송절차에서 형사피고인의 출석은 권리이자 의무인바, 형사피고인의 출석에 대한 예외는 극히 제한적인 사유에서 인정될 뿐이며, 특별한 사정이 없는 한 무죄재판의 사실을 알지 못한 데에 귀책사유가 없다고 보기 힘들다는 등의 사정을 고려하면, 형사피고인으로서 구금되었던 자가 귀책사유 없이 무죄재판이 확정된 사실을 모를 수 있는 가능성은 사실상 매우 희박하며, 제척기간의 기산점에 여러 가지 예외사유를 인정할 때 나타나는 법률관계의 불안정성 등 또 다른 문제점이 있으므로, 과연 그것이 같은 효과를 지닌 덜 제약적인 입법수단이라고 볼 것인지는 명백하지 않다.

(3) 평 가

형사보상청구권은 개인의 신체의 자유가 침해된 경우 국가로부터 그에 상응한 보상을 받을 수 있는 권리에 해당한다. 특히 그 발생원인 자체를 보게 되면, 「형사소송법」에 의한 일반절차 또는 재심이나 비상상고절차에서 무죄재판을 받은 자가 미결구금을 당하였을 때에 그 구금에 관한 보상청구가 중심이다. 그런 측면에서 보자면, 이에 대한 권리구제절차의 형성은 그 원인관계와 그에 대한 확인판단의 인지 가능성 등을 충분히 고려하여 이루어져야 마땅하다. 이와 같이 권리구제에 관련된 법형성이 기본권 친화적이고 세밀하게 구조화되어야만 헌법이 보장하고자 하는 형사보상청구권이 실질적으로 구현될 수 있는 것이다.

그에 대한 입법과정에서 소멸시효 내지 제척기간의 설정은 일정 측면에서 권리행사를 제약할 수 있는데, 이러한 제도의 설정이 무조건적으로 문제가 있는 것이 아니더라도 그 권리의 발생원인 및 존속기간의 보호 정도에 대한 형량은 충분히 이루어져야 한다. 그런데 이 사안에서 입법자는 지나치게 권리행사를 짧게만 허용하는 입법적 선택을 한 결과 개인이 형사보상청구권을 단기간에 상실하게 할 우려를 낳게 하였다. 개인이 신체의 자유라는 중요한 기본권에 대한 침해를 받은 면과 국가와 국민 간 권리관계의 조기확정이라는 면을 비교교량하여 보았을 때에 지나치게 후자의 면만 강조한 것으로 볼 수밖에 없다. 따라서 헌법재판소의 판단은 타당한 것으로 볼 수 있다. 다만 이 사안에서 어떠한 주문을 선택할 것인가에 대한 부분에서 헌법불합치결정보다 위헌결정을 내리는 것이 보다 적절했다고 생각한다. 왜냐하면 국가와 국민의 권리관계에 대한 권리행사기간을 제약할 수 있는 일반적 규정들이 이미 「민법」과 「국가재정법」 등에 마련되어 있으므로, 권리구제의 공백상태 또는 권리행사기간의 무한정 확대라는 법적 혼란상태는 발생하지 않을 것이기 때문이다. 이것은 이미 우리 법체계가 그물망처럼 상당한 정도로 정비되어 완충작용을 할 여력이 충분히 존재하는 점에서 더욱 그러하다.

4. 의료법 제25조 제1항 위헌제청[6)]

(1) 사건개요

2008헌가19 사건(뜸사랑 관련 사건)

제청신청인(김○만)은 의료인이 아님에도 불구하고 '뜸사랑 부산·경남지부' 지부장으로서 약 1,000여명의 환자를 대상으로 침, 뜸 시술 등 무면허 의료행위를 하였다는 이유로 기소되어 재판 계속 중 무면허 의료행위를 금지한 의료법 조항에 대하여 위헌법률심판제청을 신청하였고, 제청법원이 의료법 제27조 제1항 본문의 전단 부분에 대하여 위헌제청결정을 하였다.

그 밖에 2008헌바108 사건(한서자기원 자석요법 관련 사건), 2009헌마269 사건(명지대학교 사회교육원 관련 사건), 2009헌마736 사건(민간의학의료원 관련 사건), 2010헌바38 사건(○○침구원 관련 사건), 2010헌마275 사건(중국 침구사 관련 사건, 입법부작위) 등이 병합되어 심리된 바 있다.

(2) 결정요지

1) 비의료인도 침구술 및 대체의학 시술을 할 수 있도록 그 자격 및 요건을 법률로 정하지 아니한 입법부작위에 대한 심판청구는 비의료인의 침구술 및 대체의학 시술과 관련하여 헌법의 명시적인 입법위임이 존재하지 아니하고, 헌법해석상 그러한 입법의무가 새롭게 발생하는 것도 아니므로 작위의무를 인정할 수 없어 부적법하다.

2) 의료법의 입법목적, 의료인의 사명에 관한 의료법상의 여러 규정, 의료행위의 개념에 관한 대법원판례, 한방의료행위에 관련된 법령의 변천

---

6) 헌재결 2010. 7. 29. 2008헌가19, 2008헌바108, 2009헌마269, 2009헌마736, 2010헌바38, 2010헌마275(일부각하, 합헌).

과정 등을 종합하여 보면, 이 사건 조항들 중 "의료행위" 및 "한방의료행위"의 개념은 건전한 일반상식을 가진 자에 의하여 일의적으로 파악되기 어렵다거나 법관에 의한 적용단계에서 다의적으로 해석될 우려가 있다고 보기 어려우므로, 죄형법정주의의 명확성원칙에 위배되지 아니한다.

3) 이 사건 조항들이 의료인이 아닌 자의 의료행위를 전면적으로 금지한 것은 매우 중대한 헌법적 법익인 국민의 생명권과 건강권을 보호하고 국민의 보건에 관한 국가의 보호의무를 이행하기 위하여 적합한 조치로서, 위와 같은 중대한 공익이 국민의 기본권을 보다 적게 침해하는 다른 방법으로는 효율적으로 실현될 수 없으므로, 이 사건 조항들은 비의료인의 직업선택의 자유 등 기본권을 침해하지 아니한다.

재판관 김희옥의 보충의견

헌법 제36조 제3항이 규정하고 있는 국민의 보건에 관한 권리는 국민이 자신의 건강을 유지하는 데 필요한 국가적 급부와 배려를 요구할 수 있는 권리를 말하는 것으로서, 국가는 국민의 건강을 소극적으로 침해하여서는 아니 될 의무를 부담하는 것에서 한걸음 더 나아가 적극적으로 국민의 보건을 위한 정책을 수립하고 시행하여야 할 의무를 부담한다는 것을 의미하므로, 의료유사행위 또는 보완대체의학에 의한 치료방법을 연구와 검증을 통하여 의료행위에 포함시키거나 별도의 제도를 두어 국민이 이를 이용할 수 있게 하는 것이 헌법 제36조 제3항의 취지에 보다 부합한다.

재판관 조대현, 재판관 이동흡, 재판관 목영준, 재판관 송두환의 반대의견

국가는 국민의 생명권과 건강권을 보호할 의무를 지므로, 의학적 전문지식이 있는 자가 행하지 아니하면 사람의 생명·신체나 공중위생에 위해가 발생할 우려가 있는 행위에 대하여는 일정한 형태의 자격인증을 하고 그 자격에 반하는 의료행위, 즉 무면허의료행위를 일률적·전면적으로

금지할 필요가 있다. 반면 모든 국민은 의료행위에 관한 자기결정권과 의료행위를 자신의 직업으로 선택할 자유를 가지므로, 국가는 의료면허제도의 운영에 따른 국민의 기본권제한을 꼭 필요한 범위로 최소화시켜야 한다.

그러므로 국가는 의료행위의 태양이나 생명·신체에 대한 위험성에 따라 다양한 의료인의 자격을 설정함으로써, 의료소비자인 국민으로 하여금 적정한 비용이나 접근성에 맞는 의료행위를 선택할 수 있게 해야 한다. 예를 들면, 침구(鍼灸)는, 생명·신체에 대한 위험성이나 부작용에 있어서 통상의 의료행위와 비교가 될 수 없을 만큼 낮음에도 불구하고 이러한 의료행위까지 현행 의료인에게 독점시키는 것은 의료행위에 대한 비용을 부담할 능력이 없는 국민의 건강권을 최대한 보장하는 수단이라고 할 수 없다.

한편 입법목적을 달성하면서도 국민의 의료행위 선택권을 덜 침해하는 수단으로, 독일의 치료사 제도, 미국의 침술사 제도, 일본의 의업유사행위자 제도 등이 있는바, 우리나라의 경우, 현행 의료법 제81조의 의료유사업자에 "침구사 자격시험에 합격한 자"를 포함시켜 침구 등을 행할 수 있는 의료유사업자를 신규로 인정함으로써, 국민으로 하여금 경제성과 접근성을 고려한 최선의 의료행위를 선택할 수 있게 할 수 있다.

그렇다면 이 사건 조항들이, 사람의 생명·신체나 공중위생에 대한 위해발생 가능성이 낮은 의료행위에 대하여 이에 상응한 적절한 자격제도를 마련하지 아니한 채, 비의료인에 의한 의료행위를 일률적으로 금지하는 것은 과잉금지원칙에 위반하여 의료소비자의 의료행위 선택권과 비의료인의 직업선택의 자유를 침해하는 것으로서 헌법에 위반된다고 할 것이다.

재판관 김종대의 반대의견

이 사건 조항들은 제도권 의료인에게만 의료행위를 독점토록 해주고 이를 위해 비의료인에 의한 의료행위를 모두 금지시킨 뒤 이에 위반하면 형사처벌까지 함으로써, 의료소비자인 국민이 ⅰ) 의료인에 의해 치료불가 판정을 받았거나 ⅱ) 과다한 비용 때문에 의료인에 의한 의료행위를 선택할 수 없거나 ⅲ) 비의료인에 의한 의료행위를 선택했지만 결과적으로 질병이 치료되었거나 ⅳ) 일부 침, 뜸, 자석요법 등과 같이 부작용의 위험성이 크지 않고 시술을 중단하면 쉽게 시술 전의 상태로 돌아갈 수 있는 시술을 한 경우까지도 비의료인에 의한 의료행위라면 이를 모두 범죄로 몰아 일절 선택할 수 없도록 하는 것은 과잉금지의 원칙에 반하여 의료소비자의 의료행위 선택권을 침해한다.

(3) 평 가

이 사안에서 헌법재판소 재판관들은 의료체계에 대한 부분에서 첨예한 대립을 보였다(합헌의견 : 4인, 위헌의견 : 5인). 이러한 헌법재판소의 결론은 향후 입법자에게 몇 가지 시사점을 던져주고 있다. 헌법재판관들의 논의는 입법자가 의료체계를 어떻게 형성할 것인가에 대한 '입법형성의 자유'가 존중되는 차원에서 '의료인'의 범주와 분류(시술 등 의료행위의 위험도에 따른 구분)를 새롭게 논의해 볼 헌법적 차원의 쟁점을 열었다. 물론 사회각계에서 의료행위와 의료인의 범주에 대한 논의가 전개되지 않은 것은 아니지만, 비로소 헌법적으로 새로운 의료인 체계를 다듬어 볼 전기가 마련되었다는 점을 부인할 수는 없다.

이러한 논의의 근저에는 우리 사회가 의료행위와 의료인에 대하여 지극히 독점화된 체계를 공고하게 구축하면서 어떤 다른 형태의 의료인 제도도 도외시하거나 강력한 형벌(대체로 실형 중심적 사고)에 기대면서 다양한 논의를 가로막은 점이 내재되어 있었다. 국민의 의료 및 건강에 대한 보호는 아무리 강조해도 지나치지 않지만, 건설적이고 합리적인 논의를 거쳐 일정 부분 개선의 실효를 거둘 사안도 논의의 전개 그 자체를 부정하는 방향으로 분위기가 흘러갔다. 특히 국민의 생명과 신체의 보호를 비롯한 전반적인 국민 건강에 직결된 의료영역이 오로지 개인의 자기결정에 기초한 선택의 보장을 통하여 달성되는 것도 아니지만, 위험도가 현저하게 떨어지는 일정한 (유사)의료행위를 모두 처벌 위주로 체계화하여 범죄자를 양산하는 것 또한 문제가 있다. 국민이 일반적 의료행위를 벗어나 자신의 생명 및 신체를 탈법적 의료행위에 내맡기는 환경을 방치하는 것 또한 헌법 제36조 제3항이 명하는 규범적 의미에 어긋난다.

따라서 입법자는 날로 변화하는 의료환경에 보다 적극적으로 대처하기 위한 부단한 노력을 해야 하는데, 그 가운데 의료행위 및 의료인의 범주에 대한 심도 있는 논의를 통하여 세밀한 분류화 작업을 시도하는 입법적 노력이 있어야 할 것이다. 이러한 노력은 개인의 직업의 자유나 일반적 행동의 자유 등의 기본권이 보다 충실하게 보장되는 방향으로 수렴되게 하는 기초가 될 것이다.

5. 병역법 제35조 제2항 등 위헌제청[7)]

(1) 사건개요

한의사인 제청신청인(이○민)은 2005. 2. 21. 공중보건의사에 편입된 후 의무복무 중인 2007. 7. 26. 전주지방법원 군산지원 2007고단446 사건에서 폭력행위 등 처벌에 관한 법률 위반(공동상해)으로 징역 8월에 집행유예 2년을 선고받았고, 위 판결은 2007.8. 3. 그대로 확정되었다.

그러자 병무청장은 2008. 2. 27. 구 병역법(1999. 2. 5. 법률 제5757호로 개정되고, 2009. 6. 9. 법률 제9754호로 개정되기 전의 것, 이하 '구 병역법'이라고 한다.) 제35조 제2항, 제1항 제6호, 구 국가공무원법(2008. 3. 28. 법률 제8996호로 개정되기 전의 것, 이하 '구 국가공무원법'이라 한다.) 제33조 제1항 제3호를 적용하

7) 헌재결 2010. 7. 29. 2008헌가28(헌법불합치).

여 제청신청인에 대하여 공중보건의사 편입을 취소하였고, 광주·전남지방병무청장은 2008. 3. 6. 제청신청인에 대하여 구 병역법 제35조 제3항을 적용하여 현역병 입영통지를 하였다.

이에 제청신청인은 2008. 3. 24. 서울행정법원에 2008구합12450호로 위 각 처분의 취소를 구하는 행정소송을 제기하였고, 그 소송이 계속 중인 2008. 6. 16. 같은 법원에 2008아1555호로 구 병역법 제35조 제2항, 제3항에 대한 위헌제청신청을 하였는데, 위 법원은 이를 받아들여 2008. 11. 14. 위헌제청결정을 하였다.

(2) 결정요지

공중보건의사와 의무분야의 현역 장교(이하 '군의관'이라고 한다)는 보충역과 현역이라는 차이만 있을 뿐 선발대상과 의무복무기간이 동일하고, 공중보건의사의 편입취소 사유인 국가공무원 임용 결격사유와 군의관의 제적 또는 신분 상실 사유인 군인사법상 임용 결격사유는 서로 유사하나 복무 중 군인사법 임용 결격사유에 해당하여 제적되거나 그 신분이 상실되면 보충역의 장교에 편입될 뿐 더 이상 실역에 복무하지 않는데 반하여 이 사건 법률조항은 국가공무원 임용 결격사유에 해당하여 공중보건의사 편입이 취소된 사람을 의무복무기간에 기왕의 복무기간을 전혀 반영하지 않고서 현역병으로 입영하게 하거나 공익근무요원으로 소집하도록 하여 합리적 이유 없이 차별하고 있다.

한편 국가공무원 임용 결격사유에 해당하여 공중보건의사 편입이 취소된 사람은 이 사건 법률조항에 따라 의무복무기간에 기왕의 복무기간이 전혀 반영되지 않는데 반하여 정당한 사유 없이 통상 8일 이상 복무를 이탈하여 편입이 취소된 사람은 대통령령이 정하는 바에 따라 기왕의 복무기간을 공제한 잔여복무기간을 행정관서요원으로 소집되어 복무하는바, 양자의 사유가 공중보건의사제도의 운영에 미치는 위해의 정도를 달리 평가할 수 없고, 기왕에 수행한 공중보건업무에 차이가 있다고 볼 수 없는 등 양자를 차별할 합리적 이유를 발견할 수 없다. 따라서 이 사건 법률조항은 평등원칙에 반하여 헌법에 위배된다.

(3) 평 가

국방의 의무에 대한 논란은 최근 들어 더욱 증가하는 추세에 있으며, 그 다툼 양상도 다양화되고 있다. 그런 논란의 와중에 헌법재판소는 '공중보건의'와 '현역 의무장교'의 복무 중 발생한 사유에 따른 차별적 취급에 대하여 일정한 한계를 제시하였다. 이 두 집단은 모든 다른 징집대상자와 마찬가지로 현역복무의무를 이행하여야 할 지위에 있지만, 입법자가 의사·치과의사·한의사 등의 자격을 가진 자 중에서 자신의 업무능력을 지속적으로 활용할 수 있는 방안으로서 공중보건의 또는 현역 의무장교로 국방의 의무를 다할 수 있도록 입법형성을 하였다. 따라서 두 집단은 국방의 의무를 실현하는 장소의 측면에서 다소 차이가 있으나 의무를 실현하는 측면에서 본질적으로 차이가 있는 것은 아니다. 그런데 입법자는 오로지 공중보건의가 의무복무기간 중에 발생한 공무원 결격사유에 해당하게 되면 공중보건의 편입취소를 결정하고, 기왕의 복무기간을 전혀 고려하지 않은 채 현역병으로 입영하게 하거나 공익근무요원으로 소집하도록 하였다. 이것은 현역 의무장교나 공중보건의 중 정당사유 없이 통상 8일 이상 복무를 이탈한 자는 편입취소가 있으면, 기왕의 복무기간을 공제한 잔여복무기간을 복무하도록 하는 것과 비교하면 합리적 이유가 없는 차별에 해당하는 것이다.

비록 입법자가 병역의무의 구체적 형성에 관하여 넓은 범위에서 입법재량권을 가질 수 있을지라도 병역의무의 이행과정에서 나타나는 갖가지 사유에 의하여 어떠한 불이익이 발생하는 경우에 그에 합당한 조치가 뒷따라야 한다. 특히 복무기간의 문제는 병역의무의 형성내용 중에서도 매우 민감한 것에 해당하고, 그에 대한 불이익 조치는 보다 엄격한 제한 아래 입법형성이 시도되어야만 한다. 그런 점에서 공중보건의가 복무기간 중 직무와 실질적 관련도 없는 어떠한 사유로 그 편입이 취소되는 경우가 발생하였더라도, 그 결과 나머지 복무기간 산정은 이미 완료한 복무기간을 고려하는 것이 타당하며, 그 고려의 범위는 다른 사안과 형평을 유지하여야 하며, 전체적인 병역의무의 이행과 체계정합성을 갖추어야 할 것이다. 이미 이행한 복무기간의 고려와 그에 대한 환산은 병역의무와 같은 국민의 기본의무에 대하여 입법자가 형성재량권을 행사하는 경우 매우 세심한 숙고가 필요하다. 그것은 여러 기본권 제한과 맞물려 있기 때문에 더욱 그러하다.

6. 민법 제818조 위헌제청[8)]

(1) 사건개요

제청신청인의 부(父, 망인)가 1933년 현재의 북한지역에서 A와 혼인을 하였고, 그 사이에서 제청신청인 등이 출생하였는데, 이후 망인이 한국에서 1959년 A가 사망하지 않았음에도 A의 사망신고를 하고(A는 1997년 사망하였음), 이후 B와 혼인신고를 하여, 또 다른 자식들을 출산하였는바, 망인은 1987년 사망하고, 제청신청인은 2009년 생존해있는 B를 상대로 하여, 2009. 2. 16. 중혼의 취소를 구하는 소를 제기하였다(서울가정법원 2009드단14527).

위 사건의 계속 중 제청신청인은 2009. 6. 8. 담당재판부에 민법 제818조에 대하여 위헌제청신청을 하였고(2009즈기666), 제청법원은 위 소송계속 중인 2009. 9. 7. 민법 제818조가 위헌이라고 인정할 만한 상당한 이유가 있다며 이 사건 위헌법률심판제청을 하였다.

---

8) 헌재결 2010. 7. 29. 2009헌가8(헌법불합치).

(2) 결정요지

1) 중혼의 취소청구권자를 규정한 이 사건 법률조항은 그 취소청구권자로 직계존속과 4촌 이내의 방계혈족을 규정하면서도 직계비속을 제외하였는바, 직계비속을 제외하면서 직계존속만을 취소청구권자로 규정한 것은 가부장적·종법적인 사고에 바탕을 두고 있고, 직계비속이 상속권 등과 관련하여 중혼의 취소청구를 구할 법률적인 이해관계가 직계존속과 4촌 이내의 방계혈족 못지않게 크며, 그 취소청구권자의 하나로 규정된 검사에게 취소청구를 구한다고 하여도 검사로 하여금 직권발동을 촉구하는 것에 지나지 않은 점 등을 고려할 때, 합리적인 이유 없이 직계비속을 차별하고 있어, 평등원칙에 위반된다.

2) 다만, 이 사건 법률조항을 단순위헌을 선언할 경우에는 기존의 중혼취소청구권자로 규정된 자까지도 중혼취소청구권을 행사할 수 없는 법적 공백상태가 발생하므로, 2011. 12. 31.을 시한으로 입법자의 개선입법이 있을 때까지 잠정적인 적용을 명하는 헌법불합치를 선언한다.

재판관 김종대의 별개의견

이 사건 법률조항의 위헌에 대한 주문은 헌법불합치결정으로 할 것이 아니고, 그 심판대상을 특정하고, 구체적인 권리구제가 가능한 "이 사건 법률조항 중 직계 존속과 방계혈족을 중혼취소청구권자로 규정하면서 직계비속을 규정하지 아니한 것은 헌법에 위반된다."는 한정위헌결정의 형식을 취해야 한다.

재판관 조대현의 반대의견

중혼상태의 실상을 보면 전혼은 사실상 해소되고 후혼이 실질적인 혼인기능을 하고 있는 경우가 많은 점, 민법이 중혼을 혼인무효사유로 규정하지 아니하고 혼인취소사유로 규정하고 있는 점 등을 종합하면, 중혼의 취소 여부는 중혼으로 인하여 직접적으로 법익을 침해당한 중혼 당사자와 그 배우자의 자기결정권에 맡겨야 할 사항이라고 봄이 상당하다. 따라서 민법 제818조 중 "직계존속, 4촌 이내의 방계혈족"을 중혼취소청구권자로 규정한 부분은 중혼당사자의 혼인관계상의 권리와 혼인 관계에 대한 자기결정권을 부당하게 침해하는 것으로서 헌법에 위반된다고 보아야 한다. 따라서 민법 제818조가 직계비속을 중혼취소청구권자로 규정하지 아니한 것이 위헌이라고 선언해서는 안 된다.

(3) 평 가

혼인과 가족제도에 대한 입법은 헌법 제36조 제1항의 정신에 부합하도록 이루어져야 한다. 혼인과 가족제도의 문제는 예부터 내려온 전통의 요소와 변화된 사회현실을 반영해야 하는 시대적 요청을 함께 고려하여 다룰 필요가 있다. 종래 사회에 깊이 뿌리내린 가부장적 내지 종법제도 중심의 혼인 및 가족제도는 여러 방면에서 헌법재판소의 심사를 받았으며, 그 결과 상당한 입법적 변경과 혼인 및 가족제도에 대한 새로운 질서를 유도하기도 하였다. 그에 이어 이번 결정은 '중혼'이라는 가족법적 문제가 대두되어 또 한 번의 중요한 심사계기를 만들었다는 점에 그 의의가 있다.

혼인의 성립과 소멸은 가족제도를 형성하는 차원에서 긴요한 문제일 뿐만 아니라 상속 등의 다양한 법적 문제를 야기한다. 중혼이 전혀 발생하지 않게 만드는 입법구조가 가장 완벽할 수 있지만, 인간생활에서 불가피하게 발생할 여지가 있으므로 어떠한 방식으로든지 입법자는 규범을 통하여 방향을 설정할 수밖에 없다. 중혼의 발생이 악의적이건 그렇지 않은 불가피한 사유로 이루어진 것이건 현행 가족제도의 측면에서 보자면, 다양하고 복잡한 민사적 문제를 야기하므로 일정한 규율이 시도되어야 한다. 물론 반대의견처럼 중혼의 취소청구에 대한 문제를 당사자 간의 자기결정에 토대를 두어야 한다는 점이 전혀 받아들이기 어려운 것은 아니지만, 그와 같은 해법은 혼인제도 전반에 대한 체제변화가 수반될 수밖에 없는 논법이라고 여겨진다.

따라서 중혼의 취소는 각종 법적 분쟁에 연관된 논란을 잠재우고, 혼인관계로 파생될 신분적 이익과 재산적 이익의 사항을 근원적으로 해결할 방안으로서 충분한 의미를 가지고 있으므로, 취소권자의 범위를 획정하는 것은 해당 사안에 가장 밀접한 근친관계를 기초로 구성되어야 한다. 그런 점에서 직계존속과 4촌 이내의 방계혈족은 중혼에 대한 취소청구권자의 범위에 들어 있으나, 직계비속은 그 범위에서 배제되고 있는 것은 다양한 법적 이익에 대한 거리성을 판단해 본다면 수긍하기 어렵다. 왜냐하면 이 사안은 분명 신분법적 및 재산법적 분란을 정리하고 혼인 및 가족제도를 유지해나가기 위한 해결책을 도입한 것임에도, 연령을 주로 염두에 둔 가부장적 내지 유교적 이념에 치중한 것으로 평가하기 때문이다.

7. 통신비밀보호법 제6조 제7항 단서 위헌제청[9)]

(1) 사건개요

당해사건의 피고인인 제청신청인들은 각각 북한 노동당내 대남공작사업 담당기구인 '통일전선부' 산하 조국평화통일위원회가 1990. 11. 20. 독일 베를린에서 남한 및 해외 친북세력을 결집시켜 출범시킨 단체인 통일범민족연합의 남측본부 의장, 사무처장, 정책위원장 등의 직책을 수행하면서 2009. 6. 24. 국가보안법상 잠입·탈출(제6조), 찬양·고무죄(제7조) 등으로 구속기소되어, 현재 서울중앙지방법원(2009고합731호)에 재판계속중이다.

검사는 제청법원에 피고인들의 유죄를 입증하기 위한 증거로 수사기관이 통신제한조치의 허가 및 그 연장허가를 통하여 수집한 이메일, 녹취자료(전화녹음), 팩스자료 등을 신청하고 있는바, 이에 제청신청인은 위 증

9) 헌재결 2010. 12. 28. 2009헌가30(헌법불합치).

거자료들 대부분이 총 14회(총 30개월)에 걸쳐 연장된 통신제한조치를 통하여 수집된 것으로서 이와 같이 통신제한조치기간의 연장을 허가함에 있어 제한을 두고 있지 않는 통신비밀보호법(2001. 12. 29 법률 제6546호로 개정된 것, 이하 '법' 이라고 한다) 제6조 제7항 단서가 피고인들의 사생활의 비밀과 통신의 자유를 부당히 침해한다는 이유로 제청법원에 위헌법률심판제청신청(2009초기3876)을 하였다.

제청법원은 위 제청신청을 받아들여 법 제6조 제7항 단서가 피고인들의 사생활의 자유와 통신의 비밀을 침해하여 위헌이라고 인정할 만한 상당한 이유가 있다며 2009. 11. 27. 이 사건 위헌법률심판제청을 하였다.

(2) 결정요지

1) 통신제한조치기간의 연장을 허가함에 있어 총연장기간 또는 총연장횟수의 제한을 두고 그 최소한의 연장기간동안 범죄혐의를 입증하지 못하는 경우 통신제한조치를 중단하게 한다고 하여도, 여전히 통신제한조치를 해야 할 필요가 있으면 법원에 새로운 통신제한조치의 허가를 청구할 수 있으므로 이로써 수사목적을 달성하는 데 충분하다. 또한 법원이 실제 통신제한조치의 기간연장절차의 남용을 통제하는 데 한계가 있는 이상 통신제한조치 기간연장에 사법적 통제절차가 있다는 사정만으로는 그 남용으로 인하여 개인의 통신의 비밀이 과도하게 제한되는 것을 막을 수 없다. 그럼에도 통신제한조치기간을 연장함에 있어 법운용자의 남용을 막을 수 있는 최소한의 한계를 설정하지 않은 이 사건 법률조항은 침해의 최소성 원칙에 위반한다. 나아가 통신제한조치가 내려진 피의자나 피내사자는 자신이 감청을 당하고 있다는 사실을 모르는 기본권제한의 특성상 방어권을 행사하기 어려운 상태에 있으므로 통신제한조치기간의 연장을 허가함에 있어 총연장기간 또는 총연장횟수의 제한이 없을 경우 수사와 전혀 관계없는 개인의 내밀한 사생활의 비밀이 침해당할 우려도 심히 크기 때문에

기본권 제한의 법익균형성 요건도 갖추지 못하였다.

따라서 이 사건 법률조항은 헌법에 위반된다 할 것이다.

2) 이 사건에서 헌법재판소가 단순위헌결정을 선고하여 당장 이 사건 법률조항의 효력을 상실시킬 경우 통신제한조치 연장허가의 법적 근거가 상실하게 되어 수사목적상 필요한 정당한 통신제한조치의 연장허가도 가능하지 않게 되는 법적 공백상태가 발생한다. 따라서 이 사건 법률조항에 대하여 헌법불합치결정을 선고하되 입법자의 개선입법이 있을 때까지 잠정적으로 적용할 필요가 있다.

재판관 이강국, 재판관 송두환의 단순위헌의견

이 사건 법률조항에 대하여 단순위헌을 선고할 경우 통신제한조치기간의 연장허가의 법적 근거가 상실된다고 하더라도 수사목적상 필요한 경우에는 동일한 범죄사실에 대하여 새롭게 통신제한조치의 허가를 청구함으로써 계속해서 통신제한조치를 할 수 있는 가능성이 열려있기 때문에 법적 공백상태가 생길 염려가 없다고 할 것이다. 따라서 이 사건 법률조항에 대해서는 단순위헌을 선고하여야 한다.

재판관 조대현의 보충의견

통신감청은 전기통신의 내용을 수색하여 전기통신의 비밀과 사생활의 비밀을 근본적으로 침해하는 것이므로 적법한 절차에 따라 법관의 영장에 의하여 이루어져야 한다(헌법 제12조 제3항). 그런데 통신비밀보호법은 제5조에서 규정한 범죄의 수사를 위하여 필요한 경우에 통신감청을 허가할 수 있도록 규정하면서 통신감청을 허가할 수 있는 대상범죄의 범위를 지극히 광범위하게 규정하였고, 통신감청이 종료되기 전에는 통신감청의 허가사실이나 감청사실을 당사자에게 알리지 아니하며, 통신감청의 대상자가 통신감청의 허가사실이나 감청사실에 대하여 불복하는 절차도 마련하지 않았고, 이 사건 법률조항이 통신감청기간의 연장을 허용하면서 연장할 수 있는 횟수나 총기간을 제한하지도 않았다. 그래서 감청대상자는 자신의 전기통신내용이 감청되는 줄도 모르는 채로 전기통신의 내용을 감청당하고, 통신감청이 끝나기 전에는 통신감청의 허가나 통신감청에 대하여 불복할 기회도 주어지지 아니한다. 따라서 통신비밀보호법에 의한 통신감청제도는 적법한 절차에 의한 수색을 요구하는 헌법 제12조 제3항에 위반된다.

재판관 이공현, 재판관 김희옥, 재판관 이동흡의 반대의견

주요 범죄 내지 국가 안위를 위협하는 음모나 조직화된 집단범죄의 음모가 있는 경우에는 장기간에 걸친 지속적인 수사가 필요하고 그 증거수집을 위하여 지속적인 통신제한조치가 허용될 필요가 있다. 그런데 통신제한조치기간의 연장제도에 총연장기간이나 총연장횟수의 제한을 둔다면 위와 같은 수사목적을 달성하기가 어렵다. 다수의견은 위와 같은 경우에 법원에 동일한 범죄에 대한 새로운 통신제한조치의 허가를 청구할 수 있으므로 그로써 수사목적을 달성할 수 있다고 보고 있지만, 장기간 수사가 필요한 범죄에 있어서 감청에 의한 수사목적의 달성가능성이 여전히 인정되는 경우는 통신제한조치기간의 연장을 청구하여야 할 것이지, 제도의 취지가 다른 동일범죄사실에 대한 새로운 통신제한조치의 허가를 청구함으로써 수사목적을 달성하는 데 충분하다고 볼 수는 없다. 또한 통신제한조치기간을 연장하기 위하여는 반드시 법원의 허가를 받아야 하므로 통신제한조치기간의 연장이 남용되는 것을 막기 위한 사법적 통제절차가 마련되어 있다. 법원이 실무상 기간연장신청에 대하여 철저히 심사하지 않는다는 사정이 있다면 이는 그러한 실무를 개선함으로써 해결하여야 할 것이다. 따라서 법원이 실무상 이러한 기간연장신청에 대해 철저히 심사하지 않는다는 사정이 있다는 것을 전제로 하여, 통신제한조치의 총연장기간이나 총연장횟수를 두지 않은 이 사건 법률조항이 피해의 최소성원칙을 위반한 것이라고 볼 수 없다.

또한 통신제한조치의 허가요건이 계속 존속하는지 여부를 법원이 개

별적으로 심사하여 통신제한조치기간의 연장을 허가하는 한, 이 사건 법률조항을 통해서 추구되는 범죄 수사목적보다 그로 인해 제한될 수 있는 개인의 통신비밀의 보호법익이 명백히 우월하다고 볼 수 없으므로 법익균형성 요건은 충족된다.

따라서 이 사건 법률조항은 헌법에 위반되지 않는다고 할 것이다.

(3) 평 가

오늘날 다양한 형태의 의사전달체계가 과학기술의 발전과 더불어 만들어지고 있다. 그 중에서 전기통신영역은 통신의 전달체계면에서 신속성과 대량성으로 다른 통신수단을 압도한다. 그렇기 때문에 기본권 주체들이 더욱 많이 사용하게 되므로, 이에 대한 보호는 매우 중대한 의미를 갖게 되었다. 개인들이 전기통신을 매개로 의사소통을 시도하고, 그것은 사회여론형성이나 다양한 의견의 생성에 기반이 된다. 하지만 극도로 발달된 전기통신이 조직적 범죄의 수단으로 악용되는 사례도 빈발하고 있으므로 제한된 범위 내에서 감청이 이루어질 필요도 있다. 여기엔 중요한 전제가 있어야 하는데, 감청이 이루어지는 범위와 그 기간 등에 대하여 법률에서 미리 명확하게 한계를 설정하고 있어야 한다는 점이다.

심판대상이 된 법률규정에 감청의 근거와 연장에 대한 규율을 하고 있기는 한데, 총기간의 제한이나 총횟수에 대하여 아무런 한계를 두고 있지 않아서 피감청자의 부지 중에 통신비밀의 자유가 장기간 침해될 소지를 안게 되었다. 이것은 재판과정에서 피감청자의 통신 내용에 대한 증거능력의 인정 여부에 결정적인 영향을 미치는 구조로 인하여 중요한 의미를 갖게 된 것이다. 따라서 헌법이 보장하는 통신비밀의 자유와 수사기관의 범죄수사를 위한 공익의 달성이라는 두 법익이 충돌하지만 그것 또한 법원의 엄밀한 통제의 범위로 유도할 것이 요청되므로 헌법재판소의 이번 결정은 의의가 있다.

8. 구 자동차손해배상보장법 제39조 등 위헌제청[10)]

(1) 사건개요

• 2010헌가73

당해사건의 피고인은 의료법인인바, 그 사용인이 업무에 관하여 위법행위(자동차보험진료수가를 허위 청구하고, 진료기록부 보존의무를 위반함)를 하였다는 이유로 자동차손해배상보장법위반, 의료법위반으로 기소되어 재판을 받던 중 구 자동차손해배상보장법 제39조 및 구 의료법 제91조 제1항에 대하여 위헌제청을 하였고, 제청법원은 위 신청을 받아들여 위 각 조문에 대하여 이 사건 위헌법률심판을 제청하였다.

• 2010헌가92

당해사건의 피고인들은 건설회사인바, 현장소장이 작업계획서를 준수하지 않고, 도급자와 수급자의 근로자가 동일한 장소에서 작업을 할 때 생기는 산업재해를 예방하기 위한 필요한 조치를 취하지 아니한 과실로 작업장에서 근로자를 추락하게 하여 사망에 이르게 하였다는 이유로 산업안전보건법위반으로 기소되어 재판을 받던 중 제청법원에서 직권으로 구 산업안전보건법 제71조가 위헌이라고 인정할 상당한 이유가 있다며 이 사건 위헌법률심판을 제청하였다.

(2) 결정요지

1) 형법 제1조 제2항은 '전체적으로 보아 신법이 구법보다 피고인에게 유리하게 변경된 것이라면 신법을 적용하여야 한다'는 취지이므로, 이 사건과 같이 양벌규정에 면책조항이 추가되어 무과실책임규정이 과실책임규정으로 유리하게 변경된 경우에는 형법 제1조 제2항에 의하여 신법이

---

10) 헌재결 2010. 12. 28. 2010헌가73(일부 각하, 일부 위헌).

적용된다고 보아야 할 것인바, 당해사건에 적용되지 않는 구법은 재판의 전제성을 상실하게 되었다.

2) 이 사건 자동차손해배상보장법 조항 등은 법인이 고용한 종업원 등의 일정한 범죄행위 사실이 인정되면 종업원 등의 범죄행위에 대한 법인의 가담여부나 종업원 등의 행위를 감독할 주의의무의 위반여부 등을 전혀 묻지 않고 곧바로 법인을 종업원 등과 같이 처벌하도록 규정하고 있는바, 이는 아무런 비난받을 만한 행위를 한 바 없는 자에 대해서까지 다른 사람의 범죄행위를 이유로 처벌하는 것으로서 형벌에 관한 책임주의에 반하므로 헌법에 위반된다.

재판관 이공현의 이 사건 자동차손해배상보장법 조항 등에 대한 별개위헌의견

이 사건 자동차손해배상보장법 조항 등은 종업원 등의 범죄행위에 대한 법인의 관여나 선임·감독상의 과실 등과 같은 책임을 구성요건으로 규정하지 않아, 종업원 등의 범죄에 아무런 귀책사유가 없는 법인에 대해서도 처벌할 수 있는 것처럼 규정하고 있으며, 가사 이 사건 구 자동차손해배상 보장법 조항 등을 종업원 등에 대한 선임·감독상의 과실 있는 법인을 처벌하는 규정으로 보는 경우라 해도 과실밖에 없는 법인을 고의의 본범과 동일한 법정형으로 처벌하는 것은 책임과 형벌의 비례성 원칙에 위반된다.

재판관 김종대, 재판관 목영준의 이 사건 의료법 조항에 대한 반대의견

이 사건 의료법 조항은 당해 사건의 피고인들에 대한 형사사건에 직접 적용되거나 형법 제1조 제2항 적용의 전제로서 간접 적용되어 재판의 전제성이 있다고 할 것이므로 본안판단에 들어가 자기책임의 원칙에 반하여 무효인지 여부를 판단하는 것이 타당하다.

재판관 조대현의 이 사건 의료법 조항 및 이 사건 자동차손해배상보장법 조항 등에 대한 반대의견

법률이 개정되어 범죄의 구성요건이나 형벌이 가볍게 변경된 경우에

변경되기 전의 행위를 처벌하기 위해서는 구법과 신법을 모두 적용하여야 하므로 이 사건 의료법 조항의 위헌 여부도 당연히 재판의 전제가 되고, 나아가 합헌선언을 하여야 하고, 이 사건 자동차손해배상보장법 조항 등은 모두 법인의 종업원 등이 법인의 업무에 관하여 위법행위를 한 경우에 그 법인도 벌금형으로 처벌하도록 규정한 것으로 이는 법인이 그 업무에 관하여 종업원 등에 대한 지휘·감독의무를 다하지 못하여 종업원 등의 업무상 위법행위를 막지 못한 경우에 처벌하는 것이므로 책임주의의 원칙에 위반된다고 보기 어렵다.

재판관 이동흡의 이 사건 의료법 조항 및 이 사건 자동차손해배상보장법 조항등에 대한 반대의견

이 사건 의료법 조항이 면책조항이 신설되는 형식으로 개정되었다 하여도, 그러한 법률개정은 종래의 해석을 명문으로 밝힌 것에 불과하므로 이러한 법률개정은 형법 제1조 제2항에 해당한다고 할 수 없는바, 이 사건 의료법 조항은 재판의 전제성이 인정된다 할 것이고, 나아가 합헌선언을 함이 상당하고, 이 사건 자동차손해배상보장법 조항 등은 그 문언에 의하더라도 종업원 등의 범죄행위로 인하여 처벌되는 법인의 범위는 자신의 '업무'에 관하여 종업원 등의 '위반행위'가 있는 경우에 한정되는 것으로서, 문언상 '영업주의 종업원 등에 대한 선임·감독상의 과실 기타 귀책사유'가 명시되어 있지 않더라도 그와 같은 귀책사유가 있는 경우에만 처벌하는 것으로 해석할 수 있으며, 이러한 합헌적 해석을 전제로 할 때 이 사건 자동차손해배상보장법 조항 등은 형벌에 관한 책임주의 원칙에 위반되지 아니한다.

(3) 평 가

헌법재판소는 면책을 허용하지 않는 양벌규정에 대하여 위헌이라고 판단한 이래 거의 동일한 사안들에서 같은 취지의 결정을 내리고 있다. 특

히 이번 결정에서는 해당 법률규정이 무과실책임규정에서 과실책임규정으로 개정된 경우에 구법규정과 신법규정 중 어느 규정이 재판의 전제성을 충족하느냐에 대하여 논란이 있었다. 4인의 재판관은 구법규정에 대하여 재판의 전제성이 있다고 보았으나, 5인의 재판관은 재판의 전제성을 부인하였다. 재판의 전제성을 인정하는 견해를 밝힌 재판관들은 그 이유에 대하여 각기 다른 의견을 개진하였다. 해당 규정이 직접 내지 간접 적용된다거나 신구법이 모두 적용되는 경우라서 당연히 재판의 전제가 된다고 보거나 법률개정 그 자체가 종래의 해석을 명문으로 밝힌 것에 불과하여 법률개정은「형법」제1조 제2항에 해당한다고 볼 수 없어서 재판의 전제성을 긍정하였다. 재판의 전제성 인정 여부에 대한 논란은 그 핵심이 신구법의 개정으로 처벌에 대한 유리한 변경이냐를 판단하는 그 과정에서 법률적용의 시각을 어떻게 이론적으로 구성하느냐에 달려 있다. 만약 신구법을 비교하면서 법해석을 하는 과정 전체에 비중을 두게 되면 신법과 구법이 모두 재판의 전제성이 있다고 볼 여지가 있으며, 법적용의 궁극적 해결에 초점을 맞추면 결국 유리한 변경인 경우 신법을 적용하게 되므로 오로지 신법만이 재판의 전제성 요건을 충족한다고 볼 것이다.

Ⅲ. 권한쟁의심판사건(헌라)

1. 국회의원과 법원 간의 권한쟁의[11)]

(1) 사건개요

청구인은 한나라당 소속 국회의원인데, “각급학교 교원의 교원단체

11) 헌재결 2010. 7. 29. 2010헌라1(각하).

및 노동조합 가입현황 실명자료"(이하 "이 사건 가입현황")을 자신의 인터넷 홈페이지에 게시하여 공개하려 하자 전교조 및 그 소속 일부 교원들(이하 "이 사건 교원들")은 그 공개로 인한 기본권(사생활의 비밀과 자유, 단결권) 침해를 주장하며 이 사건 가입현황의 공개금지 가처분 및 간접강제를 서울남부지방법원에 신청하였고 서울남부지방법원 제51민사부는 이 사건 교원들의 신청을 받아들여 2010. 4. 15. 가처분을 명하고(서울남부지방법원 2010카합211 결정) 간접강제 신청은 기각하였다.

이에 청구인은 법원의 위와 같은 가처분에도 불구하고 이 사건 가입현황을 자신의 인터넷 홈페이지에 게시하는 한편 위 가처분 재판이 청구인의 국회의원으로서의 권한을 침해하였다며 서울남부지방법원 제51민사부를 상대로, 2010. 4. 23. 헌법재판소에 권한쟁의심판을 청구하였다.

한편 이 사건 교원들은 청구인이 법원의 가처분 결정에도 불구하고 이 사건 가입현황을 공개하자 위 가처분에 따른 청구인의 의무 이행을 강제하기 위한 간접강제를 다시 신청하였고 서울남부지방법원 제51민사부는 2010. 4. 27. 그 신청을 받아들여 청구인에 대해 이 사건 가입현황을 계속 게시할 경우 1일 30,000,000원의 비율에 의한 금원을 이 사건 교원들에게 지급하라는 간접강제결정(서울남부지방법원 2010타기1011 결정)을 하였다.

이에 청구인은 위 간접강제 재판도 청구인의 국회의원으로서의 권한을 침해하였다며, 앞서 제기한 권한쟁의심판 사건의 심판 대상에 위 간접강제 재판을 2010. 4. 29. 추가하였다.

(2) 결정요지

권한쟁의심판에서 다툼의 대상이 되는 권한이란 헌법 또는 법률이 특정한 국가기관에 대하여 부여한 독자적인 권능을 의미하므로, 국가기관의 모든 행위가 권한쟁의심판에서 의미하는 권한의 행사가 될 수는 없으며, 국가기관의 행위라 할지라도 헌법과 법률에 의해 그 국가기관에게 부여된 독자적인 권능을 행사하는 경우가 아닌 때에는 비록 그 행위가 제한을 받더라도 권한쟁의심판에서 말하는 권한이 침해될 가능성은 없는바, 특정 정보를 인터넷 홈페이지에 게시하거나 언론에 알리는 것과 같은 행위는 헌법과 법률이 특별히 국회의원에게 부여한 국회의원의 독자적인 권능이라고 할 수 없고 국회의원 이외의 다른 국가기관은 물론 일반 개인들도 누구든지 할 수 있는 행위로서, 그러한 행위가 제한된다고 해서 국회의원의 권한이 침해될 가능성은 없다.

청구인은 이 사건 가처분재판과 이 사건 간접강제재판으로 인해 입법에 관한 국회의원의 권한과 국정감사 또는 조사에 관한 국회의원의 권한이 침해되었다는 취지로 주장하나, 이 사건 가처분재판이나 이 사건 간접강제재판에도 불구하고 청구인으로서는 얼마든지 법률안을 만들어 국회에 제출할 수 있고 국회에 제출된 법률안을 심의하고 표결할 수 있어 입법에 관한 국회의원의 권한인 법률안 제출권이나 심의·표결권이 침해될 가능성이 없으며, 이 사건 가처분재판과 이 사건 간접강제재판은 국정감사 또는 조사와 관련된 국회의원의 권한에 대해서도 아무런 제한을 가하지 않고 있어, 국정감사 또는 조사와 관련된 국회의원으로서의 권한이 침해될 가능성 또한 없다. 따라서 이 사건 권한쟁의심판청구는 청구인의 권한을 침해할 가능성이 없어 부적법하다.

(3) 평 가

한때 우리 사회를 뜨겁게 달궜던 논쟁이 바로 이 사안에 해당한다. 국회의원이 특정 단체의 회원명부를 입수하여 실명을 인터넷에 공지한 것으로서 해당 단체(전교조)의 단결권을 비롯한 명부에 등재된 개인들의 여러 기본권을 침해하느냐에 대하여 만만찮은 사회적 논쟁이 있었다. 헌법재판소는 국회의원이 갖는 심의·표결권과 법률안 제출권 등에 대한 법원의 침해 여부를 판단하였다. 이 두 가지 권한 모두 법원의 가처분결정과 간접강제재판에 의하여 침해될 가능성이 없는 것으로 보았다.

이 사안은 국회의원이 국회라는 헌법기관의 구성원으로서 어떠한 권한과 의무를 갖는지에 대하여 일정 부분 한계를 그었다는 점에서 의의가 있다. 일반 국민과 국회의원이 모두 할 수 있는 범주의 행위를 언급하면서, 그러한 행위가 제한된다고 하여 국회의원의 권한이 침해될 가능성은 없다고 한 것이다. 또한 재판의 내용이 국회의원이 갖는 의안에 대한 심의·표결권과 법률안 제출권의 침해와 관련성이 없고, 그러한 권한을 침해할 가능성 자체가 존재하지 않는 것이라면 권한쟁의심판의 대상으로서 그 적격을 갖추지 못한 것으로 평가할 수 있게 되었다. 그러므로 국회의원이라는 신분을 보유하고 있더라도 그것이 다른 대외적 기관과 관련하여 권한침해의 상황이 존재하지 않는다면 국회의원이 갖는 일정한 권리의 침해를 주장할 수는 없다.

2. 국가인권위원회와 대통령 간의 권한쟁의[12)]

(1) 사건개요

청구인은 2001. 5. 24. 법률 제6481호로 제정된 국가인권위원회법에 의하여 인권침해행위에 대한 조사와 구제 등의 업무를 수행하기 위하여 설립된 국가기관이다.

국가인권위원회법 제18조에 의하면 국가인권위원회법에 규정된 사항 외에 국가인권위원회의 조직에 관하여 필요한 사항은 대통령령으로 정하도록 하고 있는바, 이에 관한 대통령령이 「국가인권위원회와 그 소속기관 직제」(이하 '직제령'이라고 한다)이다.

행정안전부장관은 정부조직과 정원 등에 관한 사무를 관장하는 중앙

---

12) 헌재결 2010. 10. 28. 2009헌라6(각하).

행정기관으로서 2009. 3. 30. 국가인권위원회 직제령에 대한 전부 개정안(이하 '이 사건 직제령 개정안'이라고 한다)을 국무회의 안건으로 상정하였고, 국무회의는 같은 날 이를 의결하였다. 이 사건 직제령 개정안의 주요 내용은 청구인 조직을 종전 5본부 22팀 4소속기관에서 유사기능을 통합하고 하부조직을 대과(大課) 체제로 전환하여 1관 2국 11과 3소속기관으로 개편하면서 정원을 208명에서 164명으로 21.2% 감축하는 것이다.

청구인은 2009. 3. 30. 이 사건 직제령 개정안이 헌법 및 국가인권위원회법에 의하여 부여된 청구인의 독립적 업무수행권한을 침해하고 있다고 주장하면서, 피청구인을 상대방으로 그 권한침해 확인 및 위 직제령 개정안의 무효 확인을 구하는 이 사건 권한쟁의심판을 청구하였다.

피청구인은 2009. 4. 6. 이 사건 직제령 개정안에 따라 대통령령 제21411호로 전부개정된 직제령(이하 '이 사건 직제령'이라고 한다)을 관보에 게재함으로써 공포절차를 마쳤고, 그 효력은 부칙규정에 의하여 공포일로부터 발생하였다.

(2) 결정요지

권한쟁의심판은 국회의 입법행위 등을 포함하여 권한쟁의 상대방의 처분 또는 부작위가 헌법 또는 법률에 의하여 부여받은 청구인의 권한을 침해하였거나 침해할 현저한 위험이 있는 때 제기할 수 있는 것인데, 헌법상 국가에게 부여된 임무 또는 의무를 수행하고 그 독립성이 보장된 국가기관이라고 하더라도 오로지 법률에 설치근거를 둔 국가기관이라면 국회의 입법행위에 의하여 존폐 및 권한범위가 결정될 수 있으므로 이러한 국가기관은 '헌법에 의하여 설치되고 헌법과 법률에 의하여 독자적인 권한을 부여받은 국가기관'이라고 할 수 없다. 즉, 청구인이 수행하는 업무의 헌법적 중요성, 기관의 독립성 등을 고려한다고 하더라도, 국회가 제정한 국가인권위원회법에 의하여 비로소 설립된 청구인은 국회의 위 법률 개정행위에 의하여 존폐 및 권한범위 등이 좌우되므로 헌법 제111조 제1항 제4호 소정의 헌법에 의하여 설치된 국가기관에 해당한다고 할 수 없다. 결국, 권한쟁의심판의 당사자능력은 헌법에 의하여 설치된 국가기관에 한정하여 인정하는 것이 타당하므로, 법률에 의하여 설치된 청구인에게는 권한쟁의심판의 당사자능력이 인정되지 아니한다.

재판관 김희옥, 재판관 민형기의 보충의견

피청구인이 '국가인권위원회와 그 소속기관 직제'를 개정한 것은 국가인권위원회법 규정의 위임에 따른 것이고, 이와 별도로 위원회의 권한을 정한 위 법규정이 그 내용에 있어 아무런 변동이 없이 그대로 유지되고 있으므로, 특단의 사정이 없는 한 피청구인의 그러한 직제개편만으로는 곧바로 청구인의 권한이 침해될 것이라고 단정할 수는 없는 것이다. 따라서 청구인의 권한이 침해될 가능성이 있다고 할 수 없으므로, 이 사건 권한쟁의심판청구는 이 점에서도 마찬가지로 부적법하다.

재판관 조대현, 재판관 김종대, 재판관 송두환의 반대의견

권한쟁의심판에 관한 헌법 및 헌법재판소법의 관련 규정, 권한쟁의심판과 기관소송의 관계 등에 비추어, 비록 법률에 의해 설치된 국가기관이라고 할지라도 그 권한 및 존립의 근거가 헌법에서 유래하여 헌법적 위상을 가진다고 볼 수 있는 독립적 국가기관으로서 달리 권한침해를 다툴 방법이 없는 경우에는 헌법재판소에 의한 권한쟁의심판이 허용된다고 보아야 할 것인바, 청구인은 바로 이 경우에 해당하므로 권한쟁의심판청구의 당사자 능력이 마땅히 인정되어야 한다.

(3) 평 가

권한쟁의심판의 당사자가 될 수 있는 국가기관의 지위는 오로지 헌법에 의하여 설치근거가 있어야 하는가? 국가기관의 의미는 어떻게 새기는

것이 타당한가? 이 두 가지 물음에 대하여 옳은 답을 찾아야만 이 사안을 해결할 수 있다. 다수의견은 헌법에 의하여 설치근거를 둔 국가기관으로 한정하여 이해하고 있음에 비하여, 반대의견은 비록 법률에 의하여 설치된 기관이라 할지라도 독립된 국가기관으로서 지위를 갖고 있으면서 달리 권한침해를 다툴 방법이 없는 경우에 권한쟁의심판의 당사자가 될 수 있다고 보았다. 여기서 국가기관의 의미를 보다 넓게 이해하여 비록 헌법에서 명시적으로 근거를 제시하고 있지 않은 경우라도 기관소송과 중복되지 않거나 다툼을 해결할 마땅한 방도가 없는 경우에 허용할 수 있다는 점에서 반대의견은 경청할 가치가 있다.

헌법이 명시적으로 국가기관의 의미를 확정지은 바가 없을 뿐만 아니라, 「행정소송법」상 기관소송의 방법으로 해결하지 못할 중대한 공백상태가 존재할 여지도 충분히 존재한다. 그런 측면에서 헌법재판소의 반대의견이 제시한 논거에 따라 권한쟁의심판의 당사자에 대한 적용범위를 확대할 수 있다면, 미해결의 중요한 헌법적 문제를 적극적으로 해결할 수 있는 길을 터줄 수 있을 것으로 생각한다.

3. 국회의원과 국회의장 간의 권한쟁의[13)]

(1) 사건개요

청구인들은 민○당, ○○한국당 또는 ○○○동당 소속의 제18대 국회의원들로서 2009. 7. 23. 헌법재판소에 국회의장을 피청구인으로 한 2009헌라8 · 9 · 10(병합, 이하 '2009헌라8등'이라 한다) 권한쟁의심판청구를 하였다.

헌법재판소는 2009. 10. 29. 위 사건에 대하여, 피청구인이 2009. 7. 22. 15:35경 개의된 제283회 국회임시회 제2차 본회의에서 신문 등의 자유와 기능보장에 관한 법률(이하 '신문법'이라 한다)안 및 방송법 일부개정법률(이하

---

13) 헌재결 2010. 11. 25. 2009헌라12(기각).

'방송법'이라 한다)안의 가결을 선포한 행위는 청구인들의 위 각 법률안 심의·표결권을 침해한 것임을 확인하고(주문 제2항), 위 각 법률안 가결선포행위의 무효확인청구를 기각하는(주문 제4항) 결정을 선고하였다.

위 결정 이후, 문제가 되었던 방송법은 2009. 11. 1., 신문법은 2010. 2. 1. 각 시행되었고, 위 각 법률의 시행령은 2010. 1. 26. 대통령령 제22002호 및 2010. 1. 27. 대통령령 제22003호로 각 개정되어, 2010. 2. 1. 각 시행되었다.

청구인들 중 박○선 외 11인은 위 결정 이후 2009. 11. 6. 신문법 폐지법률안(의안번호 1806485호)과 신문 등의 자유와 독립성 보장에 관한 법률안(의안번호 1806486호) 및 방송법 폐지법률안(의안번호 1806483호)과 방송매체의 자유와 독립성 보장 등에 관한 법률안(의안번호 1806484호)을 각 발의하였다. 위 4개의 법률안은 2009. 11. 9. 제284회 국회 제9차 본회의에 보고되었고, 같은 날 소속 상임위원회인 국회 문화체육관광방송통신위원회에 회부되었으나, 의안상정이 이루어지지 않은 상태로 위 위원회에 계류되어 있다.

청구인들은 헌법재판소가 2009헌라8등 사건의 결정주문 제2항에서 피청구인의 신문법안 및 방송법안(이하 '이 사건 각 법률안'이라 한다) 가결선포행위가 청구인들의 이 사건 각 법률안 심의·표결권을 침해한 것이라고 인정한 이상, 위 주문의 기속력에 따라 피청구인은 청구인들에게 이 사건 각 법률안에 대한 심의·표결권을 행사할 수 있는 조치를 취하여야 함에도 불구하고 피청구인이 아무런 조치를 취하지 않고 있고, 피청구인의 위와 같은 부작위는 청구인들의 이 사건 각 법률안 심의·표결권을 침해한다고 주장하며 2009. 12. 18. 이 사건 권한쟁의심판을 청구하였다.

(2) 결정요지

1) 청구인이 법률안 심의·표결권의 주체인 국가기관으로서의 국회의원 자격으로 권한쟁의심판을 청구하였다가 심판절차 계속 중 사망한 경우,

국회의원의 법률안 심의·표결권은 성질상 일신전속적인 것으로 당사자가 사망한 경우 승계되거나 상속될 수 없어 그에 관련된 권한쟁의심판절차 또한 수계될 수 없으므로, 권한쟁의심판청구는 청구인의 사망과 동시에 당연히 그 심판절차가 종료된다.

2) 재판관 이공현, 재판관 민형기, 재판관 이동흡, 재판관 목영준의 각하의견

헌법재판소의 권한쟁의심판의 결정은 모든 국가기관과 지방자치단체를 기속하는바, 권한침해의 확인결정에도 기속력이 인정된다. 그러나 그 내용은 장래에 어떤 처분을 행할 때 그 결정의 내용을 존중하고 동일한 사정 하에서 동일한 내용의 행위를 하여서는 아니 되는 의무를 부과하는 것에 그치고, 적극적인 재처분 의무나 결과제거 의무를 포함하는 것은 아니다. 재처분 의무나 결과제거 의무는 처분 자체가 위헌·위법하여 그 효력을 상실하는 것을 전제하는데, 이는 처분의 취소결정이나 무효확인 결정에 달린 것이기 때문이다.

헌법재판소법은 헌법재판소가 피청구인이나 제3자에 대하여 적극적으로 의무를 부과할 권한을 부여하고 있지 않고, 부작위에 대한 심판청구를 인용하는 결정을 한 때에 피청구인에게 결정의 취지에 따른 처분의무가 있음을 규정할 뿐이다. 따라서 헌법재판소가 권한의 존부 및 범위에 관한 판단을 하면서 피청구인이나 제3자인 국회에게 직접 어떠한 작위의무를 부과할 수는 없고, 권한의 존부 및 범위에 관한 판단 자체의 효력으로 권한침해행위에 내재하는 위헌·위법상태를 적극적으로 제거할 의무가 발생한다고 보기도 어렵다.

그러므로 2009헌라8등 사건에서 헌법재판소가 권한침해만을 확인하고 권한침해의 원인이 된 처분의 무효확인이나 취소를 선언하지 아니한 이상, 종전 권한침해확인결정의 기속력으로 피청구인에게 종전 권한침해행위에 내재하는 위헌·위법성을 제거할 적극적 조치를 취할 법적 의무가 발생한다고 볼 수 없으므로, 이 사건 심판청구는 부적법하다.

재판관 김종대의 기각의견

모든 국가기관과 지방자치단체는 헌법재판소의 권한쟁의심판에 관한 결정에 기속되는바, 헌법재판소가 국가기관 상호간의 권한쟁의심판을 관장하는 점, 권한쟁의심판의 제도적 취지, 국가작용의 합헌적 행사를 통제하는 헌법재판소의 기능을 종합하면, 권한침해확인결정의 기속력을 직접 받는 피청구인은 그 결정을 존중하고 헌법재판소가 그 결정에서 명시한 위헌·위법성을 제거할 헌법상의 의무를 부담한다.

그러나 권한쟁의심판은 본래 청구인의 「권한의 존부 또는 범위」에 관하여 판단하는 것이므로, 입법절차상의 하자에 대한 종전 권한침해확인결정이 갖는 기속력의 본래적 효력은 피청구인의 이 사건 각 법률안 가결선포행위가 청구인들의 법률안 심의·표결권을 위헌·위법하게 침해하였음을 확인하는 데 그친다. 그 결정의 기속력에 의하여 법률안 가결선포행위에 내재하는 위헌·위법성을 어떤 방법으로 제거할 것인지는 전적으로 국회의 자율에 맡겨져 있다. 따라서 헌법재판소가 「권한의 존부 또는 범위」의 확인을 넘어 그 구체적 실현방법까지 임의로 선택하여 가결선포행위의 효력을 무효확인 또는 취소하거나 부작위의 위법을 확인하는 등 기속력의 구체적 실현을 직접 도모할 수는 없다.

일반적인 권한쟁의심판과는 달리, 국회나 국회의장을 상대로 국회의 입법과정에서의 의사절차의 하자를 다투는 이 사건과 같은 특수한 유형의 권한쟁의심판에 있어서는, 「처분」이 본래 행정행위의 범주에 속하는 개념으로 입법행위를 포함하지 아니하는 점, 권한침해확인결정의 구체적 실현방법에 관하여 국회법이나 국회규칙에 국회의 자율권을 제한하는 규정이 없는 점, 법률안 가결선포행위를 무효확인하거나 취소하는 것은 해당 법률 전체를 무효화하여 헌법 제113조 제1항의 취지에도 반하는 점 때문에 헌법재판소법 제66조 제2항을 적용할 수 없다. 이러한 권한침해확인결정의 기속력의 한계로 인하여 이 사건 심판청구는 이를 기각함이 상당하다.

재판관 조대현, 재판관 김희옥, 재판관 송두환의 인용의견

2009헌라8등 권한침해확인결정의 기속력에 의하여 국회는 이 사건 각 법률안에 대한 심의·표결절차 중 위법한 사항을 시정하여 청구인들의 침해된 심의·표결권한을 회복시켜줄 의무를 부담한다. 따라서 국회는 이 사건 각 법률안을 다시 적법하게 심의·표결하여야 한다. 이를 위하여 필요한 경우에는 이 사건 각 법률안에 대한 종전 가결선포행위를 스스로 취소하거나 무효확인할 수도 있고, 신문법과 방송법의 폐지법률안이나 개정법률안을 상정하여 적법하게 심의할 수도 있고, 적법한 재심의·표결의 결과에 따라 종전의 심의·표결절차나 가결선포행위를 추인할 수도 있을 것이다.

2009헌라8등 결정이 신문법안과 방송법안에 대한 가결선포행위의 무효확인청구를 기각하였지만, 그것이 권한침해확인 결정의 기속력을 실효시키거나 배제하는 것은 아니고, 위법한 심의·표결절차를 시정하는 구체적인 절차와 방법은 국회의 자율에 맡기는 것이 바람직하다고 본 것일 뿐이다.

결국 2009헌라8등 권한침해확인결정에도 불구하고, 국회가 이 사건 각 법률안에 대한 심의·표결절차의 위법성을 바로잡고 침해된 청구인들의 심의·표결권을 회복시켜줄 의무를 이행하지 않는 것은 헌법재판소의 종전 결정의 기속력을 무시하고 청구인들의 심의·표결권 침해상태를 계속 존속시키는 것이므로, 이 사건 심판청구를 받아들여야 한다.

재판관 이강국의 인용의견

헌법재판소법 제66조 제1항에 의한 권한침해확인 결정의 기속력은 모든 국가기관으로 하여금 헌법재판소의 판단에 저촉되는 다른 판단이나 행위를 할 수 없게 하고, 헌법재판소의 결정 내용을 자신의 판단 및 조치의 기초로 삼도록 하는 것이며, 특히 피청구인에게는 위헌·위법성이 확인된 행위를 반복하여서는 안 될 뿐만 아니라 나아가 헌법재판소가 별도로 취소 또는 무효확인 결정을 하지 않더라도 법적·사실적으로 가능한 범위 내

에서 자신이 야기한 위헌·위법 상태를 제거하여 합헌·합법 상태를 회복하여야 할 의무를 부여하는 것으로 보아야 한다.

국회의 헌법적 위상과 지위, 자율권을 고려하여 헌법재판소는 국회의 입법과정에서 발생하는 구성원 간의 권한침해에 관하여는 원칙적으로 피청구인의 처분이나 부작위가 헌법과 법률에 위반되는지 여부만을 밝혀서 그 결정의 기속력 자체에 의하여 피청구인으로 하여금 스스로 합헌적인 상태를 구현하도록 함으로써 손상된 헌법상의 권한질서를 다시 회복시키는 데에 그쳐야 하고, 이를 넘어 법 제66조 제2항 전문에 의한 취소나 무효확인의 방법으로 처분의 효력에 관한 형성적 결정을 함으로써 국가의 정치적 과정에 적극적으로 개입하는 것은 바람직하지 않다.

2009헌라8등 사건의 주문 제2항에서 피청구인이 청구인들의 위 법률안에 대한 심의·표결권을 침해하였음이 확인된 이상, 주문 제4항에서 위 법률안 가결선포행위에 대한 무효확인 청구가 기각되었다고 하더라도, 피청구인은 위 권한침해확인 결정의 기속력에 의하여 권한침해처분의 위헌·위법 상태를 제거할 법적 작위의무를 부담하고, 그 위헌·위법 상태를 제거하는 구체적 방법은 국회나 국회를 대표하는 피청구인의 자율적 처리에 맡겨져야 한다. 그런데 피청구인은 위 주문 제2항의 기속력에 따른 법적 작위의무를 이행하지 아니할 뿐만 아니라 위 주문 제4항에서 무효확인 청구가 기각되었음을 이유로 법적 작위의무가 없다는 취지로 적극적으로 다투고 있으므로, 이 사건 청구는 인용되어야 한다.

(3) 평 가

헌법소송절차가 합법적으로 진행되던 중에 청구인(국회의원)이 사망한 경우에 과연 그 소송은 최종적으로 종료되는가, 아니면 계속 심판절차를 진행하여 종국결정을 내릴 수 있는 것인가? 이 물음에 대한 답은 헌법소송이 갖는 특성에서 찾아야 타당할 것으로 본다. 헌법재판소는 권한쟁의심판절차가 진행되던 중에 청구인이 사망하였음을 이유로 더 이상 소송수계 또는 상속 등이 될 수 없음을 확인하면서, 국회의원의 심의·표결권은 일신전속적이라고 보아 소송절차종료선언을 해버렸다. 그런데 이러한 판단은 매우 성급한 결론에 해당하고, 당해 사안 자체가 갖는 헌법적 해명의 무게감을 감안해 본다면, 헌법재판의 특성을 간과 내지 외면한 채 쉽사리 사건종결로 나아갔다는 비판을 면하기 어렵다. 그리고 당해 사안은 향후 의회의 의사절차에 다시 반복될 우려 또한 잠재되어 있다. 따라서 국회의원의 심의·표결권 침해 여부를 다투는 것이 헌법적 해명을 덮을 단순한 사적 소송의 위치에만 머문다는 결론은 납득하기 어렵다.

헌법재판소가 권한쟁의심판절차에서 권한의 존부 및 범위에 관한 판단을 한 경우 그 내용으로부터 어떤 범위의 효력이 발생하느냐는 이 결정의 핵심이며, 향후 규범의 내용을 바로잡는 열쇠역할을 하게 된다. 헌법재판소는 당해 사안에서 4인은 각하, 1인은 기각, 4인은 인용으로 나뉘면서 기각결정을 하였다. 재판관들 사이에 근본적인 견해 차이가 발생하는 지점은 권한의 존부 및 범위에 대한 결정으로부터 어느 정도 (적극적인) 작위의무를 도출해낼 수 있느냐에 있었다. 만약 아무런 헌법적 의무를 도출할 수 없다는 사고에 집착한다면, 당해 사안과 같은 경우 국회의 자율권 존중이라는 명분 아래 의사절차의 흠을 궁극적으로 치유하지 못하는 결과 의회민주주의가 왜곡될 우려가 있다. 국회의 자율권 또한 헌법적 한계 안에서 존중받아야 하는 가치임이 분명하므로, 그것이 이미 헌법적으로 일탈한 경우 그 경로에서 도출한 국가의 의사는 바로잡아야 마땅한 것이다. 헌법재판소에 의한 해명과 판단이 희석되는 순간, '자율'은 '자의'로 치닫는다.

Ⅳ. 헌법재판소법 제68조 제1항에 의한 헌법소원(헌마)

1. 공직선거법 제265조 본문 위헌확인[14)]

(1) 사건개요

청구인은 2008. 4. 9. 실시된 제18대 국회의원 선거에서 한나라당의 공천으로 경남 양산에서 출마하여 국회의원으로 당선되었다. 그런데 청구인의 회계책임자 김○○이 공직선거법 제230조 제1항 제4호 및 제135조 제3항을 위반하여 전화 선거운동원 등에게 선거운동의 대가를 지급하였다는 혐의로 기소되어 2008. 11. 4. 울산지방법원(2008고합264)에서 징역 1년에 집행유예 2년 및 사회봉사 160시간의 명령을 선고받고 불복하였으나, 항소심인 부산고등법원(2008노856)은 2009. 2. 2. 위 항소를 기각하였다. 이 사건은 2009. 2. 11. 대법원(2009도1322)에 상고되었으나 2009. 6. 23. 상고기각되었고, 따라서 청구인은 공직선거법 제265조 본문에 의하여 국회의원직을 상실하였다.

청구인은, 공직선거법 제265조 본문 중 "회계책임자" 부분이 헌법 제12조 제1항의 적법절차원칙, 헌법 제13조 제3항의 연좌제금지, 자기책임의 원칙, 헌법 제37조 제2항의 과잉금지원칙에 위반되어 공무담임권 및 재판청구권을 침해한다고 주장하면서 2009. 3. 20. 이 사건 헌법소원심판을 청구하였다.

(2) 결정요지

1) 헌법 제13조 제3항은 '친족의 행위와 본인 간에 실질적으로 의미있는 아무런 관련성을 인정할 수 없음에도 불구하고 오로지 친족이라는 사

14) 헌재결 2010. 3. 25. 2009헌마170(기각 5인, 인용 4인).

유 그 자체만으로' 불이익한 처우를 가하는 경우에만 적용되기 때문에 원칙적으로 회계책임자가 친족이 아닌 이상, 이 사건 법률조항은 적어도 헌법 제13조 제3항의 규범적 실질내용에 위배될 수는 없다.

2) 이 사건 법률조항은 후보자에게 회계책임자의 형사책임을 연대하여 지게 하는 것이 아니라, 선거의 공정성을 해치는 객관적 사실(회계책임자의 불법행위)에 따른 선거결과를 교정하는 것에 불과하고, 또한 후보자는 공직선거법을 준수하면서 공정한 경쟁이 되도록 할 의무가 있는 자로서 후보자 자신뿐만 아니라 최소한 회계책임자 등에 대하여는 선거범죄를 범하지 않도록 지휘·감독할 책임을 지는 것이므로, 이 사건 법률조항은 후보자 '자신의 행위'에 대하여 책임을 지우고 있는 것에 불과하기 때문에, 헌법상 자기책임의 원칙에 위반되지 아니한다.

3) 이 사건 법률조항에 의한 후보자 책임의 법적 구조의 특징, 회계책임자에게 재판절차라는 완비된 절차적 보장이 주어진다는 점, 별도 절차의 채부에 따른 장·단점이 나뉜다는 점 등을 종합하면 후보자에 대하여 변명·방어의 기회를 따로 부여하는 절차를 마련하지 않았다는 점만으로 적법절차원칙에 어긋나고 재판청구권을 침해한 것이라고 볼 수 없다.

4) 회계책임자와 후보자는 선거에 임하여 분리하기 어려운 운명공동체라고 보아 회계책임자의 행위를 곧 후보자의 행위로 의제함으로써 선거부정 방지를 도모하고자 한 입법적 결단이 현저히 잘못되었거나 부당하다고 보기 어려운 이상, 감독상의 주의의무 이행이라는 면책사유를 인정하지 않고 후보자에게 법정 연대책임을 지우는 제도를 형성한 것이 반드시 필요 이상의 지나친 규제를 가하여 가혹한 연대책임을 부과함으로써 후보자의 공무담임권을 침해한다고 볼 수 없다.

재판관 조대현, 재판관 김종대, 재판관 목영준, 재판관 송두환의 반대의견

이 사건 법률조항은 단순히 금전배상을 명하는 민사상 제재와는 전혀 다른 영역인 후보자의 공무담임권을 박탈하는 공직선거법상의 제재에 대

해서까지 법정 무과실책임으로 규정하고 있고, 회계책임자인 피고인의 주관적 양형조건도 반영된 그 양형에 의해 제3자인 후보자의 공무담임권 박탈을 예외없이 연계시키고 있다.

회계책임자에 대한 형사재판은 제3자인 회계책임자의 범죄행위에 대한 재판일 뿐 후보자 자신의 국회의원직 상실 여부를 결정하는 재판이 아닐 뿐만 아니라, 더욱이 회계책임자가 후보자를 배신하여 이 사건 법률조항 소정의 선거범죄를 저지른 경우와 같이 후보자와 회계책임자의 이해가 일치하지 아니하게 된 경우에는 후보자에게 사실상으로도 변명·방어의 기회가 보장될 수 없다.

후보자가 자신의 관리·감독책임 없음을 입증하여 면책될 가능성조차 부여하지 아니한 채 회계책임자의 불법행위를 근거로 후보자의 공무담임권을 확정적으로 박탈하는 이 사건 법률조항은 헌법상 자기책임의 원리에 위배하여 후보자의 공무담임권을 침해하는 것이어서 헌법에 위반된다.

재판관 조대현, 재판관 김종대의 반대의견에 대한 보충의견

국민의 직접선거에 의하여 대표로 선출되어 강한 민주적 정당성을 확보하고 있는 후보자에 대하여 사후에 법률규정에 의하여 그 직을 확정적으로 박탈하려면 위 민주적 정당성을 초월하는 고도의 헌법적 정당성에 터 잡고 있어야 하기 때문에 이 사건 법률조항이 헌법상 자기책임원리에 반하는가에 대해서는 엄격한 심사가 이루어져야 한다.

후보자가 회계책임자의 범죄행위를 알지 못하였고 그 알지 못한 데에 감독상의 과실마저 인정되지 않는 경우라면, 선거 자체의 공정성에 관한 재판결과가 아닌 불법행위를 저지른 회계책임자의 형사 양형만을 근거로 후보자의 직을 박탈하는 것이 오히려 유권자의 의사를 더욱 크게 왜곡하여 대의제의 이념에 반하는 결과를 초래하고 있다.

이 사건 법률조항이 유·무죄도 아니고 형의 종류도 아닌 벌금형 중

에서 300만 원을 제재의 기준으로 하고 있는 것은 기본권 제한기준의 합리적이고 객관적인 기준이 될 수 없고, 국회의원직의 박탈이라는 공무담임권의 상실요건을 법관이 제3자의 선거범죄에 대한 형사사건에서 그 제3자에 대한 법관의 재량적 양형판단에 결부시킴으로써 수범자에게 예측가능성을 제공하지 못하기 때문에 문제는 더욱 심각하다 할 것이다.

(3) 평 가

헌법재판소는 이 사안에서 헌법 제13조 제3항의 규범보호영역이 어디까지인가에 대하여 명확하게 밝혔다. 이미 헌법 문언에서 '친족의 행위로 인하여'라는 표현을 사용하였으므로 당해 사안의 '회계 책임자'는 이 범주에 포함될 수 없는 지위에 있어서 헌법 제13조 제3항의 위반 여부로 평가할 수는 없다는 것이다. 물론 회계 책임자가 친족의 신분을 함께 가질 수는 있다. 이와 관련된 사안으로 이미 헌법재판소는 구「공직선거 및 선거부정방지법」 제265조에 정한 '배우자'의 선거범죄로 말미암아 후보자의 당선이 무효가 되도록 한 규정에 대하여 합헌으로 판단한 바 있다.[15] 이 사안에서 원용된 여러 헌법이론이 이번 결정에서도 그대로 차용되고 있다.

이 두 결정에 나타난 주요 논증의 차이는 불이익을 받는 신분적 관련성 정도의 차이에서 비롯한다. 앞서 언급한 바와 같이 2005년 결정은 친족관계에 있는 배우자의 선거범죄와 연관되고, 2010년 결정은 일반적으로 이러한 친족관계가 없는 선거과정의 운명공동체에 속해 있는 회계 책임자라는 점에서 차이가 있다. 신분적 측면에서만 본다면, 배우자가 회계 책임자보다 공직선거 후보자와 훨씬 더 긴밀하고, 운명공동체로서 지위가 더 강조될 가능성은 있다. 따라서 배우자의 경우엔 헌법 제13조 제3항의 연좌제 여부에 대한 헌법적 평가가 가능하지만, 회계 책임자의 경우엔 연좌제 여부에 대한 범주로 논할 수는 없다. 다만 신분적 연대성으로 공직 후

15) 헌재결 2005. 12. 22. 2005헌마19(합헌).

보자의 당선이 무효로 되는 것이 얼마만큼 설득력을 지닐 수 있느냐 하는 문제가 남아 있다.

공직 후보자의 면책가능성을 전혀 부여하지 않은 입법체계가 금권선거의 방지를 위한 공익보호를 위하여 정당화될 수 있는지가 규명되어야 하는 것이다. 선거가 진행되는 과정에서 선거비용의 지출과 그와 연관된 회계의 중요성은 이미 여러 차례 선거를 통해 경험적으로 알 수 있다. 비록 법률규정에 따라 회계 책임자가 징역 또는 300만 원 이상의 벌금형을 선고받으면, 공직 후보자의 당선이 당연히 무효가 되도록 하는 것은 불가피한 측면이 있으며, 회계 책임자의 재판과정에서 공직후보자는 충분히 주요 사실들을 변명할 기회를 활용할 수 있으므로 그 재판에 대한 변명 및 방어의 기회를 따로 부여하는 재판절차를 두지 않았더라도 수긍할 수 있다.

물론 4인의 재판관이 제시한 의견을 감안할 수 있기는 하지만, 선거현실에서 회계 책임자를 수단으로 하여 나타나는 금권선거의 불공정을 사전에 차단하고, 공정선거를 통하여 공직자를 선출하는 것은 더욱 중요한 공익적 가치에 해당한다. 공직 후보자가 당해 선거에서 징역 또는 100만 원 이상의 벌금형을 선고 받으면 당선이 무효로 되는 것과 비교해본다면(「공직선거법」 제264조), 이들의 경우는 징역형 또는 300만 원 이상의 벌금형의 선고가 있어야 하므로 어느 정도 그 중한 정도를 구별하고 있는 측면도 고려해 볼 수 있다. 따라서 직계존속 또는 배우자와 달리 신분적 관계에서 친밀성이 다소 떨어진다고 하여도, 선거에 임한 공직 후보자와 회계 책임자는 충분히 공동운명체로 볼 수 있으며, 재판결과에 연계된 공직의 상실은 납득할 수 있는 규정으로 평가할 수 있다. 다만 「공직선거법」 제265조에서 대통령후보자, 비례대표국회의원후보자 그리고 비례대표지방의회의원후보자의 경우는 예외를 허용하고 있는데, 이들과 선거구후보자 간에 어떤 근거로 차별이 정당화될 여지가 있는지에 대한 문제는 아직 남아 있다.

2. 행정사법 시행령 제4조 제3항 위헌확인[16)]

(1) 사건개요

청구인은 행정사가 되고자 행정사 자격시험 응시를 준비하고 있는 자인바, 관련 정부부처에 행정사 자격시험에 관하여 문의한 결과 '행정사는 현재까지 경력공무원에 대한 자격부여를 통하여 배출되어 왔고, 행정사 자격시험을 실시한 적은 없으며, 앞으로도 실시계획이 없다'는 취지의 답을 듣게 되자, 행정사법 시행령 제4조 제3항이 '행정사의 수급상황을 고려하여 필요한 경우에만 행정사 자격시험을 실시할 수 있도록 규정'함으로써 자격시험을 통해 행정사가 되는 길을 막고 있어 청구인의 직업선택의 자유 등을 침해한다고 주장하면서, 그 위헌확인을 구하는 이 사건 헌법소원 심판을 청구하였다.

(2) 결정요지

행정사법 제4조가 행정사는 행정사의 자격시험에 합격한 자로 한다고 규정한 취지는, 모든 국민에게 행정사 자격의 문호를 공평하게 개방하여 국민 누구나 법이 정한 시험에 합격한 자는 법률상의 결격사유가 없는 한 행정사업을 선택하여 이를 행사할 수 있게 함으로써 특정인이나 특정 집단에 의한 특정 직업 또는 직종의 독점을 배제하고 자유경쟁을 통한 개성신장의 수단으로 모든 국민에게 보장된 헌법 제15조의 직업선택의 자유를 구현시키려는 데 있는 것이다.

그러므로 행정사법 제4조에서 행정사 자격시험에 합격한 자에게 행정사의 자격을 인정하는 것은 행정사 자격시험이 합리적인 방법으로 반드시 실시되어야 함을 전제로 하는 것이고, 따라서 행정사법 제5조 제2항이 대

---

16) 헌재결 2010. 4. 29. 2007헌마910(인용).

통령령으로 정하도록 위임한 이른바 "행정사의 자격시험의 과목·방법 기타 시험에 관하여 필요한 사항"이란 시험과목·합격기준·시험실시방법·시험실시시기·실시횟수 등 시험실시에 관한 구체적인 방법과 절차를 말하는 것이지 시험의 실시여부까지도 대통령령으로 정하라는 뜻은 아니다.

그럼에도 불구하고 이 사건 조항은 행정사 자격시험의 실시 여부를 시·도지사의 재량사항으로, 즉, 시험전부면제대상자의 수 및 행정사업의 신고를 한 자의 수 등 관할구역내 행정사의 수급상황을 조사하여 시험실시의 필요성을 검토한 후 시험의 실시가 필요하다고 인정하는 때에는 시험실시계획을 수립하도록 규정하였는바, 이는 시·도지사가 행정사를 보충할 필요가 없다고 인정하면 행정사 자격시험을 실시하지 아니하여도 된다는 것으로서 상위법인 행정사법 제4조에 의하여 청구인을 비롯한 모든 국민에게 부여된 행정사 자격 취득의 기회를 하위법인 시행령으로 박탈하고 행정사업을 일정 경력 공무원 또는 외국어 전공 경력자에게 독점시키는 것이 된다.

그렇다면 이 사건 조항은 모법으로부터 위임받지 아니한 사항을 하위법규에서 기본권 제한 사유로 설정하고 있는 것이므로 위임입법의 한계를 일탈하고, 법률상 근거 없이 기본권을 제한하여 법률유보원칙에 위반하여 청구인의 직업선택의 자유를 침해한다.

(3) 평 가

이 사안은 전형적으로 위임입법의 한계로 논의되는 것으로서 위임입법의 내용적 한계가 그 중점이다. 입법자가 기본권 주체의 기본권을 제한하는 경우 입법이 전체적으로 어떻게 체계적으로 구조화되고 그 내용이 형성되어야 하는지에 대한 기준을 제시해 주고 있다. 헌법재판소는 이미 「법무사법 시행규칙」에 대한 사안에서 이에 관하여 자세하게 설시한 바 있다.[17)]

17) 헌재결 1990. 10. 15. 89헌마178(인용).

위임입법이 이루어지는 경우 위임하는 법률의 구비요건과 위임받은 법규명령의 구비요건이 항상 문제가 되고 있는데, 이 사안은 후자가 직접적으로 다루어진 것이다. 만약 위임받은 법규명령이 상위규범인 법률에서 전혀 위임한 바가 없는 내용을 새롭게 추가하여 모법의 내용을 변경하는 상황을 초래하였다면 이것은 위임입법의 한계를 벗어난 것으로서 법률유보원칙에 위반된다. 상위규범인 「행정사법」이 자격시험을 통하여 합격한 자를 행정사 직업에 종사하게 하는 입법방침을 명확하게 규정하였음에도 불구하고, 하위규범인 「행정사법 시행령」은 관할관청이 시험의 실시 여부를 재량적으로 판단할 수 있게 하는 규정을 둠으로써 행정사를 직업으로 선택하는 길을 봉쇄할 가능성을 만들었다. 따라서 이러한 규정은 자격시험의 실시를 명하고, 그 시험의 실시에 관한 세부사항을 정하도록 위임한 취지에 어긋나는 구조가 형성되었으므로 개인의 직업의 자유를 침해하는 것이다.

3. 생명윤리 및 안전에 관한 법률 제13조 제1항 등 위헌 확인[18)]

(1) 사건개요

청구인 배아 일(1)('청구인 1'이라고 한다), 배아 이(2)('청구인 2'라고 한다)는 2004. 12. 9. ○○○의료재단 부산분원 내에서 임신의 목적으로 청구인 남○민('청구인 3'이라고 한다)으로부터 채취된 정자와 청구인 김○미('청구인 4'라고 한다)로부터 채취된 난자의 체외 인공수정으로 생성된 배아 중 청구인 4의 체내에 이식되지 않고 남아 위 의료재단에 보존되어 있는 배아들이다.

---

18) 헌재결 2010. 5. 27. 2005헌마346(각하, 기각).

청구인 3, 4는 부부로서 임신의 목적으로 위와 같이 정자 또는 난자를 제공하여 청구인 1, 2를 생성하게 한 배아생성자들이다.

청구인 5 내지 13은 법학자, 윤리학자, 철학자, 의사 등의 직업을 가진 사람들이다.

청구인들은 생명윤리 및 안전에 관한 법률 제16조 제1항, 제2항 등이 임신목적의 배아 생성을 허용하면서 인공수정배아를 인간이 아닌 세포군으로 규정하여 이에 대한 연구목적의 이용 가능성을 열어두고 있고, 잔여배아의 보존기간과 그 폐기 및 연구에 관해 불충분하게 규율하고 있으며, 생성배아의 수효에 관한 제한 및 인공수정을 할 수 있는 전제와 기준·방법 등에 대하여 규율하지 않고, 체세포핵이식행위를 통해 생성된 체세포복제배아의 연구·폐기를 허용함으로써 청구인들의 기본권을 침해한다고 주장하며 2005. 3. 31. 그 위헌확인을 구하는 이 사건 헌법소원심판을 청구하였다.

(2) 결정요지

1) 출생 전 형성 중의 생명에 대해서 헌법적 보호의 필요성이 크고 일정한 경우 그 기본권 주체성이 긍정된다고 하더라도, 어느 시점부터 기본권 주체성이 인정되는지, 또 어떤 기본권에 대해 기본권 주체성이 인정되는지는 생명의 근원에 대한 생물학적 인식을 비롯한 자연과학·기술 발전의 성과와 그에 터 잡은 헌법의 해석으로부터 도출되는 규범적 요청을 고려하여 판단하여야 할 것이다.

초기배아는 수정이 된 배아라는 점에서 형성 중인 생명의 첫걸음을 떼었다고 볼 여지가 있기는 하나 아직 모체에 착상되거나 원시선이 나타나지 않은 이상 현재의 자연과학적 인식 수준에서 독립된 인간과 배아 간의 개체적 연속성을 확정하기 어렵다고 봄이 일반적이라는 점, 배아의 경우 현재의 과학기술 수준에서 모태 속에서 수용될 때 비로소 독립적인 인간으로의 성장가능성을 기대할 수 있다는 점, 수정 후 착상 전의 배아가 인간으로 인식된다거나 그와 같이 취급하여야 할 필요성이 있다는 사회적 승인이 존재한다고 보기 어려운 점 등을 종합적으로 고려할 때, 기본권 주체성을 인정하기 어렵다.

2) 법학자, 윤리학자, 철학자, 의사 등의 직업인으로 이루어진 청구인들의 청구는 청구인들이 이 사건 심판대상 조항으로 인해 불편을 겪는다고 하더라도 사실적·간접적 불이익에 불과한 것이고, 청구인들에 대한 기본권침해의 가능성 및 자기관련성을 인정하기 어렵다.

3) 배아생성자는 배아에 대해 자신의 유전자정보가 담긴 신체의 일부를 제공하고, 또 배아가 모체에 성공적으로 착상하여 인간으로 출생할 경우 생물학적 부모로서의 지위를 갖게 되므로, 배아의 관리 또는 처분에 대한 결정권을 가진다. 이러한 배아생성자의 배아에 대한 결정권은 헌법상 명문으로 규정되어 있지는 아니하지만, 헌법 제10조로부터 도출되는 일반적 인격권의 한 유형으로서의 헌법상 권리라 할 것이다.

다만, 배아의 경우 형성 중에 있는 생명이라는 독특한 지위로 인해 국가에 의한 적극적인 보호가 요구된다는 점, 배아의 관리·처분에는 공공복리 및 사회 윤리적 차원의 평가가 필연적으로 수반되지 않을 수 없다는 점에서도 그 제한의 필요성은 크다고 할 것이다. 그러므로 배아생성자의 배아에 대한 자기결정권은 자기결정이라는 인격권적 측면에도 불구하고 배아의 법적 보호라는 헌법적 가치에 명백히 배치될 경우에는 그 제한의 필요성이 상대적으로 큰 기본권이라 할 수 있다.

4) 이 사건 심판대상조항이 배아에 대한 5년의 보존기간 및 보존기관 경과 후 폐기의무를 규정한 것은 그 입법목적의 정당성과 방법의 적절성이 인정되며, 입법목적을 실현하면서 기본권을 덜 침해하는 수단이 명백히 존재한다고 할 수 없는 점, 5년 동안의 보존기간이 임신을 원하는 사람들에게 배아를 이용할 기회를 부여하기에 명백히 불합리한 기간이라고 볼 수 없는 점, 배아 수의 지나친 증가와 그로 인한 사회적 비용의 증가 및

부적절한 연구목적의 이용가능성을 방지하여야 할 공익적 필요성의 정도가 배아생성자의 자기결정권이 제한됨으로 인한 불이익의 정도에 비해 작다고 볼 수 없는 점 등을 고려하면, 이 사건 심판대상조항이 피해의 최소성에 반하거나 법익의 균형성을 잃었다고 보기 어렵다.

(3) 평 가

규범적으로 '인간'을 어떻게 정의할 것인가, 형성 중인 생명도 '인간'의 범주에 포함할 것인가, 포함한다면 어느 시점까지 앞당길 것인가 등의 문제는 인류의 과학기술이 발전함에 따라 지속적으로 제기되는 질문들이다. 이번 사안에서 헌법재판소는 형성 중인 생명의 단계 중 '초기배아'의 경우엔 기본권 주체성을 인정하기는 어렵다고 전제하였으며, 이에 대한 국가의 보호의무가 있음을 인정하는 결정을 내놓았다.

그리고 배아생성자가 배아에 대하여 행사할 수 있는 관리 및 처분에 대한 결정권을 보유하고 있는데, 이것은 헌법 제10조로부터 도출되는 일반적 인격권의 한 유형으로 보았다. 이에 따라 배아생성자는 배아에 대한 위험을 배제할 권리를 행사할 수 있고, 법적 보호에 대하여 일정한 권리를 행사할 여지가 있다. 다만 이러한 권리가 형성 중인 생명을 대상으로 한다는 점과 이에 대한 관리 및 처분에 공공복리와 사회 윤리적 차원의 평가가 수반됨에 따라 일정한 제한이 가해질 수 있다는 점이 분명해졌다.

이 결정은 향후 '배아'와 연관된 과학적 연구와 기술발전에 따른 사회 윤리적 가치평가의 변화가 동반되는 경우 배아에 대한 헌법학적 평가를 꾸준히 요구하는 공백을 남겨 놓았다. 이 논쟁은 법과 과학기술의 교차영역에 대한 헌법문제로서 여전히 개방적이다.

4. 열람·등사 거부처분취소[19)]

(1) 사건개요

청구인들은 피청구인에 의하여 특수공무집행방해치사죄 등으로 기소된 피고인들인바, 청구인들의 변호인들은 피청구인에게 수사서류에 대한 열람·등사 신청을 하였다가 거부당하자 형사소송법 제266조의4 제1항에 따라 법원에 열람·등사를 허용하도록 할 것을 신청하였고, 법원은 위 신청이 이유 있다고 판단하여 수사서류 전부에 대한 열람·등사를 허용할 것을 명하는 결정을 하였는데, 그 결정이 있은 이후에도 피청구인은 변호인들의 열람·등사 신청에 대하여 일부 서류에 대한 열람·등사만을 허용하였을 뿐 나머지 서류에 대하여는 열람·등사를 거부하였다. 이에 청구인들은 피청구인의 위 열람·등사 거부행위가 청구인들의 신속하고 공정한 재판을 받을 권리 및 변호인의 조력을 받을 권리를 침해한다며 이 사건 헌법소원심판을 청구하였다.

한편, 청구인들에 대한 형사피고사건의 항소심 재판장은 관련된 재정신청사건을 함께 심리하면서 위 재정신청 사건 기록에 편철되어 있는 이 사건 수사서류에 대한 변호인들의 열람·등사를 허용함으로써 변호인들은 이 사건 수사서류에 대한 열람·등사를 모두 마치게 되었다.

(2) 결정요지

1) 청구인들의 변호인들이 이 사건 수사서류에 대하여 이미 열람·등사를 마쳤으므로, 이 사건 헌법소원이 인용된다고 하더라도 청구인들의 주관적 권리구제에는 더 이상 도움이 되지 않는다. 그러나 형사소송법이 2007. 6. 1. 법률 제8496호로 개정됨에 따라 공소제기 후 검사가 보관하고

---

19) 헌재결 2010. 6. 24. 2009헌마257(인용).

있는 수사서류 등에 대하여 피고인의 열람·등사신청권이 인정되고, 검사의 열람·등사 거부처분에 대한 불복절차가 마련되었는바, 이 사건의 경우 이러한 불복절차에 따른 법원의 열람·등사 허용 결정에 대하여 검사가 따르지 않은 경우로서 이 사건과 유사한 사건에 대하여 헌법적 해명이 이루어진 바 없고, 이 사건과 같은 유형의 침해행위가 앞으로도 반복될 가능성이 크다고 할 것이므로, 비록 청구인들의 주관적 권리보호의 이익이 소멸하였다 하더라도 이 사건 심판청구에 있어서는 심판의 이익이 여전히 존재한다.

2) 피고인의 신속·공정한 재판을 받을 권리 및 변호인의 조력을 받을 권리는 헌법이 보장하고 있는 기본권이고, 변호인의 수사서류 열람·등사권은 피고인의 신속·공정한 재판을 받을 권리 및 변호인의 조력을 받을 권리라는 헌법상 기본권의 중요한 내용이자 구성요소이며 이를 실현하는 구체적인 수단이 된다. 따라서 변호인의 수사서류 열람·등사를 제한함으로 인하여 결과적으로 피고인의 신속·공정한 재판을 받을 권리 또는 변호인의 충분한 조력을 받을 권리가 침해된다면 이는 헌법에 위반되는 것이다.

3) 형사소송법 제266조의4 제5항은 검사가 수사서류의 열람·등사에 관한 법원의 허용 결정을 지체 없이 이행하지 아니하는 때에는 해당 증인 및 서류 등에 대한 증거신청을 할 수 없도록 규정하고 있다. 그런데 이는 검사가 그와 같은 불이익을 감수하기만 하면 법원의 열람·등사 결정을 따르지 않을 수도 있다는 의미가 아니라, 피고인의 열람·등사권을 보장하기 위하여 검사로 하여금 법원의 열람·등사에 관한 결정을 신속히 이행하도록 강제하는 한편, 이를 이행하지 아니하는 경우에는 증거신청상의 불이익도 감수하여야 한다는 의미로 해석하여야 할 것이므로, 법원이 검사의 열람·등사 거부처분에 정당한 사유가 없다고 판단하고 그러한 거부처분이 피고인의 헌법상 기본권을 침해한다는 취지에서 수사서류의 열람·등사를 허용하도록 명한 이상, 법치국가와 권력분립의 원칙상 검사로서는 당연히 법원의 그러한 결정에 지체 없이 따라야 할 것이다. 그러므로 법원의 열람·

등사 허용 결정에도 불구하고 검사가 이를 신속하게 이행하지 아니하는 경우에는 해당 증인 및 서류 등을 증거로 신청할 수 없는 불이익을 받는 것에 그치는 것이 아니라, 그러한 검사의 거부행위는 피고인의 열람·등사권을 침해하고, 나아가 피고인의 신속·공정한 재판을 받을 권리 및 변호인의 조력을 받을 권리까지 침해하게 되는 것이다.

4) 신속하고 실효적인 구제절차를 형사소송절차 내에 마련하고자 열람·등사에 관한 규정을 신설한 입법취지와, 검사의 열람·등사 거부처분에 대한 정당성 여부가 법원에 의하여 심사된 마당에 헌법재판소가 다시 열람·등사 제한의 정당성 여부를 심사하게 된다면 이는 법원의 결정에 대한 당부의 통제가 되는 측면이 있는 점 등을 고려하여 볼 때, 이 사건과 같이 수사서류에 대한 법원의 열람·등사 허용 결정이 있음에도 검사가 열람·등사를 거부하는 경우 수사서류 각각에 대하여 검사가 열람·등사를 거부할 정당한 사유가 있는지를 심사할 필요 없이 그 거부행위 자체로써 청구인들의 기본권을 침해한다.

재판관 이동흡의 보충의견

형사소송법 第266조의3, 4에 규정된 수사기록 열람·등사 관련조항의 취지는 피고인 또는 변호인의 수사서류 열람·등사신청권이 형해화되지 않게 함으로써 피고인의 방어권을 실질적으로 보장하는 한편, 열람·등사로 인하여 국가안보 등 중대한 공익이 침해되는 등의 폐해가 발생하지 않도록 검사나 법원이 신중한 판단을 하게 하는 데 있다할 것이다.

그런데 법원의 수사서류 열람·등사에 관한 결정은 당사자 및 관련 이해관계인들과 공익에 중대한 영향을 미칠 수 있고, 잘못된 법원의 결정에 대하여는 이를 시정할 기회가 주어져야 한다는 점에 비추어 볼 때, 이러한 결정에 대하여는 검사 및 피고인 또는 변호인에게 법적으로 효과적인 불복수단을 명문의 특별규정으로 마련해 주는 것이 필요하다.

한편, 명문의 특별규정이 없는 현행 형사소송법 하에서도 법원의 열람·등사 허용 결정은 형사소송법 제403조 제1항이 규정한 판결 전 소송절차에 관한 결정이 아니고, 형사소송법 제402조에서 규정하는 일반적인 법원의 결정으로 보아 보통항고의 방법으로 불복할 수 있다고 해석함이 상당하며, 따라서, 검사로서는 법원의 열람·등사 허용 결정에 대하여 보통항고를 제기하는 방법으로 불복할 수 있다할 것인바, 이러한 불복절차조차 거치지 아니한 채 이루어진 검사의 이 사건 거부행위는 청구인들의 기본권을 침해하여 헌법에 위반된다.

그러나 수사서류 열람·등사 허용 여부의 중대성 및 신속한 절차진행의 필요성에 비추어 보면, 입법론적으로는 법원의 열람·등사에 관한 결정에 대한 불복수단으로서, 집행정지효가 없는 보통항고보다는, 당사자의 중대한 이익에 관련된 사항이나 소송절차의 원활한 진행을 위하여 신속한 결론을 얻는 것이 필요한 사항 등에 대하여 인정되는 제도로서, 집행정지효가 있는 즉시항고를 명문의 규정으로 허용하는 것이 필요하다. 따라서 입법자로서는 실효성 있는 불복수단을 명문으로 규정하지 않음으로써 발생할 수 있는 문제점을 보완하기 위하여 법원의 열람·등사에 관한 결정에 대한 즉시항고제도를 명문화함으로써 수사서류 열람·등사로 인한 폐해가 현실화되지 않도록 하면서도 피고인 또는 변호인의 수사서류 열람·등사 신청권을 충분히 보장하도록 숙고하여야 할 것이다. 나아가 이는 검사 및 피고인 등에게 실효성 있는 불복수단을 마련해 준다는 차원에서도 바람직하다고 할 것이다.

재판관 김희옥의 반대의견

청구인들의 변호인들이 이 사건 수사서류에 대하여 그 열람·등사를 마침으로써 청구인들은 이미 권리구제를 받았으므로 이 사건 심판청구에는 주관적 권리보호이익이 없다.

그리고, 2007. 6. 1. 법률 제8496호로 개정된 형사소송법에 의하면, 검사는 법원의 열람·등사 허용 결정에 따라 피고인 측에 열람·등사를 허용하거나, 이에 불복하고자 할 경우 형사소송법 제402조에 의한 항고에 의하여 다투어야 하고, 검사가 단순히 법원의 결정에 따르지 아니한다면 형사소송법 제266조의4 제5항에 따라 해당 증인 및 서류 등에 대한 증거신청을 할 수 없게 되는 불이익을 입게 되며, 이는 해당 서류 등과 관련된 구체적인 사실관계에서의 증명력에도 실질적 영향을 주게 된다. 한편 형사소송법 제266조의3 제1항 각 호에서 규정한 열람·등사의 대상이 되는 서류 등은 검사가 유죄 입증을 위하여 신청할 증거 및 그 증명력에 관한 것이거나 피고인 또는 변호인의 법률상·사실상 주장에 관련된 것들인 점, 형사소송법 제266조의4 제2항에 따라 당해 사건의 담당 법원이 구체적인 개별 서류 등을 대상으로 열람·등사 등을 허용할 것을 명할 때에는 이를 허용할 경우의 폐해의 유형·정도, 피고인의 방어 또는 재판의 신속한 진행을 위한 필요성, 해당 서류 등의 중요성 등 제반 사정을 모두 고려한다는 점 등에 비추어보면, 무죄추정의 원칙에 따라 공소사실에 관한 입증책임을 지는 검사가 입는 위와 같은 소송상 불이익의 가능성은 검사의 열람·등사 거부처분에 대한 법원 결정의 실효성을 확보하고 형사피고인의 방어권을 실질적으로 보장하는 기능을 한다고 할 것인바, 검사가 형사소송법 제266조의4의 규정에 근거한 법원의 결정에 따르지 아니하고 같은 유형의 침해행위를 반복할 위험이 있다거나 이에 대한 헌법적 해명의 필요성이 긴요하다고 보기는 어렵다.

따라서, 이 사건 심판청구는 그 주관적 목적이 이루어졌을 뿐만 아니라, 같은 유형의 침해행위가 반복될 위험이나 기타 헌법적 해명이 긴요한 사정이 있다고 볼 수도 없으므로, 결국 권리보호이익이 없어 부적법한 것으로서 각하하여야 한다.

(3) 평 가

이 결정은 형사소송절차에서 검사에 의하여 발생할 수 있는 기본권 침해의 위험을 원천적으로 제거하기 위한 것으로서 향후 재판절차에서 중요한 의미를 가진다. 형사소송에서 증거나 증언 등은 수사서류에 기록되어

법관의 판단에 결정적인 영향을 미치게 되고, 전체적인 소송의 진행에도 상당한 영향을 미친다. 이런 관계로 피고인 등이 갖는 검사가 보관하고 있는 수사서류에 대한 열람·등사신청권은 매우 긴요하며, 재판절차에서 공격과 방어에 필수적 근거가 되어 최종 판결에 연결고리를 형성한다. 그런 점에서 이번 결정은 피고인이 누려야 할 신속·공정한 재판을 받을 권리 및 변호인의 조력을 받을 권리를 구현하는 데 큰 흐름을 결정하였다는 점에서 시사점이 크다.

비록 헌법소원의 특성상 개인의 권리구제를 위한 보호이익이 상실되었다 하더라도 이러한 검사의 거부처분은 앞으로 반복될 가능성이 충분히 존재하고 있을 뿐만 아니라 아직까지 이 사안에 대하여 헌법재판소가 명확하게 헌법적으로 해명한 바가 없으며 이에 대한 헌법적 해명은 긴요한 사항으로서 심판의 이익을 인정할 수 있다. 이것은 다수의 재판관이 인정한 것이다. 하지만 반대의견이 개인이 당해 사안에서 주관적 목적이 이루어졌을 뿐만 아니라 침해반복의 위험성 또는 헌법적 해명이 긴요한 사정이 존재하지 않는 것으로 본 것은 적절하지 못하다. 왜냐하면 이와 유사한 검사의 처분은 향후 수사기관의 특성상 종전의 관행대로 반복될 가능성은 예측될 수 있으며, 이것은 국민의 기본권 보호의 범위를 위축시키거나 적절하고도 합당한 권리실현이 이루어지지 않을 때에 신체의 자유가 중대한 위험에 처할 수 있기 때문이다.

5. 지방자치법 제111조 제1항 제3호 위헌확인[20)]

(1) 사건개요

청구인은 2010. 6. 2. 실시된 제5회 전국동시지방선거에서 강원도지사에 당선되어 2010. 7. 1. 강원도지사에 취임하였다.

---

20) 헌재결 2010. 9. 2. 2010헌마418(헌법불합치).

청구인은 위와 같이 강원도지사에 당선되기 이전인 2010. 6. 11. 정치자금법위반죄로 서울고등법원에서 징역 6월에 집행유예 1년의 형을 선고받았으며, 청구인이 2010. 6. 14. 대법원에 상고하여 현재 위 사건은 상고심에 계속되어 있다.

지방자치법 제111조 제1항 제3호는 지방자치단체의 장이 금고 이상의 형을 선고받고 그 형이 확정되지 아니한 경우 부단체장이 그 권한을 대행하도록 규정하고 있어, 청구인은 2010. 7. 1. 강원도지사에 취임한 직후부터 직무에서 배제되게 되었다. 이에 청구인은 2010. 7. 6. 위 지방자치법 제111조 제1항 제3호가 무죄추정의 원칙에 위배될 뿐만 아니라 청구인에게 헌법상 보장된 공무담임권 및 평등권을 침해하여 헌법에 위반된다는 이유로 이 사건 헌법소원심판을 청구하였다.

(2) 결정요지

1) 가. 재판관 이강국, 재판관 김희옥, 재판관 김종대, 재판관 목영준, 재판관 송두환의 위헌의견

① 헌법 제27조 제4항은 "형사피고인은 유죄의 판결이 확정될 때까지는 무죄로 추정된다."고 선언함으로써, 공소가 제기된 피고인이 비록 1심이나 2심에서 유죄판결을 선고받았더라도 그 유죄판결이 확정되기 전까지는 원칙적으로 죄가 없는 자에 준하여 취급해야 함은 물론, 유죄임을 전제로 하여 해당 피고인에 대하여 유형·무형의 일체의 불이익을 가하지 못하도록 하고 있다. 그런데 이 사건 법률조항은 '금고 이상의 형이 선고되었다.'는 사실 자체에 주민의 신뢰가 훼손되고 자치단체장으로서 직무의 전념성이 해쳐질 것이라는 부정적 의미를 부여한 후, 그러한 판결이 선고되었다는 사실만을 유일한 요건으로 하여, 형이 확정될 때까지의 불확정한 기간 동안 자치단체장으로서의 직무를 정지시키는 불이익을 가하고 있으며, 그와 같이 불이익을 가함에 있어 필요최소한에 그치도록 엄격한 요건을 설

정하지도 않았으므로, 무죄추정의 원칙에 위배된다.

② 자치단체장직에 대한 공직기강을 확립하고 주민의 복리와 자치단체행정의 원활한 운영에 초래될 수 있는 위험을 예방하기 위한 입법목적을 달성하기 위하여 자치단체장을 직무에서 배제하는 수단을 택하였다 하더라도, 금고 이상의 형을 선고받은 자치단체장을 다른 추가적 요건없이 직무에서 배제하는 것이 위 입법목적을 달성하기 위한 최선의 방안이라고 단정하기는 어렵고, 특히 이 사건 청구인의 경우처럼, 금고 이상의 형의 선고를 받은 이후 선거에 의하여 자치단체장으로 선출된 경우에는 '자치단체행정에 대한 주민의 신뢰유지'라는 입법목적은 자치단체장의 공무담임권을 제한할 적정한 논거가 되기 어렵다.

또한, 금고 이상의 형을 선고받았더라도 불구속상태에 있는 이상 자치단체장이 직무를 수행하는 데는 아무런 지장이 없으므로 부단체장으로 하여금 그 권한을 대행시킬 직접적 필요가 없다는 점, 혹시 그러한 직무정지의 필요성이 인정된다 하더라도, 형이 확정될 때까지 기다리게 되면 자치단체행정의 원활한 운영에 상당한 위험이 초래될 것으로 명백히 예상된다거나 회복할 수 없는 공익이 침해될 우려가 있는 제한적인 경우로 한정되어야 한다는 점, 금고 이상의 형을 선고받은 범죄가 해당 자치단체장에 선출되는 과정에서 또는 선출된 이후 자치단체장의 직무에 관련하여 발생하였는지 여부, 고의범인지 과실범인지 여부 등 해당 범죄의 유형과 죄질에 비추어 형이 확정되기 전이라도 미리 직무를 정지시켜야 할 이유가 명백한 범죄를 저질렀을 경우로만 한정할 필요도 있는 점 등에 비추어 볼 때, 이 사건 법률조항은 필요최소한의 범위를 넘어선 기본권제한에 해당할 뿐 아니라, 이 사건 법률조항으로 인하여 해당 자치단체장은 불확정한 기간 동안 직무를 정지당함은 물론 주민들에게 유죄가 확정된 범죄자라는 선입견까지 주게 되고, 더욱이 장차 무죄판결을 선고받게 되면 이미 침해된 공무담임권은 회복될 수도 없는 등의 심대한 불이익을 입게 되므로, 법익균형성 요건 또한 갖추지 못하였다.

따라서, 이 사건 법률조항은 자치단체장인 청구인의 공무담임권을 침해한다.

③ 선거직 공무원으로서 선거과정이나 그 직무수행의 과정에서 요구되는 공직의 윤리성이나 신뢰성 측면에서는 국회의원의 경우도 자치단체장의 경우와 본질적으로 동일한 지위에 있다고 할 수 있는데, 국회의원에게는 금고 이상의 형을 선고받은 후 그 형이 확정되기도 전에 직무를 정지시키는 제도가 없으므로, 자치단체장인 청구인의 평등권을 침해한다.

나. 재판관 조대현의 헌법불합치의견

선거에 의하여 주권자인 국민으로부터 직접 공무담임권을 위임받는 자치단체장의 경우, 그와 같이 공무담임권을 위임한 선출의 정당성이 무너지거나 공무담임권 위임의 본지를 배반하는 직무상 범죄를 저질렀다면, 이러한 경우에도 계속 공무를 담당하게 하는 것은 공무담임권 위임의 본지에 부합된다고 보기 어렵다. 그러므로, 위 두 사유에 해당하는 범죄로 자치단체장이 금고 이상의 형을 선고받은 경우라면, 그 형이 확정되기 전에 해당 자치단체장의 직무를 정지시키더라도 무죄추정의 원칙에 직접적으로 위배된다고 보기 어렵고, 과잉금지의 원칙도 위반하였다고 볼 수 없으나, 위 두 가지 경우 이외에는 금고 이상의 형의 선고를 받았다는 이유로 형이 확정되기 전에 자치단체장의 직무를 정지시키는 것은 무죄추정의 원칙과 과잉금지의 원칙에 위배된다.

따라서, 이 사건 법률조항에는 위헌적인 부분과 합헌적인 부분이 공존하고 있고, 위헌부분에 의하여 청구인의 기본권이 침해되고 있는바, 이를 가려내는 일은 국회의 입법형성권에 맡기는 것이 바람직하므로, 헌법불합치결정을 할 필요성이 있다.

다. 재판관 이공현, 재판관 민형기, 재판관 이동흡의 합헌의견

① 이 사건 법률조항은 고위 공직자인 자치단체장이 금고 이상의 형을 선고받음으로써 주민의 신뢰를 훼손시키고 직무전념성을 해쳐 자치단체행정의 원활하고 효율적인 운영에 초래될 수 있는 위험을 미연에 방지

하려는 데에 그 주된 입법목적이 있고, 형이 확정되기 이전에 위와 같은 위험을 배제할 방법으로는 해당 자치단체장을 직무에서 배제시키는 것이 절실하고 또한 유일하다 할 것이므로 수단의 적합성 또한 인정된다.

법원이 범죄의 내용과 죄질 등 모든 사정을 종합적으로 고려하여 ‘금고 이상의 형’을 선고하였다면, 그 시점에 주민의 복리와 자치단체행정의 원활한 운영에 대한 구체적인 위험은 이미 발생하였다고 보기에 충분하므로, ‘구체적 위험이 있는 경우’ 또는 ‘회복할 수 없는 공익이 침해될 우려가 있는 경우’라는 등의 추가적 요건은 설정할 필요가 없다는 점, 어느 정도의 범죄 유형이 특별한 추가요건 없이 당연히 직무정지의 필요성이 인정되는 것인지 명확히 그 경계를 정하기는 힘든 점, 이 사건 법률조항에 의한 직무정지는 ‘금고 이상의 형을 선고한 판결’ 이후 상급심에서 그 미만의 형이나 무죄가 선고되면 해제되므로 잠정적인 제재에 불과하고, 그 경우에도 단체장으로서의 신분은 계속 유지되므로, 그 불이익이 최소한에 그치고 있다는 점, 선거직 공무원에 대하여 직무정지의 필요성에 관한 소명의 기회를 부여하는 절차를 마련하는 것이 용이하지 않다는 점 등에 비추어 볼 때, 이 사건 법률조항은 최소침해성 요건을 충족하였을 뿐 아니라, 이 사건 법률조항으로 인한 자치단체장이 입는 불이익은 필요최소한에 그치고 있는 반면, 자치단체장이 금고 이상의 형을 선고받을 경우 직무수행에 대한 신뢰가 훼손됨으로써 주민의 복리와 자치단체행정의 원활하고 효율적인 운영에 생길 수 있는 위험을 예방한다는 공익은 그보다 훨씬 크다고 할 것이므로, 법익균형성 요건도 충족하고 있다.

따라서, 이 사건 법률조항은 자치단체장의 공무담임권을 제한함에 있어 과잉금지의 원칙을 위반하였다고 볼 수 없고, 외국의 입법례 중에서도 자치단체장이 일정한 법정형 이상에 처할 수 있는 범죄로 하급심에서 유죄판결을 선고받을 경우 특별한 추가적 요건없이 자동으로 직무를 정지시키는 법제를 다수 발견할 수 있다.

② 무죄추정의 원칙은 “유죄의 확정판결이 있기까지 그 유죄인정을

전제로 하는 불이익을 입혀서는 안되며 가사 그 불이익을 입힌다 하여도 필요한 최소한도에 그치도록 비례의 원칙이 존중되어야 하는 것"을 의미하므로, 여하한 형태의 불이익이 존재하기만 하면 모두 무죄추정의 원칙에 반하는 것이 아니라, 그 불이익이 비례의 원칙을 존중한 것으로서 필요최소한도에 그친다면 예외적으로 무죄추정의 원칙에 저촉되지 않는다고 보아야 한다. 이 사건 법률조항이 가하고 있는 직무정지라는 제재는 형사피고인의 지위에 있는 청구인의 공무담임권을 제한하는 것으로서, 개념상으로는 당사자에게 불이익한 효과를 가져오는 처분에 해당한다고 할 수 있겠지만, 직무정지를 부과하는 목적이 유죄판결에 대한 비난이나 제재에 있는 것이 아니라 그로 말미암아 자치단체행정의 원활한 운영에 생길 수 있는 위험을 제거하는 데 있고, 위에서 본 바와 같이 그 불이익의 정도도 필요최소한의 범위에 그치고 있으므로, 비례의 원칙을 준수하였다고 할 것이어서, 위 무죄추정의 원칙에 위배되지 않는다.

③ 국회의원은, 국회라는 합의체기관의 구성원이므로 독임제 행정기관의 장인 자치단체장과 다르고, 국회의원직에 대한 권한대행을 상정하기 어렵다는 점에서 직무의 성격 역시 다르다. 게다가 이러한 직무의 차이로 말미암아 이들의 직무수행이 정지될 경우 해당 업무의 원활한 운영에 미치는 영향도 다를 수밖에 없다. 따라서 국회의원과는 달리 자치단체장에게만 이 사건 법률조항과 같은 제한을 부과하는 것은 합리적 이유가 있다고 할 것이므로, 평등원칙이 금지하는 자의적인 차별에 해당하지 않는다.

④ 지방자치제도의 발전을 위하여 아무리 중요한 공직이라 하더라도 선거에서 승리하였다는 이유만으로 일체의 법적 구속으로부터 자유로울 수는 없는 것이 법치주의원리상 당연하므로, 이 사건 법률조항이 선거에 나타난 지역주민의 의사에 반한다는 볼 수는 없다. 또한 금고 이상의 형을 선고한 법원의 판결에 이 사건 법률조항의 입법자가 부여한 의미, 이 사건 법률조항을 통하여 달성하려고 하는 입법목적이라는 관점에서 보면, 자치단체장이 금고 이상의 형을 선고받은 후 선거에서 당선되었건 당선된 후

그러한 형을 선고받았건 간에, 직무정지의 필요성이 달리 판단될 수는 없다고 할 것이므로, 금고 이상의 형을 선고받은 후 선거에 당선되었다 하여 이 사건 법률조항의 합헌성 판단에 차이가 있을 수도 없다.

2) 가. 이 사건 법률조항이 헌법에 위반된다는 의견이 5인이고, 헌법에 합치되지 아니한다는 의견이 1인이므로 헌법재판소법 제23조 제2항 제1호에 따라 이 사건 법률조항은 헌법에 합치되지 아니한다고 선언하고, 아울러, 종전에 헌법재판소가 이 결정과 견해를 달리하여 이 사건 법률조항에 해당하는 구 지방자치법 조항이 과잉금지원칙을 위반하여 자치단체장의 공무담임권을 제한하는 것이 아니고 무죄추정의 원칙에도 저촉되지 않는다고 판시하였던 2005. 5. 26. 2002헌마699, 2005헌마192(병합) 결정은, 이 결정과 저촉되는 범위 내에서 변경한다.

나. 재판관 조대현의 주문 표시에 관한 보충의견

이 사건 심판은 공권력의 행사로 인하여 기본권이 침해되었음을 이유로 제기한 헌법소원심판이므로, 기본권을 침해하는 법령이 전부 위헌인 경우에는 주문에서 해당 법령이 위헌이라는 선언만 하여도 그 주문에는 그 법령이 청구인의 기본권을 침해하였다고 하는 주문이 포함되어 있다고 볼 수 있으나, 이 사건과 같이 이 사건 법률조항에 합헌부분과 위헌부분이 섞여 있어 헌법에 합치되지 아니한다고 선언하는 경우에는 그 주문만 가지고는 청구인의 기본권을 침해하였는지 여부가 주문에 표시되었다고 보기 어렵다. 따라서, 이 사건 청구인이 정치자금법위반죄로 금고 이상의 형을 선고받고 그 형이 확정되기 전에 이 사건 법률조항에 의하여 강원도지사의 권한을 행사하지 못하고 있는 것이 청구인의 공무담임권을 침해한다는 주문을 주된 주문으로 선고한 후, 이 사건 법률조항이 헌법에 합치되지 아니함을 선고하여야 한다.

(3) 평 가

이 사안은 이미 헌법재판소가 2005년에 한 번 판단한 바가 있는 것인데, 이번에 다시 헌법소원으로 제기된 것이다. 그 결정의 핵심쟁점은 크게 다르지 않으나, 2005년 결정에서 합헌결정(합헌5인 : 위헌4인)을 한 반면, 2010년 결정에서 헌법불합치결정(위헌5인 : 헌법불합치1인 : 합헌3인)을 한 점이 다르다. 그리고 헌법재판소는 전체적으로 논증이유를 달리하면서 종전의 견해를 변경하였다. 크게 3가지 쟁점에서 달리 판단하였는데, 다음과 같다.

첫째, 평등원칙의 위반 여부에 대하여 달리 판단하였다. 2005년 결정에서 다른 행정기관의 장이나 일반 공무원과 달리 지방자치단체의 장에 대하여만 이 사건 법률규정과 같은 권한대행사유를 두더라도 거기에는 합리적 이유가 있다고 보았다. 하지만 2010년 결정에서 국회의원의 경우도 자치단체장의 경우와 공직의 윤리성이나 신뢰성 측면에서 본질적으로 동일한 지위에 있음에도 국회의원에게는 금고 이상의 형을 선고받은 후 그 형이 확정되기도 전에 직무를 정지시키는 제도가 없으므로 자치단체장에게만 이러한 제재를 가하는 것은 합리적 차별이라고 볼 수 없어 평등원칙에 위반된다고 하였다.

둘째, 무죄추정의 원칙에 대한 이해를 달리 하였다. 2005년 결정에서 지방자치단체장의 직무집행정지는 사회적 비난 내지 응보적 의미의 제재를 가하려는 것이 아니라 신뢰를 상실한 단체장의 직무수행으로 인한 부작용을 방지하기 위한 권한대행제도의 부수적 산물이란 점에서 그와 같은 불이익은 무죄추정의 원칙에서 금지하는 유죄 인정의 효과로서의 불이익에 해당한다고 볼 수 없다고 하였다. 하지만 2010년 결정에서 판결이 선고되었다는 사실만을 유일한 요건으로 하여 권한대행이 이루어지도록 하는 것은 무죄추정의 원칙을 위반하는 것으로 보았다.

셋째, 공무담임권의 침해 여부에 대하여 다른 인식을 보였다. 2005년 결정에서 권한대행으로 침해되는 자치단체장의 공무담임권보다 그로 인하여 얻게 되는 지방행정의 원활한 운영이라는 공익이 훨씬 크다고 보았다. 그러나 2010년 결정에서 금고 이상의 형의 선고를 받은 이후 선거에 의하여 자치단체장으로 선출된 경우에는 자치단체행정에 대한 주민의 신뢰유지라는 입법목적은 자치단체장의 공무담임권을 제한할 적정한 논거가 되기 어렵다고 하였다. 단순히 금고 이상의 형을 선고받을 수 있는 모든 범죄로 그 적용대상을 무한정 확대함으로써 사안에 따라 직무정지의 필요성이 달리 판단될 가능성마저 전혀 배제시키고 있는 것으로 보았다.

이와 같은 관점에서 헌법재판소는 지방자치단체장의 직무정지와 관련된 사안에서 기존 견해를 변경하였다. 현재도 여전히 논란이 되는 것이지만, 지방자치단체장에 대한 신뢰와 자치행정의 연속성 보장 등과 권한대행제도가 갖는 단점은 서로 조화점을 찾아야 하는 갈등관계에 있음은 분명하다.

6. 형사보상법 제19조 제1항 등 위헌확인 등[21)]

(1) 사건개요

청구인 ○○○은 2007. 10. 29. 야간주거침입절도 혐의로 구속되어 기소되었으나 2008. 1. 24. 무죄판결을 선고받아(부산지방법원 2007고단6102) 석방된 후, 2008. 5. 8. 항소가 기각되고(부산지방법원 2008노501), 2008. 7. 24. 상고가 기각되어(대법원 2008도4535) 무죄판결이 확정되었다. 위 청구인은 2008. 7. 28. 위 구금에 관한 형사보상을 청구하여 2010. 2. 4. 보상의 결정을 받았는데(부산지방법원 2008코11), 위 형사보상청구 후 보상의 내용을 규정한 형사보상법 제4조 제1항 및 형사보상법 시행령 제2조가 헌법이 보장하고 있는 형사보상청구권 등을 침해하고, 보상 결정에 대하여 불복할 수 없도록 한 형사보상법 제19조 제1항이 재판청구권 등을 침해하여 위헌이

---

21) 헌재결 2010. 10. 28. 2008헌마514(일부 인용, 일부 기각).

라면서 2008. 8. 5. 이 사건 헌법소원심판을 청구하였다.

청구인 ○○○은 1994. 11. 30. 업무상과실치사 혐의로 구속되었다가 1994. 12. 20. 구속이 취소되었고, 이후 경합범 관계에 있는 건축법위반, 건설업법위반 피의사실이 추가로 발견되어 1995. 7. 28. 다시 구속 기소되었다. 그 후 청구인은 1995. 9. 7. 보석으로 석방되어 불구속 상태에서 징역 1년에 집행유예 2년을 선고받은 후(전주지방법원 94고단1940), 항소기각되고(전주지방법원 96노153), 상고기각되어(대법원 97도772) 유죄판결이 확정되었다. 청구인은 그 후 재심을 통하여 건축법위반 및 건설업법위반의 점에 대하여는 징역 5월에 집행유예 2년 및 미결구금일수 60일 산입을, 위 업무상과실치사의 점에 대해서는 무죄를 선고받아(전주지방법원 2007재고단3) 그 판결이 확정되었다. 위 청구인은 위 구금에 관한 형사보상을 청구하여 2009. 11. 2. 총 미결구금일수 63일 중 유죄가 확정된 징역 5월의 형에 산입된 60일을 제외한 나머지 3일에 관한 보상의 결정을 받은 후(전주지방법원 2009코2), 위 결정에 대한 불복을 신청하였으나 받아들여지지 않자, 보상의 내용을 규정한 형사보상법 제4조 제1항 및 형사보상법 시행령 제2조, 보상의 결정에 대하여 불복을 신청할 수 없도록 규정한 형사보상법 제19조 제1항이 위 청구인의 평등권 등을 침해한다고 주장하면서 2010. 4. 9. 이 사건 헌법소원심판을 청구하였다.

(2) 결정요지

1) 형사보상청구권은 헌법 제28조에 따라 '법률이 정하는 바에 의하여' 행사되므로 그 내용은 법률에 의해 정해지는바, 형사보상의 구체적 내용과 금액 및 절차에 관한 사항은 입법자가 정하여야 할 사항이다. 이 사건 보상금조항 및 이 사건 보상금 시행령조항은 보상금을 일정한 범위 내로 한정하고 있는데, 형사보상은 형사사법절차에 내재하는 불가피한 위험으로 인한 피해에 대한 보상으로서 국가의 위법·부당한 행위를 전제로 하

는 국가배상과는 그 취지 자체가 상이하므로 형사보상절차로서 인과관계 있는 모든 손해를 보상하지 않는다고 하여 반드시 부당하다고 할 수는 없으며, 보상금액의 구체화·개별화를 추구할 경우에는 개별적인 보상금액을 산정하는 데 상당한 기간의 소요 및 절차의 지연을 초래하여 형사보상제도의 취지에 반하는 결과가 될 위험이 크고 나아가 그로 인하여 형사보상금의 액수에 지나친 차등이 발생하여 오히려 공평의 관념을 저해할 우려가 있는바, 이 사건 보상금조항 및 이 사건 보상금시행령조항은 청구인들의 형사보상청구권을 침해한다고 볼 수 없다.

2) 보상액의 산정에 기초되는 사실인정이나 보상액에 관한 판단에서 오류나 불합리성이 발견되는 경우에도 그 시정을 구하는 불복신청을 할 수 없도록 하는 것은 형사보상청구권 및 그 실현을 위한 기본권으로서의 재판청구권의 본질적 내용을 침해하는 것이라 할 것이고, 나아가 법적 안정성만을 지나치게 강조함으로써 재판의 적정성과 정의를 추구하는 사법제도의 본질에 부합하지 아니하는 것이다. 또한, 불복을 허용하더라도 즉시항고는 절차가 신속히 진행될 수 있고 사건수도 과다하지 아니한데다 그 재판내용도 비교적 단순하므로 불복을 허용한다고 하여 상급심에 과도한 부담을 줄 가능성은 별로 없다고 할 것이어서, 이 사건 불복금지조항은 형사보상청구권 및 재판청구권을 침해한다고 할 것이다.

이 사건 보상금조항 및 이 사건 보상금시행령조항에 관한 재판관 조대현, 재판관 김종대의 반대의견

형사사법권을 행사하는 과정에서 국가가 비록 불법을 저지르지는 않았더라도 결과적으로는 무고한 사람을 구금한 것으로 밝혀진다면, 그 구금으로 인하여 개인이 입은 손해에 대해 국가는 마땅히 책임을 져야 하고, 이는 국민주권을 기본원리로 하는 우리 헌법 하에서 자명한 결론이다. 헌법 제28조 형사보상청구권에서의 '정당한 보상' 역시 구금으로 인한 손해 전부를 완전하게 보상하는 것을 의미한다고 보아야 한다. 보상금의 상한을 제한하는 목적은 형사보상금으로 지급되는 금액이 지나치게 많아짐에 따라 발생하게 될 국가재정에 대한 부담을 방지하려는 것으로 볼 수밖에 없는데, 형사보상금을 지급하는 것은 헌법에 따라 국가가 이행해야 할 당연한 의무인바, 재정부담을 이유로 국가가 헌법상 의무를 부인할 수는 없다. 따라서 이 사건 보상금 조항과 이 사건 보상금 시행령 조항은 정당한 목적도 없이 일정 상한을 초과하는 형사보상청구권을 부인함으로써 헌법 제28조에 위반하여 청구인들의 형사보상청구권을 침해하고 있다.

(3) 평 가

이 사안은 두 가지 큰 쟁점이 문제되었다. 하나는 형사보상청구권의 보상수준(정당한 보상)에 관한 것이고, 나머지 하나는 보상결정에 대한 불복수단이 없는 단심제에 대한 헌법의 위반 여부이다. 이 두 쟁점 중 첫 번째에 대하여 재판관들의 의견은 둘로 나뉘어졌다. 헌법 제28조에서 명시한 '정당한 보상'과 헌법 제23조 제3항에 언급한 '정당한 보상'은 서로 달리 해석될 여지가 있는가 그리고 그것은 어떤 논거에 의하여 정당화될 수 있느냐이다.

우선 다수의견은 헌법 제28조에서 명시한 '정당한 보상'은 헌법 제23조 제3항에서 정한 '정당한 보상'과 달리 해석될 수 있으며, 형사보상청구권에 대한 입법형성에 대하여 보다 넓은 범위로 입법재량권을 허용하고 있다고 보았다. 다음으로 반대의견은 이 두 조문에서 명시한 '정당한 보상'은 보상방식이나 보상절차 등에 관하여 입법자에게 형성의 자유를 준 것일 뿐, '완전한 보상'을 의미하는 '정당한 보상'을 할 것인지 여부까지도 입법자가 결정할 수 있다는 의미는 아니라고 해석하였다. 그런 측면에서 반대의견은 헌법 제28조와 헌법 제23조 제3항의 정당보상은 거의 동일한 의미로 이해하고 있다. 또한 헌법 제29조 제1항의 국가배상청구에서 명시한 '정당한 배상'은 다른 규정에서 언급한 '정당한 보상'의 의미와 연계하여 어떤 개념과 효력으로 이해하여야 할지가 여전히 문제로 남아있다.

그리고 보상청구의 기각결정에 대하여 불복수단(즉시항고)을 두고 있는 반면, 보상결정에 대하여는 전혀 불복수단을 마련하지 않은 것은 재판청구권의 본질적 내용을 침해한 것으로 보았다. 이에 대한 헌법재판소의 판단은 사법제도의 본질에 비추어 타당한 해석이라고 여겨진다.

7. 병역법 제3조 제1항 등 위헌확인[22)]

(1) 사건개요

청구인은 1981. 8. 13.생의 남성이고, 2005. 10. 1. 모집병(카투사)에 지원하여 2005. 12. 3. 병무청으로부터 육군 모집병 입영통지서를 이메일로 수령하였다.

청구인은 남성에게만 병역의무를 부과하는 구 병역법 제3조 제1항 및 제8조 제1항이 청구인의 평등권 등을 침해하여 헌법에 위반된다고 주장하며 2006. 3. 10. 위 조항들의 위헌확인을 구하는 이 사건 헌법소원심판을 청구하였다. 청구인은 2006. 3. 13. 입대하여 현역 복무를 마친 예비역이다.

(2) 결정요지

1) 청구인은 구 병역법 제8조 제1항, 제2조 제2항에 의하여 18세가 되는 해의 1. 1.에 제1국민역에 편입되었는바, 그로부터 1년이 경과하여 한 구 병역법 제8조 제1항에 대한 청구는 청구기간이 도과한 것으로서 부적법하다.

2) ① 재판관 이강국, 재판관 김희옥, 재판관 이동흡, 재판관 송두환의 기각의견

---

22) 헌재결 2010. 11. 25. 2006헌마328(각하, 기각).

이 사건 법률조항은 헌법이 특별히 양성평등을 요구하는 경우나 관련 기본권에 중대한 제한을 초래하는 경우의 차별취급을 그 내용으로 하고 있다고 보기 어려우며, 징집대상자의 범위 결정에 관하여는 입법자의 광범위한 입법형성권이 인정된다는 점에 비추어 이 사건 법률조항이 평등권을 침해하는지 여부는 완화된 심사기준에 따라 판단하여야 한다.

집단으로서의 남자는 집단으로서의 여자에 비하여 보다 전투에 적합한 신체적 능력을 갖추고 있으며, 개개인의 신체적 능력에 기초한 전투적합성을 객관화하여 비교하는 검사체계를 갖추는 것이 현실적으로 어려운 점, 신체적 능력이 뛰어난 여자의 경우에도 월경이나 임신, 출산 등으로 인한 신체적 특성상 병력자원으로 투입하기에 부담이 큰 점 등에 비추어 남자만을 징병검사의 대상이 되는 병역의무자로 정한 것이 현저히 자의적인 차별취급이라 보기 어렵다. 한편 보충역이나 제2국민역 등은 국가비상사태에 즉시 전력으로 투입될 수 있는 예비적 전력으로서 병력동원이나 근로소집의 대상이 되는바, 평시에 현역으로 복무하지 않는다고 하더라도 병력자원으로서 일정한 신체적 능력이 요구된다고 할 것이므로 보충역 등 복무의무를 여자에게 부과하지 않은 것이 자의적이라 보기도 어렵다. 결국 이 사건 법률조항이 성별을 기준으로 병역의무자의 범위를 정한 것은 자의금지원칙에 위배하여 평등권을 침해하지 않는다.

② 재판관 김희옥의 위 기각의견에 대한 보충의견

입법자로서는, 현역 이외의 대체적 복무 형태는 국토방위라는 병역의무 본래의 목적과 관련하여 불가피한 경우에 한하도록 하고, 병역의무를 부담하지 아니하는 국민은 다른 형태로 병역의무의 이행을 지원하도록 하는 등의 진지한 개선 노력을 경주하여야 할 것이다. 다만 그 구체적 내용은 입법자의 광범위한 형성 영역에 있다.

③ 재판관 조대현, 재판관 김종대의 기각의견

이 사건 법률조항은 헌법상 기본의무인 국방의 의무의 부과에 관한 것이므로 그에 대한 심사는 기본권의 과잉제한을 논할 필요가 없고, 다만 기본의무의 부과가 그 목적에 있어 정당한지, 그 부과 내용이 합리적이고 공평한지 여부를 따지는 것으로 족하며, 이 사건 법률조항은 국가보위를 목적으로 하는 국군의 최적의 전투력 확보를 위한 것으로서 여자의 신체적 특징, 대한민국의 국방안보현실 등을 고려할 때 기본의무 부과에 있어 지켜야 할 헌법상 심사기준을 충족시킨다.

재판관 이공현, 재판관 목영준의 위헌의견

헌법상 모든 국민은 국방의 의무를 지는바, 남성과 여성의 신체적 조건 등에 따르는 차별취급은 용인되어야 할 것이나, 병역법은 국방의 의무 가운데 그 복무 내용이 신체적 조건이나 능력과 직접 관계되지 않는 의무까지도 남자에게만 부과함으로써 남자와 여자를 합리적 이유없이 차별취급하고 있고, 현재 그러한 차별의 불합리성을 완화하기 위한 제도적 장치도 마련되어 있지 아니하므로 이 사건 법률조항은 국방의 의무의 자의적 배분으로서 남성의 평등권을 침해하여 헌법에 위반된다.

재판관 민형기의 각하의견

이 사건 법률조항이 위헌으로 선언되더라도 종래 여자들이 병역의무를 부담하지 않던 혜택이 제거되는 것일 뿐 청구인과 같은 남자들의 병역의무의 내용이나 범위 등에 어떠한 직접적이고 본질적인 영향을 미친다고 보기 어려운 이상, 이 사건 법률조항으로 인하여 청구인의 평등권이 침해될 가능성이 있다거나 자기관련성 또는 심판청구의 이익이 인정된다고 보기 어려우므로 위 조항에 대한 청구는 부적법하다.

(3) 평 가

헌법재판관들은 이 사안에서 여러 의견으로 나뉘었는데, 기각의견이 총 6인(논리구성에 다시 4인과 2인으로 크게 구분됨), 위헌의견 총 2인 그리고 각하의견이 1인이었다. 헌법에서 정한 국민의 의무를 이행하기 위하여 입법자가 입법형성을 하는 과정에 기본권 주체의 각종 기본권을 제약하는 문제가 결부되는 경우 이에 대한 판단을 어떻게 할 것인지에 대하여 본격적으로 화두를 던졌다. 물론 이 사안보다 앞서 납세의 의무와 재산권 제한의 관계가 논란이 되었을 때 헌법재판소는 재산권 제한의 문제에 보다 집중하여 엄격한 심사로 재산권 침해 여부를 논증한 바 있다. 하지만 이 사안에서 헌법재판소는 법정의견을 내면서 남자만 현역복무의무를 지게 하고, 여성에게 의무를 부담케 하지 않은 것이 평등권을 침해하는 것은 아니라고 하였다. 그런데 그 논증구조를 보게 되면, 당해 사안이 '성별'을 기준으로 하고 있음에도 헌법이 특별하게 양성평등을 요구하는 경우나 관련 기본권에 중대한 제한을 초래하는 경우의 차별취급을 그 내용으로 하고 있다고 보기 어렵다는 전제에서 '완화된 심사기준'에 따라 심사하였다. 하지만 이러한 논리전개는 기존에 헌법재판소가 논증구조로 삼았던 그 기준에서 다소 일탈한 것으로 평가된다. 다수의견은 성별의 경우 언제나 엄격한 심사를 요구하는 것이라 단정짓기는 어렵다는 논리를 펴고 있다. 성별의 경우 오히려 헌법의 개별규정에서 어느 정도의 구별(차이)을 인정하는 영역도 있으므로 이 범주에 해당하는 경우는 달리 판단할 가능성도 있다. 그렇지만 당해 사안에서 헌법재판소가 논리를 어느 정도 비약하면서 문제를 풀어갔다는 점이 지적될 필요가 있다.

또한 기각의견을 낸 2인의 논리는 헌법상 기본의무인 국방의 의무의 부과에 관한 것으로 보아, 그에 대한 심사는 기본권의 과잉제한을 논할 필요가 없다는 논증구조를 보였는데, 이러한 논증구조라면 납세의 의무, 근로의 의무 그리고 교육의 의무 등에도 마찬가지로 적용하여야 함이 일관된 태도이다. 그렇지만 그러한 논증은 이제껏 보인 바도 없거니와 이러한 헌법해석은 기본권 제한구조에 대한 형해화를 가져올 우려가 있으며, 헌법의 체계적 이해와도 어긋난다.

끝으로 청구인의 평등권이 침해될 가능성 자체가 없거나 자기관련성 또는 심판청구의 이익이 없다는 각하의견의 논리 또한 수긍할 수 없다. 이 사안에서 문제된 「병역법」 규정으로 다양한 기본권 행사에 차등이 발생하고, 현역복무 이후에도 동일하게 그러한 문제가 발생하므로 오로지 어느 집단의 부담면제가 제거되는 상황만 있게 된다고 하여 각하할 사안은 아니라고 본다. 만약 이러한 논증구조를 향후 계속 취한다면 유사한 사안에서 청구인은 본안판단을 받아볼 여지가 매우 축소될 것이다.

Ⅴ. 헌법재판소법 제68조 제2항에 의한 헌법소원(헌바)

1. 기반시설부담금에 관한 법률 제8조 제1항 등 위헌소원[23)]

(1) 사건개요

청구인들 및 제청신청인은 건축물을 신·증축하고 기반시설부담금 부과처분을 받은 자들인바, 구 기반시설부담금에 관한 법률 제6조 제1항, 제2항, 제7조 제1항 본문, 제8조 제1항, 제2항, 제3항, 제9조, 제10조, 제11조 제1항, '기반시설부담금에 관한 법률 폐지법률'(2008. 3. 28. 법률 제9051호) 부칙 제2조는 재산권, 평등권, 종교의 자유 등을 과도하게 침해하지 아니하고 포괄위임입법금지원칙에 위반된다고 주장하면서 헌법소원심판을 청구하거나, 당해사건 제청법원이 위헌법률심판제청을 하였다.

(2) 결정요지

1) 위헌법률에 근거한 처분은 특별한 사정이 없는 한 당연무효가 아니라 취소사유에 해당하는바, 기반시설부담금 부과처분에 대한 취소소송 제소기간이 경과한 뒤 납부한 부담금 상당액을 부당이득으로 반환청구하

23) 헌재결 2010. 2. 25. 2008헌바80·91(합헌, 각하).

는 당해 사건에서 법원이 기반시설부담금 부과처분의 효력을 부인하고 법률상 원인 없는 이득이라고 판단할 수 없다고 할 것이므로 재판의 전제성이 인정되지 않는다.

2) 토지재산권 행사에는 강한 사회적 기속성이 있어 넓은 입법재량이 인정되고, 건축행위로 유발되는 기반시설에 필요한 재원을 확보하고 토지의 합리적인 이용을 촉진한다는 입법목적은 정당하다. 또한 개발로 혜택을 받는 사람이 개발비용인 기반시설 비용을 일부 부담하는 것과 부담금의 산정기준들도 입법목적 달성을 위한 합리적인 수단이다. 실현하려는 공익이 큰 점, 납부의무자도 기반시설로 편익을 얻고, 자산가치와 사회적 후생이 증대하는 점, 부담률이 100분의 20인 점, 7가지 시설의 비용에만 한정하는 점, 구체적인 지역 사정에 따라 감면하거나 증감하는 규정이 있는 점, 이중부과라고 볼 수 없는 점 등을 종합하면 법익의 균형성이 인정되고, 신속하고 정형적인 행정이 가능한 기반시설부담금제도가 입법재량을 일탈하였다고 단정하기 어렵다.

한편, 기반시설부담금의 납부의무자들은 '건축연면적 200제곱미터를 초과하는 건축물의 건축행위를 하는 자'들로 건축행위를 하지 않는 다른 집단과 구별되고, 기반시설의 설치와 증축 등을 유발하고 기반시설을 이용하여 편익을 받는다. 새로운 건축물이 유발하는 기반시설의 설치 등에 필요한 비용을 부담시킴으로써 기존의 기반시설에 무임승차하는 방식의 토지이용을 할 유인도 감소시킨다. 그렇다면 건축물의 건축행위를 하는 자들에게 일반국민들과 다른 특별한 재정책임을 지우는 것은 합리적 근거가 있는 차별이다.

나아가 일반적으로 적용되고 종교에 중립적인 법률의 적용으로 종교시설의 건축행위에 부담이 발생한다는 것만으로는 종교의 자유를 과도하게 제한한다고 할 수 없다.

3) 건축행위가 반드시 토지 인근에만 기반시설의 필요를 유발하거나, 기반시설이 반드시 인근지역에 설치된다고 단정할 수도 없고, 법률상 기반

시설을 설치하고 관리하는 주체가 시·군·구인 경우도 많다고 할 것이므로 건축행위를 하는 지역의 개별공시지가가 시·군·구별 평균보다 낮다는 것만으로 납부의무자가 타인이 납부해야 할 비용까지 부담한다거나 합리적 이유없이 차별취급을 받고 있다고 볼 수 없다.

4) 종교의 자유에서 종교에 대한 적극적인 우대조치를 요구할 권리가 직접 도출되거나 우대할 국가의 의무가 발생하지 아니한다. 종교시설의 건축행위에만 기반시설부담금을 면제한다면 국가가 종교를 지원하여 종교를 승인하거나 우대하는 것으로 비칠 소지가 있어 헌법 제20조 제2항의 국교금지·정교분리에 위배될 수도 있다고 할 것이므로 종교시설의 건축행위에 대하여 기반시설부담금 부과를 제외하거나 감경하지 아니하였더라도, 종교의 자유를 침해하는 것이 아니다.

또한 부담금의 감면은 광범위한 입법재량사항이고, 법 제8조 제1항, 제2항, 제3항에 규정한 사항들은 일정한 사회·경제정책을 실현하기 위한 것으로, 그 대상 선정에 합리적인 이유가 있으므로 입법재량을 벗어나 평등권을 침해하는 것이 아니다.

5) 법 제9조 제2항은 기반시설 표준시설비용을 당해연도의 생산자물가상승률 등을 고려하여 건설교통부장관이 고시하도록 하고 있는바, 법 제2조 제4호가 '기반시설 표준시설비용'을 정의하고, 법 제2조 제1호에서 기반시설을 정의하고 있다.

법 제9조 제3항 제1호는 '지역별 기반시설의 설치정도를 고려하여' 용지환산계수를 정하도록 하고, 그 상한을 0.4로 정하고 있어 대통령령으로 정하여질 용지환산계수의 내용 및 범위에 대한 기본사항을 구체적으로 규정하고 있다.

법 제9조 제1항, 제3항 본문 등 법 전체를 유기적·체계적으로 해석하면 기반시설을 유발하는 정도에 비례하여 기반시설 유발계수가 산정될 것이라는 점을 예상할 수 있고, 또한 건축허가 절차에서 건축행위자는 건축법, '국토의 계획 및 이용에 관한 법률', '도시 및 주거환경정비법'

등의 규정에 따라서, 건축물별 기반시설 유발계수도 건축법 상의 용도구분과 같거나 유사한 기준에 따라 달라질 것인 점, 기반시설을 유발하는 정도에 따라서 기반시설 유발계수가 정하여 질 것이라는 점을 예상할 수 있고, 기반시설 설치를 위해 필요한 용지비용을 한도로 정하여질 것이다.

따라서 법 제9조 제2항, 제3항 제1호, 제3항 제2호 중 "대통령령으로 정하는 건축물별 기반시설 유발계수" 부분은 포괄위임입법금지원칙에 위반되지 않는다.

6) 법 제10조, 제11조 제1항의 입법목적은 건축행위가 완료되기 이전에 기반시설을 설치하기 위한 것으로 정당하고 방법의 적절성도 인정된다. 납부연기·분할납부, 건축허가면적이 감소된 경우에는 환급하는 규정 등이 있어 납부의무자의 부담을 덜어주고 있는 점, 행정기관의 자의가 개재되거나 기준시기가 현저히 불합리하다고 볼 수 없는 점, 과밀부담금, 광역교통시설부담금 등 다른 법도 유사하게 규정한 점 등에 비추어 볼 때 재산권을 과도하게 제한한다고 볼 수 없다.

7) 법을 폐지하면서 폐지전 부담금에 대해서는 종전 규정을 따르도록 하여 사유발생일에 따라 부담금을 달리 부담하는 것은 법률의 개정에 따른 당연한 결과일 뿐 차별취급이 아니다. 이미 기반시설부담금을 성실하게 납부한 자와의 형평성, 법적 안정성, 환급할 경우의 재원의 확보 문제 등을 고려하여, 시혜적으로 소급 적용을 하지 않은 입법자의 판단이 합리적 입법재량의 범위를 현저히 벗어나 불합리하고 불공정하다고 할 수 없으므로, 존중되어야 할 것이다. 그렇다면 차별취급이라고 보더라도 합리적인 이유가 있는 경우라고 할 것이어서 평등권을 침해하지 아니한다.

(3) 평 가

우리 사회에서 토지 및 그 이용에 대한 규율은 재산권 제한의 문제에서 매우 첨예하게 공익과 사익이 충돌하고 있는 영역이다. 국토를 전체적으로 보았을 때에 가용 토지면적이 인구에 비하여 현저하게 적기 때문에 이로 인하여 토지이용은 상당한 제약을 받을 수밖에 없다. 이 사안도 토지이용과 연계되어 일정한 건축행위가 있는 경우에 건축 연면적을 기준으로 기반시설부담금을 부과하는 것에 대한 헌법적 평가가 이루어진 것이다.

종전 부담금 관련 사례에서 결정한 바와 같이 헌법재판소는 일정한 집단에게 부담금을 부과하는 것은 헌법상 평등원칙에 위반되지 않는 것으로 보았다. 특히 이 사안에서 종교시설에 대한 부담금 감경 내지 면제 여부에 대하여 '국교 부인'과 '국가의 종교적 중립성 원칙'을 언급하면서 이들 시설에 대하여 달리 취급할 헌법상 의무가 존재하는 것은 아니라고 판단하였다. 또한 이러한 조치가 개인의 종교의 자유를 침해한 것으로 볼 수도 없다고 밝혔다.

구 「기반시설부담금에 관한 법률」이 폐지법률에 의하여 효력이 상실되면서, 이 제도가 「국토의 계획 및 이용에 관한 법률」 제67조 내지 제70조에 따라 '기반시설부담구역'과 '기반시설설치비용제도'로 규율되면서 다소 제한적인 방법으로 운용되고 있다. 이와 같은 입법적 변화와 더불어 종전 규정에 따라 부과된 기반시설부담금을 납부해야 할 의무자가 그들에게 유리한 신법적용의 입법적 조치를 하지 않은 것은 평등권을 침해하는 것으로 주장하였으나, 헌법재판소는 이러한 입법적 선택은 입법자의 합리적 재량권의 범위 내에 있으므로 헌법에 위반되지 않는 것으로 보았다. 헌법재판소의 입장은 해당 법률의 폐지로 입법적 변경이 존재할 경우에 그것이 종전 규정이 지닌 위헌성을 제거하기 위한 것이거나 반성적 고려에 의하여 법을 폐지한 것이 아니라면 시혜적 소급입법의 문제는 입법자에게 유보되어 있다고 보는 것이다.

2. 민법 제1113조 제1항 등 위헌소원[24)]

(1) 사건개요

공동상속인들이 청구인을 상대로 유류분의 반환을 구하는 소송을 제기하여 청구인이 일부 패소하자, 청구인은 이에 불복하여 항소를 하였고, 그 소송계속 중 당해 법원에 민법 제1113조 제1항에 의해 유류분산정의 기초재산에 가산되는 증여재산의 가액을 산정함에 있어 수증자가 증여재산을 처분한 경우나 증여재산이 수용된 경우에도 상속개시시의 가액으로 평가하는 것과 공동상속인이 수증자인 경우 증여가 이루어진 시기에 관계없이 모든 증여재산을 유류분산정의 기초재산에 산입하는 것은 헌법 제10조, 제11조 제1항, 제23조 제1항에 위반된다고 주장하면서 위헌법률심판제청신청을 하였으나 기각되자, 2007. 12. 26. 이 사건 헌법소원심판을 청구하였다.

(2) 결정요지

1) 유류분제도는 피상속인의 재산처분의 자유·유언의 자유를 보장하면서도 피상속인의 재산처분행위로부터 유족들의 생존권을 보호하고, 상속재산형성에 대한 기여, 상속재산에 대한 기대를 보장하려는 데 그 입법취지가 있다. 이러한 유류분제도의 입법취지에 비추어 볼 때, 유류분권리자의 보호와 법적 안정성을 목적으로 하는 민법 제1113조 제1항에 따라 유류분산정의 기초재산에 가산되는 증여재산의 가액을 상속개시시를 기준으로 평가하는 것에는 정당성과 합리성이 인정된다. 나아가, 증여받은 목적물이 처분되거나 수용된 경우 수증자는 그 처분이나 수용으로 인하여 얻은 금원 등의 이용기회를 누리는 점, 수증자가 증여받은 재산의 가액이 상속개시시에 이르러 처분 당시나 수용시보다 낮게 될 가능성도 배제할 수

---

24) 헌재결 2010. 4. 29. 2007헌바144(합헌).

없는 점 등에 비추어 보면, 유류분산정의 기초재산에 가산되는 증여재산의 평가시기를 증여재산이 피상속인 사망 전에 처분되거나 수용되었는지를 묻지 않고 모두 상속개시시로 하는 것이 현저히 자의적이어서 기본권제한의 한계를 벗어난 것이라고 할 수는 없다. 따라서 이 사건 가산조항은 재산권을 침해하지 아니한다.

2) 유류분제도의 입법취지에 비추어 볼 때, 피상속인으로부터 재산을 증여받은 수증자와 유류분권리자를 본질적으로 동일한 비교집단이라고 할 수 없다. 가사 양자를 동일한 비교집단이라고 볼 수 있다고 하더라도, 수증자가 자신이 얻은 이익보다 많은 이익을 유류분으로 반환하여야 하는 특별한 경우의 문제는 이 사건 가산조항에 의하여 발생하는 것이 아니라 상속개시 전에 처분되거나 수용된 증여재산의 가액이 상속개시시에 상승하였다는 우연한 사정에 의하여 발생하는 것이므로 이 사건 가산조항으로 인하여 불합리한 차별이 발생한다고 할 수도 없다.

3) 유류분제도의 입법취지에 비추어 볼 때, 유류분권리자의 보호와 공동상속인들 상호간의 공평을 입법목적으로 하는 이 사건 준용조항의 정당성과 합리성이 인정된다. 나아가, 공동상속인인 수증자가 받은 증여는 상속분의 선급이라고 할 수 있는 점, 대법원이 민법 제1008조에 대한 해석을 통하여 특별수익에 해당하는 증여의 범위를 제한하고 있는 점, 유류분권리자가 반환청구할 수 있는 증여가 법정상속분의 일부로 그 범위가 제한되는 점 등에 비추어 볼 때, 공동상속인의 증여재산은 그 증여가 이루어진 시기를 묻지 않고 모두 유류분산정을 위한 기초재산에 산입하도록 하는 이 사건 준용조항이 현저히 자의적이어서 기본권 제한의 한계를 벗어난 것이라고 할 수는 없다. 따라서 이 사건 준용조항은 재산권을 침해하지 아니한다.

4) 유류분제도의 입법취지에 비추어 볼 때, 수증자와 유류분반환청구를 하는 유류분권리자를 본질적으로 동일한 비교집단이라고 할 수 없다. 또한 공동상속인인 수증자의 경우에 수증자가 받은 증여재산은 상속분의

선급으로서의 성격을 가지고 있으므로 그 시기에 관계없이 유류분 산정을 위한 기초재산에 산입함이 타당한 반면, 공동상속인이 아닌 수증자의 경우 그 증여재산을 유류분의 기초재산에 무제한적으로 산입하여 사후에 반환을 가능하게 한다면 거래의 안전에 대한 중대한 위협이 될 수 있다. 따라서 이 사건 준용조항이 공동상속인인 수증자와 공동상속인이 아닌 수증자를 달리 취급하는 것은 합리적인 이유가 있으므로 청구인의 평등권을 침해하지 아니한다.

재판관 조대현, 재판관 송두환의 한정위헌의견

민법 제1008조를 준용하여 수증자의 유류분에서 수증재산을 공제하는 것은 수증자의 유류분을 조정할 뿐이고 피상속인의 처분 결과나 다른 수증자의 재산권에는 영향을 주지 않지만, 제1113조에 따라 유류분 산정의 기준재산에 포함되는 산입재산의 범위를 넓히면 그에 따라 피상속인의 재산처분권과 수증자의 재산권을 부인하는 범위도 커지게 된다. 그래서 민법 제1114조에 의하여 산입재산의 범위를 제한하고 민법 제1115조에 의하여 유류분 청구의 대상을 제한한 것이다. 그러므로 피상속인으로부터 재산을 증여받거나 유증받은 수증자가 유류분을 청구한 경우에도 민법 제1113조에 의하여 유류분 산정의 기준재산에 포함되는 산입재산의 범위는 민법 제1114조에 따라 피상속인이 상속개시 전의 1년간 증여한 재산과 유류분 권리자에게 손해를 가할 것을 알고 증여한 재산에 한정되어야 하고, 그렇게 산출된 유류분에서 민법 제1008조에 따라 수증자의 수증재산을 공제하여 유류분을 정하여야 한다.

따라서 대법원 판례와 같이 피상속인의 상속인에 대한 증여나 유증은 민법 제1114조에 불구하고 그 시기나 해의(害意) 유무를 불문하고 모두 민법 제1113조에 따라 유류분을 산정하는 기준재산의 범위에 포함되고 민법 제1115조에 의하여 유류분 반환청구의 대상으로 된다고 해석하는 것은 피상속인의 재산처분권과 수증자의 재산권을 제한할 필요성이 없거나 필요한 한도를 넘어서 과도하게 침해하는 것으로서 헌법 제23조 제1항 전문과 제37조 제2항에 위반된다고 보아야 한다.

(3) 평 가

이 사안은 민법이 규정한 유류분제도에 관한 근본체계를 헌법적으로 해석하여 그 제도운영의 기준을 제시한 것으로서 재산권과 연관된 중요한 쟁점을 포함하고 있다. 인류사에서 상속이라는 제도가 어떻게 형성되어 왔고, 그것이 어떤 변천을 겪어오면서 오늘에 이르게 된 것인지를 되짚어보게 하는 사례이다. 상속제도는 상속의 개시시점, 상속인의 확정, 상속순위, 상속재산의 범위, 유언의 범위(재산의 처분) 등 재산권과 많은 부분에서 관련을 맺고 있다.

헌법재판소는 이 사안에서 유류분에 포함되는 재산의 범위가 어디까지 법해석에 의하여 가능한지를 판단하였다. 이 범위에 대한 해석은 궁극적으로 피상속인이 갖는 재산처분의 자유와 상속인의 재산권 보호와 갈등관계에 설 수 있으며, 기존 대법원의 해석에 대한 이의제기가 전개될 수 있는 상황이다. 이미 이 사안이 헌법소원으로 제기될 당시 민법 제1113조와 제1114조에 대한 법률해석에 대한 문제를 제기하고 있는 것에서 피할 수 없는 것이었다. 핵심쟁점은 유류분을 계산하는 시점의 문제와 계산에 산입되는 재산의 범위에 대한 것이었는데, 이에 대하여 합헌의견(7인)과 한정위헌의견(2인)으로 갈렸다.

공동상속인의 지위에 있는 수증자와 공동상속인이 아닌 수증자가 법적용의 측면에서 달리 취급되는 집단으로 구분된다. 합헌의견에 따르면, 공동상속인의 지위에 있는 수증자의 경우에 증여시기를 문제삼지 않고 유류분 산정의 기초재산에 산입하지만, 공동상속인이 아닌 수증자는 증여가 이루어진 시점과 유류분 권리자에 대한 해의(害意)의 유무에 따라 달라진다는 것으로 해석한다. 이에 반하여 한정위헌의견에 따르면, 유류분 산정의 기준재산에 포함되는 산입재산의 범위를 어느 정도 한정할 필요성을 제시하여 공동상속인이 수증자인 경우에도 민법 제1114조에 따라 피상속인의 상속개시 전의 1년 간 증여한 재산과 유류분 권리자에게 손해를 가할 것을 알고 증여한 재산에 한정되어야 함을 강조하고 있다. 결국 이 두 견해는 앞서 본 두 집단의 구분을 허용할 것인가 아니면 동일한 집단으로 볼 것인가에 차이가 있고, 이로 말미암아 유류분 산정의 기준재산에 대한 범위를 제한할 것인가 여부에 차이가 드러난다.

3. 군인연금법 제23조 제1항 위헌소원[25)]

(1) 사건개요

청구인은 1999. 1.경 해병으로 입대하여 복무 중 선배 부사관들의 가혹행위로 외상후성 정신장애를 입고, 2003. 1.경 만기 전역한 이후 그 증세가 더욱 악화되자, 국방부장관에게 상이연금의 지급을 청구하였으나, 2007. 2. 23. '군복무 중 폐질이 발생하였음을 인정할 증거가 없어, 상이연금 지급요건인 공무상 질병 또는 부상으로 인하여 폐질상태로 되어 퇴직한 때에 해당하지 않는다'는 이유로 거부되었다. 이에 청구인은 위 거부처분의 취소를 구하는 소송을 제기하였으나 '퇴직 당시 외상후성 정신장애로 폐질상태에 있었다고 보기 어렵다'는 이유로 기각되었고, 항소 제기 후 그 소송이 계속 중이던 2008. 7. 30. 군인연금법(2000. 12. 30. 법률 제6327호로 개정된 것) 제23조 제1항에 대하여 위헌법률심판 제청신청을 하였다가 2008. 9. 24. 모두 기각되자(서울고등법원 2008누11732, 2008아206), 2008. 10. 28. 이 사건 헌법소원심판을 청구하였다.

---

25) 헌재결 2010. 6. 24. 2008헌바128(헌법불합치결정).

(2) 결정요지

1) 공무상 질병 또는 부상으로 '퇴직 이후에 폐질상태가 확정된 군인'에 대해서 상이연금 지급에 관한 규정을 두지 아니한 이 사건 법률조항은, 군인과 본질적인 차이가 없는 일반 공무원의 경우에는 퇴직 이후에 폐질상태가 확정된 경우에도 장해급여수급권이 인정되고 있는 것과 달리, 군인과 일반 공무원을 차별취급하고 있고, 또 폐질상태의 확정이 퇴직 이전에 이루어진 군인과 그 이후에 이루어진 군인을 차별취급하고 있는데, 군인이나 일반 공무원이 공직 수행 중 얻은 질병으로 퇴직 이후 폐질상태가 확정된 것이라면 그 질병이 퇴직 이후의 생활에 미치는 정도나 사회보장의 필요성 등의 측면에서 차이가 없을 뿐만 아니라 폐질상태가 확정되는 시기는 근무환경이나 질병의 특수성 등 우연한 사정에 의해 좌우될 수 있다는 점에서 볼 때, 위와 같은 차별취급은 합리적인 이유가 없어 정당화되기 어려우므로 평등의 원칙을 규정한 헌법 제11조 제1항에 위반된다.

2) 이 사건 법률조항을 단순위헌으로 선언하여 즉시 그 효력을 상실하게 하는 경우에는 법적 공백 상태와 부작용이 초래될 우려가 있는 점, 상이연금수급권의 요건 및 수준을 결정하는 것은 종국적으로 군인연금 기금의 재정 상태와 수급 구조, 경제 상황 등을 고려하여 입법자가 결정해야 할 사항인 점 등을 고려하여, 이 사건 법률조항에 대하여 헌법불합치 결정을 선고하되, 개선입법의 시한을 정하고 그 때까지 잠정적으로 계속 적용을 명하기로 한다.

재판관 조대현의 별개의견

이 사건 법률조항이 군인에 대해 공무상 질병이나 부상으로 인한 폐질상태가 퇴직 후에 생긴 때에는 상이연금을 지급하지 아니하는 것은, 일반 공무원의 경우에 비하여 불리하게 군인을 차별하고 있고, 그 차별의 합리적인 이유도 찾아보기 어렵다. 또 군인이 폐질상태로 되기 전에 퇴직하였는지 또는 폐질상태로 된 후에 퇴직하였는지에 따라 상이연금의 지급 여부를 차별하는 것도 합리적이라고 보기 어렵다. 따라서 이 사건 법률조항이 군인이 공무상 질병 또는 부상으로 퇴직한 후에 폐질상태로 된 경우에 상이연금을 지급하도록 규정하지 아니한 것은 헌법에 위반된다.

다만, 이 사건 법률조항이 현재 규정하고 있는 내용은 헌법에 위반된다고 볼 수 없고 이 사건 심판대상도 아니므로, 이에 대하여 위헌이나 헌법불합치를 선언해서는 안 되고, 이 사건 법률조항이 군인이 공무상 질병 또는 부상으로 퇴직한 후에 폐질상태로 된 경우에 상이연금을 지급하도록 규정하지 아니한 입법부작위에 대해서만 위헌을 선언하여야 한다.

(3) 평 가

수십 년간 아무런 이론이 없었던 차별적 제도에 대하여 새로운 공기를 불어넣은 의미 있는 결정에 해당한다. 이 사안은 일반 공무원과 군인의 차별적 취급이라는 쟁점과 군인 중 퇴직 전에 폐질이 확정된 자와 퇴직 후에 폐질이 확정된 자 간에 발생하는 차별에 대한 위헌성 여부가 쟁점이 되었다. 공직에서 업무를 수행하는 '공무원'이라는 점에서 두 집단은 본질적으로 다른 것인가 아니면 두 집단을 분리할 어떠한 합리적 이유도 찾을 수 없는 것인가가 문제이다. 이에 대하여 헌법재판소는 본질적으로 동일한 집단으로 판단하였다. 그리고 「군인연금법」의 입법취지나 목적 등에 비추어 보아, 퇴직 전후라는 시점에 따라 집단을 분리하여 상이연금수급권을 부여하는 것은 합리적 이유를 찾을 수 없는 것으로 보았다.

우리 연금법의 체계가 각 직역별 연금법을 독자적으로 두고 있어서 이와 같은 상이한 구조가 생성될 가능성이 훨씬 더 높았다는 점을 예상할 수 있다. 국민연금 이외에 공무원연금, 사립학교교직원연금, 군인연금 그리고 별정우체국직원연금 등이 분리되어 각각 운영되고 있는 관계로 각 규정 간 다른 점이 나타날 수 있다. 하지만 각 개별 영역이 추구하는 입법목적의 면에서는 그다지 큰 차이점을 발견하기는 어렵다. 따라서 이 사안과 같은 논란이 제기될 수밖에 없었으며, 향후 연금법적 개혁이나 입법적 통합발전이 이루어질 때를 대비하여 각 개별법 간의 체계모순 내지 체계부조화의 문제는 쉼없이 탐구될 필요성이 있다.

4. 전기통신기본법 제47조 제1항 위헌소원[26)]

(1) 사건개요

2008헌바157 사건

청구인 김○○는 2008. 6. 2. 진보신당 홈페이지(www.newjinbo.org) 및 인터넷포털사이트 다음(Daum)의 이명박탄핵투쟁연대카페(cafe.daum.net/antimb)에 각 접속한 후, 경찰이 미국산 쇠고기 수입반대집회 진압 과정에서 시위여성을 강간하였다는 등의 허위의 글을 각 기재하고 청구인이 직접 조작한 합성사진을 각 게재함으로써 2차례에 걸쳐 공익을 해할 목적으로 전기통신설비에 의하여 공연히 허위의 통신을 하였다는 이유로 전기통신기본법 제47조 제1항 위반 혐의로 기소되었고, 1심 재판계속중 위 법률조항에 대하여 위헌법률심판제청신청을 하였다. 그 후 법원이 2008. 10. 22. 청구인에 대하여 유죄판결을 선고하면서 위 신청을 기각하자, 위 청구인은 2008. 11. 14. 위헌법률심판제청신청 기각결정문을 송달받은 후 2008. 12. 12. 위 법률조항의 위헌확인을 구하는 이 사건 헌법소원심판을 청구하였다.

2009헌바88 사건

청구인 박○○은 2008. 7. 30.경 인터넷포털사이트 다음(Daum)의 '아고라' 경제토론방에 '드디어 외환보유고가 터지는구나'라는 제목 하에 외환보유고가 고갈되어 외화예산 환전 업무가 중단된 것처럼 허위 내용의 글

---

26) 헌재결 2010. 12. 28. 2008헌바157(위헌).

을 작성, 게시하여 수만 명이 열람하도록 함으로써 정부의 외환정책 및 대외지급능력에 대한 신뢰도, 우리나라 경제의 대외신인도를 저하시키는 등 공익을 해할 목적으로 전기통신설비에 의하여 공연히 허위의 통신을 하고, 2008. 12. 29. 위 토론방에 '대정부 긴급 공문 발송 －1보'라는 제목 하에 주요 7대 금융기관 및 수출입 관련 주요기업에게 달러 매수를 금지할 것을 긴급 공문 전송했다는 취지의 허위 내용의 글을 작성, 게시하여 약 10만 명 이상이 열람하도록 함으로써 정부의 환율정책 수행을 방해하고 우리나라 대외신인도를 저하시키는 등 공익을 해할 목적으로 전기통신설비에 의하여 공연히 허위의 통신을 하였다는 이유로 전기통신기본법 제47조 제1항 위반 혐의로 기소되었고, 1심 재판 계속중 위 법률조항에 대하여 위헌법률심판제청신청을 하였다. 그 후 법원은 위 청구인에 대하여 무죄판결을 선고하면서 위 신청을 기각하였는데, 검사가 이에 불복하여 항소하자, 위 청구인은 2009. 5. 14. 위 법률조항의 위헌확인을 구하는 이 사건 헌법소원심판을 청구하였다.

(2) 결정요지

이 사건 법률조항은 표현의 자유에 대한 제한입법이며, 동시에 형벌조항에 해당하므로, 엄격한 의미의 명확성원칙이 적용된다. 그런데 이 사건 법률조항은 "공익을 해할 목적"의 허위의 통신을 금지하는바, 여기서의 "공익"은 형벌조항의 구성요건으로서 구체적인 표지를 정하고 있는 것이 아니라, 헌법상 기본권 제한에 필요한 최소한의 요건 또는 헌법상 언론·출판의 자유의 한계를 그대로 법률에 옮겨 놓은 것에 불과할 정도로 그 의미가 불명확하고 추상적이다. 따라서 어떠한 표현행위가 "공익"을 해하는 것인지, 아닌지에 관한 판단은 사람마다의 가치관, 윤리관에 따라 크게 달라질 수밖에 없으며, 이는 판단주체가 법전문가라 하여도 마찬가지이고, 법집행자의 통상적 해석을 통하여 그 의미내용이 객관적으로 확정될 수 있다고 보기 어렵다. 나아가 현재의 다원적이고 가치상대적인 사회구조 하에서 구체적으로 어떤 행위상황이 문제되었을 때에 문제되는 공익은 하나로 수렴되지 않는 경우가 대부분인바, 공익을 해할 목적이 있는지 여부를 판단하기 위한 공익간 형량의 결과가 언제나 객관적으로 명백한 것도 아니다. 결국, 이 사건 법률조항은 수범자인 국민에 대하여 일반적으로 허용되는 '허위의 통신' 가운데 어떤 목적의 통신이 금지되는 것인지 고지하여 주지 못하고 있으므로 표현의 자유에서 요구하는 명확성의 요청 및 죄형법정주의의 명확성원칙에 위배하여 헌법에 위반된다.

재판관 조대현, 재판관 김희옥, 재판관 김종대, 재판관 송두환의 '허위의 통신' 부분의 명확성원칙 위반에 관한 보충의견

이 사건 법률조항의 입법연혁, 관련 조항의 체계에 비추어 보면, 이 사건 법률조항의 본래 입법취지는 '허위의 명의를 이용한 통신'을 규제하려는 데 있었다고 볼 것이다. 그러나 장시간에 걸쳐 사문화된 상태에 있었던 이 사건 법률조항이 최근 몇 년 사이에 내용상 허위의 통신 행위에 대하여 갑작스레 적용되기 시작하면서, 이 사건 법률조항의 '허위의 통신'이 어떠한 행위를 말하는지 다시 의문이 제기되게 되었다. '허위' 개념에는 내용의 거짓이나 형식의 오류가 모두 포함될 수 있기 때문에, 법률 용어로 사용하기 위하여는 보다 구체적인 부연 내지 체계적 배치가 필요함에도 이 사건 법률조항은 법조문 자체의 문언이나 관련 조항의 체계상 그와 같은 구체화의 취지를 명백하게 드러내지 아니한 결과, 당초 입법취지와는 달리, 확대된 법률의 해석, 적용이 가능하게 된 것이다. 결국 이 사건 법률조항은 '공익을 해할 목적'이 불명확하다는 점에서 뿐만 아니라 '허위의 통신'부분이 불명확하다는 점에서도, 죄형법정주의의 명확성원칙에 위반된다.

재판관 이강국, 재판관 이공현, 재판관 조대현, 재판관 김종대, 재판관 송두환의 과잉금지원칙 위반 여부에 관한 보충의견

표현이 어떤 내용에 해당한다는 이유만으로 표현의 자유의 보호영역에서 애당초 배제된다고는 볼 수 없으므로, '허위사실의 표현'도 헌법 제21조가 규정하는 언론·출판의 자유의 보호영역에는 해당하되, 다만 헌법 제37조 제2항에 따라 제한될 수 있는 것이다. 그런데 이 사건 법률조항을 당해 사건에서와 같이 공익을 해할 목적의 허위사실을 내용으로 하는 통신에 적용하는 것은, '공익' 개념의 모호성, 추상성, 포괄성으로 말미암아 필연적으로 규제되지 않아야 할 표현까지 다함께 규제하게 되어 과잉금지원칙에 어긋난다. 나아가 이 사건 법률조항은, 자신이 행하고자 하는 표현이 규제의 대상이 아니라는 확신이 없는 기본권 주체로 하여금 규제를 받을 것을 우려하여 스스로 표현행위를 억제하도록 할 가능성이 높은바, 제재에 대한 두려움으로 인하여 표현이 억제된다면, 표현의 자유의 기능은 훼손될 수밖에 없다. 결국, 이 사건 법률조항은 과잉금지원칙에 위배하여 표현의 자유를 침해하는 것으로서 헌법에 위반된다.

재판관 이동흡, 재판관 목영준의 반대의견

① 이 사건 법률조항은 "공익을 해할 목적"이라는 초과주관적 구성요건을 추가하여 '허위의 통신' 가운데 구성요건해당성이 인정되는 행위의 범위를 대폭 축소시키고 있는바, 초과주관적 구성요건 부분에 대하여 객관적 구성요건 행위와 같은 정도의 명확성을 요구할 것은 아니다. 한편 법률상 '공익' 개념은 '대한민국에서 공동으로 사회생활을 영위하는 국민 전체 내지 대다수 국민과 그들의 구성체인 국가사회의 이익'을 의미하고, 공익을 '해할 목적'은 행위의 주요 목적이 공익을 해하는 것인 때를 의미하는바, 그 의미가 불명확하다고 보기 어렵다. 다음으로 "허위의 통신" 부분에 관하여 살펴보면, 일반적인 '허위'의 관념은 내용의 거짓과 명의의 거짓을 모두 포괄하는 점 및 다른 형사처벌 규정에서의 '허위' 개념의 용례에 비

추어 볼 때, 이 사건 법률조항의 "허위의 통신"에서 '내용이 거짓인 통신'이 배제된다는 해석은 불가능하다. 한편 '내용의 허위'란 내용이 진실에 부합하지 않는 것으로서, 전체적으로 보아 '의견 표명'이나 '제안'이라고 볼 수 있는 경우는 이에 해당하지 아니한다. 결국 이 사건 법률조항의 "허위의 통신"은 그 의미가 명확하고, 죄형법정주의의 명확성원칙에 위배되지 않는다.

② 허위사실의 표현이 표현의 자유의 보호영역에서 배제되는 것은 아니지만, 이는 원론적으로 사상이나 지식에 관한 정치적·시민적 표현행위라고 볼 수 없으므로, 그에 대한 규제를 심사함에 있어서는 엄격한 비례의 원칙을 적용하는 것보다는 '피해의 최소성' 원칙에서 일부 완화된 심사를 함이 상당하다. 이 사건 법률조항은, 허위사실의 유포에 의한 공중도덕이나 사회윤리의 침해 등을 방지하고 국민의 올바른 정보획득권을 보호하는 것으로서, 정당한 입법목적 달성에 기여하는 적합한 수단에 해당한다. 한편 전기통신설비에 의한 허위사실의 유포는 강한 파급력을 가진 점, 명백한 허위의 사실이라도 통신이용자들에 의하여 자율적으로 신속하게 교정되기가 매우 어려운 점, 허위사실을 둘러싼 장시간의 논쟁에 막대한 사회적 비용이 소모될 수 있는 점 등을 참작하면, 지금 우리의 현실에서 일정한 범위의 명백한 허위통신에 대하여는 통상의 표현행위보다 엄격한 규제를 할 필요성이 있다. 더구나 이 사건 법률조항은 공연히 전기통신설비에 의하여 허위의 통신을 하는 것을 전적으로 금지하고 처벌하는 것이 아니라 그러한 행위 중 '공익을 훼손할 목적'이 있다고 인정된 행위에 한하여 처벌하고 있는 것이다. 따라서 이 사건 법률조항은 침해의 최소성원칙에 반하지 않는다. 나아가 이 사건 법률조항에 의하여 제한되는 기본권은 객관적 및 주관적으로 명백한 허위사실을 공익을 해할 목적으로 전파할 자유라는 점에서 보호되는 공익과 제한되는 기본권 사이에 현저한 불균형이 있다고 보기도 어렵다. 결국 이 사건 법률조항은 과잉금지원칙에 위배하여 표현의 자유를 침해하지 않는다.

(3) 평 가

당해 사안에서 쟁점이 된 법률규정은 표현의 자유에 대한 제한과 처벌규정이 함께 결부되어 있는 것이었다. 무엇이 '공익'인지가 어느 정도로 확정이 가능한지가 논란이었다. 모든 법률규정에서 '공익'이라는 용어를 사용하는 것을 부인하지는 않았으며, 이 법률에서 사용된 공익개념은 표현행위의 규제와 형벌부과로 이어져 표현의 자유에서 요구하는 명확성의 요청 및 죄형법정주의의 명확성원칙에 부응하지 못하는 것으로 보았다. 오늘날 전기통신에 의한 의사표현은 날로 증가하고 있을 뿐만 아니라 그 신속성과 대량성으로 사회에 혼란을 줄 우려도 상존하고 있는 것이 사실이다. 하지만 그러한 요청이 아무리 강력하다고 하더라도 지나치게 광범위한 제한으로 이어지거나 그것이 형사적 제재와 결부되어 있는 경우는 더욱 명확성 원칙이 준수되어야 한다. 공익이라는 개념을 일의적으로 규정하기도 어렵고, 해당 법률의 구조나 체계 속에서 다양한 방식으로 이해될 가능성이 존재하므로 보다 제한적인 부가요건이 추가되어 규범화될 필요가 있다.

Ⅵ. 맺음말

헌법재판소가 창립된 이래 헌법재판사건은 꾸준히 증가하고 있다. 20년 이상의 역사를 가꾸어 가면서 2010년에는 헌법재판연구원 조직도 법적 근거를 갖고서 출범하는 발전적 계기를 마련하였다. 헌법재판이 실질적으로 대한민국의 법치실현에 이바지하는 데 인적 및 물적 조직을 이상적으로 갖추게 되었다. 이에 따라 향후 한층 헌법재판은 질적 개선, 관련 연구심화 그리고 교육활동의 수행을 바탕으로 탄탄한 체계 속에서 부단한 성장을 이루어 갈 것으로 예상된다.

1987년 헌법개정으로 탄생한 헌법재판소의 역사는 새롭게 쓰여지고 있으며, 이제는 누구도 부인할 수 없는 기본권 보호의 최후보루가 되었을 뿐만 아니라 법치국가의 구현과 인간의 존엄성이 발현될 수 있는 법문화를 진작시키는 데 기여하였다. 이제는 보다 심화되고 성숙된 헌법가치의 실현을 위하여 기존의 선례들을 재탐구하고 논쟁을 거쳐 정비를 시도해야 할 시점으로 생각한다. 과거의 선례에 대한 철저한 연구와 이에 대한 이론적 검증 없이 헌법재판선진국으로 도약할 수는 없기에 여러 방면에서 비판과 토론이 열려야 할 것으로 본다. 헌법재판은 바로 이런 과정 속에서 성숙되고 고양되는 것이다. 헌법재판, 그것은 되돌릴 수 없는 역사의 유산이다.

[국문초록]

2010년도 헌법판례의 동향

2010년 한 해에도 헌법재판소는 다양한 분야에서 제기된 헌법적 쟁점들을 처리하였으며, 그 가운데 우리 사회에 상당한 영향을 미치는 결정들을 내놓았다. 특히 의료행위와 관련된 사건은 늘 논란이 되었던 문제들에 대하여 일정한 방향으로 그 가닥을 잡았지만, 여전히 이해관계와 법형성의 한계 지점에서 논란은 계속 이어질 것으로 전망한다. 또한 지방자치단체장이 일정한 사유로 재판을 받는 중에 금고 이상의 형이 선고될 경우에 그 직무집행에서 배제되도록 한 법률규정에 대한 판단은 지방자치의 운영과 형성에 큰 획을 그은 사건으로 평가할 수 있다.

위 두 사건 이외에도 앞서 언급한 바와 같이 헌법재판소는 많은 사건에서 법질서를 유도하거나 개선하는 역할을 할 수 있는 결정들을 선고하였다. 우리는 헌법재판소의 주요한 결정들에 나타난 헌법해석과 논증의 구조에 대하여 다양한 법영역에서 논쟁의 장을 끌어가는 과정을 통하여 헌법의 발전과 안정을 이룩하여야 할 것으로 생각한다.

[주제어]
헌법재판, 위헌법률심판, 권한쟁의심판, 헌법소원심판, 헌법재판소

[Abstract]

Trends in 2010 Constitutional Law Cases

Jin Gon Kim

During 2010, as in any other year, the Constitutional Court of Korea dealt with constitutional issues raised in diverse areas and made rulings that have a significant impact on our society. With respect in particular to the case related to medical practice, the overall direction of rulings has been established on the issues that have always been controversial, but it is predicted controversies will continue to arise at the boundary between interests and law making. Furthermore, the judgment on the legal regulation that removes a local government official from performance of duties when such an official is sentenced to prison during a trial for given charges can be considered a watershed event with respect to the operation and formation of local self-government.

In addition to the above two cases, the Constitutional Court, as previously mentioned, has made rulings in many cases which can induce or improve law and order. I believe we must achieve development and stability of constitutional law through the process of leading the argument forums, in diverse legal areas, on the constitutional interpretation and the structure of argument which are evident in the major rulings of the Constitutional Court.

[Keywords]

Constitutional hearing, constitutional adjudication, jurisdiction dispute adjudication, constitutional appeal adjudication, Constitutional Court of Korea

Professor, College of Law, Kwangwoon University

미디어렙제도에 관한 쟁점과 입법적 과제

고 민 수*

Ⅰ. 들어가는 말
Ⅱ. 미디어렙제도에 대한 헌재의 인식론적 기초와 문제점
1. 헌재의 논리형식
2. 문제제기 및 패러다임 전환의 필요성
3. 새로운 패러다임으로서 미디어렙제도의 이해
4. 소결
Ⅲ. 미디어렙제도와 과잉금지원칙
1. 헌재의 논증구조
2. 헌재의 '질서유지' 또는 '공공복리' 연계성 심사에 대한 문제제기
3. 논증구성의 대안
Ⅳ. 미디어렙제도에 관한 입법논의 현황과 법적 평가
1. 제한경쟁? 완전경쟁?
2. 지상파방송사업자의 미디어렙 참여는 허용될 수 있는가?
3. 방송광고시간 위탁강제의 범위를 확대할 것인가?
Ⅴ. 결론

Ⅰ. 들어가는 말

옛 「방송법」 제73조 제5항에서는 지상파 방송사업자의 경우 한국방송광고공사 또는 대통령령이 정하는 방송광고 판매대행사가 위탁하는 방

* 법학박사, 국립 강릉원주대학교 법학과 교수

송광고물 이외에는 방송광고를 할 수 없도록 규정하고 있었고, 방송법시행령 제59조 제3항에서는 한국방송광고공사가 출자한 주식회사로 한정하고 있었다. 때문에 한국방송광고공사의 출자 없이 설립된 회사는 지상파방송사에 대해 방송광고 판매대행사업(이하 '미디어렙제도'라 한다)을 할 수 없었다(이하 '이 사건 규정'이라 한다). 이 같은 이른바 '방송광고판매제도'가 위헌이라는 헌법적 쟁점이 부각된 것은 2006년 3월이었다. 직업선택의 자유와 평등권을 침해한다는 헌법소원심판이 제기된 것이다.[1)]

헌법소원이 제기된 지 약 2년 9개월여 지난 2008년 11월 28일에야 헌법재판소(이하 '헌재'라고 한다)는 결정을 내렸다. 결론은 "입법자는 지상파방송의 공정성과 공익성, 그리고 다양성을 확보하기 위해서라면 일정한 요건을 갖춘 업체에 한하여 지상파 방송광고 판매대행사업을 허가하는 허가제를 도입하거나, 방송사의 출연금으로 기금을 조성하여 공공성이 높은 프로그램제작에 보조금을 지급하는 방법으로도 입법목적을 달성할 수 있음에도, 한국방송광고공사와 이로부터 출자를 받은 회사에 대해서만 지상파 방송광고 판매대행을 허용하는 것은 과잉금지원칙을 위반한 것이며 또한, 민영 방송광고 판매대행사는 사적 이익만을 위해 설립된 회사라고 단정하는 것은 차별목적과 수단 사이에 비례성을 상실한 것으로 헌법에 위반된다"는 것이었다.

헌재의 결정이 있은 후, 이해관계자들은 물론 관련 언론학계에서도 대체입법을 위한 많은 논의가 있었고, 현재에도 진행형에 있다. 국회에 제출된 관련 법률안만 여섯 개에 이르고 있다. 주무 행정기관인 방송통신위원회 역시 미디어렙의 설치와 운영에 대한 제도 마련에 착수해 허가제에 기초한 계획을 제시하고 있다고 한다. 기존 논의에서의 핵심쟁점은 네 가지로 집약될 수 있다. 첫째는 미디어렙제도의 규범형식을 무엇으로 할 것인가의 문제인데, 이와 관련해서는 허가제가 일반적으로 제시되고 있다.

---

1) 헌재결 2008. 11. 27. 2006헌마352.

둘째는 허가제를 바탕으로 미디어렙의 수에 제한을 둘 것인지, 둔다면 몇 개로 할 것인지의 문제이며, 셋째는 지상파방송사업자의 참여를 허용할 것인지, 허용한다면 참여비율을 얼마로 정할 것인지의 문제이다. 마지막으로 미디어렙에 의한 방송광고 판매를 지상파방송이 아닌 다른 방송에도 확대할 수 있는지 등이다.

규범공백이 발생한 지도 벌써 2년 9개월 여가 지나고 있다. 조속한 입법이 요구된다는 목소리가 높다. 하지만, 여기서 주목하고자 하는 점은 이와 같은 논의에 있어 입론의 기초가 되는 헌재결정의 논증구조이다. 한 번 잘못된 결정은 되돌리기 어려운 까닭이다. 헌재는 이 사건 규정을 논증하면서 두 가지 전제에 기초하고 있다. 첫째는 미디어렙제도를 방송광고물이라는 사적 재화의 거래에 관한 문제로 파악하고 있다는 점이고, 둘째는 미디어렙의 수를 비롯해 기타 쟁점들의 기초가 되는 규범형식으로서 허가제를 강학상 허가제로 파악하고 있다는 점이다. 그런데, 헌재의 이 같은 전제와 관련해서 과연 미디어렙제도의 본질을 제대로 이해하고 있는 것인가? 또, 미디어렙제도를 민영미디어렙의 직업수행의 자유에 대한 제한으로만 파악하고 미디어렙제도의 위헌성 여부에 대한 판단의 심사기준으로 일반적인 기본권 제한에 관한 심사기준인 헌법 제37조 제2항의 과잉금지원칙을 적용할 수 있는가 등의 의문이 제기된다.

헌재 논증구조의 기초가 되고 있는 두 가지 전제에 대한 의문에 대해 설득력 있는 논거를 찾기 어렵다면, 현재 진행중인 입법논의는 그 출발점에서부터 재고되어야 마땅하다. 따라서 이하에서는 헌재결정의 주요 내용에 대해 논증구조상 제기되는 문제점들을 검토하고자 한다. 이러한 검토는 결국 현재 진행되고 있는 미디어렙제도 관련 쟁점들에 관한 논의와 결론에 이르는 법리구성을 법 이론적으로 평가함으로써 향후 입법과정에서의 정향점과 한계점을 시론적(試論的)으로 제시해 보고자 함에 있다.

Ⅱ. 미디어렙제도에 대한 헌재의 인식론적 기초와 문제점

1. 헌재의 논리형식

헌재는 미디어렙제도의 헌법적 정당성에 관한 논증을 위한 입론의 기초로서 방송광고를 판매자와 구매자 사이에 거래되는 사적 재화로 평가하였다. 다만, 시장적 접근을 배제하고 정부의 개입 내지 규제가 정당화되는 특성을 지닌 재화라고 보았다. 방송광고를 거래하는 매개수단인 방송이 공공재적 성격을 갖기 때문이라는 점이 이유로 제시되었다.

방송전파는 모든 국민이 공유하는 한정된 자원이고, 이러한 방송전파에 의존하는 방송에는 공공성과 공익성이 요구되는데, 방송의 주된 재원인 방송광고 역시 방송전파에 의존하여야 한다는 점에서 방송과 같이 공공성과 공익성이 요구된다는 논리이다. 다시 말하자면, 방송의 공공성, 공익성이 방송광고를 통제하고 규제하는 근거라고 보았다. 그리고 이 같은 이해에 기초해 방송사를 대신해 방송광고를 판매하는 미디어렙제도 역시 방송의 공공성과 공익성을 확보하기 위한 제도라는 가설로부터 논증을 전개하고 있다. 그런데 이와 같은 가설에 대해서는 아래와 같은 문제점들이 제기된다.

2. 문제제기 및 패러다임 전환의 필요성

주지하는 바와 같이 헌재는 방송광고를 사적 재화로 파악한다. 그렇다면, 사적 재화로서 방송광고가 뜻하는 바는 무엇인가? 생각건대, 광고를 목적으로 하는 방송내용물이며,[2] 표현물이다. 또, 저작물 특히, 「저작권법」

2) 방송법 제2조 제21호.

상 영상저작물에 해당한다. 영상저작물이라는 측면에서 보면 방송광고는 헌재의 판단과 같이 사적 재화로서의 성질을 갖는다. 그런데, 영상저작물인 방송광고가 거래된다는 것은 무슨 의미인가? 저작물에 대한 권리변동을 뜻한다고 보는 것이 일반적이다. 그런데 여기서 의문이 제기된다. 헌재가 밝히고 있듯이 영상저작물에 관한 권리변동이 방송을 매개로 이루어지는가 하는 점이다. 쉽게 납득하기 어렵다. 방송은 영상저작물인 광고를 실현하는 수단일 뿐 권리변동의 원인이 되는 법률요건에 해당하지 않는 까닭이다.[3] 또한, 영상저작물이자 표현물인 방송광고에 대해 공공성과 공익성을 이유로 정부가 개입 내지 규제하는 것이 정당화되는가 하는 점도 의문이다. 광고의 전형적 유형이라고 볼 수 있는 상업광고의 예를 들어 살펴보자. 상업광고는 상품정보를 소비자에게 전달한다. 그렇다면, 명백히 사적 영리행위를 위한 대중적 의사표현임에 분명하다. 그런데 이같은 광고에 대해 공공성을 요구한다는 것은 모순이다. 더 나아가 지상파방송이 제한된 범위의 방송광고 판매대행사가 위탁하는 방송광고물 이외에 방송광고를 할 수 없다는 이 사건 규정과 영상저작물로서 방송광고의 권리변동에 대한 제한과 정당화 논거가 어떠한 논리적 연관성이 있는가 하는 점도 납득하기 어렵다.

요컨대, 지상파방송이 한정된 자가 위탁한 방송광고 이외의 방송광고물을 방송할 수 없다는 것은 지상파방송사업자에게 일정한 의무를 부과하는 것일 뿐 방송광고물이라는 영상저작물의 권리변동과는 무관하다는 생각이다. 이와 같은 측면에서 볼 때, 미디어렙의 기능을 방송광고물 거래의 문제로 파악한 헌재의 논증구조는 「방송법」의 문면(文面)에만 치우쳐 쟁점 대상의 본질을 오해함으로써 논점 일탈의 오류를 행한 것은 아닌가라는 지적으로부터 자유롭지 못하다고 생각한다.

---

3) 권리변동과 법률요건 등에 관하여 자세한 내용은 예컨대, 권순한, 「민법요해 I」(도서출판 Fides, 2009), 144-147면 참조.

3. 새로운 패러다임으로서 미디어렙제도의 이해

지상파방송이 제한된 범위의 방송광고 판매대행사가 위탁하는 방송광고물 이외에 방송광고를 할 수 없다고 규정한 이 사건 규정의 본질을 방송광고라는 사적 재화에 대한 통제와 규제로 파악하는 것이 타당하지 않다면, 어떻게 이해될 수 있는가? 생각건대, 지상파방송의 전체 가용 방송시간 가운데 일부분인 광고시간의 운용에 대한 객관적 질서 형성의 결과라고 이해될 수 있다.[4]

미디어렙에 대한 일반적 정의는 이같은 이해의 타당성을 뒷받침한다. 미디어렙이란 의사표현의 한 형태로서 광고를 실현하는 수단 내지 미디어라고 할 수 있는 신문지면과 방송시간을 보유한 신문과 방송사(이하 '매체사'라 한다)를 대신해 광고주나 광고회사에 광고시간이나 지면을 대신 판매해주고, 매체사로부터 판매대행 수수료를 받는 회사를 뜻하는 것으로, 광고의 수단을 뜻하는 미디어(Media)와 대표자를 뜻하는 레프리젠터티브(Representative)의 합성어인 까닭이다. 또한, 미디어렙제도의 규범적 필요성과 당위성에 관한 일반론에서도 미디어렙의 기능이 방송광고시간에 관련된 것임을 통해서도 이를 다시 한 번 확인할 수 있다. 즉, 광고수입을 주된 재원으로 하는 경우 방송사는 자신에게 허용된 광고시간을 이용해 최대한 이익을 올리려고 할 것이고, 때문에 광고유치와 광고시간 가격결정과 관련해 광고주에게 압력을 행사할 우려가 예상된다. 또, 자본가인 광고주가 광고시간 구매를 조건으로 방송사에 부당한 영향력을 행사할 경우도 고려될 수 있다. 이러한 방송광고시간 판매를 둘러싼 부작용을 예방하기 위한 수단이 바로 미디어렙제도이다.[5]

---

4) 방송법에서는 방송사업자가 행하는 방송광고의 시간, 횟수 그리고 방법에 대해 자세한 규정을 두고 있다. 자세한 내용은 방송법 제73조 및 동법 시행령 제59조 참조.

5) 이와 같은 당위성과 필요성 이외에 다음과 같은 효과도 미디어렙의 제도적 의의와 필요성을 뒷받침한다. 미디어렙이 방송사의 광고시간을 위탁받아 판매하게 되면, 방송사

4. 소 결

헌재는 이 사건에서 방송광고를 사적 재화로 이해하고, 이러한 이해를 바탕으로 방송광고시간 판매대행 사업에 대한 국가의 개입 내지 규제의 정당화 논거로써 방송의 공공성과 공익성을 제시하였다. 그러나 헌재가 방송광고시간 판매대행 사업을 방송광고라는 사적 재화의 거래라고 주장하려면 먼저, 지상파방송사의 방송광고시간의 판매와 방송광고 거래의 사항 본질적 동일성을 설득력 있게 논증했어야 할 것이다. 그러한 논증 없이 방송광고시간 판매를 방송광고 거래로 전제하는 것은 미디어렙제도의 본질을 오해한 것으로 이 사건 규정의 합헌성에 관한 논증과정 전체는 물론 결론에 이르는 법리구성마저 혼란스럽게 할 뿐이다.

요컨대, 미디어렙제도는 앞서 미디어렙에 대한 일반적 정의와 미디어렙 제도에 관한 규범론에서 확인한 바와 같이 방송광고라는 사적 재화의 거래와 관련된 행위를 규율대상으로 하는 규범이 아니라 지상파방송사의 방송광고시간의 판매에 관한 행위규범으로 파악되고 분석되어져야 한다고 생각한다.[6)]

Ⅲ. 미디어렙제도와 과잉금지원칙

1. 헌재의 논증구조

헌재는 이 사건 규정이 지상파 방송광고(시간) 판매대행 시장에 제한

입장에서는 방송프로그램의 제작과 편성에 집중할 수 있게 됨으로써 전문화, 효율화를 이룰 수 있어 방송사 경영에 합리화와 수익성을 높일 수 있다. 또, 광고주 입장에서도 미디어렙이 광고시간에 따른 광고 효과를 예측할 수 있는 시청률 조사 등의 자료를 제공함으로써 광고주들이 합리적 판단을 할 수 있게 된다.

6) 이하에서 헌재결정과 관련된 내용에서 방송광고 판매대행이라는 표현은 이해의 혼란을 방지하기 위해 방송광고(시간) 판매대행으로 표시하고자 한다.

적 경쟁체계를 도입함과 동시에 방송의 공정성과 공익성, 그리고 다양성을 확보하기 위해 한국방송광고공사와 이로부터 출자를 받은 민영 미디어렙에서 지상파 방송광고(시간) 판매대행을 할 수 있도록 함으로써 입법목적이 정당하다고 보았다. 다만, 한국방송광고공사와 한국방송광고공사가 출자한 미디어렙에게만 지상파방송사의 방송광고(시간) 판매를 대행하도록 하는 것이 제한적이나마 시장원리를 도입한 것인지에 관해서만 문제를 제기하였다. 결론은 한국방송공사와 한국방송광고공사가 출자한 미디어렙만이 지상파방송광고(시간) 판매를 대행하도록 하는 것은 합리적이고 객관적인 기준이 아니며, 한국방송광고공사의 재량적 판단에 지상파 방송광고(시간) 판매대행 시장의 경쟁체제 실현여부를 맡겨 놓은 것으로써 제한적으로나마 경쟁체제를 도입한 것으로 볼 수 없다고 보았다.

또한, 기본권 제한을 최소화하는 방법도 아니라고 보았다. 허가제를 통해 일정한 요건, 조직, 시설을 갖춘 업체에 대해 지상파 방송광고(시간) 판매를 대행하도록 하거나, 방송광고(시간) 가격의 상한선을 정한다든지, 방송사의 출연금으로 기금을 조성하여 공공성이 높은 프로그램제작에 보조금을 지급한다든지, 허가를 받은 경우에도 방송의 공익성·공정성을 해하는 영업을 행하는 경우 허가를 취소하는 등 기본권이 덜 침해되는 다른 방법이 고려될 수 있음에도 이를 고려하지 않은 것은 기본권 제한수단을 선택할 경우에는 보다 덜 침해적인 수단을 선택해야 한다는 기본권 침해의 '최소침해원칙'을 위반하였다고 보았다.

2. 헌재의 '질서유지' 또는 '공공복리' 연계성 심사에 대한 문제제기

헌재의 논증 가운데 여기서 주목하고자 하는 점은 지상파 방송광고시간 판매대행 허가제를 통한 입법목적의 달성 가능성이다. 설령, '특허와 허가 구별의 상대화' 경향이 강화되는 추세라고는 하지만 미디어렙제도가 이른바 '강학상 허가'에 해당한다면,[7] 그것은 자유를 제한하는 것이 아니라 자유를 회복시켜 주는 것이기 때문에 허가의 기준을 정하는 자격제도 내용의 구성은 입법자의 정책적 판단 즉, 입법재량에 맡겨져 있다. 하지만, 미디어렙제도가 강학상 의미에서의 허가에 해당하지 않을 경우 일반적인 기본권제한과는 그 논증구조를 달리할 수밖에 없게 된다.[8] 때문에, 헌재의 과잉금지심사기준의 적용이 타당성과 정당성을 확보하기 위해서는 헌재가 목적의 정당성을 심사하면서 밝힌 한국방송광고공사와 이로부터 출자를 받은 민영 미디어렙에게만 지상파방송광고시간의 판매대행을 허가하는 것이 과연 이른바 '강학상 허가'를 의미하는 것인가 하는 점에 대한 검토가 선결적으로 요구된다.

형식상 미디어렙제도는 강학상 의미의 허가제도로 보일 수 있다. 그러나 민영 미디어렙의 해당 시장으로의 진입을 원천적으로 봉쇄하고, 결과적으로 특정 집단만이 지상파방송광고시간 판매대행 시장에 대해 독점적이고 배타적인 지위를 인정받는다는 점에서 실질적으로는 강학상 의미의 '특허'에 해당한다고 보인다.

미디어렙제도를 이처럼 강학상 의미의 특허로 이해한다면, 민영 미디어렙의 지상파방송사 방송광고시간 판매대행을 제한하는 것은 특허에 따른 반사적 결과일 뿐이다. 그렇다면, '질서유지' 또는 '공공복리'를 위하

---

7) 특허와 허가 구별의 상대화란 허가의 법적 성격을 자유권 회복이라는 행정법상 명령적 행위의 성격과 새로운 법적 권리를 부여하는 형성적 행위의 성격을 모두 갖는 것으로 이해하고자 하는 양면성설 또는 병존설에 기초하고 있다. 이에 관하여 자세한 내용은 예컨대, 홍정선, 「행정법원론(상)」(박영사, 2011), 339-340면 참조.

8) 허가의 법적 성격을 형성적 행위로 이해하는 견해도 존재한다. 이에 관해서는 예컨대, 강현호, 「행정법 총론」(박영사, 2005), 291면; 최영규, "영업허가의 개념과 범위－이른바 공기업 특허와의 구별 문제를 중심으로", 「공법연구」 제21집(한국공법학회, 1993), 196면 등 참조. 하지만, 이러한 견해에 대해서는 허가의 성격과 행위의 권리적 성격에 대한 구분이 가능하다는 측면에서 쉽게 이해하기 어렵다는 지적이 설득력 있게 제기된다. 이와 같은 견해로는 예컨대, 김성수, 「일반행정법」(법문사, 2008), 239-240면 참조.

여 직업의 자유를 제한하는 법제도로 보편화된 자격제도 즉, 공동체 구성원 전체의 '일반적 이익'을 보호하기 위해 전문지식과 기술 등의 기준에 따라 직역을 획정하고 그에 대한 진입과 직업활동을 규제하는 강학상 의미의 '허가'제도와는 다른 유형이라고 하겠다. 이렇게 본다면, 미디어렙제도는 헌법 제37조 제2항의 '질서유지' 또는 '공공복리'를 위한 목적의 기본권 제한이 아니라, 한국방송광고공사와 이로부터 출자 받은 미디어렙이라는 기준에 의한 일종의 '기본권 특혜'이다. 일반적인 전문자격인정제도와 달리 자격이 한국방송광고공사와 이로부터 출자를 받은 미디어렙으로 한정하여 특정인에게만 지상파방송사의 방송광고시간 판매를 대행할 수 있도록 독점을 허용하는 면허제도로서 그것은 원천적으로 공동체 전체의 '공공복리' 등을 위하여 부분이익을 제한하는 일반적인 '기본권 제한'과는 그 기능과 구조가 달리 파악되어져야 한다.

요컨대, 미디어렙제도의 위헌성 여부에 대한 판단을 위한 법리는 헌법 제37조 제2항의 "일반적인 목적의 정당성" 즉, '공공복리'를 위한 기본권 제한으로서 과잉금지원칙에 위배되는지가 아니라, 민영 미디어렙의 직업수행의 자유와 지상파 방송광고시간 판매대행사업 특허를 통해 입법자가 달성하고자하는 지상파 방송광고시간 판매에서의 제한적 경쟁체제를 통해 달성하고자 한 지상파 방송광고시간 판매대행사업 시장의 활성화 그리고, 방송의 공익성과 공공성 보호라는 법익들이 상충하는 경우에 타당한 해결의 원칙과 방법으로 확립된 이른바 '규범조화적 해석'의 요청과 과잉금지의 방법 등에 위배되어 극단적으로 편향된 과잉규제에 해당되는 것인지 여부에 대한 논증구조를 갖추어야 한다고 생각된다.[9)]

---

9) 규범조화적 해석은 헌법해석의 지침 가운데 하나인 헌법의 통일성을 실현하기 위한 방법 가운데 서로 상반되는 헌법규범 가운데 어느 한 규범을 우선시키지 아니하고 상반하는 헌법규범이나 헌법적 원칙을 최대한 조화시켜 동화적인 효력을 나타낼 수 있도록 해석하여야 한다는 지침을 말한다. 이에 관해 자세한 내용은 허영, 「헌법이론과 헌법」(박영사, 2011), 114면; 이승우, 「헌법총론」(두남, 2007), 89면; 정종섭, 「헌법학원론」(박영사, 2008), 85면 등 참조.

3. 논증구성의 대안

이 사건 규정을 민영 미디어렙의 직업수행의 자유에 대한 제한으로 파악하는 경우 헌재의 논증구조와 같이 헌법 제37조 제2항의 과잉금지원칙이 위헌여부를 판단하는 심사기준이 된다. 하지만, 미디어렙제도가 지상파방송의 공익성과 공공성 보장이라는 국가의 책무를 일부 위임받은 기관 선정을 위한 자격제도로서의 성격을 가지고 있다는 점에서 강학상 의미의 특허로서의 성격을 갖는다고 본다면, 입법자는 자격제도를 마련함에 있어 광범위한 입법재량을 가지고 있으므로,[10] 이 사건 규정의 위헌성을 판단함에 있어 헌법 제37조 제2항의 요구는 헌재의 입론과 달리 다소 완화된다고 하겠다. 다만, 헌재가 과잉금지원칙 위반의 논거로 제시된 이유와 단서들의 대부분이 유사한 맥락에서 대부분 원용될 수 있을 것이다.

(1) 목적의 정당성

이 사건 규정이 지상파방송의 공익성과 공공성 보장이라는 국가의 책무를 일부 위임받은 기관을 선정하기 위한 자격제도로서의 성격을 가지고 있다는 점을 고려할 때, 지상파 방송광고시간 판매대행사업 시장의 활성화 그리고, 지상파방송사의 자본으로부터의 영향을 배제함으로써 방송의 공익성과 공공성 보호에 그 목적이 있다면, 이러한 목적에는 정당성이 인정될 수 있다고 보인다.

(2) 수단의 적절성

미디어렙제도를 강학상 특허로 이해한다면 미디어렙제도는 일정한 기준이 충족되면 지상파방송사의 광고시간 판매를 대행할 수 있도록 자격을

---

10) 헌재 2000. 4. 27. 97헌바88; 헌재 2000. 7. 20. 98헌마52 등 참조.

부여하는 이른바 '준칙주의'가 아니라 일정한 기준을 충족시킨 경우에도 별도의 적합성 심사를 통해 행정청이 그 자격부여 여부를 결정하는 이른바 '인가주의'로 파악되어져야 한다.

그런데, 이 사건 규정을 '인가주의'로 파악한다 하더라도 다음과 같은 문제점이 제기된다. 입론은 달리하여도 헌재가 과잉금지원칙 위반의 논거로 적절히 지적하고 있는 바와 같이 지상파 방송광고시간 판매대행이라는 자격부여 여부에 관한 합리적이고 객관적인 기준을 정하지 않고 있다는 점이다. 한국방송광고공사의 출자 요건에 관해서도 전혀 규정하고 있지 않으며, 그 출자 여부가 오로지 한국방송광고공사의 판단에 의해 결정되도록 함으로써 한국방송광고공사가 출자를 결정하지 않을 경우 입법목적 가운데 하나인 지상파 방송광고시간 판매대행사업 시장의 활성화를 달성할 수 없다. 또한, 한국방송광고공사로부터 출자를 전제로 하고 있어 한국방송광고공사의 재량적 판단에 지상파 방송광고시간 판매대행 시장에서의 경쟁체제의 실현 여부를 맡겨 놓은 점도 문제이다. 이것은 외관상으로만 경쟁체제를 도입한 것일 뿐, 그 실질에 있어서는 한국방송광고공사의 지배로부터 자유로운 민영 미디어렙으로서의 역할을 기대하기 어렵다는 점에서 전혀 설득력을 가질 수 없기 때문이다.

(3) 피해의 최소성

미디어렙제도를 강학상 의미의 특허로 이해한다 하더라도 민영 미디어렙의 직업수행의 자유를 보다 폭 넓게 보장하면서도 입법목적을 달성할 수 있는 수단이 적절한 수단이라는 점은 부인하기 어렵다. 그런데 헌재가 적절히 지적하고 있는 바와 같이 전체 방송광고시간 판매대행 시장에서 지상파방송사의 방송광고시간 판매대행이 차지하는 비중이 지배적이어서 민영미디어렙의 직업수행의 자유를 형행화시키는 상황이라는 점을 부인할 수 없다면, 입법자는 민영미디어렙에 대한 자격부여를 변화하는 방송광고시간에 대한 수급상황에 따라 증감·변동할 수 있도록 하여 민영 미디어렙이 추가적으로 자격을 부여받을 수 있는 기회를 보장하는 장치를 마련하든지, 기존 미디어렙이 평가에 의해 자격이 취소되는 절차를 통해 새로운 민영 미디어렙이 진입할 수 있는 기회를 마련하든지 등의 민영 미디어렙의 기본권을 보다 덜 침해하는 수단이 있음에도 이러한 방법을 외면하였다는 점에서 피해최소성의 원칙에 위반된다고 하겠다.

한편, 헌재가 피해의 최소성과 관련해 제시한 민영 미디어렙의 기본권을 덜 제한하는 방법들 가운데 중소 지상파방송사에 일정량의 방송광고를 제공하는 경우에만 민영 미디어렙에 자격을 부여한다든지, 방송광고시간 가격의 상한선을 정한다든지, 특정 장르·특정 시청자를 대상으로 한 프로그램 쿼터제를 도입한다든지, 방송사의 출연금으로 기금을 조성하여 공공성이 높은 프로그램제작에 보조금을 지급한다든지 하는 등의 수단에 대해서는 피해의 최소성이라는 요소에서 긍정적으로 평가될 수 없으며, 오히려 수단의 적절성과 관련해 검토되어져야 할 것으로 생각된다. 우선, 중소 지상파방송사에 일정량의 방송광고시간 대행판매를 요건으로 자격을 부여하는 것은 지상파 방송광고시간 판매시장에 제한적 경쟁체제를 도입한 것이라고 볼 수 없을 뿐 아니라, 한국방송광고공사 독점의 폐해로 지적되어 온 이른바 “끼워 팔기”를 통해 방송광고시간 판매 대행시장에 심각한 비효율을 유지한다는 지적으로부터 자유로울 수 없다고 하겠다. 또, 미디어렙제도의 또 다른 입법목적이 지상파방송사와 광고주간의 직접적인 방송광고시간 판매에 따른 지상파방송의 공공성 침해라는 점에서 볼 때 특정 장르·특정 시청자를 대상으로 하는 프로그램 쿼터제 도입이나 공공성이 높은 프로그램제작에 보조금을 지급하는 등의 수단은 입법목적의 달성과는 논리적 연계성을 찾기 힘들다고 하겠다. 더구나 특정 프로그램에 대한 쿼터제 혹은 공공성 높은 프로그램제작은 이미 방송법상의 편성관련 규정과 방송발전기금의 조성과 운영이라는 규정을 통해 이미 실현되고 있다는 점에서 설득력을 갖기 어렵다고 생각된다.

(4) 법익 균형성

주지하는 바와 같이, 미디어렙제도를 지상파방송의 공익성과 공공성 보장이라는 국가의 책무를 일부 위임받은 기관을 선정하기 위한 '특허'에 해당되는 제도로 평가할 때, 법률상 요건을 충족시킨 민영 미디어렙 가운데 한정된 수에 대해서만 자격을 부여해 지상파방송광고시간 판매를 대행할 수 있는 권리를 설정해 주는 국가의 개입은 불가피하고, 이러한 자격제도로 인해 광고주가 자본력이 막강한 경우 지상파방송사가 광고주의 이익을 대변하는 방송사로 전락되는 현상을 방지할 수 있어 지상파방송의 공공성과 공익성을 보장할 수 있다는 제도적·정책적 의의와 가치는 인정될 수 있다.

문제는 이 사건 규정이 특허의 기준을 한국방송공사가 출자한 주식회사로 한정함으로써 또 다른 정책적 목표인 경쟁체계의 도입을 통한 거래독점의 방지, 요금규제 및 끼워 팔기 등의 심각한 비효율성 해소 그리고 경쟁력 저하 예방이라는 가치를 달성하는 데 기여하지 못하는 반면, 민영 미디어렙의 직업의 자유를 중대하게 침해하고 있다는 점에서 그 자체로 법익 균형성을 상실하는 것이라고 하겠다.

(5) 소 결

헌재가 이 사건 규정의 입법목적을 지상파방송의 공공성과 공익성 보장 이외에 지상파방송광고시간 판매대행 시장에서의 제한적 경쟁체제의 도입이라고 파악하였다면, 이는 적어도 한정된 수에 대해서만 지상파 방송사의 방송광고 시간 판매를 대행할 수 있는 자격을 부여하겠다는 것이고, 그 자체로서 일정한 권리를 설정해 주는 특허라는 전제에서 이 사건 규정의 위헌성 여부를 심사했어야 할 것으로 생각된다. 물론, 특허의 경우에도 자격부여 여부에 관한 합리적이고 객관적인 기준을 법률로써 정할 경우 복수의 미디어렙의 설치가 가능하다는 점은 명백하다.

이러한 관점에서 미디어렙 제도가 원천적으로 공동체 전체의 '공공복리' 혹은 '공익'을 위해서 부분이익을 제한하는 일반적 '기본권 제한'과는 그 기능과 구조가 다르다는 점에 주목해 헌법규정에 명시적으로 규정되어 있는 객관적이고 구체적인 국가목적 또는 국가의무와 기본권을 말 그대로 '규범조화적'으로 해석하는 것이 헌법해석 또는 헌법재판의 권위와 설득력을 확보하는 데 더 효과적일 것이다. 이른바 '설득을 위한 담론'으로 이해되는 수사학적 관점에서의 정책론적 논의나 사회윤리적 담론 등에 기초한 헌법해석은 오히려 향후 입법논의에서 혼란과 반목을 키울 뿐이다.

Ⅳ. 미디어렙제도에 관한 입법논의 현황과 법적 평가

앞서 살펴 본 바와 같이 헌재의 이 사건 결정이 있은 후 현재까지 모두 여섯 개의 관련 법률안이 국회에 제출되었고, 그 핵심 쟁점은 미디어렙의 수에 제한을 둘 것인지, 둔다면 몇 개로 할 것인지의 문제와 지상파방송사업자의 참여를 허용할 것인지, 허용한다면 참여비율을 얼마로 정할 것인지 그리고 미디어렙에 의한 방송광고시간 판매를 지상파방송이 아닌 다른 사업자에게 확대할 수 있는지 등이다. 그런데 이 같은 미디어렙제도 관련 쟁점들에 관한 논의와 그 결론에 이르는 법리구성에서는 분명한 해명과 정리가 필요한 부분이 발견된다.

1. 제한경쟁? 완전경쟁?

(1) 논의 현황

언론학에서의 이론적 논의는 크게 두 가지 방향으로 집약될 수 있다. 지상파방송광고시간 판매대행사업 진입에 대해 허가제를 통해 일정한 제한을 두어야 한다는 이른바 '제한 경쟁론'과 제한을 두어서는 안 된다는 이른바 '완전경쟁론'이 바로 그것이다. 전자는 방송광고(시간) 판매(대행사업)에 있어 시장경쟁원리를 도입하되 국민의 알권리 보호를 위해 혹은 공급초과에 따른 시장실패를 예방하기 위해 국가가 방송광고(시간) 판매시장에 일정 수준 개입, 조정하는 것이 요구된다는 점을 입론의 논거로 제시하고 있다.[11] 반면, 후자는 방송광고(시간) 판매(대행사업)에 효율성과 경쟁력 제고를 위해서는 등록제 내지 신고제를 바탕으로 개방형 시장 시스템으로의 전환이 요구된다는 점을 입론의 논거로 제시하고 있다.[12]

국회에 제출된 여섯 개의 법률안은 모두 허가제에 바탕을 두고 있다는 점에서 이론적 논의와 다소 차이를 보이고 있다. 또한, '제한 경쟁론'은 이른바 '1공영 1민영' 즉, 기존 공법인인 한국방송광고공사 이외에 한 개의 미디어렙을 추가로 설치·운영토록 함으로써 경쟁체제를 구축하도록 하겠다는 법률안으로 구체화되고 있으며,[13] '완전 경쟁론'은 이른바 '1공영 다민영' 내지 '1사 1렙' 즉, 한국방송광고공사와 함께 각 방송사마다 독자적으로 미디어렙을 설치·운영하도록 하는 법률안으로 구체화되어 있다.[14]

(2) 법리적 검토

'제한 경쟁론'과 '완전 경쟁론'에서의 허가는 그 성격상 서로 다른 의미를 갖는다. '제한 경쟁론'에서의 허가는 일정한 요건, 조직, 시설을 갖춘

11) 서정우, 「한국방송광고공사의 발전방안」(연세대학교 언론연구소, 1997); 신태섭, "방송광고 판매제도 개선방향에 관한 연구－완전경쟁론과 제한경쟁론 간의 쟁점 분석을 중심으로", 「광고연구」 제54호(한국방송광고공사, 2002), 55-75면; 이효성, "방송광고 시장에서의 경쟁방식－미디어렙을 중심으로", 한국광고교육학회·언론정보학회주최 세미나 발표문, 2000 등 참조.

12) 김민기, "방송광고 미디어렙의 도입에 관한 연구",「광고학 연구」제14권 제1호(한국광고학회, 2003), 281-307면; 정연우, "한국방송광고판매제도와 요금에 관한 연구－효율성과 공익성의 조화", 「광고학연구」특별호(한국광고학회, 2003), 189-207면 등 참조.

13) 이러한 입법적 시도로는 대표적으로 김창수 의원(대표발의)외 11인이 지난 2009년 25월 발의한 '방송광고 판매대행 등에 관한 법률안'(의안번호 6135)을 들 수 있다.

14) 이러한 입법적 시도로는 대표적으로 한선교 의원(대표발의)외 12인이 지난 2009년 5월 발의한 '방송법 일부 개정법률안'(의안번호 4858)을 들 수 있다.

민영 미디어렙에게 모두 자격을 부여하는 것이 아니라 법률상 요건을 충족시킨 민영 미디어렙 가운데 한정된 수에 대해서만 적합성 심사를 거쳐 그 자격 즉, 방송광고시간 판매대행을 할 수 있는 권리를 설정해 준다는 점에서 강학상 의미의 특허로서의 성격을 갖는다. 반면, '완전 경쟁론'에서의 허가는 법률상의 요건을 충족되면 방송광고시간 판매대행에 대한 제한을 해제하여 적법하게 한다는 점에서 강학상 의미에서 허가로서의 성격을 갖는다. 여기서 주목해야 할 점은 방송광고시간 판매대행이라는 행위가 원래 인간의 자유영역에 속하지만 위험방지라는 공익목적을 달성하기 위해 잠정적·일반적으로 제한되는 즉, 해제를 전제로 하는 공공복리를 위한 예방적 금지에 해당하는 행위인지 아니면 국가의 고유영역에 관련된 것으로 새로운 권리의 설정이 요구되는 행위인가 하는 점이다.

1) 강학상 의미의 허가제 도입의 타당성

검토를 위해 우선, 방송광고시간 판매대행 행위가 강학상 의미의 허가의 대상이라고 가정해 보자. 그렇다면, 공공복리를 위해 일반적으로 제한될 수 있다.[15] 즉, 미디어렙제도는 헌법 제37조 제2항의 공공복리를 위한 기본권 제한으로 볼 수 있게 된다. 다만, 이처럼 미디어렙 제도를 강학상 의미의 허가제로 파악하기 위해서는 공공복리와의 연계성이 인정되어야만 한다. 공공복리와의 연계성에 대한 평가가 간단한 문제가 아님에는 분명하다. 그렇지만 적어도 공공복리와의 연계성을 증명하기 위해서는 다음과 같은 조건이 선결적으로 충족되어야 한다는 점은 명백하다. 허가를 받지 아니한 민영 미디어렙이 방송광고시간 판매를 대행하는 경우 공동체 구성원 전체의 이익에 직접적이고 현실적인 위험이 초래될 수 있어야 한다. 하지만, 강학상 의미의 허가제를 제안하고 있는 법률안의 목적에서는 미디어렙 시장에서의 시장 혼란 방지 등 특수한 개별적 이익의 보호를 목

---

15) 강학상 의미에서의 허가제와 공공복리 연계성에 관하여 자세한 내용은 예컨대, 이덕연, 「담론과 해석: 헌법평론집」(21세기 교육사, 2007), 79-86면 참조.

적으로 밝히고 있을 뿐 공공복리와의 연계성 즉 일반의 복리에 대한 위험요소를 찾아보기 어렵다. 바로 허가제로서의 미디어렙제도가 설득력을 갖기 어려우며 재검토되어야 한다고 생각되는 이유이다. 생각건대, '완전 경쟁론'의 논거와 허가제는 논리적으로 합치되기 어려우며 오히려 강학상 의미에서의 '신고제' 혹은 '등록제'와 합치된다고 하겠다. 이렇듯 신고제 혹은 등록제라고 할 경우 법안 전체의 내용에 실질적 변경이 요구됨은 물론이다.

2) 강학상 의미의 특허제 도입의 타당성

다음으로 미디어렙제도를 강학상 의미에서 특허로 가정해 보자. 그렇다면, 앞서 살펴 본 것과 같이 방송광고시간 판매대행이라는 행위는 국가의 고유영역에 관련된 것으로 새로운 권리 설정이 요구되는 행위에 해당하여야 한다.[16] 그렇다면, 무엇보다 먼저 방송광고시간 판매대행 행위는 국가의 어떠한 고유영역과 관련된 것인지가 규명될 수 있어야 한다. 생각건대, 방송광고시간 판매대행 행위가 방송광고시간 요금 조정 등과 관련해 객관적 가치질서로서의 방송의 자유에 직접적 영향을 미치는 행위라는 점을 긍정할 경우, 법률안에서 허가라는 용어가 사용되고 있을지라도 여기서 허가의 법적 성질은 방송의 자유를 실현하기 위해 방송광고시간의 판매를 대행할 수 있는 권리를 설정해 주는 강학상 의미의 특허에 해당된다고 볼 수 있다. 이른바 '1공영 1민영'을 내용으로 하는 법률안의 입법목적 가운데 방송 또는 방송광고의 공공성 확보에 용이하다는 논거는 이러한 맥락에서 설득력을 가질 수 있다고 보인다.[17]

(3) 소 결

미디어렙의 수를 어떻게 정할 것인가의 문제는 입법자의 선택에 놓여

---

16) 강학상 의미에서의 특허제의 성격에 관하여는 예컨대, 김성수, 앞의 책, 253면 참조.

17) 이승선, "미디어렙제도 변화에 따른 쟁점", 「방송문화」 제343호(한국방송협회, 2010), 51면.

있다고 하겠다. 하지만 그 선택을 구체화하는 제도의 유형은 강학상 의미에서의 신고제 또는 특허제 가운데 하나로 정당화될 수 있을 뿐이며, 헌재의 논증에서 제시된 강학상 의미의 허가제는 규범형식의 오용으로 설득력을 갖기 어렵다고 생각된다. 다만, 신고제 또는 등록제의 경우 미디어렙 제도의 제도적 의의라고 할 수 있는 광고주와 방송사업자 사이의 직접 거래를 막을 수 있는 효과적인 수단을 마련할 수 없다는 점이 문제로 제기된다는 점에 주목할 필요가 있다. 이와 관련된 내용은 실질적으로 강학상 의미에서의 신고제 또는 등록제를 전제로 논의되고 있는 지상파방송사업자의 미디어렙 참여의 허용성 여부에 대한 아래의 검토에서 자세히 살펴보기로 한다.

2. 지상파방송사업자의 미디어렙 참여는 허용될 수 있는가?

(1) 논의 현황

방송사업자가 신설되는 민영 미디어렙에 참여하는 방안은 크게 두 가지 방향에서 논의되고 있다. 첫째는 새롭게 자격이 부여되는 미디어렙에 방송사업자의 지분 참여를 허용하는 방안이다. 보다 구체적으로는 지분을 51%까지 허용하는 방안[18]과 30%로 제한하는 방안[19]이 제시되어 있다. 이와 관련해 지상파 방송사업자들 가운데 문화방송(MBC)과 SBS는 51% 이상의 지분 참여가 바람직하다는 입장을 표시하고 있으며, 한국방송공사(KBS)는 지분참여에는 의견을 같이 하지만 제한이 필요하다는 원론적인 의견을 내놓고 있는 것으로 알려지고 있다. 둘째는 지상파방송사업자가 자회사 설립 형식 등을 통해 각각 미디어렙을 설치 운영함으로써 직접 광고주와의 직접 거래를 통해 방송광고시간을 판매하는 방식이다.[20]

---

18) 한선교 의원 대표 발의 법률안 각주 14) 참조.

19) 김창수 의원 대표 발의 법률안 각주 13) 참조.

20) 각 방송사업자의 입장에 대한 내용은 김세옥, “SBS · 방통위의 ‘1사 1렙’ 주장, 공공성 침해 우려”, 피디저널, 2009년 4월 15일자 참조.

(2) 법리적 검토

기존의 논의는 앞서 살펴 본 것과 같이 지상파방송사업자의 미디어렙 참여를 전제로 그 형식을 지분참여로 할 것인지 아니면 직접 거래를 허용할 것인지에 초점이 맞춰져 있다. 그런데 여기서 주목하고자 하는 점은 지상파방송사업자의 미디어렙 참여의 형식이 아니라 참여의 법적인 허용성 여부이다.

지분 참여형식이든지 아니면 자회사 설립 형식이든 지상파방송사업자가 미디어렙에 참여함에 있어 무엇보다 다음과 같은 선결조건의 충족이 요구된다. 바로 이른바 '위탁강제'의 필요성과 당위성에 관한 부정이다. 주지하는 바와 같이 미디어렙제도는 지상파방송사와 광고주 사이의 직접인 방송광고시간 거래를 금지하는 위탁강제의 당위성을 전제로 하고 있다. 때문에 위탁강제의 필요성과 당위성이 부정될 수 있어야 지상파방송사업자의 미디어렙 참여가 가능하게 된다는 논리가 성립되는 것이다.[21] 그렇다면, 지상방송사업자와 광고주 사이의 직접적인 방송광고시간 판매로 인해 더 이상 지상파방송의 공공성, 공익성이라는 가치가 훼손될 가능성은 전혀 없는가? 즉, 입법자는 위탁강제를 폐지해도 지상파방송의 공공성 등을 보장할 수 있는가? 또, 위탁강제가 지상파방송사업자의 직업수행의 자유를 침해하는가라는 쟁점도 제기된다. 위탁강제가 헌법에 위반될 경우 지상파방송사업자의 미디어렙 참여는 당연히 허용된다는 점에서 검토가 요구된다고 하겠다.

---

21) 문재완 교수는 입법자의 광범위한 입법형성권에 기초해 위탁강제를 폐지해도 방송의 공공성을 확보하는 데 문제가 없다고 판단할 경우, 위탁강제를 폐지할 수 있다는 견해를 밝히고 있다. 이와 관련해서는 문재완, 「한국방송학회 2009 가을철 정기학술대회 자료집」(한국방송학회, 2009), 3-11면. 하지만 정작 여기서 밝혀져야 할 문제는 어떠한 수단을 통해 방송의 공공성을 확보할 수 있는가하는 점이라고 생각한다. 전제의 타당성이 증명되지 않고서 위탁강제 폐지의 정당성을 논할 수 없는 까닭이다.

1) 위탁강제를 대체할 실효적 수단은 존재하는가?

우선, 지상파방송사업자와 광고주 사이의 직접적인 방송광고시간 판매를 금지하는 것 이외의 어떠한 수단이 지상파방송의 공공성을 보장할 수 있는 수단으로 고려될 수 있는가에 대해 살펴보자. 현재 국회에 계류되어 있는 법률안에서 제안하고 있는 것과 같이 이른바 '금지행위의 설정'과 이를 위반한 미디어렙에 대한 '시장 퇴출'이 고려될 수 있다고 보인다. 그렇다면, 여기서 주목해야 할 점은 이와 같은 수단을 통해 지상파방송의 공공성 등이 실효성있게 보장될 수 있는가에 있다. 그런데, 지상파방송사업자의 미디어렙 참여를 허용하는 법적 편제가 앞서 살펴 본 바와 같이 강학상 의미에서의 신고나 등록제를 전제로 하고 있다는 점을 감안한다면, 퇴출된 미디어렙이 법정 요건을 갖추어 다시 신고나 등록을 할 경우 미디어렙으로 적법하게 활동할 수 있다는 점에서 지상파방송의 공공성 등을 보장하기에 충분할지 의문이 아닐 수 없다. 더욱이 입법자는 자유민주주의를 기본원리로 하는 헌법의 요청에 따라 국가권력이나 사회세력으로부터 독립된 방송을 실현할 의무를 지며, 때문에 입법자에게는 지상파방송의 공공성 보호라는 가치의 실현을 위해 적기에 그리고 가능한 효과적으로 대처해야 할 수 있는 규범질서의 형성이 요구된다는 점을 고려할 때, '시장퇴출'이라는 수단은 지상파방송의 공공성 보장을 위한 실효적 수단이 될 수 없다는 지적으로부터 자유롭지 못하다고 하겠다. 특히, 한 번 잘못된 방향으로 진전되면 원상회복하기 너무나 힘들다는 점에 주목한다면, 금지행위의 설정과 그에 따른 과징금부과처분이나 업무정지처분 등 각종 행정처분 역시 효과적인 예방책이 될 수 없다는 점은 명백하다고 하겠다.

2) 위탁강제는 지상파방송사업자의 직업수행의 자유를 침해하는가?

다음으로는 위탁강제가 지상파방송사업자의 직업수행의 자유를 침해하는가 여부이다. 위헌론은 그 입론의 전제로서 위탁강제를 기본권에 대한 제한으로 본다. 때문에 기본권 제한의 한계를 규정하고 있는 헌법 제37조 제2항에 따른 과잉금지 내지 비례의 원칙이 적용을 받아야 하며, 미디어렙제도가 과잉금지원칙에 위반된다고 인정되는 만큼 지상파방송사업자의 방송광고시간 판매를 위한 직접영업을 금지하는 것 역시 기본권 침해에 해당된다고 주장한다.22) 헌재가 방송과 방송광고 모두에 공공성과 공익성이 요구된다고 본 이상 논리적 일관성을 유지하기 위해서라도 동일한 규율밀도가 적용되어야 한다는 이유가 제시되고 있다. 그런데 문제는 위헌론이 설득력을 갖기 위해서는 무엇보다 먼저 입론의 전제에 대한 타당성이 증명될 수 있어야 한다. 즉, 방송광고시간 판매행위가 지상파방송사업자의 직업수행의 자유에 속하고, 위탁강제는 이같은 기본권에 대한 제한으로서 그 제한의 한계인 과잉금지 원칙에 위반되어야 된다.

방송광고시간 판매는 그 사항 본질적 특성이 방송운영에 관한 사항이며, 방송운영의 자유는 지상파방송사업자에 의한 직업수행의 자유이므로 일반적인 직업수행의 자유보다 방송운영의 자유에 더 밀접하고 특별한 관계를 갖는다.23) 방송사업자의 주관적 권리로서 방송운영의 자유는 헌재가 협찬고지 규정에 대한 위헌소송에서 적절히 지적하고 있는 바와 같이 이를 허용하는 형성법률에 의해 비로소 그 형성된 기준에 따라 성립된다. 말하자면, 지상파방송사업자는 형성법률에 의해 주어진 범위 내에서 주관적 권리를 갖는다. 때문에 방송광고시간의 판매를 지상파방송사업자의 주관적 권리 가운데 하나로 인정할 것인지 여부는 입법형성에 속하는 것으로 방송의 자유의 실현에 위배되지 않는 것을 전제로 입법자가 허용여부를 결정할 수 있는 것이다. 또한, 형성법률에 대한 위헌성 판단은 기본권 제한의 한계규정인 헌법 제37조 제2항에 따른 과잉금지 내지 비례의 원칙의 적용을 받는 것이 아니라, 그러한 형성법률이 그 재량의 한계인 자유민주주의 등 헌법상의 기본원리를 지키면서 객관적 가치질서로서의 성격을 갖

---

22) 이와 같은 문제제기로는 이시훈, "국내 미디어렙 제도 논의의 쟁점과 바람직한 방안에 관한 연구", 「언론과학연구」 제10권 제2호(한국지역언론학회, 2010), 410면; 박선영, 「언론정보법연구 Ⅱ」(법문사, 2002), 252-253면.

23) 헌재결 2003. 12. 18. 2002헌바49.

는 방송의 자유의 실질적 보장에 기여하는지 여부에 따라 판단된다.[24] 주지하는 바와 같이 위탁강제는 광고주 등의 사적 이익이 방송프로그램 제작과정에 부당한 영향력을 행사하여 방송프로그램의 상업성을 부채질하거나 방송편성의 자유와 독립을 해할 우려에 대한 방지를 그 목적으로 한다. 또 헌법상 방송의 자유를 실질적으로 보장하기 위한 규준이며, 그것이 방송사업자 특히, 민영방송사업자의 사적 자치에 의한 형성이나 결정의 기본적 요소를 박탈하는 정도에 이르지 않다는 점에 주목할 때, 위탁강제는 입법형성의 재량의 범위 내에 있어 헌법에 합치된다고 하겠다.

(3) 소 결

지상파방송사업자의 미디어렙 참여는 위탁강제 폐지를 전제로 한다. 그러나 현재로서는 위탁강제를 대체할 실효적 수단을 찾아보기 어렵다. 또한, 지상파방송사업자의 방송광고시간 판매는 일반적인 직업수행의 자유와는 구분되는 방송운영의 자유에 해당하며, 이는 형성법률에 의해 그 내용이 구체화된다는 점에서 일반적인 기본권제한과는 그 논증구조를 달리할 수밖에 없는데, 지상파방송사업자의 기본적 요소를 박탈하지 않는다는 점 그리고 방송의 자유의 실질적 보장에 기여한다는 점에서 헌법에 위반되지 않는다고 하겠다.

과거 실증적 경험적 사실에서 확인되는 바와 같이 지상파방송사업자의 미디어렙 참여가 방송편성의 자유와 독립을 해할 우려가 있다는 개연성이 크면 클수록 입법자는 방송의 자유를 실현할 수 있는 방법을 선택하여야 하는 것이지 시장논리 혹은 특수한 상황에 경도되어 방송의 자유라는 보편적인 기본명제에 대한 양보나 수정을 허용해서는 아니된다. 입법자

24) 방송의 자유의 법적 성격에 관해서는 자유권적 기본권으로 보는 견해와 객관적 가치질서로 파악하는 견해가 대립한다. 이에 관한 자세한 내용은 예컨대, 고민수, 「방송의 개념과 본질」(한국학술정보, 2006), 88-98면; 최우정, 「방송법연구 I」(한국학술정보, 2006), 57-67면 등 참조.

는 지상파방송사업자의 미디어렙 참여의 문제를 논의함에 있어 국가권력에 의해 좌우될 수 없는 헌법적 가치이자 과제인 '방송의 자유'를 실현하기 위한 제도로서 미디어렙제도의 헌법규범적 가치와 의미를 다시 한 번 확인하는 기회로 삼아야 할 뿐이다.

3. 방송광고시간 위탁강제의 범위를 확대할 것인가?

(1) 논의 현황

위탁강제의 범위와 관련해서는 크게 두 가지 의견이 제시되고 있다. 이 사건 법률조항의 폐지 전과 같이 지상파방송사업자에 한정하자는 의견과 지상파방송사업자와 보도를 목적으로 하는 방송채널사용사업자 그리고 종합편성채널사용사업자로 확대하자는 의견이다. 위탁강제 범위를 확대하자는 주장은 다음과 같은 논거들에 기초한다. 첫째, 정부가 신성장 동력사업의 하나로 제시하고 있는 방송통신융합산업의 활성화를 이룰 수 있다는 것이다. 둘째, 선진적인 광고판매기법을 수용해 미디어렙의 경쟁 도입 효과를 극대화하고 지상파방송 프로그램을 다양한 유료 플랫폼에서의 재송신을 통해 효율적인 광고결합상품의 생산, 판매가 가능해진다는 것이다. 반면, 기존 제도와 같이 지상파방송사업자로 한정하자는 주장은 위탁강제 범위를 확대할 경우 지상파방송 특히 지역 지상파방송의 공공성과 공익성이 침해되는 결과를 가져올 것이라고 한다. 지상파방송과 유료방송이 모두 위탁강제될 경우 출혈경쟁을 피할 수 없고, 그 결과 지상파방송의 공공성과 공익성이 침해된다는 이유가 제시된다.[25)]

---

25) 이수범, "미디어렙 경쟁체제의 주요 쟁점과 운영방안",「정보통신정책연구원 민영미디어렙 도입방안 공개토론회 발제집」(정보통신정책연구원, 2009); 김기범, 「헌재 위헌판결 후 방송광고 판매제도 재구성 방안연구」(한국방송광고공사, 2009) 등 참조.

(2) 법리적 검토

현재까지 이 문제에 관한 이론적 연구의 경향과 논의 현황은 국회에 제출된 법률안의 구조와 유사한 흐름을 보이고 있다. 다시 말하자면 위탁강제의 범위와 미디어렙의 업무영역 확정의 문제를 연계하는 태도가 일반적이다.[26] 그런데, 위탁강제의 범위와 미디어렙의 업무영역 확정의 문제는 구분되어야 한다고 생각된다. 위탁강제는 앞서 살펴본 바와 같이 방송사업자의 방송운영의 자유에 관한 문제이고, 미디어렙의 업무영역 확정의 문제는 미디어렙의 직업수행의 자유와 관련한 문제로서 그 기본권 주체와 기본권의 성격이 다른 까닭이다. 이 글에서는 이를 분리해, 위탁강제 범위 즉, 방송사업자의 방송운영의 자유에 관한 문제에 집중해 검토하고자 한다.

앞서 살펴본 것과 같이 방송사업자는 형성법률에 의해 주어진 범위 내에서 주관적 권리를 갖는다. 입법자가 방송법제 형성을 통하여 민영방송을 허용하는 경우, 민영방송사업자 역시 그 방송법제에서 기대되는 방송의 기능을 보장받으며, 형성된 법률에 의해 주어진 범위 내에서 주관적 권리를 가지고 헌법적 보호를 받는다. 물론, 폐지 전 이 사건 규정과 같이 사회적 영향력 등을 이유로 방송사업자별 유형에 따라 그 주관적 권리의 범위가 다르게 설정될 수도 있다는 견해도 예상할 수 있다. 하지만, 입법형성은 무제한 허용되는 것이 아니다. 입법자는 자유민주주의를 기본원리로 하는 헌법의 요청에 따라 국가권력이나 사회세력으로부터 독립된 방송을 실현할 의무를 지며, 때문에 입법자에게는 방송의 자유의 실현을 위해 적기에 그리고 가능한 효과적으로 대처해야 할 수 있는 규범질서의 형성이 요구된다. 주지하는 바와 같이 위탁강제는 광고주 등의 사적 이익이 방송프로그램 제작과정에 부당한 영향력을 행사하여 방송프로그램의 상업성을 부채질하거나 방송편성의 자유와 독립이라는 방송의 자유의 핵심적 가치를 해할 우려에 대한 예방을 그 목적으로 한다. 그렇다면, 위탁강제의 필

---

26) 예컨대 이승선, 앞의 글, 52면 등 참조.

요성은 비단 지상파방송사업자에게 한정되지 아니하며, 방송프로그램의 제작·편성하는 모든 방송사업자와 개념 필수적으로 연관된다고 하겠다. 즉, 방송프로그램을 제작·편성하며, 방송광고시간을 운용하는 모든 방송사업자에 대해 위탁강제가 요구될 수 있다고 하겠다.[27)]

요컨대, 방송광고시간 위탁강제의 범위를 정함에 있어 주목해야 할 점은 미디어렙의 출혈경쟁에 대한 우려도 미디어렙의 활동영역 확대로 인한 경쟁도입의 효과에 대한 긍정적 또는 부정적 예측도 아닌 광고주 등의 사적 이익이 방송프로그램 제작과정에 부당한 영향력을 행사와 그로 인한 방송편성의 자유와 독립이라는 방송의 자유의 핵심적 가치를 해할 우려가 있는지 여부라고 할 것이며 결국, 그와 같은 우려가 발생할 개연성이 있거나 이를 예방할 수 있는 실효적인 다른 수단이 없는 한 위탁강제는 지상파방송사업자를 포함해 방송프로그램을 제작·편성하며, 방송광고시간을 운용하는 모든 방송사업자에 대해 요구되는 헌법적 명령이라고 생각된다.

Ⅴ. 결론

헌법해석은 헌법사건과 헌법규범의 상호 교차적인 영향관계 속에서 진행된다. 즉, 사건을 통해 규범이 탐색되고, 규범을 통해 사건의 의미가 확인된다. 사건의 측면에서 보면, 미디어렙제도와 관련된 사건은 1980년 언론통폐합 과정에서 설립된 한국방송광고공사의 독점과 민영미디어렙의 직업수행의 자유의 대립구도로 형성되어 있다. 그러나 그 배후에는 국가권력이나 사회세력으로부터 독립된 방송을 실현하여야 하는 헌법적 과제가 굳건히 자리를 잡고 있다.

한국방송광고공사의 독점과 일상화된 불공정거래 관행 등 현재의 불

27) 다만, 상품소개와 판매를 목적으로 하는 이른바 '홈쇼핑 채널'에 대해서는 그 사업의 성격상 적용이 제외되어도 가능하다고 생각한다.

균형적이고 파행적인 방송광고시간 판매대행구조는 우리 헌법상 방송의 자유라는 가치를 실현시키기에 부족한 모습일 수 있다. 그러나, 이와 같은 방송광고판매시장이 갖는 현재의 특수한 상황이 '미디어렙제도'를 통해 이루고자 하는 '방송의 자유'의 헌법적 가치에 대한 양보나 수정을 요구할 수 있는 이유가 되지는 못한다. 오히려 시장논리나 경쟁논리 그리고 산업발전론에 의해 좌우될 수 없는 '미디어렙제도'의 의미와 가치를 재확인하는 기회를 제공할 뿐이다.

방송사업자가 갖는 주관적 권리는 일반적 자유권과 그 성격과 내용을 달리한다. '방송의 자유'의 실현이라는 목적에 기속되는 한계에서 입법형성을 통해 구체화될 수 있을 뿐이다. '미디어렙제도'의 구현을 전적으로 입법형성의 자유에만 맡길 수 없으며, '방송의 자유'의 객관적 질서로부터 엄격한 헌법적 지침과 한계를 찾아서 제시하여야만 하는 것도 바로 그 때문이다.

문제점이 있더라도 기본적으로 '방송의 자유'를 실현할 수 있는 '미디어렙제도'와 자유로운 경쟁을 통한 산업발달을 목표로 하는 '미디어렙제도'가 선택의 대안으로 주어진다면 우리는 주저함 없이 전자를 택해야 할 것이다. 그 이유는 자명하다. 전자는 문제점을 보완해 '방송의 자유'라는 헌법적 과제의 실현을 기대할 수 있지만, 후자의 경우는 결국 '방송의 자유'라는 가치에 위배되기 때문이다. 단기적 차원의 부분적 문제를 해결하기 위하여 우리 헌법구성의 기본원리와 가치를 왜곡하는 것은 허용될 수 없다. 따라서 미디어렙제도에 관한 입법화는 이같은 헌법적 가치의 실현에 초점이 맞추어져야 할 것이다. 2년 8개월째 규범공백이 이어지고 있다. 조속한 대체 입법의 필요성은 부연 설명할 필요가 없이 명백하다. 이는 입법자의 의무이자 과제이다. 다만, 미디어렙제도가 갖는 헌법적 의미와 뜻을 더 넓고 깊게 살려 나가기 위해서는 방송의 자유에 대한 근본적인 인식과 이에 따른 일관되고 정치(精緻)한 입론구성은 어떠한 이유에서라도 간과될 수 없는 입법자에게 부여된 핵심과제라고 하겠다.

[참고문헌]

강현호, 「행정법 총론」, 박영사, 2005.

고민수, 「방송의 개념과 본질」, 한국학술정보, 2006.

권순한, 「민법요해 I 」, 도서출판 Fides, 2009.

김기범, 「헌재 위헌판결 후 방송광고 판매제도 재구성 방안연구」, 한국방송광고공사, 2009.

김민기, “방송광고 미디어렙의 도입에 관한 연구”, 「광고학연구」 제14권 제1호, 한국광고학회, 2003.

김성수, 「일반행정법」, 법문사, 2008.

김세옥, “SBS · 방통위의 ‘1사 1렙’ 주장, 공공성 침해 우려”, 피디저널, 2009년 4월 15일자.

문재완, 「한국방송학회 2009 가을철 정기학술대회 자료집」, 한국방송학회, 2009.

박선영, 「언론정보법연구 Ⅱ」, 법문사, 2002.

서정우, 「한국방송광고공사의 발전방안」, 연세대학교 언론연구소, 1997.

신태섭, “방송광고 판매제도 개선방향에 관한 연구－완전경쟁론과 제한경쟁론 간의 쟁점 분석을 중심으로”, 「광고연구」 제54호, 한국방송광고공사, 2002.

이덕연, 「담론과 해석: 헌법평론집」, 21세기 교육사, 2007.

이수범, “미디어렙 경쟁체제의 주요 쟁점과 운영방안”, 「정보통신정책연구원 민영미디어렙 도입방안 공개토론회 발제집」, 정보통신정책연구원, 2009.

이승선, “미디어렙 제도 변화에 따른 쟁점”, 「방송문화」 제343호, 한국방송협회, 2010.

이승우, 「헌법총론」, 두남, 2007.

이시훈, “국내 미디어렙제도 논의의 쟁점과 바람직한 방안에 관한 연구”, 「언론과학연구」 제10권 제2호, 한국지역언론학회, 2010.

이효성, “방송광고시장에서의 경쟁방식－미디어렙을 중심으로”, 한국광고교육학회 · 언론정보학회 주최 세미나 발표문, 2000.

정연우, “한국방송광고판매제도와 요금에 관한 연구－효율성과 공익성의 조화”,

「광고학연구」 특별호, 한국광고학회, 2003.
정종섭, 「헌법학원론」, 박영사, 2008.
최영규, “영업허가의 개념과 범위－이른바 공기업 특허와의 구별 문제를 중심으로”, 「공법연구」 제21집, 한국공법학회, 1993.
최우정, 「방송법연구Ⅰ」, 한국학술정보, 2006.
허　영, 「헌법이론과 헌법」, 박영사, 2011.
홍정선, 「행정법원론(상)」, 박영사, 2011.

[Abstract]

The Legal Reform relating to Broadcasting Media Rep system

Ko, Min-Su*

In the Broadcasting Media Rep system case, the Korean Constitutional Court held that the Broadcasting Media Rep system failed to comply with the article 10 and 15 of the Korean constitutional Law(2006 Hunba 352, November 27. 2008.).

In this case, Court applied the principle of the prohibition of excessive restriction that is mainly used that is criteria about proportionality between legislative purpose and the means. But Court's rational for Broadcasting Media Rep system make me have a critical mind because the court must draw a sharp line among judging criteria according to nature of fundamental rights. Individual subjective rights like freedom are judged by the principle of the prohibition of excessive restriction. But the constitutional court could decide unconstitutionality if only obvious violations of objective norms. So, my thesis starts a critical mind and to solve the issue, it is a purpose of my study to suggest an plan of the Broadcasting Media Rep system which complies with the article 10 and 15 of the Korean constitutional Law.

[Key words]

the Broadcasting Media Rep system, the principle of the prohibition of excessive restriction, principle of proportionality, the principle of prohibition of under-protection, objective norms.

* Professor of Law, Gangneung-Wonju National University

[국문초록]

「방송법」은 제73조 제5항에서 지상파 방송사업자는 한국방송광고공사 또는 대통령령이 정하는 방송광고 판매대행사가 위탁하는 방송광고물 이외에는 방송광고를 할 수 없도록 규정하고 있고, 방송법시행령 제59조 제3항에서는 한국방송광고공사가 출자한 주식회사로 한정하고 있다. 때문에 한국방송광고공사의 출자 없이 설립된 회사는 지상파방송사에 대해 방송광고 판매대행사업을 할 수 없다. 이같은 방송광고판매 제도가 위헌이라는 헌법소원이 제기되었고, 헌법재판소는 '입법자는 지상파방송의 공정성과 공익성, 그리고 다양성을 확보하기 위해서라면 일정한 요건을 갖춘 업체에 한하여 지상파 방송광고 판매대행사업을 허가하는 허가제를 도입하거나, 방송사의 출연금으로 기금을 조성하여 공공성이 높은 프로그램제작에 보조금을 지급하는 방법으로도 입법목적을 달성할 수 있음에도 한국방송광고공사와 이로부터 출자를 받은 회사에 대해서만 지상파 방송광고 판매대행을 허용하는 것은 과잉금지원칙을 위반한 것이며 또한, 민영 미디어렙은 사적 이익만을 위해 설립된 회사라고 단정하는 것은 차별목적과 수단 사이에 비례성을 상실한 것으로 헌법에 위반된다고 판단하였다.

헌법재판소의 결정이 있은 후 이해관계자들은 물론 관련 언론학계에서도 대체입법을 위한 많은 논의가 현재에도 진행형에 있다. 국회에 제출된 관련 법률안만 여섯 개에 이르고 있다. 주무 행정기관인 방송통신위원회 역시 미디어렙의 설치와 운영에 대한 제도 마련에 착수해 허가제에 기초한 계획을 제시하고 있다. 이와 같은 입론들의 기초에는 헌재결정의 논증구조가 깊게 자리매김하고 있다고 보인다. 그런데 헌법재판소의 논증구성에 대해서는 미디어렙제도의 본질을 제대로 이해하고 있는 것인가, 미디어렙제도를 민영미디어렙의 직업수행의 자유에 대한 제한으로 파악하고 미디어렙 제도의 위헌성 여부에 대한 판단을 위한 심사기준으로서 일반적인 기본권 제한에 관한 심사기준인 헌법 제37조 제2항의 과잉금지원칙을 적용할 수 있는가 등의 의문이 제기된다. 또, 미디어렙제도의 핵심 내용인 이른바 위탁강제가 방송사업자의 직업수행의 자유를 침해하는지 혹시 방송사업자의 방송운영의 자유에 해당하는 것은 아닌지 그렇다면, 방송의 자유로부터 도출되는 방송운영의 자유의 성격은 무엇인지 등에 대한 규명도 요구되고 있다.

이 논문에서는 헌재결정의 논증구조상 제기되는 문제점 등을 검토하고자 한다. 이러한 검토는 결국 현재 진행되고 있는 미디어렙제도에 관한 쟁점들에 관한 논의와 결론에 이르는 법리구성을 법이론적으로 평가함으로써 향후 입법과정에서의 정향점과 한계점을 시론적으로 제시해 보고자 함에 있다.

[핵심어]

미디어렙, 직업수행의 자유, 과잉금지원칙, 위탁강제, 방송운영의 자유

헌법상 건강권의 개념 및 그 내용

김 주 경*

Ⅰ. 문제의 제기
Ⅱ. 헌법상 건강권을 인정하기 위한 헌법규정
1. 간접적인 근거규정
2. 직접적인 근거규정
3. 소결
Ⅲ. 건강의 개념
1. 서설
2. 건강의 사전적 의미
3. 건강의 의학적 또는 보건학적 개념 정의
4. 건강에 대한 헌법학적 정의 및 개별 법령에서의 정의
5. 건강에 대한 정의내림의 전환
Ⅳ. 헌법상 건강권의 내용
1. 보건사회학적, 사회복지학적 견해
2. 헌법학적 견해
3. 정리 및 제언

Ⅰ. 문제의 제기

헌법재판소는 여러 결정을 통하여 국민의 건강권에 대하여 판단한 바 있다.[1] 하지만 헌법재판소의 위와 같은 결정 속에 국민의 건강권이 구체

* 판사(전주지방법원 군산지원)

1) 헌재 2002. 10. 31. 99헌바76, 판례집 14-2, 410, 433-434; 헌재 2002. 12. 18. 2001헌마370, 판례집 14-2, 882, 888; 헌재 2004. 1. 29. 2001헌바30, 판례집 16-1, 69, 77-78; 헌재 2004. 8. 26. 2003헌마457, 판례집 16-2 상, 355, 361; 헌재 2005. 3. 31. 2001헌

적으로 무엇을 의미하는지, 그리고 그 내용은 어떠하며 구체적인 사건에 있어서 건강권의 구체적인 내용 중 어떠한 부분이 제한되고 또 침해되는지 여부를 상세하고 구체적으로 검토한 바는 찾을 수 없다.

아마도 위와 같은 이유는 우리 헌법상 건강권이라는 개념은 아직은 생소한 분야에 속하고, 그에 대한 국민의 의식 또한 높지 않은 것에 기인한다. 또한 헌법재판소의 사건 중 상당 부분은 의료인의 직업행사의 자유 속에서 국민의 건강권 침해 여부가 부수적으로 주장되고 또 그 안에서 판단되는 구조를 가지고 있어 국민의 건강권이 헌법분쟁에 있어서 주된 기본권으로 다루어지고 쟁점화 되지 않았던 이유가 가장 크다고 생각된다.

예컨대, 치과전문의자격시험을 실시하지 아니하는 부작위가 치과의사 면허를 받은 청구인들의 직업의 자유 등을 침해하였다고 주장하면서, 치과전문의제도가 시행되지 않고 있는 한, 국민의 일원으로서도 치과분야에 있어서 충분한 의료서비스를 제공받지 못하게 되어 보건권을 침해당하였다는 주장을 부차적으로 하는 경우 등이 그 대표적인 경우라 할 수 있다(헌재 1998. 7. 16. 96헌마246, 판례집 10-2, 283, 310-311).

아래에서는 국민의 건강권을 인정하기 위한 헌법적 근거를 살펴보고, 그 구체적인 내용은 어떠한 것인지에 대하여 검토해 보기로 한다.

Ⅱ. 헌법상 건강권을 인정하기 위한 헌법규정

1. 간접적인 근거규정

'건강'이라는 요소가 우리 인간에게 주는 의미 내지 중요성을 감안하

바87, 판례집 17-1, 321; 헌재 2005. 5. 26. 2003헌바86, 판례집 17-1, 630; 헌재 2008. 7. 31. 2004헌마1010, 판례집 20-2 상, 236; 헌재 2008. 12. 26, 2008헌마423, 36 등.

여 볼 때, 헌법상 건강권을 도출할 수 있는 헌법규정은 다음과 같다.

먼저, 우리 헌법은 모든 국민은 인간으로서의 존엄과 가치를 가진다(제10조)고 규정하고 있다. 인간의 존엄과 가치는 헌법의 최고원리이며 헌법질서의 구조적 원리로서 다른 헌법규정에 대하여 지도적인 원리이며 기본권 질서의 이념적 출발점이다.[2] 인간의 존엄과 가치가 가지는 위와 같은 이념은 어떤 기본권이든지 그 기본권의 간접적 근거가 될 수 있어 특정 기본권의 헌법적 근거로 인간의 존엄과 가치를 거론하는 것이 어쩌면 무의미한 것으로 생각될 수 있다.

하지만, 인간에게 있어 '건강'이라는 의미를 되새겨 본다면 인간의 존엄과 가치를 규정하고 있는 헌법 제10조는 적어도 헌법상 건강권의 근거로서는, 모든 기본권의 간접적 근거가 될 수 있다는 정도를 넘어서는 중요한 헌법적 의미를 가진다.

인간에게 있어 건강이라는 문제는 인간으로서의 생명이 다하는 순간까지 문제되는 삶의 핵심적인 영역이며, 건강하지 아니한 상태는 때로는 인간의 생명을 위협하고 그 생명을 중단시키는 가장 큰 요인이 되기도 한다. 자신이 질병에 걸려 건강이 위협받게 되는 상황에서 인간의 존엄과 가치가 온전히 향유되고 있다고 생각하는 사람은 드물다. 즉, 건강이라는 것은 인간의 존엄과 가치를 보장하기 위한 가장 필요하고도 기본적인 전제조건에 해당한다.

나아가 인간의 존엄과 가치를 근거로 생명권이 보장되는데, 생명권은 인간의 생존과 존재목적에 바탕을 둔 선험적인 권리이며, 모든 기본권의 전제이다.[3] 건강권은 이러한 생명권과도 밀접 불가결하다. 건강을 상실한 상태, 즉 질병의 상태는 그 정도가 심각한 경우 생명 상실이라는 결과로 이어질 수 있으므로 건강권은 국민이 가지는 생명권이라는 기본권의 기초

---

2) 전광석, 「한국헌법론」(법문사, 2010), 243면 이하 참조.

3) 전광석, 앞의 책, 247면.

가 되고 전제가 되는 것이다.[4)]

다음으로 들 수 있는 헌법규정은 헌법 제35조 제1항이며, 그 내용은 '모든 국민은 건강하고 쾌적한 환경에서 생활할 권리를 가진다.'이다. 우리 헌법전의 문면들을 종합하여 볼 때, 헌법에서 '건강'이라는 표현을 명시적으로 사용하고 있는 조항은 헌법 제35조 제1항이 유일하다. 한편 위 조항에서 '건강'은 단순히 '환경'을 수식하는 위치에 있으므로 위 조항이 '환경권'을 인정한 직접적인 근거조항이 되는 것은 별론으로 하더라도, '건강권'을 인정한 간접적인 조항이 아니라고 볼 여지도 있다. 그러나 위 조항에서의 '환경'은 산·대기·물 등과 같은 자연환경을 의미하는 이외에 유적 등과 같은 문화적 환경, 교육·의료와 같은 사회적 환경도 포함되는 것으로 보는 것이 타당하며,[5)] 열악한 환경은 건강에 유해한 조건이라는 의미에서 헌법 제35조 제1항은 건강권의 간접적 근거조항이라 할 것이다.

---

4) 헌법재판소도 생명권과 건강권을 하나의 사건에서 동시에 고려함으로써 위 양자의 권리를 서로 밀접한 기본권으로 보고 있다.
「이 사건 법률조항이 의료인이 아닌 자의 의료행위를 전면적으로 금지한 것은 매우 중대한 헌법적 법익인 국민의 생명권과 건강권을 보호하고 국민의 보건에 관한 국가의 보호의무(헌법 제36조 제3항)를 이행하기 위하여 적합한 조치로서, 위와 같은 중대한 공익이 국민의 기본권을 보다 적게 침해하는 다른 방법으로는 효율적으로 실현될 수 없으므로, 이 사건 법률조항으로 인한 기본권의 제한은 비례의 원칙에 부합하는 것으로서 헌법적으로 정당화되는 것이다(헌재 2002. 12. 18. 2001헌마370, 판례집 14-2, 882, 888; 헌재 2005. 3. 31. 2001헌바87, 판례집 17-1, 321; 헌재 2005. 5. 26. 2003헌바86, 판례집 17-1, 630; 헌재 2008. 7. 31. 2004헌마1010, 판례집 20-2 상, 236, 236).」

5) 김철수, 「헌법학신론」(박영사, 2008), 777쪽: 성낙인, 헌법학(법문사, 2011), 766면. 이에 대하여는 환경의 개념을 확대하는 것이 타당할 수도 있지만, 환경권의 권리로서의 보장의 면에서 실효성을 오히려 약화시킬 수 있는 우려가 있으므로, 환경의 개념을 문화적 환경이나 사회적 환경까지 확대하는 것이 바람직하지 아니하다는 견해도 있다(정종섭, 「헌법학원론」(박영사, 2008), 746면 참조).

2. 직접적인 근거규정

우리 헌법상 건강권의 직접적인 근거가 될 수 있는 헌법 규정으로는 헌법 제34조 제1항 및 제36조 제3항을 들 수 있다.

'건강'을 명시적으로 표현하지 않았다고 하더라도 건강권이라고 하는 헌법상 기본권을 구체화하고, 현실화하는 단계에서 가장 중요한 헌법적 근거조항은 '인간다운 생활'을 규정하고 있는 헌법 제34조 제1항이라고 할 것이다. 국가는 현대사회에서 개인에게 닥치는 추상적 혹은 구체적인 상황을 원인으로 정상적인 생활을 영위할 수 없는 개인에게 인간다운 생활을 보장하여야 한다.[6] 인간다운 생활을 보장할 국가의 과제가 물질적인 최저생활보장만을 의미하는가, 아니면 문화적인 최소한의 생활보장까지도 포함하는가에 대한 견해의 대립이 있다. 건강에 대한 침해상태, 즉 질병의 상태가 장기적으로 계속된다거나 질병의 정도가 매우 중하다면 이로 인해서 인간의 노동능력은 저하되고 그로 인한 경제활동 능력의 타격은 물질적인 최저생활조차 유지할 수 없는 결과를 야기할 수 있고,[7] 이러한 결과는 문화적인 최소한의 생활보장까지도 심각하게 위협하는 것은 물론이다. 따라서 헌법 제34조 제1항의 보호범위를 최소화하여 그 범위가 물질적인 최저생활보장이라고 하더라도 건강권은 헌법 제34조 제1항이 정하는 인간다운 생활을 할 권리를 직접적인 근거로 하여 인정될 수 있는 기본권이다.

다음으로, 헌법 제36조 제3항은 "모든 국민은 보건에 관하여 국가의 보호를 받는다"라고 규정하고 있다.[8] 위 조항은 '건강'이라는 용어 대신에

---

6) 전광석, 앞의 책, 399면 참조.

7) 인간의 질병으로 인한 경제적 능력의 상실은 한 개인의 문제로 시작해서 개인이 부양하고 있는 가족의 문제로, 다시 가족을 최소구성단위로 하는 우리 사회의 문제로 확대될 수 있다.

8) 보건에 관한 권리가 헌법에 처음으로 규정된 것은 제1차 세계대전 이후 바이마르 헌법이었다. 바이마르 헌법은 「가족의 순결과 건강은 유지되어야 하며 국가와 공공단체는 이를 지원하여야 한다」(제119조 제2항)라고 하여 가족의 건강을 국가적 차원에서 지원

'보건'이라는 용어를, '권리를 가진다' 대신에 '국가의 보호를 받는다'는 표현을 사용함으로써, 위 조항이 과연 건강권의 직접적인 근거가 될 것인지에 대하여 의문을 갖게 한다.

하지만 '보건'이라 함은 국민이 자신의 건강을 유지하며 생활하는 것으로서,[9] '건강'이라는 개념과 동일하다. 또한 헌법이 비록 '보건에 관한 권리를 가진다'라고 규정하지 아니하고 '국가의 보호를 받는다'라고 규정하고 있다고 하더라도 이는 국민의 건강에 대한 국가의 보호의무를 정하고 있는 동시에 일정한 범위에서의 건강권을 보장하고 있는 것[10]이라고 보는 것이 자연스럽다.[11]

헌법재판소도 "헌법 제36조 제3항이 규정하고 있는 국민의 보건에 관한 권리는 국민이 자신의 건강을 유지하는 데 필요한 국가적 급부와 배려를 요구할 수 있는 권리를 말하는 것으로서, 국가는 국민의 건강을 소극적으로 침해하여서는 아니 될 의무를 부담하는 것에서 한걸음 더 나아가 적극적으로 국민의 보건을 위한 정책을 수립하고 시행하여야 할 의무를 부담한다는 것을 의미한다"고 판시한 바 있다(헌재 1995. 4. 20. 91헌바11, 판례집 7-1, 478, 491; 헌재 2009. 11. 26. 2007헌마734, 판례집 21-2 하, 576, 597).

따라서 헌법 제36조 제3항은 건강권을 헌법상 인정할 수 있는 직접적인 근거조항이 된다.

하는 규정을 두고 있었다(권영성, 「헌법학원론」(법문사, 신판), 612면). 제2차 대전 이후인 1948년 세계인권선언에서 "인간은 누구나 태어날 때부터 건강을 향유할 권리가 있으며, 국가 사회는 이러한 권리를 보장할 의무가 있다"라고 규정한 이래 몇몇 국가에서 국민의 보건에 관한 권리나 국민보건에 관한 국가적 의무를 규정하고 있다(한국의료법학회, 「보건의료법학」(동림사, 2003), 39면).

9) 정종섭, 앞의 책, 689면.

10) 정종섭, 앞의 책, 689면 참조.

11) 이러한 형식의 규정으로는 헌법 제10조 후문을 들 수 있다. 위 조항은 "국가는 개인이 가지는 불가침의 기본적 인권을 확인하고 이를 보장할 의무를 진다"라고 규정하고 있다, 즉 위 조항은 국가의 보장의무를 규정하고 있는 형식을 취하고 있으나. 실질적으로 위 조항은 개인이 가지는 불가침의 기본권을 인정하는 근거조항이라고 보아야 한다.

3. 소 결

이상의 내용을 정리하면, 우리 헌법상 건강권의 간접적인 근거조항 내지 기본권으로서, 헌법 제10조가 규정하는 인간의 존엄과 가치 및 생명권, 헌법 제35조 제1항이 규정하고 있는 건강한 환경에서 생활할 권리 등이 있고, 직접적인 근거조항으로는 헌법 제34조 제1항이 규정하는 인간다운 생활을 할 권리 및 헌법 제36조 제3항이 정하고 있는 국가의 보건의무 등이라고 할 것이다.[12)]

Ⅲ. 건강의 개념

1. 서 설

헌법재판소는 건강권을 여러 가지 사건에서 언급하고 있지만, 건강권에 의하여 보호되는 실체적인 내용에 해당하는 '건강'이 과연 무엇인지에 대한 설시는 찾아볼 수 없다. '건강'이라는 용어는 그 자체에서 다분히 보건학적인 색채를 띠고 있다. 하지만 헌법상 건강권이 공법상 권리로서 주장되고 보호받기 위해서는 보건학적 개념과는 다른 규범학적인 접근이 필요하다.

아래에서는 일단 건강이라는 개념을 사전적·보건학적 관점에서 출발하여 규범학적 관점에 이르기까지 새로운 시각으로 조명해 보기로 한다.

---

12) 보건의료기본법 제2조(기본이념) 이 법은 보건의료를 통하여 모든 국민이 인간으로서의 존엄과 가치를 가지며 행복을 추구할 수 있도록 하고 국민 개개인이 건강한 삶을 영위할 수 있도록 제도와 여건을 조성하며, 보건의료의 형평과 효율의 조화를 기할 수 있도록 함으로써 국민의 삶의 질을 향상시키는 것을 기본이념으로 한다.

2. 건강의 사전적 의미

'건강'은 사전적으로 여러 가지로 정의되고 있는바, 이를 소개하면 다음과 같다. '건강'은 사람이 주위 환경에 계속적으로 잘 대처해 나갈 수 있는 신체적·감정적·정신적·사회적 능력의 정도를 말한다.[13] 건강이란 적극적으로 완전한 신체적·정신적·사회적 안녕의 상태를 말하며, 단지 질병이 없거나 허약하지 않은 소극적인 의미에 그치지 아니한다. 건강은 생존의 목적이 아닌, 일상생활에 잘 대처할 수 있는 능력을 말하는 것으로 신체적 역량뿐만 아니라 사회적·개인적 대처 능력을 강조하는 긍정개념이며,[14] 정신적·육체적인 이상(異常)의 유무를 주된 관점으로 본 몸의 상태나 몸에 탈이 없고 튼튼함을 말한다.[15]

3. 건강의 의학적 또는 보건학적 개념 정의

(1) '건강'에 대한 WHO(World Health Organization)의 정의

(가) WHO는 1948년 창설 당시 그 헌장(Constitution of the World Health Organization)[16]을 통하여 건강은 완전한 신체적, 정신적 상태 및 사회적

---

13) 「브리태니커 백과사전」 참조.

14) 위키피디아 참조.

15) 「엣센스 국어사전」, 민중서림 참조.

16) 위 헌장의 전문은 다음과 같다.
The States Parties to this Constitution declare, in conformity with the Charter of the United Nations, that the following principles are basic to the happiness, harmonious relations and security of all peoples(헌장에 서명한 국가들은 유엔헌장에 따라 다음의 원칙들이 모든 사람들의 행복, 조화로운 인간관계, 그리고 안전을 위하여 가장 기본적인 것임을 선언한다).
• Health is a state of complete physical, mental and social well-being and not merely the absence of disease or infirmity(건강은 단지 질병에 걸리지 않거나 허약하지 않은 상태뿐만 아니라, 육체적, 정신적, 사회적으로 온전히 행복한 상태를 말한다).

- The enjoyment of the highest attainable standard of health is one of the fundamental rights of every human being without distinction of race, religion, political belief, economic or social condition(인종, 종교, 정치적 신념, 경제적 혹은 사회적 조건에 따른 차별없이 최상의 건강 수준을 유지하는 것이 인간이 누려야 할 기본권의 하나이다).
- The health of all peoples is fundamental to the attainment of peace and security and is dependent upon the fullest co-operation of individuals and States(인류의 건강은 평화와 안전을 보장하기 위한 기본 전제이며, 개인과 국가 사이에 충분한 협조를 통해서 이룰 수 있다).
- The achievement of any State in the promotion and protection of health is of value to all(어느 국가에서든 국민의 건강을 증진하고 보호하기 위한 노력은 가치 있는 일이다).
- Unequal development in different countries in the promotion of health and control of disease, especially communicable disease, is a common danger(건강 증진과 질병 특히 전염병 관리에서 국가 간의 차이는 공동의 위험이 된다).
- Healthy development of the child is of basic importance; the ability to live harmoniously in a changing total environment is essential to such development(어린이가 건강하게 자라는 것이 무엇보다도 중요하며, 변화하는 환경과 조화를 이루며 살아 나가는 능력은 어린이의 성장에 꼭 필요하다).
- The extension to all peoples of the benefits of medical, psychological and related knowledge is essential to the fullest attainment of health(모든 사람들이 의학, 심리학 및 관련 분야의 지식을 통한 혜택을 누릴 수 있어야만 최상의 건강상태를 유지할 수 있다).
- Informed opinion and active co-operation on the part of the public are of the utmost importance in the improvement of the health of the people(일반 사람들이 충분한 지식을 바탕으로 적극적으로 서로 협력하는 것이 인류 건강 증진을 위해 매우 중요하다).
- Governments have a responsibility for the health of their peoples, which can be fulfilled only by the provision of adequate health and social measures(정부는 국민의 건강에 대한 책임을 다하기 위해 적절한 보건 및 사회 제도를 마련해야 한다).

Accepting these principles, and for the purpose of co-operation among themselves and with others to promote and protect the health of all peoples, the Contracting Parties agree to the present Constitution and hereby establish the World Health Organization as a specialized agency within the terms of Article 57 of the Charter of the United Nations(이러한 원칙 아래, 이 헌장에 서명한 국가들은 서명국들뿐만 아니라 다른 국가들과도 서로 협력하여 인류의 건강을 증진시키고 보호하고자 한다. 이를 위하여 우리는 이 헌장에 동의하고, 유엔헌장 제57조의 특별 기구로서 세계보건기구를 설립한다).

안녕을 의미하며, 단순히 질병이나 허약(infirmity)이 없는 것만을 의미하는 것은 아니라고 정의하였다.[17] WHO의 위와 같은 건강에 대한 정의내림에 대하여 미국의 테리스 교수는 건강상태나 상병상태는 어떤 절대치가 아니고 정도의 차를 가지고 연속된 상태이므로 WHO의 건강에 대한 정의 중 '완전한(complete)'이라는 어휘는 삭제되어야 한다고 주장하였다.[18] 또한 위와 같은 정의 자체는 건강권을 구체화시키고 실현시키는 데에 있어서 아무런 실질적 역할을 하지 못한다는 의미에서 위 정의의 기능적 가치 흠결(lack of operational value)[19]을 이유로 이를 비판하거나, 또는 1948년 이후로 수정되지 않고 있는 위와 같은 정의를 '단순히 나쁜 것(simply bad one)'으로 비판하기도 하였다.

(나) WHO는 1986년 건강증진을 위한 오타와 헌장(Ottawa Charter for Health Promotion)에서 다시 건강에 대한 개념정의를 시도하였다. 위 헌장에서는 건강이란 삶의 목표가 아닌 일상적인 생활을 위한 수단이며, 건강은 신체적 능력은 물론 사회적·개인적 수단을 강조하는 적극적 개념이라고 규정되었다.

WHO가 건강의 개념을 위와 같이 재정립한 것은 아마도 이전의 정의규정에 포함된 '완전한'이라는 상태는 극히 이상적이고 지향적인 상태로, 건강을 가장 이상적인 상태라고 정의하는 한 건강에 대한 침해나 제한은 언제나 문제되지만, 실질적으로 그러한 침해나 제한을 극복하고 시정하려는 면에서는 별로 도움이 되지 않는 추상적 시도에 불과한 결과를 가져온다. 건강이라는 것을 우리가 달성하여야 하는 삶의 과제로 보지 아니하고, 우리가 일상생활을 유지하는 데 필요한 도구적인 성격으로 파악한 WHO의 1986년 정의는 건강이라는 문제를 우리의 생활 안에서 문제 삼고 또한 이

17) Health is a state of complete physical, mental, and social well-being and not merely the absence of disease or infirmity.

18) 김정순 외, 「일반보건학」(서울대학교출판부, 1994), 20면 이하 참조.

19) 위와 같은 의미는 건강권에 대한 WHO의 정의가 실질적인 문제해결에 아무런 도움이 되지 못한다는 인식에 근거한 것으로 보인다.

와 관련하여 제기된 문제점을 실질적으로 해결하려는 점에서 중요한 전환점이라고 생각된다. 또한 WHO는 1998년 육체적, 정신적, 사회적 관점에서의 건강에 대한 정의에 '영적 안녕(spiritual well-being)' 부분을 새로이 추가함으로써,[20] 건강을 정의함에 있어, 위와 같은 4가지 영역을 동시에 고려하고 있음을 알 수 있다.

(2) 건강에 대한 보건학적 개념정의

(가) 건강을 정의하고 있는 보건의학 관련 교과서를 살펴보면, 위에서 설명한 건강에 대한 '사전적 의미'나 'WHO'의 건강에 대한 정의를 크게 벗어나지 않음을 확인할 수 있다. 대부분의 교과서에서는 WHO의 건강에 대한 개념을 그대로 차용하면서 건강에 대한 정의를 마무리하고, 이후 논의는 질병으로 이어지는 것이 일반적인 전개방식이다.

(나) 일부 교과서[21]는 건강에 대한 보다 구체적인 판단기준이나 척도를 제시하고 있는데 이를 살펴보면 다음과 같다.

건강지표는 인간의 개인, 가족, 사회 또는 인구단위의 건강수준이나 특성을 설명하는 기준으로서 개인이나 지역사회의 건강수준을 가장 직접적으로 나타내는 것이다. 여기에는 비례사망지수, 평균수명, 인구사망률, 영아사망률, 질병이환률, 기생충감염률이 있고, WHO는 한 나라의 건강수준을 표시하여 다른 국가들과 비교할 수 있는 지표로서 다음의 세 가지를 제시하고 있다. ① 비례사망지수(proportional mortality indicator), ② 평균수명(expectation of life), ③ 보통사망률(crude death rate)이 그것이다.

건강상태를 보다 정확하게 알기 위해서는 검사가 요구되나, 일반적으로 다음과 같은 요소들이 건강의 척도로 이용된다. ① 질병이 없고 신체

20) "Health is a dynamic state of complete physical, mental, social and spiritual well-being and not merely the absence of disease or infirmity."

21) 곽정옥 외, 「현대보건학」(효일문화사, 1997), 16면 이하 참조.

의 기능장애가 없어야 한다. ② 신체에 대한 아무런 이상을 느끼지 않아야 한다. ③ 쾌활함을 느낀다. ④ 적당한 정력(vigor)이 있다. ⑤ 일상생활의 보람을 느낄 수 있다. ⑥ 체중의 안정을 느낀다. ⑦ 심신의 안락과 이완을 느낀다. ⑧ 좋은 식욕이 있다. ⑨ 숙면과 충분한 휴식을 취한다.

건강한지 여부를 확인할 수 있는 위와 같은 지표는 극히 주관적이라고 볼 수 있다. 즉, 외부적 환경이 동일하다는 것을 전제로 할 때, 면역력이나 스트레스 조절능력이 상대적으로 떨어지는 사람의 경우에는 그렇지 못한 사람에 비하여 위의 지표에 부정적인 반응을 보이는 경우가 많을 것이다.

Halbert L. Dunn은 각각의 사람은 자신에게 가능한 안녕상태, 즉 최적(optimal)의 기능상태를 가지고 있는 것이며, 사소한 몇 가지의 건강결함을 가지고 있다고 하더라도 일상생활을 유지할 수 있다고 지적한다. 즉 신체적·사회적·정신적으로 완전한 안녕상태를 성취한 사람은 아주 드물며 자신이 도달할 수 있는 최적의 건강상태(optimal health)가 가장 기초적인 개념이라는 것이다.

한편 Rene Dubos는 WHO가 제시한 건강을 정의함에 있어서 영역별로 고려되어야 할 구체적인 기준을 제시하고 있는데 이를 소개하면 다음과 같다.22)

① 신체적 건강(physical health) : 신체의 크기와 모양, 감각의 예민성, 질병에 대한 감수성, 신체기능, 회복능력, 특정 업무의 수행능력 등

② 사회적 건강(social health) : 다양한 사회적 적응능력과 사회적 기능을 수행할 수 있는 대인관계 능력

③ 정신적 건강(mental health) : 스트레스에 적응해 나가는 능력과 건전한 사고능력

④ 정서적 건강(emotional health) : 적절한 시기에 감정표현을 할 수 있는 감정조절능력이 이에 포함되는데, 정서적인 면에서 자기 감정관리

---

22) 아래의 구체적인 기준들을 크게 분류하여 보면, ①,③,④는 기본적으로 개인적 차원의 것이며, ②,⑤는 사회적 차원의 것으로 나누어 볼 수 있다.

상태가 안녕한 상태로서 남을 잘 이해하고 용서할 줄 알고 이웃을 사랑하는 태도

⑤ 환경적 건강(environmental health) : 외부환경에 대한 평가 및 환경상태를 보존·보호·증진하기 위한 역할

4. 건강에 대한 헌법학적 정의 및 개별 법령에서의 정의

(1) 국내의 헌법 교과서나 개별 법령에서 건강이 무엇인지에 대하여 직접적이고 구체적으로 정의하고 있는 것은 발견되지 아니한다.

학자에 따라서는 보건에 관한 헌법규정은 건강하고 위생적인 생활환경을 조성함으로써 모든 국민이 가정과 사회에서 '질병의 노예'가 되지 않고 개성을 신장시키며 행복을 추구할 수 있도록 적극적인 보건정책을 펴나갈 국가의 의무를 수반하는 국민의 권리라고 정의한다.[23] 위와 같은 보건에 관한 권리의 정의에서 적어도 건강의 대립적인 용어는 '질병'이며, 질병이 없는 상태를 건강한 상태로 설명할 수 있다.[24] 또한 '보건'이라 함은 국민이 자신의 건강을 유지하며 생활하는 것을 의미하고, 건강은 자연적으로 타고 나는 것이지만, 타고난 건강을 유지·향상시키는 것에는 필요한 최소한의 범위 내에서 국가가 이를 보호할 의무가 있다고 설명한다.[25] 위와 같은 정의 역시 건강을 구체적·적극적으로 정의하였다고 보기는 어렵지만, 건강에 영향을 미칠 수 있는 유전적 소질을 건강의 주요한 척도로 삼았다는 점에서 의미가 있다. 하지만, 건강을 사회적 차원이 아닌 개인적

---

23) 허영, 「한국헌법론」(박영사, 신정 11판), 415면.

24) 보건권 내지 건강권에 관한 위와 같은 정의가 건강에 대한 정의라고 할 수는 없지만, 질병이 없는 상태를 일응 건강하다고 볼 수 있다는 한도 내에서 건강에 대한 개념을 설명하고 있다고 보이며, 이는 앞에서 설명한 건강의 소극적 개념정의에 해당한다고 할 수 있다..

25) 정종섭, 앞의 책, 689면.

차원에서 개념 정의함으로써 건강권 실현을 위한 적극적 사회보장제도의 구체화에는 도움이 되지 못하는 위험성을 내포하고 있다.

한편, 건강은 개인적으로 존엄성을 가진 인간으로서 살아 갈 수 있는 전제조건일 뿐만 아니라, 행복 그 자체이자 행복을 추구할 수 있는 기본조건이며, 국민의 건강은 국가공동체의 존립과 발전의 기본적 요소라고 정의하는 입장도 있다.[26] 이와 같은 정의는 자연과학에 기초한 보건학적인 색채를 배제하고 헌법적으로, 또는 규범적으로 건강을 정의하고 있는 견해라고 보인다. 즉 자연과학적 요소를 벗어나 헌법적·규범적인 차원에서 접근되어진 것으로 보인다. 다만 건강을 다른 기본권이나 가치에 빗대어 정의함으로써, 정작 '건강'이 무엇인지에 대한 실체적인 내용은 없어 다소 공허하다. 어쩌면 위와 같은 정의는 헌법상 '건강'의 기능 또는 가치를 묻는 질문에 대한 답변 정도가 아닌가 생각된다.

(2) 개별 법령에서 건강에 대하여 정의하고 있는 규정이 있는지를 살펴보면 다음과 같다.

① 「건강가정기본법」은 명시적으로 '건강'에 대하여 정의하고 있지는 않다. 다만 '건강가정'이라 함은 가족 구성원의 욕구가 충족되고 인간다운 삶이 보장되는 가정을 말한다(법 제3조 제3호)고 규정하고 있어, 건강이라는 것이 개인의 욕구 충족이나 인간다운 삶과 밀접한 관련이 있음을 간접적으로 표현하고 있다. 또한 국가가 가정의 원활한 기능을 수행하도록 지원하는 사항에, 가족 구성원의 정신적·신체적 건강지원(법 제21조 제2항 제2호)을 포함시킴으로써, 건강의 신체적인 측면은 물론 정신적인 측면도 고려하고 있음을 알 수 있고, 국가 및 지방자치단체는 영·유아, 아동, 청소년, 중·장년 등 생애주기에 따른 종합적인 건강증진대책을 마련하도록 하고 있어

---

26) 계희열, 「헌법학(중)」(박영사, 신정판), 801면. 하지만 이에 대하여는 지나치게 공동체적인 발상에 기초하고 있다는 비판이 가능하다.

(법 제24조), 건강을 파악함에 있어 연령 또한 고려하고 있음을 알 수 있다.

② 「건강검진기본법」은 그 기본이념을 국가건강증진을 통하여 모든 국민이 건강위험요인과 질병을 조기에 발견하여 치료를 받음으로써 인간다운 생활을 보장 받고, 건강한 삶을 영위하는 것이라고(법 제2조) 규정하고 있어, 건강의 장해요인으로써 질병을 거론하고 있고, 건강은 인간다운 생활과 관련성이 있음을 표현하고 있다.

③ 「국민건강증진법」은 국가가 혼인과 가정생활을 보호하기 위하여 혼인 전에 혼인 당사자의 건강을 확인하도록 권장하여야 한다(법 제6조 제2항)고 규정하고 있어, 건강은 혼인과 가족생활의 내용을 좌우할 수 있는 중요한 요소가 될 수 있음을 간접적으로 표현하고 있다.

5. 건강에 대한 정의내림의 전환

건강을 규범학적인 보호영역으로 끌어 들이기 위한 정의는 매우 어려우며 이는 아래와 같은 이유에 기인한다.

먼저, 건강이라는 것이 본질적으로는 자연과학적·의학적 차원에서 논의가 시작되는 것이어서 규범학의 범위 내에서 자연과학적·의학적 요소를 완전히 배제하고 규범적으로만 정의하는 것은 불가능하다.

또한 건강은 각 개인이 타고 나는 유전적 소질이나 처해 있는 환경에 따라 달라질 수 있는 성질의 것이기 때문에 각 개인에 따른 건강상태는 천차만별로 달라질 수 있는 극히 주관적인 것이다. 극단적으로 건강은 개인의 주관적인 느낌에 가까울 수도 있다. 건강에 해로운 환경이나 물질에 노출되었을 때, 여러 가지 요인으로 신체적 방어력이 좋은 사람은 건강에 아무런 장애를 느끼지 못하지만, 그렇지 못한 사람은 쉽게 자신의 건강에 이상을 느끼게 된다. 위와 같은 경우 신체적 방어력이 좋지 아니한 사람이 건강에 해로운 환경 등을 초래한 국가 등에게 자신의 건강권이 침해되었음을 다툴 때, 과연 어떠한 기준으로 건강에 대한 유해 여부를 판단할 수 있는지에 대한 어려움이 있다. 이처럼 막상 건강권이 보호하여야 하는 내용인 '건강' 그 자체는 개인에 따라 매우 다른 양상을 가지게 된다.

따라서 건강을 규범적으로 정의하려는 시도는 건강권의 내용에 해당하는 구체적인 권리를 찾아내는 구체화 작업으로 전환되는 것이 타당하다. 헌법재판소도 이러한 정의내림을 헌법 제10조가 정하는 행복추구권에서 시도한 바 있다. 즉, 헌법재판소는 "헌법 제10조 전문은 모든 국민은 인간으로서의 존엄과 가치를 지니며, 행복을 추구할 권리를 가진다고 규정하여 행복추구권을 보장하고 있고, 행복추구권은 그의 구체적인 표현으로서 일반적인 행동자유권과 개성의 자유로운 발현권을 포함한다"고 판시하였다.[27] 위 판시를 살펴보면 헌법재판소는 행복추구권의 내용인 '행복'에 대하여 구체적으로 정의하지 않고 구체적인 표현으로서의 일반적 행동자유권과 개성의 자유로운 발현권 등이라는 권리를 찾아냄으로써 행복추구권의 내용인 '행복'을 구체화한 것이라고 해석할 수 있는 것이다.

자연과학적·의학적인 개념에 해당하는 '건강'을 무리하게 규범의 영역 내에서 정의하고자 하는 것은 난해할 뿐만 아니라 바람직하지도 않다. '건강'을 정의하기 위해서는 의학적 판단에 적용되는 '정상치'를 활용하게 되는데, 개인의 유전적, 환경적 요인에 따라 위와 같은 정상치는 무기력한 것이 되는 경우가 많고, 이는 건강을 규범적으로 보호하기 위해 규정된 건강권이라는 기본권을 무의미하게 만드는 결과가 된다. 또한 건강에 대한 무리한 개념정의 시도는 건강권이 문제되는 시기를 늦추거나 아니면 매우 가변적인 것으로 만들 우려도 있다. 예컨대, 국가가 유효성과 안전성이 증명되지 아니한 백신 접종을 시행하는 경우, 국민들은 건강권의 한 내용이 될 수 있는 '건강침해의 예방청구권'이라는 구체적인 권리를 근거로 하여서는 시행이 임박하거나 시행초기인 경우에라도 국가의 위와 같은 백신

27) 헌재 1991. 6. 3. 89헌마204, 판례집 3, 268, 275; 헌재 1998. 5. 28. 96헌가5, 판례집 10-1, 541, 549; 헌재 1998. 10. 29. 97헌마345, 판례집 10-2, 621, 633 등.

접종을 중지시킬 수 있다. 반면, 건강의 개념을 자연과학적·의학적인 개념을 차용하여 그 내용을 확정하는 경우에는 위와 같은 백신이 부작용을 일으킬 수 있는 확률에 주목하게 되어, 추상적인 확률이 정상치를 벗어나거나 구체적인 사고로 표면화되고 현실화되는 시기에 비로소 건강권이라는 문제가 제기된다. 또한 개인의 면역반응은 매우 다양하므로 국민 개개인의 입장에서도 건강권을 주장할 수 있는 시기가 매우 유동적이 될 수 있다.

따라서 건강이 무엇인지에 대하여 적극적으로 정의내림을 시도하기 보다는 헌법상 건강권에서 구체적으로 추출될 수 있는 여러 가지 권리들을 찾아내고 살펴본 이후에, 그러한 내용을 종합하여 건강은 어떠한 모습으로 헌법 안에서 존재하고 보호되고 추구되는지 구성해 보도록 한다.

Ⅳ. 헌법상 건강권의 내용

1. 보건사회학적, 사회복지학적 견해

(1) 기본권으로서의 건강권은 세 가지 측면에서 이해가 가능한데, 이는 ① 건강할 권리(right to health), ② 건강 돌봄을 받을 권리(right to health care), ③ 건강 돌봄 과정에서의 권리(right in health care)가 그것이다.[28)]

먼저 '건강할 권리'란 가장 광범위한 건강권으로서, 개인은 신체적·정신적으로 건강한 상태에 있을 권리를 가진다는 것이다. 소극적 의미에서의 '건강할 권리'는 건강에 영향을 미치는 환경적 위협에 평등하게 대처할 수 있는 권리를 의미하며, 적극적인 의미에서의 '건강할 권리'는 건강한

28) 문창진, 「보건의료사회학」(신광출판사, 1997), 275면 이하 참조. 아래 건강권의 세 가지 측면 중 '건강할 권리'는 건강권에 대한 구조적 접근으로, '건강 돌봄을 받을 권리'는 건강권에 대한 제도적 접근으로, '건강 돌봄 과정에서의 권리'는 건강권에 대한 실체적·내용적 접근으로 이해된다.

상태를 추구하기 위하여 국가 또는 사회로부터 총체적이고 포괄적인 보호를 균등하게 받을 수 있는 생존권적 기본권이다.

이때의 '건강'은 단순한 보건의료 서비스의 향유라는 차원뿐만 아니라 사회환경으로부터 건강을 훼손당하지 않을 권리를 기본적으로 내포하고 있다. 공해로 인한 각종 질환, 산업재해, 교통사고, 농약중독, 연탄가스중독 등으로 인한 인명손상 등은 궁극적으로 사회적 책임으로 귀속되며, 모든 개인은 이로부터 평등하게 보호받을 권리를 가진다는 것이다. 이러한 점에서 보면 '건강할 권리'는 건강관리에 있어 사회적 책임을 극대화하고 문제의 원인을 사회구조적인 요인에서 찾는다는 점에서 문제의 책임을 피해자의 개인적 과실에서 찾는 '피해자 문책'의 원칙과는 상반된 개념이다.

다음으로, '건강 돌봄을 받을 권리'는 보건의료자원에 접근할 수 있는 절대적 개념으로서의 권리와 개인의 신분이나 재산에 관계없이 균등하게 접근할 수 있는 권리를 의미한다. 보건의료에의 접근은 건강 돌봄을 받을 권리를 가늠하는 기준으로, 잠재적 접근성(potential access)과 실질적 접근성(realized access)으로 구분된다. 전자는 보건의료전달체계(health care delivery system)의 특징과 관련되어 있으며, 공급측면과 수요측면으로 나누어진다. 공급측면에서의 잠재적 접근성은 의료인력·시설의 물리적인 균등배치 등을 포함하며, 수요측면에서의 잠재적 접근성은 개인의 특성들(enabling factor, predisposing factor, need)과 관련되어 있다. 한편 실질적 접근성은 실제 보건의료를 이용하는 양태(방문의료기관의 유형 및 위치)로 구성된 객관적 지표와 환자가 보건의료 공급처에 대하여 가지고 있는 만족도, 경제사정, 안락감 등을 포함하는 주관적 지표에 의해 평가된다. '건강 돌봄을 받을 권리'를 개념화하는 과정에서 고려되어야 할 점은 어떻게 이를 총량적으로 평가할 수 있느냐다. 객관적인 접근성은 전문가에 의해 평가될 수 있다고 하더라도 주관적인 접근성은 개인의 성향 및 심리적 상태와 밀접히 연관되어 있기 때문에 쉽게 평가하기가 곤란하기 때문이다.

마지막으로 '건강 돌봄 과정에서의 권리'라 함은 개인이 보건의료 전달체계 내에서 의료자원을 균등하게 향유할 기본적인 권리를 의미한다. '건강 돌봄 과정에서의 권리'는 다음의 두 가지 측면에서 이해되어야 한다.

첫째, '건강 돌봄 과정에서의 권리'는 기본적으로 필요한 양의 필수적인 서비스를 받을 권리를 의미한다. 기본적으로 필요한 양의 서비스라 함은 공정하다고 판단되는 정도의 서비스를 의미하는데, 이러한 판단은 의료진에 의하여 행하여지는 것이 일반적이나, 환자의 이해가 선행요건이 된다. 둘째, '건강 돌봄 과정에서의 권리'는 동등한 경우에 있어 진료수준의 차이를 배제하는 권리를 의미한다. 소비자주의(consumerism)의 등장과 함께 진료의 질과 양을 판단하는데 있어 환자의 영향력이 증대되어 가자 진료내용에 대한 형평의 문제가 주요한 건강권의 개념으로 인식되기 시작하였다. 그 결과 '유사한 경우에는 유사한 진료(similar treatment for similar cases)'라는 원칙이 형평을 가늠하는 기준으로 등장하게 되었다.

(2) 전체 국민이 건강을 위해 평등하게 향유할 수 있는 제도들이야말로 건강권을 실현하는 방법인데, 건강권을 구체적 기본권으로 인정하고 보장하려 한다면 재원과 전달체계 등 의료서비스를 제공하는 기제를 시장원리에 맡겨서는 권리로서의 보장은 어렵다.[29] 건강권을 확보하고자 한다면 국가의 재정 자원의 충분성과는 관계없이 실현되어야 하는 어떤 요소를 찾아야 한다. 이것은 어떠한 환경 속에서도 중요성을 잃지 말아야 하는 요소들로서 건강권의 핵심내용이라 할 수 있다. 건강권의 핵심내용은 '최소한의 보건(minimal health)'으로서의 권리확보를 위한 가장 기본적인 요소를 가져야 할 뿐 아니라 국가의 경제·사회적 상황에 맞추어 개발할 필요가 있다. 물론 건강의 개념을 정의하는 것만큼이나 최소한의 보건이 무엇인가를 정의하는 것은 매우 어려운 일이다. 건강권의 핵심논의에서 제외되지 않고 강조되어야 할 부분이 바로 '참여'이다. 건강을 권리로 인정하기 위

29) 배화숙, "의료보장정책 분석기준으로 건강권 확보의 개념과 적용에 관한 연구", 「사회복지연구」 제13집, 151면 이하 참조.

해서는 정책 내지 내용을 결정하는 과정에서 보건의료서비스 공급자와 관리 조정자의 협의가 충분히 이루어지는 것뿐만 아니라 서비스 이용자들의 참여를 보장해야 한다. 건강권을 권리로 인정하는 사회적 합의가 이루어졌을 때 비로소 참여가 효과적으로 이루어질 수 있다. 그리고 거시적 정책에 대한 참여뿐만 아니라 건강권을 기초로 하여 건강에 대한 정보와 보건의료서비스의 내용 및 과정에 대한 국민의 알 권리를 보장하는 것이 포함되어야 한다. 건강권의 핵심내용을 표로 도식화하면 다음과 같다.

	영역	구성요소
건강권	보건의료 (Health Care)	• 가족계획을 포함한 모성보호와 아동건강 보호 • 주요 전염병에 대한 면역 • 일상적 질병과 손상에 대한 적절한 치료 • 기본적 의약품의 제공
	건강의 기본 전제조건 (Underlying Preconditions for Health)	• 안전한 식수와 기본적 위생의 적절한 공급 • 심각한 환경적 건강위협으로부터의 자유
	참여 (Participation)	• 건강관련 정책 의사결정에 참여 • 의료서비스의 내용과 과정에 대한 정보 접근

2. 헌법학적 견해

(1) 보건권은 소극적으로는 국가에 대하여 자신의 건강을 침해당하지 않을 권리와 적극적으로는 국가에 대하여 보건을 유지하도록 요구할 수 있는 권리를 포함한다. 국가의 건강침해금지와 관련하여서는 국민의 신체에 대한 강제적 의학실험·예방접종·불임시술 등을 금지하는 것이 이에 해당하고, 적극적 보호의무로는 위생시설의 설비·주택개량·식품유통과정

에 대한 관리 감시·마약단속·의약품의 오·남용의 방지 등이 있다.[30)]

(2) 보건권은 국가가 공권력의 행사를 통하여 개인의 건강을 침해하여서는 아니된다는 소극적 의미뿐만 아니라 국민보건을 위하여 필요한 정책을 적극적으로 수립하고 추진할 의무를 진다는 의미를 가진다.[31)]

(3) 보건에 관한 권리는 국민이 자신의 건강생활에 대해서 국가의 보호를 받을 수 있는 것을 그 내용으로 한다. 구체적으로는 국가권력에 의한 건강생활의 침해금지와 보건생활의 침해에 대한 국가의 적극적인 보호의무를 그 내용으로 한다. 국가의 이와 같은 적극적인 보호의무는 기본권의 객관적 가치질서로서의 성격에서 나오는 것이기 때문에 국가는 단순한 소극적인 침해금지만으로 만족해서는 안 되고 국민보건을 위해서 필요한 적극적인 시책을 펴 나가야 할 의무를 진다. 식품유통과정에 대한 철저한 관리·감시, 마약단속, 전염병에 대한 예방접종, 전염병 환자의 격리, 접객업소 종업원들에 대한 정기적인 건강검진 등이 국가의 적극적인 건강보호의무에서 나오는 것이다.

그리고 국가가 국민의 정신건강을 증진시키고 정신질환을 예방하며 정신질환자의 의료 및 장애극복을 위한 필요한 조치를 하도록 하거나, 임산부의 안전 분만과 건강을 위해서 국가가 협조하도록 정하고 있는 것도 모두가 국가의 적극적인 건강보호의무에서 나오는 당연한 결과이다.[32)]

(4) 건강권은 국민이 국가를 상대로 자신과 가족의 건강한 생활을 침해하지 않을 것을 요구하고 나아가 국가에게 건강한 생활의 유지에 필요한 급부와 배려를 요구할 수 있는 권리이다. 헌법 제36조 제3항과 연관하

---

30) 정종섭, 앞의 책, 690면 이하 참조.

31) 권영성, 앞의 책, 613면 이하 참조.

32) 허영, 앞의 책, 415면 이하 참조

여 건강권을 이해할 때, 건강권은 보건에 관한 국가의 보호의무만을 의미하는 것이 아니라 주관적 공권이면서 동시에 객관적 가치질서의 성격을 가진다.

주관적 공권으로서의 건강권은 공권력에 의한 건강침해에 대한 방어적 성격을 가짐과 동시에 적극적인 배려로서 국가에 대하여 국민의 위생과 건강을 유지하는 데 필요한 시설이나 환경을 요구할 수 있는 사회적 기본권으로서의 성격을 지닌다. '건강권의 침해'란 현실적인 침해상태는 물론 그 전 단계로서의 '침해가능성', 즉 '건강침해의 잠재적 위험성'도 포함한다고 보아야 한다. 따라서 건강권의 내용에는 건강에 대한 침해행위금지, 자신의 건강에 대한 관리통제, 건강한 생활환경의 조성요구는 물론 '건강침해의 위험성이 있는 제 행위의 배제요구'도 포함된다는 것을 의미한다.[33]

3. 정리 및 제언

(1) 건강권의 내용에 관한 위와 같은 학자들의 견해를 요약하면 다음과 같다. 보건사회학적 또는 사회복지학적 입장에서 학자들은 '균등' 또는 '평등'이라는 관점에 많은 주안점을 두고 있다. 한편 헌법학자들은 건강권이 동시에 가지고 있는 자유권적 기본권의 성질과 사회권적 기본권의 성질에 주목하여 자유권적 측면에서 '국가로부터 건강을 침해당하지 않을 권리'를, 사회권적 측면에서 '국가에 대하여 국민의 건강증진을 위하여 적극적인 배려를 하도록 요구할 수 있는 권리'를 각 도출해내고 있다. 아래에서는 건강권의 내용을 헌법학적 입장 및 보건학적·사회학적 입장을 종합하여 살펴보도록 한다.

---

33) 김상겸/권영복, "수돗물불소화사업에 관한 헌법적 고찰", 「헌법학연구」 제9권 제3호, 325면 이하 참조.

(2) 국가 등에 대한 건강침해행위 배제권(헌법상 건강권의 소극적 측면)

헌법재판소에서 결정한 미국산 쇠고기 및 쇠고기 제품 수입위생조건 위헌확인 사건(헌재 2008. 12. 26. 2008헌마419 등)은 건강권의 소극적 의미로서의 건강침해행위 배제권이 작동할 수 있는 좋은 예라고 할 수 있다. 위 사건은 우리나라 정부가 미국 정부와 쇠고기 수입에 관한 협상을 체결하였고, 정부가 위 협상 결과에 따라 농림수산부 고시로 미국산 소고기 수입위생조건 고시 개정안을 예고하였는데, 청구인들은 위와 같은 고시가 청구인들의 기본권을 침해하여 헌법에 위반된다는 취지로 헌법소원심판을 청구한 사안이었으므로, 전형적으로 국가의 행위에 의하여 국민의 건강권이 침해받을 가능성이 초래된 것으로 구성할 수 있다.

건강권은 소극적 의미의 자유권적 성격과 적극적 의미의 사회권적 성격을 동시에 가지고 있다. 사회권적 기본권은 본질적으로 국가의 규범 자체만으로 해결할 수 없는 구조를 가진다. 즉, 사회권적 기본권이 규범적으로 잘 정비되어 있다고 하더라도, 정비된 규범을 실질적으로 구현할 수 있는 국가의 재정이나 사회적 기반이 구축되어 있지 아니하면, 사회적 기본권은 현실적으로 실현될 수 없는 대단히 장식적이고 선언적인 것에 머물기 마련이다. 한편 자유권적 기본권은 다른 제도적인 장치 없이도 기본권 그 자체만으로 실현이 가능한 것이기 때문에 그 내용이나 효력도 비교적 명확한데, 헌법상 건강권의 자유권적 측면으로서의 건강침해행위 배제권은 국가나 지방자치단체 등의 행위로 인하여 국민의 건강이 침해받았거나 침해받을 가능성이 있는 경우에 국민이 국가 등에 대하여 문제가 되는 행위의 효력을 제거하거나 그 진행을 중단시킬 것을 요구할 수 있는 권리라고 할 것이다. 위의 국가에는 입법·행정·사법 등 모든 국가기관을 포함하는 것이지만, 헌법상 건강권과 관련하여 가장 문제가 많이 발생할 수 있는 국가기관으로서는 법률을 제정하는 국회와 그 법률을 집행하는 행정부일 것인데, 특히 오늘날에 있어 국가 등이 국민의 건강권을 직접 침해하는 목적을 갖는 법률을 제정하거나 이와 같은 목적으로 공권력을 행사하는 예는 찾기 어렵고 오히려 건강권의 소극적 의미가 발현될 수 있는 분야는 국가 등이 정당한 목적으로 법률을 제정하거나 공권력을 행사하였는데, 그 효과로 국민의 건강권에 대한 침해가능성을 초래하는 경우가 대부분일 것이다.

이러한 관점에서 보면, 학자들이 건강권의 자유권적 성질로서의 기능을 언급하면서 예로 들고 있는 국가 등의 국민의 신체에 대한 강제적 의학실험·예방접종·불임시술 등[34]은 지금의 시대적 상황에 비추어 볼 때 다소 부적절한 예라고 보인다.

헌법재판소는 미국산 쇠고기 및 쇠고기 제품 수입위생조건 위헌확인 사건(헌재 2008. 12. 26. 2008헌마419 등)에서 청구인들이 침해당하였다고 주장하는 기본권을 헌법 제36조 제3항에 근거하는 것으로 판단하면서, 건강권을 규정하고 있는 우리 헌법 제36조 제3항이 모든 국민은 보건에 관하여 국가의 보호를 받는다는 형식에 주목하고, 국가가 국민의 생명·신체의 안전에 대한 보호의무를 다하지 않았는지 여부를 헌법재판소가 심사할 때에는 국가가 이를 보호하기 위하여 적어도 적절하고 효율적인 최소한의 보호조치를 취하였는가 하는 이른바 '과소보호 금지원칙'의 위반 여부를 기준으로 삼아, 국민의 생명·신체의 안전을 보호하기 위한 조치가 필요한 상황인데도 국가가 아무런 보호조치를 취하지 않았든지 아니면 취한 조치가 법익을 보호하기에 전적으로 부적합하거나 매우 불충분한 것임이 명백한 경우에 한하여 국가의 보호의무의 위반을 확인하여야 한다(헌재 2008. 12. 26. 2008헌마419, 판례집 20-2 하, 960, 961)고 판시하여 위 사안을 국민이 국가에 대하여 적극적으로 요구하는 차원으로서의 건강권의 사회권적 성격에 근거하여 기본권 침해여부를 판단하는 구조를 취하고 있다.

헌법재판소의 위와 같은 판시내용은, 우리 헌법 제36조 제3항의 형식에 치중하여 건강권의 자유권적 성격보다는 건강권의 사회권적 성격에 더

34) 예컨대, 정종섭, 앞의 책, 690면 이하 참조.

욱 중점을 둔 것으로 보여진다. 왜냐하면, 헌법재판소는 위 사건에서 건강권 침해여부를 판단함에 있어 사회적 기본권 침해여부를 판단하는 데에 활용되는 '과소보호의 원칙'을 채택하였기 때문이다.

오히려 헌법재판소는 위와 같은 사안에서 농림수산부의 고시를 국민의 건강을 침해할 수 있는 공권력으로 보고, 헌법 제37조 제2항에 의한 과잉금지원칙으로 위 고시의 위헌여부를 심사하였어야 한다. 사회권적 기본권의 심사기준인 과소보호의 원칙은 가장 완화된 심사기준 중의 하나이고, 헌법 제37조 제2항에 의한 '과잉금지원칙'은 사회권적 기본권을 심사하는 데 이용되는 '과소보호의 원칙'보다는 엄격한 심사기준이다. 만약 헌법재판소가 위 사안에 대하여 헌법 제37조 제2항에 의한 과잉금지원칙이라는 심사기준으로 위 고시의 위헌성을 심사하였다면 위 사건의 결론이 달라질 수 있는 여지가 있다.[35)]

이러한 측면에서 볼 때, 재판관 송두환의 위 사건에서의 아래와 같은 반대의견은 시사하는 바가 크다고 할 수 있다.

재판관 송두환의 위헌의견

(1) 국가가 어떠한 입법·행정상의 조치를 통하여 국민의 생명·신체의 안전을 유지, 보호하고 그에 대한 침해의 위험을 방지할 것인지는 원칙적으로 국가의 폭 넓은 재량에 맡겨져 있다 할 것이고, 따라서 헌법재판소로서는 원칙적으로 국가가 기본권 보호의무를 위반한 것이 명백한 경우에만 국가의 해당 작위나 부작위의 위헌성을 확인할 수 있다 할 것이다. 우리 헌법재판소는 그 기준을 '과소보호 금지원칙'이라 하여 이를 기본권 보호의무 위반에 관한 심사의 기준으로 삼아 왔다. 그런데 구체적 사안에서 국

---

35) 오늘날 건강권의 주된 논의가 건강권의 적극적 실현이라는 사회적 기본권의 관점에 집중되어 건강권이 가지는 자유권적 의미가 많이 퇴색되어지는 경향이지만, 적어도 위 사건은 건강권의 자유권적 의미가 보다 강조되고 침해여부에 대한 판단기준도 자유권적 기본권 침해여부와 그 궤를 같이 해야 하는 사안이라고 보인다.

가의 기본권 보호의무 이행조치가 과소보호 금지원칙에 위반된 것인지 여부를 실제로 판단함에 있어서 그 기준의 엄격 정도는 일률적으로 정할 수 있는 것이 아니고, 문제되는 기본권 보호법익의 종류 및 중요도, 위험의 정도와 내용 등을 종합적으로 비교 형량하여 구체적으로 확정하여야 할 것이다.

(2) 이 사건 사안과 같이 국민의 생명·신체 내지 보건 등 매우 중요한 사항에 관한 것인 경우, 특히 이 사건 고시와 같이 위험성을 내포한 식재료가 대량으로 수입되어 국내에서 제대로 검역되지 못한 채 유통됨으로써 일반 소비자에게 초래될 수 있는 위험의 정도와 내용이 매우 중대하고 심각할 뿐 아니라 이를 돌이키거나 통제하는 것이 불가능한 사안에 있어서는, 단순히 기본권보호의무 위반이 명백한 경우에만 그 보호조치가 헌법에 위반된다고 보는 것은 국가에게 국민의 기본적 인권을 확인하고 보장할 의무를 부과한 헌법의 기본정신에 부합한다고 보기 어렵고, 제3자의 권리나 공익을 침해함이 없이 채택할 수 있는 더 개선된 다른 보호수단이 존재하거나, 보호법익에 대한 위험을 최소화하기 위한 충분한 노력과 시도를 다하였다는 점이 명백하지 아니한 한, 헌법상 충분한 보호조치를 취한 것이라고 판단할 수 없다 할 것이다. 더구나, 국가 보호조치의 수준을 권력분립원칙과 민주주의원칙에 따라 국민에 의해 직접 민주적 정당성을 부여받은 의회가 직접 정하지 않고 이 사건 고시와 같이 하위의 법령에 의하여 보호조치의 수준이 결정되도록 하고 있는 경우에는, 보다 엄격한 기준에 의하여 심사할 필요가 있다 할 것이다(헌재 2008. 12. 26. 2008헌마419, 판례집 20-2 하, 960, 993-994).

재판관 송두환의 반대의견은 과소보호의 원칙이라는 심사기준을 포기하지 않았지만, 국민의 건강이라는 중요한 사항을 고려하여, 엄격한 심사기준을 적용하였고 그 반대의견의 결론이 위헌에 이르렀다. 사견으로는 위 사안에서 국가에 의한 국민의 건강권 제한으로 이론을 구성하고, 자유권적 측면에서 헌법상 건강권이 제한당하고 있고, 이에 대하여 헌법상 과잉금지원칙 심사를 채택하여 판단하는 구조가 더욱 논리적인 구성이 되었을 것이라고 생각한다.

(3) 국가를 향한 건강보장청구권(헌법상 건강권의 사회권적 측면)

1) 건강권과 사회적 기본권

우리 헌법 제36조 제3항은, "모든 국민은 보건에 관하여 국가의 보호를 받는다"라고 규정함으로써, 국가의 국민에 대한 건강보호의무를 강조하고 있고, 이는 사회적 기본권으로서의 건강권이 건강권의 가장 중요한 내용이 된다는 것을 표현하는 것이라고 할 것이다.

그런데, 사회적 기본권으로서의 건강권의 내용이 무엇인지를 살펴보기 위해서는 먼저 사회적 기본권의 본질을 먼저 살펴보고, 이를 기반으로 '건강'이라는 특수한 개념요소를 가미하는 작업이 선행되어야 한다.

사회적 기본권은 개인이 충분한 재원을 보유하고 있고 또 시장에서의 공급이 충분한 경우에 사인으로부터도 획득할 수 있는 재화나 기회와 같은 사실상의 급부를 국가에 대하여 요구할 수 있는 개인의 권리라는 것이 사회적 기본권에 관한 주류적인 개념정의라고 할 것이다.[36] 즉 사회적 기

---

36) 사회적 기본권이란, 경제적·사회적 약자가 존엄성을 가진 인간으로서, 인간답게 살아갈 수 있도록 하기 위하여 국가에 대하여 일정한 물질적 급부와 적절한 배려를 요구할 수 있는 권리라고 정의하는 견해(계희열, 「헌법학(중)」(박영사, 2002), 647면 이하 참조)도 역시 이에 속하는 것이라 할 수 있다. 한편, 사회적 기본권의 헌법적 의의를 자유권적 기본권과의 구별 및 그 실현방법에 초점을 맞추어, 사회적 기본권은 일차적으로 단순한 자유의 기회 혹은 가능성, 즉 간섭받지 않는 불가침의 마당을 제공해 주는 자유권적 기본권과는 달리, '기회의 기회' 혹은 '가능성의 가능성' 자체를 실질적으로 보장해 주는 기본권이며, 물질적·시설적 급부 등 특정한 재화와 서비스를 공급하는 국가의 적극적인 활동을 내용으로 하는 점에서 기본적으로 국가에 대한 방어권으로 이해되는 자유권적 기본권과는 구조적으로 다르고, 또한 재정투자와 직접 연계되어 있다는 점에서 구체적인 실현의 조건과 방법에 있어서도 자유권적 기본권과는 본질적으로 다른 것이다(이덕연, "우리는 왜 '인간다운 생활을 할 권리'를 헌법에 규정하고 있는가?", 「헌법판례연구 I」(박영사, 1999), 157면 참조).

본권은 개인의 국가에 대한 '사실적 급부요구권'이라 할 수 있고, 사실적 급부요구권이란 그 권리의 실현을 위해 국가에 의한 사실상의 적극적 행위를 필요로 하는 권리를 말하는 것이다. 반면 '규범적 급부권' 내지 '적극적 규범제정 요구권'이란 국가로 하여금 일정 방향의 법규범을 제정할 것을 요구할 수 있는 권리를 말한다.[37)]

2) 건강권과 의료의 공공성

특별히 건강권의 사회권적 측면의 분석에서 반드시 고려하여야 할 요소가 바로 '의료의 공공성'이라는 것이다. 즉 건강권이 사회적 기본권으로 그 역할을 실효적으로 할 수 있기 위해서는 건강권을 유지하고 회복하는 데 가장 필요한 수단이라고 이해되는 의료의 성격을 반영한다면, 건강권의 사회적 기본권으로서의 측면은 더욱 강화되고 구체적인 것으로 될 것이다.

의료문제는 일부 계층에 국한된 것이 아니라 우리 사회의 불특정 다수와 관련되어 있고, 일회성으로 그치는 것이 아니라 반복해서 나타난다는 점에서 사회적 성격이 강하다. '공공성'이란 한 개인이나 단체의 이익이 아니라 일반 사회 구성원 전체의 이익에 영향을 미치는 성질'을 의미하는 것으로서,[38)] 보건의료는 "어떤 사물·기관 등이 널리 사회 전반에 이해관계나 영향을 미치는 성질"이라는 위와 같은 사전적 의미의 공공성을 지니고 있는바, 모든 사회 구성원에 관계되는 것으로서 일부 구성원을 보건의료의 수혜로부터 배제할 수 없다는 의미에서 '규범적 의미의 공공성'을 갖는다.[39)]

이러한 의료의 공공성이라는 성격에서 국가의 적극적인 보건의료정책[40)]이 정당화되고, 또한 강제됨으로써 건강권의 사회권적 기본권의 내용

37) 정태호, "사회적 기본권과 헌법재판소의 판례", 「헌법논총」 제9권, 620면 이하 참조.

38) 배화국, 앞의 논문, 50면 참조.

39) 이상이, "의료 양극화와 공공성 강화 방안", 「국회도서관보」 제45권 제10호, 15면 참조.

40) 보건의료는 협의적 개념으로서의 의료(medical care)와 광의적 개념으로서의 보건의료(health care), 포괄적 보건의료(comprehensive health care)로 나눌 수 있다. 협의의 개념인 의료란 인간의 질병진단과 치료를 다루는 과학과 기술로서 상병자 개개인을 대상으로 하는 질병 치료의 실천 및 체계를 의미하며, 광의의 개념인 보건의료는 인간의 건강을 유지하고 증진시키기 위한 제반활동으로서 의학적 지식만이 아니라 사회

이 비로소 구체화되는 것이다.

헌법재판소도 침·뜸시술 등 무면허의료행위를 하였다는 이유로 기소되어, 재판계속 중 무면허 의료행위를 금지한 의료법 조항이 위헌제청된 사건에서, 아래와 같이 의료행위의 공공성과 이에 기한 국가의 보건의료정책과 관련한 의미 있는 판시를 한 바 있다.

"이 사건 법률조항의 '의료행위'라 함은 질병의 예방과 치료에 관한 행위로서, 의학적 전문지식이 있는 자가 행하지 아니하면 사람의 생명, 신체나 공중위생에 위해가 발생할 우려가 있는 행위를 말한다. 한 나라의 의료제도는 그 나라의 국민건강의 보호증진을 목적으로 하여(의료법 제1조 참조) 합목적적으로 체계화된 것이므로 국가로부터 의료에 관한 지식과 기술의 검증을 받은 사람으로 하여금 의료행위를 하게 하는 것이 가장 합리적이고 안전하며, 사람의 생명과 신체를 대상으로 하는 의료행위의 특성상 가사 어떤 시술방법에 의하여 어떤 질병을 상당수 고칠 수 있었다고 하더라도 국가에 의하여 확인되고 검증되지 아니한 의료행위는 항상 국민보건에 위해를 발생케 할 우려가 있으므로 전체국민의 보건을 책임지고 있는 국가로서는 이러한 위험발생을 미리 막기 위하여 이를 법적으로 규제할 수밖에 없는 것이다"(헌재 2010. 7. 29. 2009헌마269).

공공의료기관뿐만 아니라, 민간의료부문까지도 공공성 확보의 대상이 되어야 한다는 것은 매우 중요한 논점인데, 이는 정보의 비대칭성이 극심하며 이 때문에 시장실패가 일어나는 대표적 영역인 보건의료는 건강의 본질적 가치를 고려할 때 매우 공익적이어야 함에도 불구하고 실제에서는 공익성이 해쳐질 위험성이 매우 큰 부문이기 때문이다.[41)]

특별히 아래에서 살펴 볼 사회적 기본권으로서의 건강권의 내용 중

조직과 구성원의 행태에 관한 지식 및 방법론이 함께 고려된, 인간의 건강문제의 인식과 해결의 과학적 기술로서 인간의 생활을 대상으로 하는 건강관리의 개념으로 생활개념이 포함된다(이우락, "보건의료의 공공성 강화에 관한 연구", 서울시립대학교 석사학위논문(2004), 5면 이하 참조).

41) 배화숙, 앞의 논문, 51면 참조.

'의료' 또는 '보건의료'와 관련되는 것은 국가의 의무성에 기인하여 국민이 국가를 상대로 주장할 수 있는 사회적 기본권의 주관적 공권성이 강화된다고 할 것이다.

3) 사회적 기본권으로서의 건강권의 내용

국민이 건강권 보장을 위해 국가를 상대로 적극적으로 요구할 수 있는 내용은, 건강한 상태를 전제로 하여서는 건강을 유지하기 위한 시설 및 환경의 조성 등일 것이고, 건강이 침해된 상태를 전제로 한다면 침해된 건강을 회복하기 위한 의료서비스를 적절히 제공받는 것이라고 할 수 있다.

즉, ① 건강유지에 필요한 시설·환경·의료서비스의 제공 및 ② 침해된 건강을 회복하기 위한 의료서비스의 제공이라는, 사실상의 급부를 요구하는 것이 사회적 기본권으로서 건강권의 내용이며, 그 실현 수단은 규범을 통하여서든 아니면 단순한 사실행위에 의하여서든 불문한다는 점에서 전형적인 사회적 기본권의 성격을 가진다고 보아야 한다.

위와 같은 건강권의 내용을 구체적으로 살펴보면, ①과 관련하여서는 정기적인 건강 검진, 전염병 등에 대한 필요한 예방조치, 자연환경, 수질환경 보전, 식품의 유통과정에 대한 관리 및 감시, 흡연의 해독 홍보 및 담배광고의 금지 또는 제한 등이 이에 해당하고,[42] ②와 관련하여서는 의료보험, 의료보호, 응급치료, 국가 또는 지방자치단체 등에 의해 설립된 의료기관에 의한 의료서비스의 제공, 국가의 종합적이고 체계적인 보건의료정책의 수립 및 시행 등이 이에 해당한다.[43]

또한 국민은 자신의 건강상태에 대하여 알 수 있어야 하며, 자신의 건강을 지키거나 회복시키기 위하여 필요한 조치에 대하여 스스로 결정할 수 있어야 하고,[44] 이를 위한 필수적인 전제가 바로 국민의 의료정보 접근권

---

42) 이와 관련된 법률로는, 건강검진기본법, 전염병예방법, 환경정책기본법, 자연환경보전법, 수질환경보전법 먹는물관리법, 수도법, 식품위생법 등이 있다.

43) 이와 관련된 법률로는 보건의료기본법, 국민건강보험법, 의료급여법, 응급의료에 관한 법률 등이 있다.

44) 정금례, "헌법상 보건에 관한 권리와 보건의료기본법에 관한 소고", 「헌법의 규범력과

이라고 할 수 있는데,[45] 우리나라와 같이 의료기관이 대부분 국가나 지방자치단체 등 공공기관에 의하여 운영되지 않고 민간인에 의하여 운영되는 상황에서 국가를 향한 기본권이라고 할 수 있는 의료정보 접근권을 민간병원을 상대로 행사할 수 있는 여지는 기본권의 대 사인적 효력이 인정되는 예외적 경우를 제외하고는 거의 발견할 수 없다고 할 것이다. 하지만, 국민은 국가를 상대로 자신의 건강정보에 대한 접근권을 보장할 수 있도록 요구할 수 있는 권리를 통하여 국가를 상대로 자신의 건강에 관한 정보에 접근할 수 있는 제도의 마련을 요구할 수 있고, 국가는 이러한 국민의 요구에 응하여 국민의 건강정보 접근권 구체화에 대한 의무를 지게 된다.[46]

4) 사회적 기본권으로서의 건강권의 법적 성격

① 문제의 소재

문제가 되는 것은 사회적 기본권으로서의 건강권의 위와 같은 내용이 어느 정도나 실효성과 규범력을 가지게 되는 것인가이다. 만약 사회적 기본권으로서의 건강권이 이른바 '프로그램 규정의 성격'이나 '추상적 권리'

법질서」(정천 허영박사 정년기념논문집, 박영사, 581면 참조).

45) 헌법상 의료정보자기결정권에는 의료정보 접근권, 의료정보 정정청구권, 의료정보 개시·고지권 등이 있는데(백윤철 등, "헌법상 환자의 의료정보에 관한 권리에 관한 연구", 「헌법학연구」 제11권, 337면 이하 참조), 특별히 건강권과 관련되는 것은 의료정보 접근권이며, 나머지 두 가지 내용은 건강권보다는 헌법상 프라이버시권의 성격에 가깝다고 할 수 있다.

46) 보건의료기본법 제11조 제2항은, "모든 국민은 관계 법령에서 정하는 바에 따라 보건의료인이나 보건의료기관에 대하여 자신의 보건의료와 관련한 기록 등의 열람이나 사본의 교부를 요청할 수 있다. 다만, 본인이 요청할 수 없는 경우에는 그 배우자·직계존비속 또는 배우자의 직계존속이, 그 배우자·직계존비속 및 배우자의 직계존속이 없거나 질병이나 그 밖에 직접 요청을 할 수 없는 부득이한 사유가 있는 경우에는 본인이 지정하는 대리인이 기록의 열람 등을 요청할 수 있다"라고 규정하고 있는바, 국민의 건강정보 접근권은 위와 같은 법률의 강제를 통하여 구체화되고 있는 것이다. 만약 국민 입장에서 건강정보 접근권에 관한 위와 같은 명시적인 법률이 존재하지 아니한다면, 헌법상 건강권의 한 내용인 건강정보 접근권에 기인하여 국가의 적극적인 작위를 요구할 수 있을 것이다. 이는 국민의 알권리의 차원과 경합하는 측면이 존재하지만, 그 내용이 의료정보라는 측면에 주목하면 오히려 주된 기본권을 건강권으로 보는 것이 타당하다고 할 것이다.

정도에 머무르게 된다면, 사회적 기본권의 측면에서 검토된 위와 같은 건강권의 내용은 공허한 것이며, 장식적인 것으로 되기 때문이다.

② 사회적 기본권의 법적 성격

사회적 기본권의 법적 성격에 대하여는 대표적으로 아래와 같은 견해의 대립이 있어 왔다.[47] ① 사회적 기본권은 구체적· 현실적 권리가 아니라 국가의 사회 정책적 목표 내지 정치적 영역을 선언한 것에 불과하므로, 국가가 그 권리의 실현에 필요한 입법 또는 시설을 하지 아니하는 한 그에 관한 헌법규정만으로는 국가에 대하여 그 의무이행을 재판상 청구할 수 없으며, 그에 관한 입법의 태만을 헌법위반이라 하여 사법적 구제를 구할 수 없다는 '프로그램권리설', ② 사회적 기본권은 비록 추상적일지라도 법적 권리이며, 또 국가의 의무이행이 사법적 방법에 의하여 강제될 수 없을지라도 사회적 기본권 보장의 국가적 의무는 헌법에 의거한 법적 권리라고 하는 '추상적 권리설', ③ 사회적 기본권에 관한 헌법규정은 그것을 구체화하는 입법이 존재하지 아니하는 경우에도 직접 효력을 가지는 규정이고 구체적 권리로서의 사회적 기본권을 보장하는 것이므로 사회적 기본권의 실현에 관한 국가의 부작위는 현실적·구체적 권리의 침해가 되어 사법적 구제의 대상이 된다고 하는 '구체적 권리설' 등이 이에 해당한다.[48]

---

47) 권영성, 앞의 책, 553면 내지 555면 참조. 사회적 기본권을 조금 더 자세히 구분하는 견해도 존재한다. 이 견해에 의하면 사회적 기본권을 객관설과 주관설로 구분한다. 1) 객관설은 사회적 기본권은 원칙적으로 권리성을 갖지 못하며, 그것은 단지 국가에게 사회권의 내용을 실현할 객관적 의무를 부여하는 헌법규정이라고 하고, 여기에 ㉠ 프로그램 규정설, ㉡ 국가목표 규정설, ㉢ 입법위임 규정설, ㉣ 헌법위임 규정설로 세분화한다. 2) 주관설은 우리 헌법상의 많은 사회적 기본권들은 권리의 형식으로 규정되어 있기 때문에 사회적 기본권은 법적 권리로서 주관적 권리성을 가진다고 하면서, 여기에 ㉠ 추상적 권리설, ㉡ 불완전한 구체적 권리설, ㉢ 구체적 권리설, ㉣ 원칙모델에 따른 권리설 등을 포함시킨다(계희열, 앞의 책, 653면 내지 657면 참조).

48) 더 나아가 사회적 기본권은 자유권적 기본권처럼 직접 효력을 가지는 완전한 의미에서의 구체적 권리일 수는 없다 할지라도, 적어도 일부 청구권적 기본권이나 정치적 기본권과 동일한 수준의 불완전하나마 구체적인 권리로서의 성격은 가지고 있다고 하는 불완전한 구체적 권리설의 입장도 존재한다(권영성, 앞의 책, 556면 참조).

하지만, 특정 기본권이 사회적 기본권 내지는 자유권적 기본권 등이라고 성격을 규명한 후에, 사회적 기본권 내지 자유권적 기본권의 일반적인 내용과 효력의 틀을 특정 기본권에 그대로 원용하는 형식이 과연 타당한 것인가에 대하여는 의문의 여지가 있다. 왜냐하면, 동일한 사회적 기본권이라 하더라도 그 구체적인 기본권이 보장하고자 하는 내용이나 가치 및 그 기본권이 가지고 있는 사회적 기본권으로서의 내용 등은 매우 다양한데,[49] 매우 추상적이고 일반적인 사회적 기본권의 일반이론으로 다양한 기본권에 일의적으로 적용하여 그 성격을 규정하는 것은 헌법소송의 실효성을 매우 저해하는 결과를 가져오게 되기 때문이다. 구체적으로는 아래의 네 가지 논점에 기인하여 위와 같은 사회적 기본권의 유형화·개별화가 요청된다고 할 것이다.[50]

첫째, 사회적 기본권의 해석에 있어서는 이론적 일관성·통일성과 함께 재정연계성에 대한 현실정합성이 고려되어야 한다. 둘째, 이러한 점에서 사회적 기본권의 법적 성격에 관한 논의의 초점은 권리의 추상성 혹은 구체성에 관한 대립을 넘어서 그 구체성의 내용을 구체적으로 확인하는데 모아져야 한다. 셋째, 우리 헌법은 이례적이라고 할 수 있을 정도로 다양한 사회적 기본권을 개별적으로 규정하고 있기 때문에 사회적 기본권의 법적 성격에 대한 일반적인 접근은 한계가 있을 수밖에 없다. 넷째, 법적 효력과 내용에 따른 사회적 기본권의 유형화와 그에 따른 차별접근은 궁극적으로 독자적인 대상영역을 갖는 사회적 기본권들을 그 실질적인 의의와 기능상의 차이에 따라 개별적으로 해석하기 위한 이론적 가교로서 의미를 갖는다.

---

49) 사회적 기본권의 범주에는 다양한 기본권들이 존재하며, 우리 헌법은 제31조에서 교육을 받을 권리, 제32조에서 근로의 권리, 제33조에서 근로3권, 제34조에서 인간다운 생활권, 제35조에서 환경권, 제36조 제3항에서 보건에 관한 국가의 보호 등 일련의 사회적 기본권을 규정하고 있다(이상재, "의료행정에 있어서의 공법적 문제 고찰", 고려대학교 석사학위논문(2006), 26면 참조).

50) 이하 이덕연, 앞의 논문, 162면 내지 164면 참조.

따라서 사회적 기본권의 성격을 일의적으로 규명하고 이를 특정 기본권에 대입시켜서 해당 기본권의 효력을 결정짓는 구조는 실제 소송에서 큰 실익이 없거나 무의미한 결과가 된다.

③ 사회적 기본권으로서의 건강권의 개별화·구체화

건강권의 개별화·구체화에 있어 주목할 만한 이론이 바로 알렉시(R. Alexy)의 원칙모델에 따른 권리설이라고 할 것이다.[51] 위 이론에 의하면, 모든 사회적 기본권은 잠정적으로(일응, prima-facie)[52] 개인에게 주관적 권리를 부여하지만 이 권리는 형량을 거친 후에야 비로소 확정적인 권리가 될 수 있다는 것이다. 그는 사회적 기본권의 규범구조를 세 가지 기준에 따라 다음과 같이 분류한다. ① 개인에게 주관적 권리를 부여하는 규범인가 아니면 국가에게 객관적 의무를 부과하는 규범인가, ② 구속적 규범인가 아니면 비구속적 규범인가, ③ 권리와 의무를 확정적으로 부여하는가 아니면 잠정적으로 부여하는가에 따라 8가지로 구분한다.

구속적 규범				비구속적 규범			
주관적 권리		객관적 의무		주관적 권리		객관적 의무	
확정적 권리	잠정적 권리	확정적 의무	잠정적 의무	확정적 권리	잠정적 권리	확정적 의무	잠정적 의무
1	2	3	4	5	6	7	8

먼저, 사회적 기본권으로서의 건강권이 법적 구속력이 없다고 보는 것은 사회적 기본권의 법적 성격을 프로그램규정설로 보는 견해 정도에서 주장될 수 있는데, 이러한 입장은 사회적 기본권으로서의 건강권 보장을

51) 이하는 계희열, 앞의 책, 655면 이하 참조.

52) prima-facie란 용어는 “첫눈에 언뜻 보이는 겉모습”이라는 뜻을 가진 라틴어이다. 이를 ‘일응’ 또는 ‘일견’ 등으로 번역하기도 하나, 여기서는 잠정적이라고 번역하였다(계희열, 앞의 책, 656면 참조).

입법자에게 온전히 맡기게 되어 극단적으로는 입법자가 건강권의 보장을 포기하게 되는 경우가 발생하더라도 헌법상 문제가 되지 않게 되는 문제점을 가져올 수 있으므로 사회적 기본권으로서의 건강권은 적어도 법적 구속력이 있다고 보아야 한다.

다음으로 사회적 기본권으로서의 건강권은 주관적 권리성이 있다고 보아야 하는바 그 논거는 다음과 같다. 법치주의원리에 따르면 권리는 법원에서 주장할 수 있어야 한다. 즉 건강권은 주관적 권리로서 헌법재판소에 그 침해여부를 다툴 수 있어야 하는데, 건강권의 주관적 권리성을 부정하고 객관적 의무성만 있다고 한다면 사회적 기본권으로서의 건강권 보장의 실효성은 매우 낮아지게 된다. 또한 헌법 제35조 제1항은 "모든 국민은 건강하고 쾌적한 환경에서 생활할 권리를 가지며"라고 하고, 제36조는 "모든 국민은 보건에 관하여 국가의 보호를 받는다"라고 규정하고 있다. 즉 건강권을 규정하고 있는 우리 헌법은 '권리'의 형식 또는 권리의 '내용'으로 건강권을 규정하고 있다.[53)]

결국 사회적 기본권으로서의 건강권은 위와 같은 알렉시(R. Alexy)의 원칙모델에 따르면, 1 또는 2 정도에 해당하는 사회적 기본권으로서의 성격을 가진다고 설명할 수 있는데, 사회적 기본권으로서의 건강권이 확정적 권리인지 아니면 잠정적 권리인지에 대하여는 건강권의 개별 내용에 따라 달라진다고 보아야 한다.

즉, 위에서 살펴 본 사회권적 기본권으로서의 건강권의 내용은 건강한 상태를 전제로 하여서는 건강을 유지하기 위한 시설 및 환경의 조성 등일 것이고, 건강이 침해된 상태를 전제로 한다면 침해된 건강을 회복하기 위한 의료서비스를 적절히 제공받는 것이라고 할 수 있는데, 위 내용 중 건강이

53) 그 외에도 기본권은 원칙이며, 원칙은 '법적 가능성과 사실적 가능성에 따라 상대적으로 최대한으로 실현되기를 요청하는 규범', 즉 '최적화명령'인데, 기본권을 원칙으로 이해하는 한 원칙으로서의 기본권을 가능한 한 최대한 실현하기 위해서는 객관적 의무로 주장되는 것보다 주관적 권리로 주장될 수 있어야 한다는 견해도 있다(이준일, 앞의 논문, 461면 내지 462면 참조).

침해된 상태를 전제로 하여 발생하는 국민의 국가에 대한 급부요구권은 건강한 상태를 전제로 하여 건강을 유지하기 위한 시설 및 환경의 조성에 대한 부분보다는 훨씬 권리성이 강화될 것이고, 건강의 침해 안에서도 급박한 상황에서 당장의 생명권 등의 침해가 우려되는 상황에서의 국민의 국가에 대한 건강권 보장 요구에 대한 강도는 더욱 극대화될 것이며, 권리성의 강화나 강도의 극대화는 확정적 권리로서의 보장에 가깝게 된다.

④ 사회적 기본권으로서 건강권의 보장수준

사회적 기본권으로서의 건강권이 헌법소송법적으로 실효적인 것이 되기 위해서는 건강권의 보장수준이 어느 정도인지를 살펴보아야 할 것이며, 이를 위해서는 헌법재판소가 사회적 기본권의 보장수준에 대하여 어떠한 기준을 가지고 있는지에 대한 검토가 필요하다.

헌법재판소의 사회적 기본권에 관한 보장수준에 대하여는 '보장내용의 최소화'와 '통제기준의 최저화'라는 것으로 설명되고 있다.[54)]

먼저, '보장내용의 최소화'는 주관적 공권으로서 사회적 기본권의 보장내용을 최소화하여 그 범위에서는 개인에게 확정적 급부청구권이 부여되고 있다고 보는 경향으로서, 이에 따르면 국가가 이 최소한의 사실적 급부를 이행하지 않고 있는 경우에는 해당 기본권을 침해한다고 보는 것이라고 하면서, 아래와 같은 「국가유공자예우 등에 관한 법률」에 대한 위헌제청사건(93헌가14)을 예로 들고 있다.

"'인간다운 생활을 할 권리'는 여타 사회적 기본권에 관한 헌법규범들의 이념적인 목표를 제시하고 있는 동시에 국민이 인간적 생존의 최소한을 확보하는 데 있어서 필요한 최소한의 재화를 국가에게 요구할 수 있는 권리를 내용으로 하고 있다"(헌재 1995. 7. 21. 93헌가14, 판례집 7-2, 1, 20).

다음으로, '통제기준의 최저화'는 사회적 기본권을 실현하기 위해서

54) 정태호, 앞의 논문, 655면 내지 670면 참조. 한편, '보장내용의 최소화'는 사회적 기본권의 실체적 내용에 대한 것이고, '통제기준의 최저화'는 사회적 기본권에 대한 심사기준에 대한 것이므로 사회적 기본권을 어떠한 시각에서 바라보느냐에 따른 차이에 불과하다.

국가는 사실적으로 가능한 범위 내에서 최대한의 것을 보장해야 하는 의무를 진다고 하여, 동 권리의 보장내용을 넓게 보되, 헌법재판소의 위헌통제기준을 낮추어 객관적으로 필요한 최소한을 기준으로 의무이행여부, 즉 권리침해여부를 심사하여야 한다고 보는 것이라고 하면서, 아래와 같은 94년도 생계보호기준에 대한 헌법소원사건(헌재 1997. 5. 29. 94헌마33)을 그 예로 들고 있다.

"모든 국민은 인간다운 생활을 할 권리를 가지며 국가는 생활능력 없는 국민을 보호할 의무가 있다는 헌법의 규정은 모든 국가기관을 기속하지만, 그 기속의 의미는 적극적·형성적 활동을 하는 입법부 또는 행정부의 경우와 헌법재판에 의한 사법적 통제기능을 하는 헌법재판소에 있어서 동일하지 아니하다. 위와 같은 헌법의 규정이, 입법부나 행정부에 대하여는 국민소득, 국가의 재정능력과 정책 등을 고려하여 가능한 범위 안에서 최대한으로 모든 국민이 물질적인 최저생활을 넘어서 인간의 존엄성에 맞는 건강하고 문화적인 생활을 누릴 수 있도록 하여야 한다는 행위의 지침 즉 행위규범으로서 작용하지만,[55] 헌법재판에 있어서는 다른 국가기관 즉 입법부나 행정부가 국민으로 하여금 인간다운 생활을 영위하도록 하기 위하여 객관적으로 필요한 최소한의 조치를 취할 의무를 다하였는지를 기준으로 국가기관의 행위의 합헌성을 심사하여야 한다는 통제규범[56]으로 작

55) 행위규범으로서의 사회적 기본권은 입법자에게 광범위한 입법형성권을 부여하게 된다. 헌법재판소도 이러한 취지에서, "최소한의 수준을 넘는 사회복지·사회보장에 따른 급부의 실현은 이에 필요한 사회경제적 여건에 의존하는 것으로서, 국가가 재정능력, 국민 전체의 소득과 생활수준 내지 전체적인 사회보장수준과 국민감정 등의 사정, 사회보장제도의 특성 등 여러 가지 요소를 합리적으로 고려한 입법을 통하여 해결할 사항이라 할 것인데, 주어진 가용자원이 한정되고 상충하는 여러 공익이나 국가과제의 조정이 필요한 상황 하에서는 입법자에게 광범위한 입법재량이 부여되지 않을 수 없다"(헌재 1995. 7. 21. 93헌가14, 판례집 7-2, 1, 20; 헌재 2000. 6. 1. 98헌마216, 판례집 12-1, 622, 640; 헌재 2003. 7. 24. 2002헌바51, 판례집 15-2 상, 103, 115 등 참조)라고 판시하고 있다.

56) 입법부 또는 집행부가 최소한도 이상의 것을 결정함에 있어서는 광범위한 재량이 허용되는 반면에 사법부가 최소한도의 것을 결정함에 있어서는 '재량의 범위를 명백히 일탈한 경우'로 한정한다는 객관적이고 확정적인 기준이 있어서 재량이 허용되지 않

용하는 것이다"(헌재 1997. 5. 29. 94헌마33, 판례집 9-1, 543, 553-554).[57)]

헌법재판소의 위와 같은 결정논리는 아래의 견해와 그 맥락을 같이 한다. 원칙[58)]은 잠정적으로 '과잉된 어떤 것'을 요구하는 것이다. 따라서 원칙은 헌법의 구체화를 위한 제1차적 과제를 떠맡는 입법자에게 과잉된 어떤 것을 잠정적으로 요구한다. 하지만 헌법재판소는 단지 입법자의 활동이 가능한 영역을 고려한 후에 확정적으로 명령되는 것을 준수하고 있는지를 통제할 수 있을 뿐이다. 입법자의 활동은 가능성의 영역을 고려한 후에 확정적으로 명령되는 것을 실현하면 되기 때문에 원칙으로서 잠정적으로 요구되었던 과잉된 어떤 것을 실현하지 못한 경우에도 원칙을 준수하는 것이 된다. 즉, 기본권이 입법자에게 '행위규범'으로 요구된다는 것은 기본권이 '원칙으로서 잠정적으로 과잉된 어떤 것'을 입법자에게 요구한다는 뜻으로, 기본권이 헌법재판소에게 '통제규범'으로 요구된다는 것은 기본권이 가능성의 영역을 고려한 후에, '규칙[59)]으로서 확정적으로 명령된

는다(이준일, "사회적 기본권", 「헌법학연구」 제10권 제1호, 2004, 452면 참조).

57) 헌법재판소는 이 판례에서 이른바 헌법재판의 한계를 각 국가기능의 본질과 차이에서 찾고자 하는 기능법론자들의 지지를 받고 있는 행위규범과 재판규범이라는 관념에 의하여 보장내용과 침해여부의 판단기준을 확정하고자 했다. 즉, '행위규범'과 '재판규범'이라는 관념을 통해서 헌법재판을 통해서 관철될 수 있다는 의미에서 사회적 기본권의 실효적 보장영역을 확정하는 문제를 해결하고자 시도했다는 평가가 있다(정태호, 앞의 논문, 657면 참조). 같은 취지의 결정으로는 "인간다운 생활을 할 권리의 법적 성질에 비추어 볼 때 그 법규범력이 미치는 범위는 '최소한의 물질적 생존'의 보장에 필요한 급부에의 요구권으로 한정될 뿐, 그것으로부터 그 이상의 급부를 내용으로 하는 구체적 권리가 직접 도출되어 나오는 것은 아니라고 할 수 있다"(헌재 1995. 7. 21. 93헌가14, 판례집 7－2, 1, 20, 30-31; 헌재 2000. 6. 1. 98헌마216, 판례집 12-1, 622, 640, 647; 헌재 2003. 7. 24. 2002헌바51, 판례집 15-2 상, 103, 115 등 참조)라는 것이 있다.

58) 원칙은 다음과 같은 네 가지의 구조적 특성을 갖는다고 설명된다. ① 원칙의 구성요건이 충족되더라도 곧바로 법적 효과가 발생하지 않는다. ② 원칙의 구성요건이 충족되어 있음에도 불구하고 곧바로 법적 효과가 발생하지 않는다고 해서 그 원칙에 '예외조항'이 부가되어 있거나 그 원칙이 '무효'이기 때문이 아니다. ③ 원칙이 서로 충돌하면 충돌하는 원칙 가운데 하나의 원칙에 '예외조항'이 부가되거나 하나의 원칙이 '무효'로 되는 것은 아니다. 충돌하는 원칙 가운데 하나가 뒤로 물러남으로써 충돌을 해결하는 것이다. ④ 원칙의 전형적인 적용방식은 '형량'이다(이준일, 앞의 논문, 466면 참조).

어떤 것'을 기준으로 입법자의 활동을 통제할 수 있다는 뜻으로 이해될 수 있는 것이다.[60)]

하지만, 사회적 기본권에 대한 보장수준을 위와 같은 두 가지의 방법으로 나누어 검토하는 것이 과연 타당한 것인지는 의문이다. 헌법재판소의 결정 내용을 좀 더 자세히 검토하면, 위 두 가지 결정은 모두 동일한 취지라는 것을 확인할 수 있기 때문이다.

먼저, 보장내용의 최소화로 들고 있는 결정문은 분명히 국민이 인간적 생존의 최소한을 확보하는 데 있어서 필요한 최소한의 재화를 '국가에게 요구할 수 있는 권리'라고 하여 국가를 상대로 헌법소송에서 문제로 삼아 특정 법령이나 공권력의 행사 또는 불행사가 국민의 기본권을 침해하였다고 인정될 수 있는 범위는 최소한의 사실적 급부임을 밝히고 있고, 이는 통제기준의 최저화에서 들고 있는, 헌법재판에서 객관적으로 필요한 최소한의 조치를 취할 의무를 다하였는지를 기준으로 국가기관의 행위의 합헌성을 심사하여야 한다는 결정취지와 결국 같은 의미인 것이다.

실제, '보장내용의 최소화'라고 들고 있는 93헌가14 결정에서도, 헌법재판소는 위와 같은 판시 내용의 전제로서 "'인간다운 생활을 할 권리'로부터는 그것이 사회복지·사회보장이 지향하여야 할 이념적 목표가 된다는 점을 별론으로 하면"(헌재 1995. 7. 21. 93헌가14, 판례집 7-2, 1, 30)이라고 하여, 통제기준의 최저화에서 언급하고 있는 행위규범으로서의 측면을 언급하고 있음을 확인할 수 있다.

결국 헌법재판소가 두 가지 경향을 가지고 사회적 기본권을 바라보고

---

59) 규칙은 다음과 같은 네 가지의 구조적 특성을 갖는다고 설명된다. ① 규칙의 구성요건이 충족되면 곧바로 법적 효과가 발생한다. ② 규칙의 구성요건이 충족되어 있음에도 불구하고 곧바로 법적 효과가 발생하지 않으면 그 규칙에 '예외조항'이 부가되어 있거나 그 규칙이 '무효'이기 때문이다. ③ 규칙이 서로 갈등을 일으키면 갈등하는 규칙들 가운데 하나의 규칙에 '예외조항'이 부가되거나 하나의 규칙이 '무효'가 되어야 한다. ④ 규칙의 전형적인 적용방식은 '포섭'이다(이준일, 앞의 논문, 463면 내지 464면 참조).

60) 이준일, 앞의 논문, 472면 내지 473면 참조.

있다는 설명은 적합하지 아니하며, 헌법재판소의 일관된 견해는 헌법소송에서 합헌성 여부 심사에 의미가 있는 사회적 기본권의 보장수준은 '최소한 보장'에 있다고 하여야 한다.61)

그렇다면 위의 최소한의 보장이란 과연 무엇인지가 문제되는데, 일반론적으로 말하면 그와 같은 '최소한의 보장'은, 사회적 기본권의 실현요청이 매우 긴절히 요구되는 반면, 권력분립주의와 의회의 재정권을 포함한 민주주의원리와 같은 형식적 자유 및 상충하는 실체적 법익들이 사회적 기본권의 보장에 의해서도 상대적으로 적은 정도로 제약받게 되는 경우에 개인에게 부여된다고 할 것이며, 이 최소한의 내용이 상대적으로 명확한 사회적 기본권의 경우에도 그 최소한의 내용은 국민의 사회의식의 변화, 사회·경제적 상황의 변화와 같은 사실적 요인에 따라 동태적으로 변화할 수밖에 없으므로 이 최소한의 수준에 해당하는 사실적 급부의 양과 종류를 수량화하여 획일적으로 확정하는 것은 무의미한 일이다.62)

사회적 기본권으로서의 건강권의 최소한 보장의 수준도 특정한 사실적 급부의 긴절성, 당해 급부의 제공으로 인한 다른 법익침해 또는 국가의 재정적 부담,63) 국민의 사회적 의식 및 사회·경제적 변화를 반영하여 문제되는 영역마다 결정되어야 할 것이다.

헌법재판소는 구 국민의료보험법 제41조 제1항 등 위헌소원사건에서, "의료보험급여의 배제가 보험의 본질과 목적에 어긋난다고 하는 것은 다

61) 정태호 교수도 두 가지 갈래의 판례들은 논증의 구체적 방식은 다르지만 결과적으로 헌법재판소를 통하여 소구할 수 있는 사회적 기본권의 구체적 범위를 최소한의 것으로 축소시키고 있다는 점에서는 일치하고 있다고 한다(정태호, 앞의 논문, 661면).

62) 정태호, 앞의 논문, 662면.

63) 건강권의 최소한 보장기준에 의하더라도, 다수인이 그 권리를 주장하는 경우에는, 적지 아니한 재정적 부담을 유발하므로 그에 관한 확정적 급부를 내용으로 하는 권리를 인정할 수 없다는 비판이 있을 수 있으나, 국회가 재정권한을 보유한다는 이유만으로 최소한 보장의 확정적 권리성을 부인할 수는 없으며, 국회의 재정권이 갖는 비중도 무한한 것이 아니므로 국회의 재정권이 결코 절대적 한계가 될 수는 없다는 주장이 있다(정태호, 앞의 논문, 663면 참조).

른 한편으로는, 사회보장급여를 절실히 필요로 하는 곳에 오히려 이를 제공하지 않게 된다는 것을 의미한다. 의료보험을 포함하는 사회보장제도는, 그 발생 여부가 확실치 않거나 또는 그 발생시기를 확실히 하기 어려운 사회생활상의 우연한 위험으로부터 경제적 능력이 충분치 않은 다수의 국민을 보호하기 위하여 원래 만들어진 제도이므로, 예측하지 못한 우연한 위험이 발생한 때에 사회보장으로서의 의료보험의 실시가 가장 절실하게 필요하다. 경과실의 범죄행위에 기인한 보험사고는 의료보험을 가장 절실하게 필요로 하는 바로 이러한 우연한 위험의 하나에 속하는 것이다. 그러므로 이러한 경우에 오히려 의료보험의 수급권을 부정하는 것은 사회보장제도의 목적 내지 필요성에 어긋나는 것이다.

의료보험수급권은 법률에 의하여 구체적으로 형성되는 권리이고 의회는 그 형성에 있어서 넓은 재량을 갖는다(헌재 1999. 4. 29. 97헌마333, 판례집 11-1, 503, 513 참조). 그러나 그 재량은 제도의 본질을 침해하여서는 안된다는 헌법상의 한계를 갖는 것이고 만일 이러한 재량의 한계를 현저히 일탈할 경우에는 그 법률은 위헌이 된다. 더구나 헌법 제34조 제2항은 국가는 사회보장과 사회복지의 증진에 노력할 의무를 진다고 규정하고 있으므로 의회의 입법재량이 이러한 헌법상의 의무에 역행하는 방향으로 행사되어서는 안될 것이다.

따라서 의료보험수급권을 법률로 형성함에 있어서 의회가 비록 폭넓은 재량권을 가진다는 점을 고려한다고 하더라도 계쟁조항이 경과실의 범죄행위에 기인한 보험사고의 경우에까지 의료보험의 수급권을 부정하는 것은 위에서 본 바와 같이 우연한 사고로 인한 위험으로부터 다수의 국민을 보호하고자 하는 사회보장제도로서의 의료보험의 본질에 반하고, 의료보험을 절실히 필요로 하는 다수 국민의 우연한 위험에 대하여 그 보호를 거절하는 것이 되어 사회보장의 증진에 노력할 국가의 책임에 역행하는 것이므로 이러한 입법은 재량의 범위를 현저히 일탈하여 위헌이라고 할 것이다"(헌재 2003. 12. 18. 2002헌바1, 판례집 15-2 하, 441, 456-457)라고 판시한 바 있다.

헌법재판소는 위 결정에서 '의료보험수급권'이라고 하는 사회보장급여의 절실한 필요성, 문제가 된 의료보험의 본질 등을 고려하여, 경과실로 인한 보험사고의 경우에 의료보험의 수급권을 부정하는 것은 의료보험수급권의 최소한의 기준에도 미치지 못하다는 점을 들어 해당 조항을 위헌[64]으로 결정하였다.

⑤ 소결

결론적으로 사회적 기본권으로서의 건강권은 사회적 기본권의 성격에 대한 일반적인 이론으로 그 전체를 설명하기 어렵고, 사회적 기본권으로서의 건강권의 구체적인 내용에 따라 그 성격이 규명되어야 한다. 특별히 현재 헌법재판소가 사회적 기본권을 해석하고 심사하는 시각에 비추어 볼 때, 사회권적 기본권으로서의 건강권이 헌법소송에서 헌법적 문제를 실효적으로 야기하고, 이에 대한 헌법적 당부까지 의미있는 것으로 되기 위해서는, 문제되는 영역에서의 최소한의 건강권이 무엇인지를 밝혀내는 것이 중요하다. 이는 앞에서도 살펴본 바와 같이 특정한 사실적 급부의 긴절성, 당해 급부의 제공으로 인한 다른 법익침해 또는 국가의 재정적 부담, 국민의 사회적 의식 및 사회·경제적 변화 등을 종합적으로 반영하여 구체적인 사안에서 개별적으로 검토되어야 할 것이다.

[국문초록]

우리 헌법상 건강권이라는 개념은 아직은 생소한 개념이다. 헌법재판소의 판시 내용을 살펴보아도 이를 구체적으로 정의하고 있는 바는 발견할 수 없다.

---

64) 좀 더 구체적으로는 "구 국민의료보험법(1999. 12. 31. 법률 제6093호로 개정된 국민건강보험법 부칙 제2조에 의하여 2000. 7. 1.자로 폐지되기 전의 것) 제41조 제1항의 '범죄행위'에 고의와 중과실에 의한 범죄행위 이외에 경과실에 의한 범죄행위가 포함되는 것으로 해석하는 한 이는 헌법에 위반된다"라고 하는 한정위헌의 주문형태를 선택하였다.

헌법상 건강권을 인정하기 위한 헌법규정 중, 간접적 근거규정으로는 인간의 존엄과 가치 및 생명권을 규정하는 헌법 제10조, 건강한 환경에서 생활할 권리를 규정하고 있는 헌법 제35조 제1항이 있고, 직접적 근거규정으로는 인간다운 생활을 할 권리를 규정하고 있는 헌법 제34조 제1항, 국가의 보건의무를 규정하고 있는 헌법 제36조 제3항이라고 할 수 있다.

건강권의 내용이 되는 '건강'은 보건 의학적 관점에서부터 헌법학적 관점까지 다양하게 정의되어지고 있다. 건강은 그 개념 자체가 가지고 있는 자연과학적·의학적 요소로 인하여 규범학적 관점에서만 정의하는 것은 불가능하거나 무의미한 것이다. 오히려 건강을 규범적으로 정의하려는 것은 건강권의 내용에 해당하는 구체적 권리를 찾아내어 구체화하는 작업으로 전환되어야 한다.

헌법상 건강권은 건강권의 '자유권적 측면'으로서 국가 등에 대한 건강침해행위 배제권과 '사회권적 측면'으로서 국가를 향한 건강보장청구권으로 설명될 수 있다. 위 두 가지 내용 중 오늘날 의미 있는 건강권의 내용은 건강권의 사회권적 측면이라고 할 수 있다. 사회적 기본권으로서 건강권의 내용을 규명하기 위해서는 사회적 기본권이 가지는 일반적 성격에서 더 나아가 '의료의 공공성'과 '건강의 인간생활에서의 중요성' 등이 동시에 고려되어야 한다. 사회적 기본권으로서의 헌법상 건강권은 '구속적 규범'에 근거한 '주관적 권리성'을 가진다고 할 것이며, 건강권의 개별 내용에 따라 '확정적 권리성' 내지는 '잠정적 권리성'을 가진다. 사회적 기본권으로서 건강권의 보장수준은 특정한 사실적 급부의 긴절성, 당해 급부의 제공으로 인한 다른 법익침해 또는 국가의 재정적 부담 등을 고려하여 문제되는 영역마다 결정되어야 하는 것이며, '보장내용의 최소화'나 '통제기준의 최저화'라는 단순하거나 획일적인 기준에 의하여 판단될 수 없다.

[표제어]

The right to Health(건강권), A life of human beings(인간다운 생활), Social right(사회적 기본권), Publicness of Medical(의료의 공공성), The right to exclude by nation's infringement to Health (국가에 의한 건강침해배제권), 국가를 향한 건강보장청구권(The right toward nation entitling Health).

[Abstract]

The concepts and contents of Constitutional right to Health

Joo Kyung Kim

The concepts of Constitutional right to Health is yet unfamiliar one. The Article 34(1) of the Constitution, 'All citizens shall be entitled to a life worthy of a human beings.', and Article 36(3) of the Constitution, 'The health of all citizens shall be protected by the State.' are direct provisions on which Constitutional right to Health is based.

The Constitutional right to Health may be explained as two aspects, one is the right of exclusion from health invasion by State, the other is the right of security of health toward State. The meaningful contents of right to Health in these days is the right of security of health toward State, which is the aspect of Social right.

The Constitutional right to Health as Social right has an attribute of subjective rightness based on binding norms, which scope is from definite rightness to tentative rightness depending each right to Health.

The standard of securing right to Health as social right should be decided considering urgency of factual benefit, the financial burden of State and invasion of other person's benefit and protection of the law. It should not be decided by simple standard as 'the minimum security of substance' or 'the lowest of regulation standard'.

헌법재판의 심사기준

황 치 연*

Ⅰ. 심사기준으로서의 '헌법'의 의미
Ⅱ. 평등원칙
  1. 평등원칙의 일반적 의미와 내용
  2. 평등원칙의 효력
  3. 비교집단의 설정 및 비교의 기준
  4. 평등원칙 심사의 유형
Ⅲ. 과잉금지원칙
  1. 일반적 의미
  2. 내용
  3. 평가
Ⅳ. 과소금지원칙
Ⅴ. 보호의무
  1. 의의
  2. 내용
  3. 종류
  4. 적용의 전제조건
  5. 심사기준과 통제강도
Ⅵ. 신뢰보호원칙
  1. 의의
  2. 내용
  3. 소급입법의 종류와 신뢰보호의 원칙
  4. 신뢰보호의 원칙의 심사기준
  5. 재산권 보장의 원칙과의 관계
  6. 조세법 영역에서의 신뢰보호
  7. 개인의 신뢰이익의 보호가치에 대한 판단기준
Ⅶ. 명확성의 원칙
  1. 의의
  2. 명확성 원칙의 헌법적 근거
  3. 명확성 원칙의 심사기준
  4. 입법의 성격에 따른 명확성 원칙의 차별 적용
  5. 명확성 원칙과 조세법률주의
  6. 일반적 명확성 원칙과 죄형법정주의 상의 명확성 원칙과의 구별
  7. 구성요건 명확성의 원칙
Ⅷ. 법률유보의 원칙
  1. 의의
  2. 내용
Ⅸ. 포괄위임금지의 원칙
  1. 의의
  2. 내용
  3. 위임입법의 구체성·명확성·예측가능성 요구 정도
  4. 하위법령의 내용과 모법의 위법 여부
  5. 법률이 입법사항을 행정규칙에

* 헌법재판소 헌법연구관, 헌법재판연구원 교육팀장

위임할 수 있는지 여부
6. 법률이 정관에 자치법적 사항을 위임한 경우 포괄위임금지법리 적용 가능성
7. 위임입법의 범위와 한계
8. 입법권자에 대한 한계와 법규명령 제정자에 대한 한계
9. 입법사항을 총리령이나 부령에 위임할 수 있는지 여부
10. 재위임의 한계
11. 조세법규 위임의 한계
12. 처벌법규 위임의 한계
13. 조례에 대한 위임의 한계
14. 법률의 명확성 원칙과의 관계

Ⅹ. 소급입법금지의 원칙
1. 형벌불소급 원칙의 적용범위
2. 공소시효와 형벌불소급의 원칙
3. 시혜적인 소급입법에 대한 입법형성권
4. 소급과세입법의 금지
5. 소급입법에 의한 재산권박탈금지원칙의 적용범위
6. 진정소급입법과 부진정소급입법의 구별 및 그 허용 여부

XI. 적법절차원칙
1. 적법절차원칙의 내용 및 적용범위
2. 기본권제한의 법률유보원리로서 적법절차원칙
3. 적법절차원칙에서 도출되는 절차적 요청
4. 적법절차의 의미와 과잉금지원칙의 관계
5. 평가

Ⅰ. 심사기준으로서의 '헌법'의 의미

(1) 헌법재판은 헌법을 해석하여 그 결과를 심판대상에 적용하는 헌법인식작용이다. 헌법재판에서는 심사기준인 헌법에 대한 헌법해석작용과 심판대상인 법률해석작용이 함께 이루어진다. 헌법해석능력과 법률해석능력, 양자의 능력이 전문적으로 모두 요구된다. 헌법은 헌법재판의 존립근거이고, 헌법재판을 통한 수호대상이며, 헌법재판의 심사기준이다. 여기서

말하는 헌법은 성문의 실정헌법을 말한다. 헌법제정권력자의 합의로서 제정되는 헌법은 국가를 창설하고 지배와 피지배관계를 설정하는 통치질서에 관한 최고법이기 때문에 헌법재판의 심사기준은 원칙적으로 성문의 실정헌법을 말하고 불문헌법이나 관습헌법은 개념상 배제된다. 주권적인 국가 내의 지배복종관계에 대한 합의를 관습 또는 불문의 조리에 의존할 수는 없기 때문이다. 국가의 법질서는 헌법을 최고법규로 하여 그 가치질서에 의하여 지배되는 통일체를 형성하는 것이며 그러한 통일체 내에서 상위규범은 하위규범의 효력근거가 되는 동시에 해석근거가 되는 것이다.[1)]

(2) 헌법의 해석은 헌법이 담고 추구하는 이상과 이념에 따른 역사적, 사회적 요구를 올바르게 수용하여 헌법적 방향을 제시하는 헌법의 창조적 기능을 수행하여 국민적 욕구와 의식에 알맞은 실질적 국민주권의 실현을 보장하는 것이어야 한다.[2)] 헌법의 기본원리는 헌법의 이념적 기초인 동시에 헌법을 지배하는 지도원리로서 입법이나 정책결정의 방향을 제시하며 공무원을 비롯한 모든 국민·국가기관이 헌법을 존중하고 수호하도록 하는 지침이 되며, 구체적 기본권을 도출하는 근거로 될 수는 없으나 기본권의 해석 및 기본권제한입법의 합헌성 심사에 있어 해석기준의 하나로서 작용한다.[3)] 우리 국민들의 정치적 결단인 자유민주적 기본질서[4)] 및 시장경제원리에 대한 깊은 신념과 준엄한 원칙은 현재뿐 아니라 과거와 미래를 통틀어 일관되게 우리 헌법을 관류하는 지배원리로서 모든 법령의 해석기준이 된다.[5)]

---

1) 헌재 1989. 7. 21. 89헌마38, 판례집 1. 131, 145.

2) 헌재 1989. 9. 8. 88헌가6, 판례집 1, 199, 205.

3) 헌재 1996. 4. 25. 92헌바47, 판례집 8-1, 370, 380.

4) 자유민주적 기본질서에 위해를 준다 함은 모든 폭력적 지배와 자의적 지배, 즉 반국가단체의 일인독재 내지 일당독재를 배제하고 다수의 의사에 의한 국민의 자치, 자유·평등의 기본원칙에 의한 법치주의적 통치질서의 유지를 어렵게 만드는 것으로서 구체적으로는 기본적 인권의 존중, 권력분립, 의회제도, 복수정당제도, 선거제도, 사유재산과 시장경제를 골간으로 한 경제질서 및 사법권의 독립 등 우리의 내부체제를 파괴·변혁시키려는 것"이다. 헌재 1990. 4. 2. 89헌가113, 판례집 2, 49, 64.

5) 헌재 2001. 9. 27. 2000헌마238 등, 판례집 13-2, 383, 402.

(3) 헌법의 제정과 헌법의 발견은 엄격히 구분되는데, 판례헌법은 헌법발견의 축적물이다. 성문의 실정헌법이 제정되고 난 이후부터의 헌법적 관행, 이른바 관습헌법(customary constitutional law) 내지 헌법관습법(Verfassungsgewohnheitsrecht)을 생각할 수 있다. 그러나 국무총리서리라는 개념처럼 실정헌법에 어긋나는 누적되어온 위헌적 관행을 헌법관습법으로 정당화될 수는 없다. 헌법적 관행이 성립되었을지라도 성문의 실정헌법에서 허용되는 한도 내에서 헌법관습법이 인정되는 것이지 성문의 실정헌법에서 배제되는 내용을 헌법관습법으로 채택할 수는 없기 때문이다. 헌법일반이론으로 관습헌법이 존재하는지 그리고 우리나라의 헌정사 및 헌법제정·개정사에 입각해서 봤을 때, 우리나라에 특수한 관습헌법을 인정할 수 있는지는 별개의 문제이다. 우리 정치공동체에 관한 한 현행 헌법은 헌법전문에서 대한민국임시정부의 법통까지만 인정하고 있다. 단군헌법, 기자조선 시대의 8조금법, 고대국가 시대의 율령이나 고려시대의 고려율, 조선시대의 경제6전 및 경국대전, 개혁의 요강으로서 홍범 14조 또는 대한제국 시대의 대한제국 국제(大韓帝國 國制) 등 우리 헌법사에 등장할 수 있는 여러 표주(標柱)들이 있기는 하다.[6] 그러나 역사성에 입각하여 헌법을 이야기할 때, 예컨대 단군헌법부터 시작하여 고려율, 조선시대 경국대전까지 거슬러 올라가서 관습헌법적 요소를 끌어들이는 것은 문제가 있다. 옛날 고조선부터 시작해서 수많은 수도(평양, 공주, 부여, 경주, 개성 등)가 있어 왔는데, 조선시대부터 있어 왔던 수도(한양)를 민주공화국인 대한민국의 현행 헌법 하에서 헌법사항이라고 말하고 대한민국의 수도가 서울인 것은 관습헌법이라는 논증은 헌법재판권자와 헌법제정권자의 관계를 정당하게 통찰한 것이라고 볼 수 없을 것이다. 성문의 실정헌법을 심사기준으로 삼고 있는 헌법재판에서 헌법해석을 통한 헌법의 발견은 관습헌법의 발견을 내포하지 않고, 관습헌법에 준거하여 실정헌법 상의 정상적인 국가작용시스템(대

---

6) 자세한 것에 대해서는 졸저, 「한국헌법사와 생명권인식」(한국학술정보, 2005), 11면 이하참조.

의민주주의의 작동체계)을 파괴하는 것은 헌법재판의 한계를 유월한 것이다. 그러나 우리 헌법재판소의 판례의 내용은 다음과 같다.

(4) 관습헌법의 인정 여부와 효력

우리 나라는 성문헌법을 가진 나라로서 기본적으로 우리 헌법전(憲法典)이 헌법의 법원(法源)이 된다. 그러나 성문헌법이라고 하여도 그 속에 모든 헌법사항을 빠짐없이 완전히 규율하는 것은 불가능하고 또한 헌법은 국가의 기본법으로서 간결성과 함축성을 추구하기 때문에 형식적 헌법전에는 기재되지 아니한 사항이라도 이를 불문헌법(不文憲法) 내지 관습헌법으로 인정할 소지가 있다. 특히 헌법제정 당시 자명(自明)하거나 전제(前提)된 사항 및 보편적 헌법원리와 같은 것은 반드시 명문의 규정을 두지 아니하는 경우도 있다. 그렇다고 해서 헌법사항에 관하여 형성되는 관행 내지 관례가 전부 관습헌법이 되는 것은 아니고 강제력이 있는 헌법규범으로서 인정되려면 엄격한 요건들이 충족되어야만 하며, 이러한 요건이 충족된 관습만이 관습헌법으로서 성문의 헌법과 동일한 법적 효력을 가진다. 헌법 제1조 제2항은 "대한민국의 주권은 국민에게 있고, 모든 권력은 국민으로부터 나온다"고 규정한다. 이와 같이 국민이 대한민국의 주권자이며, 국민은 최고의 헌법제정권력자이기 때문에 성문헌법의 제·개정에 참여할 뿐만 아니라 헌법전에 포함되지 아니한 헌법사항을 필요에 따라 관습의 형태로 직접 형성할 수 있다. 그렇다면 관습헌법도 성문헌법과 마찬가지로 주권자인 국민의 헌법적 결단의 의사의 표현이며 성문헌법과 동등한 효력을 가진다고 보아야 한다. 국민주권주의는 성문이든 관습이든 실정법 전체의 정립에의 국민의 참여를 요구한다고 할 것이며, 국민에 의하여 정립된 관습헌법은 입법권자를 구속하며 헌법으로서의 효력을 가진다.[7]

---

7) 헌재 2004. 10. 21. 2004헌마554 등, 판례집 16-2하, 1, 39
－반대의견(재판관 전효숙)

(5) 관습헌법의 성립요건으로서의 기본적 헌법사항

관습헌법이 성립하기 위하여서는 관습이 성립하는 사항이 단지 법률로 정할 사항이 아니라 반드시 헌법에 의하여 규율되어 법률에 대하여 효력상 우위를 가져야 할 만큼 헌법적으로 중요한 기본적 사항이 되어야 한다. 일반적으로 실질적인 헌법사항이라고 함은 널리 국가의 조직에 관한 사항이나 국가기관의 권한 구성에 관한 사항 혹은 개인의 국가권력에 대한 지위를 포함하여 말하는 것이지만, 관습헌법은 이와 같은 일반적인 헌법사항에 해당하는 내용 중에서도 특히 국가의 기본적이고 핵심적인 사항으로서 법률에 의하여 규율하는 것이 적합하지 아니한 사항을 대상으로 한다. 일반적인 헌법사항 중 과연 어디까지가 이러한 기본적이고 핵심적인 헌법사항에 해당하는지 여부는 일반추상적인 기준을 설정하여 재단할 수는 없고, 개별적 문제사항에서 헌법적 원칙성과 중요성 및 헌법원리를 통하여 평가하는 구체적 판단에 의하여 확정하여야 한다.[8)]

(6) 관습헌법의 일반적 성립요건

관습헌법이 성립하기 위하여서는 관습법의 성립에서 요구되는 일반적 성립 요건이 충족되어야 한다. 첫째, 기본적 헌법사항에 관하여 어떠한 관행 내지 관례가 존재하고, 둘째, 그 관행은 국민이 그 존재를 인식하고 사

성문헌법을 지닌 법체제에서, 관습헌법을 성문헌법과 "동일한" 혹은 "특정 성문헌법 조항을 무력화 시킬 수 있는" 효력을 가진 것으로 볼 수 없다. 성문의 헌법전은 헌법제정권자인 국민들이 직접 "명시적" 의사표시로써 제정한 최고법규범으로서 모든 국가권력을 기속하는 강한 힘을 보유하는 것이며, 그 내용의 개정은 엄격한 절차를 거치도록 하고 있는데, 그러한 성문헌법의 강한 힘은 국민주권의 명시적 의사가 특정한 헌법제정절차를 거쳐서 수렴되었다는 점에서 가능한 것이다. 관습만으로는 헌법을 특징화하는 그러한 우세한 힘을 보유할 수 없다. 관습헌법은 성문헌법으로부터 동떨어져 성립하거나 존속할 수 없고 항상 성문헌법의 여러 원리와 조화를 이룸으로써만 성립하고 존속하는 "보완적 효력"만을 지닌다. 이러한 법리는 관습헌법의 내용이 "중요한 헌법사항"이라 하더라도 동일하다.(판례집 16-2 하, 1, 68-69).

8) 헌재 2004. 10. 21. 2004헌마554 등, 판례집 16-2 하, 1, 40.

라지지 않을 관행이라고 인정할 만큼 충분한 기간 동안 반복 내지 계속되어야 하며(반복·계속성), 셋째, 관행은 지속성을 가져야 하는 것으로서 그 중간에 반대되는 관행이 이루어져서는 아니 되고(항상성), 넷째, 관행은 여러 가지 해석이 가능할 정도로 모호한 것이 아닌 명확한 내용을 가진 것이어야 한다(명료성). 또한 다섯째, 이러한 관행이 헌법관습으로서 국민들의 승인 내지 확신 또는 폭넓은 컨센서스를 얻어 국민이 강제력을 가진다고 믿고 있어야 한다(국민적 합의).[9)]

(7) 관습헌법의 개폐와 사멸

어느 법규범이 관습헌법으로 인정된다면 그 개정가능성을 가지게 된다. 관습헌법도 헌법의 일부로서 성문헌법의 경우와 동일한 효력을 가지기 때문에 그 법규범은 최소한 헌법 제130조에 의거한 헌법개정의 방법에 의하여만 개정될 수 있다. 따라서 재적의원 3분의 2 이상의 찬성에 의한 국회의 의결을 얻은 다음(헌법 제130조 제1항) 국민투표에 붙여 국회의원 선거권자 과반수의 투표와 투표자 과반수의 찬성을 얻어야 한다(헌법 제130조 제3항). 다만 이 경우 관습헌법규범은 헌법전에 그에 상반하는 법규범을 첨가함에 의하여 폐지하게 되는 점에서, 헌법전으로부터 관계되는 헌법조항을 삭제함으로써 폐지되는 성문헌법규범과는 구분된다. 한편 이러한 형식적인 헌법개정 외에도, 관습헌법은 그것을 지탱하고 있는 국민적 합의성을 상실함에 의하여 법적 효력을 상실할 수 있다. 관습헌법은 주권자인 국민에 의하여 유효한 헌법규범으로 인정되는 동안에만 존속하는 것이며, 관습법의 존속요건의 하나인 국민적 합의성이 소멸되면 관습헌법으로서의 법적 효력도 상실하게 된다. 관습헌법의 요건들은 그 성립의 요건일 뿐만 아니라 효력 유지의 요건이다.[10)]

---

9) 헌재 2004. 10. 21. 2004헌마554 등, 판례집 16-2 하, 1, 40

10) 헌재 2004. 10. 21. 2004헌마554 등, 판례집 16-2 하, 1, 48.

(8) 우리 나라의 수도가 서울인 점이 관습헌법이라고 본 것

서울이 우리 나라의 수도인 것은 조선시대 이래 600여 년 간 우리 나라의 국가생활에 관한 당연한 규범적 사실이 되어 왔으므로 우리 나라의 국가생활에 있어서 전통적으로 형성되어 있는 계속적 관행이라고 평가할 수 있고(계속성), 이러한 관행은 변함없이 오랜 기간 실효적으로 지속되어 중간에 깨어진 일이 없으며(항상성), 서울이 수도라는 사실은 우리 나라의 국민이라면 개인적 견해 차이를 보일 수 없는 명확한 내용을 가진 것이며(명료성), 나아가 이러한 관행은 오랜 세월간 굳어져 와서 국민들의 승인과 폭넓은 컨센서스를 이미 얻어(국민적 합의) 국민이 실효성과 강제력을 가진다고 믿고 있는 국가생활의 기본사항이라고 할 것이다. 따라서 서울이 수도라는 점은 우리의 제정헌법이 있기 전부터 전통적으로 존재하여온 헌법적 관습이며 우리 헌법조항에서 명문으로 밝힌 것은 아니지만 자명하고 헌법에 전제된 규범으로서, 관습헌법으로 성립된 불문헌법에 해당한다.[11]

–반대의견(재판관 전효숙)

관습헌법이란 실질적 의미의 헌법사항이 관습으로 규율되고 있다는 것을 뜻할 뿐이며, 관습헌법이라고 해서 성문헌법과 똑같은 효력이 인정된다고 볼 근거가 없다. 또한 헌법의 개정은 "형식적 의미"의 헌법, 즉 성문헌법과 관련된 개념이므로, 관습헌법의 변경은 헌법의 개정에 속하지 않으며 헌법이 마련한 대의민주주의 절차인 법률의 제정, 개정을 통하여 다루어질 수 있다(판례집 16-2 하, 1, 70).

11) 헌재 2004. 10. 21. 2004헌마554등, 판례집 16-2 하, 1, 41-48.

–반대의견(재판관 전효숙)

서울이 수도라는 사실이 오랫동안 우리 민족에게 자명하게 인식되어 온 관행에 속한다 하더라도, 우리 국민이 그것을 강제력 있는 법규범으로 확신하고 있었다고 인정하기 어렵다. 수도이전 문제는 이 사건 심판청구 무렵에야 우리 사회의 주된 쟁점이 되었고, 여야 국회의원들은 수도이전 사안이 국민의 헌법적 확신을 지니는 헌법사항이라든가, 헌법개정절차를 통하여야 하므로 입법권의 대상이 될 수 없다든다 하는 점에 관한 인식을 전혀 드러내지 않았다. 결국 "서울이 수도"라는 관행적 "사실"에서 관습헌법이라는 "당위규범"이 인정될 수 없다(판례집 16-2 하, 1, 68).

Ⅱ. 평등원칙

1. 평등원칙의 일반적 의미와 내용

평등의 원칙은 국민의 기본권 보장에 관한 우리 헌법의 최고원리로서 국가가 입법을 하거나 법을 해석 및 집행함에 있어 따라야 할 기준인 동시에, 국가에 대하여 합리적 이유 없이 불평등한 대우를 하지 말 것과 평등한 대우를 요구할 수 있는 모든 국민의 권리이다.[12] 헌법 제11조 제1항의 평등의 원칙은 일체의 차별적 대우를 부정하는 절대적 평등을 의미하는 것이 아니라 입법과 법의 적용에 있어서 합리적 근거 없는 차별을 하여서는 아니 된다는 상대적 평등을 뜻하고, 따라서 합리적 근거 있는 차별 내지 불평등은 평등의 원칙에 반하는 것이 아니다. 그리고 합리적 근거 있는 차별인가의 여부는 그 차별이 인간의 존엄성 존중이라는 헌법원리에 반하지 아니하면서 정당한 입법목적을 달성하기 위하여 필요하고도 적정한 것인가를 기준으로 판단되어야 한다.[13]

헌법상 평등의 원칙은 국가가 언제 어디서 어떤 계층을 대상으로 하여 기본권에 관한 상황이나 제도의 개선을 시작할 것인지를 선택하는 것을 방해하지는 않는다. 말하자면 국가는 합리적인 기준에 따라 능력이 허용하는 범위 내에서 법적 가치의 상향적인 구현을 위한 제도의 단계적 개선을 추진할 수 있는 길을 선택할 수 있어야 한다. 그것이 허용되지 않는다면 모든 사항과 계층을 대상으로 하여 동시에 제도의 개선을 추진하는 예외적인 경우를 제외하고는 어떠한 제도의 개선도 평등의 원칙 때문에 그 시행이 불가능하다는 결과에 이르게 되어 불합리할 뿐만 아니라 평등의 원칙이 실현하고자 하는 가치와도 어긋나기 때문이다.[14]

12) 헌재 2001. 8. 30. 99헌바92 등, 판례집 13-2, 174, 206.
13) 헌재 2000. 12. 14. 99헌마112 등, 판례집 12-2, 399, 414.

헌법 제11조 제1항은 '모든 국민은 법 앞에 평등하다. 누구든지 성별·종교 또는 사회적 신분에 의하여 정치적·경제적·사회적·문화적 생활의 모든 영역에 있어서 차별을 받지 아니한다'라고 규정하고 있는바 여기서 사회적 신분이란 사회에서 장기간 점하는 지위로서 일정한 사회적 평가를 수반하는 것을 의미한다.[15]

국민의 기본권에 관한 차별에 있어서 합리적 근거에 의한 차별이라고 하기 위하여서는 우선 그 차별의 목적이 헌법에 합치하는 정당한 목적이어야 하고, 다음으로 차별의 기준이 목적의 실현을 위하여 실질적인 관계가 있어야 하며 차별의 정도 또한 적정한 것이어야 한다.[16]

우리 헌법은 개별사건법률에 대한 정의를 하고 있지 않음은 물론 개별사건법률의 입법을 금하는 명문의 규정도 없다. 개별사건법률금지의 원칙은 '법률은 일반적으로 적용되어야지 어떤 개별사건에만 적용되어서는 아니 된다'는 법 원칙으로서 헌법상의 평등원칙에 근거하고 있는 것으로 풀이되고, 그 기본정신은 입법자에 대하여 기본권을 침해하는 법률은 일반적 성격을 가져야 한다는 형식을 요구함으로써 평등원칙위반의 위험성을 입법과정에서 미리 제거하려는 데 있다 할 것이다. 개별사건법률은 개별사건에만 적용되는 것이므로 원칙적으로 평등원칙에 위배되는 자의적인 규정이라는 강한 의심을 불러일으킨다. 그러나 개별사건법률금지의 원칙이 법률제정에 있어서 입법자가 평등원칙을 준수할 것을 요구하는 것이기 때문에, 특정규범이 개별사건법률에 해당한다 하여 곧바로 위헌을 뜻하는 것은 아니다. 비록 특정법률 또는 법률조항이 단지 하나의 사건만을 규율하려고 한다 하더라도 이러한 차별적 규율이 합리적인 이유로 정당화될 수 있는 경우에는 합헌적일 수 있다. 따라서 개별사건법률의 위헌 여부는, 그 형식만으로 가려지는 것이 아니라, 나아가 평등의 원칙이 추구하는 실질적

14) 헌재 2001. 6. 28. 99헌바32, 판례집 13-1, 1242, 1251.
15) 헌재 1995. 2. 23. 93헌바43, 판례집 7-1, 222, 236.
16) 헌재 2001. 11. 29. 99헌마494, 판례집 13-2, 714, 728.

내용이 정당한지 아닌지를 따져야 비로소 가려진다.[17)]

조세를 비롯한 공과금의 부과에서의 평등원칙은, 공과금 납부의무자가 법률에 의하여 법적 및 사실적으로 평등하게 부담을 받을 것을 요청한다. 즉 납부의무자의 균등부담의 원칙은, 공과금 납부의무의 규범적 평등과 공과금의 징수를 통한 납부의무의 관철에 있어서의 평등이라는 두 가지 요소로 이루어진다. 만일 입법자가 규범적으로만 국민에게 균등한 부담을 부과하는 것에 그치고, 납부의무의 관철에 있어서 국민 간에 현저한 차이가 발생하도록 방치한다면, 납부의무자 간의 균등부담의 원칙, 즉 공과금부과에서의 평등은 실현될 수 없다. 따라서 납부의무를 부과하는 실체적 법률은 '사실적 결과에 있어서도 부담의 평등'을 원칙적으로 보장할 수 있는 절차적 규범이나 제도적 조치와 결합되어서 납부의무자 간의 균등부담을 보장해야 한다.[18)]

2. 평등원칙의 효력

'법 앞에 평등'(헌법 제10조, 제11조 제1항)이란 행정부나 사법부에 의한 '법 적용상의 평등'을 뜻하는 것 외에도 입법권자에게 정의와 형평의 원칙에 합당하게 합헌적으로 법률을 제정하도록 하는 것을 명령하는 이른바 '법 내용상의 평등'을 의미하고 있기 때문에 입법권자의 법제정상의 형성의 자유는 무한정으로 허용될 수는 없는 것이며, 나아가 그 입법내용이 정의와 형평에 반하거나 자의적으로 이루어진 경우에는 평등권 등의 기본권을 본질적으로 침해한 입법권행사로서 위헌성을 면하기 어렵다고 할 것이다.[19)] 헌법 제11조 제1항의 규범적 의미는 '법 적용의 평등'에서 끝나지 않고, 더 나아가 입법자에 대해서도 그가 입법을 통해서 권리와 의무를 분

---

17) 헌재 1996. 2. 16. 96헌가2 등, 판례집 8-1, 51, 69.

18) 헌재 2000. 6. 29. 99헌마289, 판례집 12-1, 913, 956-957.

19) 헌재 1992. 4. 28. 90헌바24, 판례집 4, 225, 231-232.

배함에 있어서 적용할 가치평가의 기준을 정당화할 것을 요구하는 '법 제정의 평등'을 포함한다. 따라서 평등원칙은 입법자가 법률을 제정함에 있어서 법적 효과를 달리 부여하기 위하여 선택한 차별의 기준이 객관적으로 정당화될 수 없을 때에는 그 기준을 법적 차별의 근거로 삼는 것을 금지한다. 이때 입법자가 헌법 제11조 제1항의 평등원칙에 어느 정도로 구속되는가는 그 규율대상과 차별기준의 특성을 고려하여 구체적으로 결정된다.[20)]

헌법재판소와 입법자는 모두 헌법에 기속되나, 그 기속의 성질은 서로 다르다. 헌법은 입법자와 같이 적극적으로 형성적 활동을 하는 국가기관에게는 행위의 지침이자 한계인 행위규범을 의미하나, 헌법재판소에게는 다른 국가기관의 행위의 합헌성을 심사하는 기준으로서의 재판규범, 즉 통제규범을 의미한다. 평등원칙은 '행위규범'으로서 입법자에게, 객관적으로 같은 것은 같게 다른 것은 다르게, 규범의 대상을 실질적으로 평등하게 규율할 것을 요구하고 있다. 그러나 헌법재판소의 심사기준이 되는 '통제규범'으로서의 평등원칙은 단지 자의적인 입법의 금지기준만을 의미하게 되므로 헌법재판소는 입법자의 결정에서 차별을 정당화할 수 있는 합리적인 이유를 찾아 볼 수 없는 경우에만 평등원칙의 위반을 선언하게 된다. 즉 헌법에 따른 입법자의 평등실현의무는 헌법재판소에 대하여는 단지 자의금지원칙으로 그 의미가 한정 축소된다. 따라서 헌법재판소가 행하는 규범에 대한 심사는 그것이 가장 합리적이고 타당한 수단인가에 있지 아니하고 단지 입법자의 정치적 형성이 헌법적 한계 내에 머물고 있는가 하는 것에 국한시켜야 하며, 그럼으로써 입법자의 형성의 자유와 민주국가의 권력 분립적 기능질서가 보장될 수 있다.[21)]

---

20) 헌재 2000. 8. 31. 97헌가12, 판례집 12-2, 167, 180.
21) 헌재 1997. 1. 16. 90헌마110 등, 판례집 9-1, 90, 115.

3. 비교집단의 설정 및 비교의 기준

평등의 원칙은 입법자에게 본질적으로 같은 것을 자의적으로 다르게, 본질적으로 다른 것을 자의적으로 같게 취급하는 것을 금하고 있다. 그러므로 비교의 대상을 이루는 두 개의 사실관계 사이에 서로 상이한 취급을 정당화할 수 있을 정도의 차이가 없음에도 불구하고 두 사실관계를 서로 다르게 취급한다면, 입법자는 이로써 평등권을 침해하게 된다. 그러나 서로 비교될 수 있는 사실관계가 모든 관점에서 완전히 동일한 것이 아니라 단지 일정 요소에 있어서만 동일한 경우에, 비교되는 두 사실관계를 법적으로 동일한 것으로 볼 것인지 아니면 다른 것으로 볼 것인지를 판단하기 위하여는 어떠한 요소가 결정적인 기준이 되는가가 문제된다. 두 개의 사실관계가 본질적으로 동일한가의 판단은 일반적으로 당해 법률조항의 의미와 목적에 달려 있다.[22] 일정한 직업분야에 속한 특정업무에 관하여 이를 허가사항으로 할 것인가 자유업으로 할 것인가의 여부 및 허가사항으로 할 경우 그 대상과 요건을 어떻게 정할 것인가는 그 직종이 갖는 특성에 따라 다를 수 있는 것이므로, 다른 유사직종과 평면적으로 단순 비교하여 불합리한 차별이라고 할 것은 아니다.[23] 평등권침해를 논할 비교집단이 설정되지 않는다고 할 때에는 더 나아가 살펴볼 필요없이 이유 없다.[24]

4. 평등원칙 심사의 유형

평등위반 여부를 심사함에 있어 엄격한 심사척도에 의할 것인지, 완화된 심사척도에 의할 것인지는 입법자에게 인정되는 입법형성권의 정도

22) 헌재 2001. 11. 29. 99헌마494, 판례집 13-2, 714, 727-728.
23) 헌재 1997. 10. 30. 96헌마109, 판례집 9-2, 537, 546.
24) 헌재 2003. 6. 26. 2002헌마402, 판례집 15-1, 787, 800-801.

에 따라 달라지게 될 것이다.[25] 자의심사의 경우에는 차별을 정당화하는 합리적인 이유가 있는지만을 심사하기 때문에 그에 해당하는 비교대상 간의 사실상의 차이나 입법목적(차별목적)의 발견·확인에 그치는 반면에, 비례심사의 경우에는 단순히 합리적인 이유의 존부 문제가 아니라 차별을 정당화하는 이유와 차별 간의 상관관계에 대한 심사, 즉 비교대상 간의 사실상의 차이의 성질과 비중 또는 입법목적(차별목적)의 비중과 차별의 정도에 적정한 균형관계가 이루어져 있는가를 심사한다.[26]

(1) 자의금지심사

평등원칙은 행위규범으로서 입법자에게 객관적으로 같은 것은 같게, 다른 것은 다르게 규범의 대상을 실질적으로 평등하게 규율할 것을 요구하나, 헌법재판소의 심사기준이 되는 통제규범으로서의 평등원칙은 단지 자의적인 입법의 금지기준만을 의미하게 되므로, 헌법재판소는 입법자의 결정에서 차별을 정당화할 수 있는 합리적인 이유를 찾아 볼 수 없는 경우에만 평등원칙의 위반을 선언하게 된다. 다시 말하면, 헌법에 따른 입법자의 평등실현의무는 헌법재판소에 대하여는 단지 자의금지원칙으로 그 의미가 한정 축소되므로, 헌법재판소가 행하는 규범에 대한 심사는 그것이 가장 합리적이고 타당한 수단인가에 있지 아니하고 단지 입법자의 정치적 형성이 헌법적 한계 내에 머물고 있는가 하는 것에 국한될 수밖에 없다.[27]

일반적으로 자의금지원칙에 관한 심사요건은 ① 본질적으로 동일한 것을 다르게 취급하고 있는지에 관련된 차별취급의 존재 여부와, ② 이러한 차별취급이 존재한다면 이를 자의적인 것으로 볼 수 있는지 여부라고 할 수 있다. 한편, ①의 요건에 관련하여 두 개의 비교집단이 본질적으로

25) 헌재 2002. 11. 28. 2002헌바45, 판례집 14-2, 704, 715.

26) 헌재 2001. 2. 22. 2000헌마25, 판례집 13-1, 386, 403.

27) 헌재 1998. 9. 30. 98헌가7 등, 판례집 10-2, 484, 504.

동일한가의 판단은 일반적으로 관련 헌법규정과 당해 법규정의 의미와 목적에 달려 있고, ②의 요건에 관련하여 차별취급의 자의성은 합리적인 이유가 결여된 것을 의미하므로, 차별대우를 정당화하는 객관적이고 합리적인 이유가 존재한다면 차별대우는 자의적인 것이 아니게 된다.[28]

시혜적인 법률에 있어서는 "국민의 권리를 제한하거나 새로운 의무를 부과하는 법률과는 달리 입법자에게 보다 광범위한 입법형성의 자유가 인정된다고 할 것이다. 그러므로 입법자는 그 입법의 목적, 수혜자의 상황, 국가예산 내지 보상능력 등 제반상황을 고려하여 그에 합당하다고 스스로 판단하는 내용의 입법을 할 권한이 있다고 할 것이고, 그렇게 하여 제정된 법률의 내용이 현저하게 합리성이 결여되어 있는 것이 아닌 한 헌법에 위반된다고 할 수는 없다.[29] 자격제도에 있어서 입법자에게는 그 자격요건을 정함에 있어서 광범위한 입법재량이 인정되므로, 합리적인 근거 없이 현저히 자의적인 경우에만 헌법에 위반된다.[30]

(2) 엄격한 비례성 심사

헌법에서 특별히 평등을 요구하고 있는 경우 엄격한 심사척도가 적용될 수 있다. 헌법이 스스로 차별의 근거로 삼아서는 아니 되는 기준을 제시하거나 차별을 특히 금지하고 있는 영역을 제시하고 있다면 그러한 기준을 근거로 한 차별이나 그러한 영역에서의 차별에 대하여 엄격하게 심사하는 것이 정당화된다. 다음으로 차별적 취급으로 인하여 관련 기본권에 대한 중대한 제한을 초래하게 된다면 입법형성권은 축소되어 보다 엄격한 심사척도가 적용되어야 할 것이다. 엄격한 심사를 한다는 것은 자의금지원칙에 따른 심사, 즉 합리적 이유의 유무를 심사하는 것에 그치지 아니하고

---

28) 헌재 2003. 1. 30. 2001헌바64, 판례집 15-1, 48, 59.
29) 헌재 1993. 12. 23. 89헌마189, 판례집 5-2, 622, 640.
30) 헌재 2000. 4. 27. 97헌바88, 판례집 12-1, 495, 503-506.

비례성 원칙에 따른 심사, 즉 차별취급의 목적과 수단간에 엄격한 비례관계가 성립하는지를 기준으로 한 심사를 행함을 의미한다.[31)]

Ⅲ. 과잉금지원칙

1. 일반적 의미

헌법 제37조 제2항의 규정은 기본권 제한 입법의 수권규정(授權規定)인 성질과 아울러 기본권 제한 입법의 한계규정(限界規定)의 성질을 갖고 있다.[32)] 헌법 제37조 제2항에 의하면 국민의 자유와 권리는 국가안전보장 질서유지 또는 공공복리를 위하여 필요한 경우에 한하여 법률로써 제한할 수 있으며 그 경우에도 자유와 권리의 본질적인 내용을 침해할 수 없다고 규정하여 국가가 국민의 기본권을 제한하는 내용의 입법을 함에 있어서 준수하여야 할 기본원칙을 천명하고 있다. 따라서 기본권을 제한하는 입법을 함에 있어서는 입법목적의 정당성과 그 목적달성을 위한 방법의 적정성, 피해의 최소성, 그리고 그 입법에 의해 보호하려는 공공의 필요와 침해되는 기본권 사이의 균형성을 모두 갖추어야 하며 이를 준수하지 않은 법률 내지 법률조항은 기본권제한의 입법적 한계를 벗어난 것으로 헌법에 위반된다.[33)]

과잉금지원칙이라 함은 법치국가의 원리에서 당연히 파생되는 헌법상

---

31) 헌재 1999. 12. 23. 98헌마363, 판례집 11-2, 771, 787-789. 가산점제도는 헌법 제32조 제4항이 특별히 남녀평등을 요구하고 있는 "근로" 내지 "고용"의 영역에서 남성과 여성을 달리 취급하는 제도이고, 또한 헌법 제25조에 의하여 보장된 공무담임권이라는 기본권의 행사에 중대한 제약을 초래하는 것이기 때문에 엄격한 심사척도가 적용된다.

32) 헌재 1989. 12. 22. 88헌가13, 판례집 1, 357, 374.

33) 헌재 1990. 9. 3. 89헌가95, 판례집 2, 245, 260.

의 기본원리의 하나인 비례의 원칙을 말하는 것이다. 이를 우리 헌법은 제37조 제2항에서 선언하여 입법권의 한계로서 과잉입법금지의 원칙을 명문으로 인정하고 있으며 이에 대한 헌법위반여부의 판단은 헌법 제111조와 제107조에 의하여 헌법재판소에서 관장하도록 하고 있다.[34)]

비례의 원칙 혹은 과잉금지의 원칙은 국가작용의 한계를 명시하는 것인데 목적의 정당성, 방법의 적정성, 피해의 최소성, 법익의 균형성(보호하려는 공익이 침해되는 사익보다 더 커야 한다는 것으로서 그래야만 수인(受忍)의 기대가능성이 있다는 것)을 의미하는 것으로서 그 어느 하나에라도 저촉되면 위헌이 된다는 헌법상의 원칙이다.[35)] 과잉금지 원칙이 충족될 때 국가의 입법작용에 비로소 정당성이 인정되고 그에 따라 국민의 수인(受忍)의무가 생겨나는 것으로서, 이러한 요구는 오늘날 법치국가의 원리에서 당연히 추출되는 확고한 원칙으로서 부동의 위치를 점하고 있으며, 헌법 제37조 제2항에서도 이러한 취지의 규정을 두고 있는 것이다.[36)]

2. 내용

과잉금지의 원칙이라는 것은 국가가 국민의 기본권을 제한하는 내용의 입법활동을 함에 있어서, 준수하여야 할 기본원칙 내지 입법활동의 한계를 의미하는 것으로서 국민의 기본권을 제한하려는 입법의 목적이 헌법 및 법률의 체제상 그 정당성이 인정되어야 하고(목적의 정당성), 그 목적의 달성을 위하여 그 방법이 효과적이고 적절하여야 하며(방법의 적절성), 입법권자가 선택한 기본권 제한의 조치가 입법목적달성을 위하여 설사 적절하다 할지라도 보다 완화된 형태나 방법을 모색함으로써 기본권의 제한은 필요한 최소한도에 그치도록 하여야 하며(피해의 최소성), 그 입법에 의하여

34) 헌재 1992. 12. 24. 92헌가8, 판례집 4, 853, 878-879.

35) 헌재 1989. 12. 22. 88헌가13, 판례집 1, 357, 374.

36) 헌재 1990. 9. 3. 89헌가95, 판례집 2, 245, 260.

보호하려는 공익과 침해되는 사익을 비교 형량할 때 보호되는 공익이 더 커야 한다(법익의 균형성)는 헌법상의 원칙이다.

(1) 목적의 정당성

목적의 정당성을 과잉금지원칙의 한 내용으로 파악하는 것은 타당하지 아니하다. 헌법 제37조 제2항 상의 국가안전보장, 질서유지, 공공복리의 목적을 위한 것이 아닌 기본권제한은 그 자체로 위헌이다. 과잉금지원칙은 목적실현을 위한 수단통제에 주안점이 있다. 입법목적의 발견은 수단통제의 선행요건일 뿐이다.

국가의 안전보장의 개념은 국가의 존립, 헌법의 기본질서의 유지 등을 포함하는 개념으로서 결국 국가의 독립, 영토의 보전, 헌법과 법률의 기능, 헌법에 의하여 설치된 국가기관의 유지 등의 의미로 이해될 수 있을 것이다.[37)]

헌법은 제119조 이하의 경제에 관한 장에서 '균형 있는 국민경제의 성장과 안정, 적정한 소득의 분배, 시장의 지배와 경제력남용의 방지, 경제주체 간의 조화를 통한 경제의 민주화, 균형 있는 지역경제의 육성, 중소기업의 보호육성, 소비자 보호 등'의 경제영역에서의 국가목표를 명시적으로 규정함으로써 국가가 경제정책을 통하여 달성하여야 할 '공익'을 구체화하고, 동시에 헌법 제37조 제2항의 기본권제한을 위한 일반법률유보에서의 '공공복리'를 구체화하고 있다.[38)]

(2) 방법의 적절성

선택하는 수단은 목적을 달성함에 있어서 합리적인 판단에 입각하여

---

37) 헌재 1992. 2. 25. 89헌가104, 판례집 4, 64, 90.

38) 헌재 1996. 12. 26. 96헌가18, 판례집 8-2, 680, 692-693.

추구하고자 하는 사안의 목적을 달성함에 있어서 필요하고 효과적"이어야 한다.[39]

국가작용에 있어서 취해진 어떠한 조치나 선택된 수단은 그것이 달성하려는 사안의 목적에 적합하여야 함은 당연하지만, 그 조치나 수단이 목적달성을 위하여 유일무이한 것일 필요는 없는 것이다. 국가가 어떠한 목적을 달성함에 있어서는 어떠한 조치나 수단 하나만으로서 가능하다고 판단할 경우도 있고 다른 여러 가지의 조치나 수단을 병과하여야 가능하다고 판단하는 경우도 있을 수 있으므로, 과잉금지의 원칙이라는 것이 목적달성에 필요한 유일의 수단선택을 요건으로 하는 것이라고 할 수는 없는 것이다.[40]

(3) 피해의 최소성

입법자는 공익실현을 위하여 기본권을 제한하는 경우에도 입법목적을 실현하기에 적합한 여러 수단 중에서 되도록 국민의 기본권을 가장 존중하고 기본권을 최소로 침해하는 수단을 선택해야 한다. 기본권을 제한하는 규정은 기본권행사의 '방법'에 관한 규정과 기본권행사의 '여부'에 관한 규정으로 구분할 수 있다. 침해의 최소성의 관점에서, 입법자는 그가 의도하는 공익을 달성하기 위하여 우선 기본권을 보다 적게 제한하는 단계인 기본권행사의 '방법'에 관한 규제로써 공익을 실현할 수 있는가를 시도하고 이러한 방법으로는 공익달성이 어렵다고 판단되는 경우에 비로소 그 다음 단계인 기본권행사의 '여부'에 관한 규제를 선택해야 한다.[41]

입법자가 임의적 규정으로도 법의 목적을 실현할 수 있는 경우에 구체적 사안의 개별성과 특수성을 고려할 수 있는 가능성을 일체 배제하는

39) 헌재 1989. 12. 22. 88헌가13, 판례집 1, 357, 378.
40) 헌재 1989. 12. 22. 88헌가13, 판례집 1, 357, 378-379.
41) 헌재 1998. 5. 28. 96헌가5, 판례집 10-1, 541, 556.

필요적 규정을 둔다면, 이는 비례의 원칙의 한 요소인 '최소침해성의 원칙'에 위배된다.[42)]

(4) 법익의 균형성

입법에 의하여 보호하려는 공익과 침해되는 사익을 비교 형량할 때 보호되는 공익이 더 커야 한다.[43)]

3. 평 가

과잉금지원칙은 비어 있는 공식으로서 헌법재판의 심사척도이다. 그 심사구조[적합성(수단의 적정성)의 원칙, 필요성(피해의 최소성)의 원칙, 비례성(법익의 균형성)의 원칙][44)]를 통과하는 단계에서 충전될 내용, 즉 어떤 input가 투입되느냐에 따라 그 output의 산출이 다르게 될 수 있을 뿐, 과잉금지원칙 자체가 엄격하게 또는 완화되어 적용되는 것이 아니다. 즉, 그 심사의 "대상과 영역"에 따라, 즉 재료의 특수성에 따라 심사결과가 탄력적으로 도출될 수 있을 뿐이다. 과잉금지원칙의 과잉적용 내지 자의적 적용의 문제는 기본권의 구성요건 및 과잉금지원칙의 구조적 내용(목적의 정당성 제외-우리 헌법 제37조 제2항에 의한 별도의 심사)을 먼저 명확하게 파악하지 않고 심사하는 경우 언제나 발생하는 문제이고, 통제기관에게는 사법적 자제와 포괄적 통제사이의 양극의 활동범위를 인정해주는 결과가 된다.[45)]

---

42) 헌재 1998. 5. 28. 96헌가12, 판례집 10-1, 560, 568.

43) 헌재 1990. 9. 3. 89헌가95, 판례집 2, 245, 260.

44) 졸저, 「헌법학도의 길-제1편 헌법이란 무엇인가」(한국학술정보, 2005), 91면 이하 참조.

45) 상게서, 184-190면 참조.

Ⅳ. 과소금지원칙

(1) 국가의 기본권보호의무의 이행은 입법자의 입법을 통하여 비로소 구체화되는 것이고, 국가가 그 보호의무를 어떻게 어느 정도로 이행할 것인지는 원칙적으로 한 나라의 정치·경제·사회·문화적인 제반 여건과 재정사정 등을 감안하여 입법정책적으로 판단하여야 하는 입법재량의 범위에 속하는 것이다. 국가의 보호의무를 입법자가 어떻게 실현하여야 할 것인가 하는 문제는 입법자의 책임범위에 속하므로, 헌법재판소는 권력분립의 관점에서 소위 과소보호금지원칙, 즉 국가가 국민의 법익보호를 위하여 적어도 적절하고 효율적인 최소한의 보호조치를 취했는가를 기준으로 심사하게 되어, 결국 헌법재판소로서는 국가가 특정조치를 취해야만 당해 법익을 효율적으로 보호할 수 있는 유일한 수단인 특정조치를 취하지 않은 때에 보호의무의 위반을 확인하게 된다.[46)]

(2) 헌재 2008. 7. 31. 선고 2006헌마71 판례에 나타난 재판관들의 의견은 다음과 같다.

1) 3인 재판관[47)]의 합헌의견과 1인 재판관의 보충의견

① 합헌의견(법정의견)

환경권의 법적 성격을 입법에 의한 구체화를 전제로 하는 법률상의 권리로 보고 국가가 환경보호의무를 이행하였는가를 판단하여야 한다고 주장한다. 즉 헌법재판소는 보호의무의 준수여부를 심사할 때에는 국가가 기본권적 법익보호를 위하여 적어도 적절하고 효율적인 최소한의 보호조치를 취했는가 하는 이른바 "과소보호금지원칙"의 위반 여부를 기준으로 삼아야 한다. 국가의 기본권보호의무란 제1차적으로 권력분립원칙과 민주

46) 헌재 1997. 1. 16. 90헌마110 등, 판례집 9-1, 90, 119-122.

47) 재판관 이강국, 재판관 이공현, 재판관 이동흡

적 정당성을 직접적으로 부여 받은 입법자에게 있고 헌법재판소 및 법원은 보충적으로 기본권의 과소보호금지원칙에 따라 소극적으로 입법적 보호조치의 명백성 통제에 그쳐야 한다. 이 점에서 청구인의 수인기대불가능성과 생명·신체의 법익침해의 가능성이 전제되어야 할 것인데 이를 명백히 발견하기 어렵다. 또한 입법자는 공직선거법 상 확성기사용방법, 기간, 장소, 대수 등에 대한 최소한의 필요한 규정을 두고 있으므로, 입법의무를 완전히 해태하고 있다고 보기 어렵다. 선거운동의 자유와 환경보호의무를 비교형량하여 볼 때 확성장치소음규제기준을 두지 않은 것만으로 과소보호금지원칙 위반이라 하기는 곤란하다.

② 1인 재판관(조대현)의 합헌의견에 대한 보충의견

합헌의견과 결론은 같지만 보충의견에서는 환경권의 법적 성격을 헌법상의 구체적 권리로 보아 이 사건에서의 심사기준은 과소보호금지원칙이 아니라 과잉금지원칙이라 주장하고 있다. 3인의 합헌의견은 소음한도를 제한하지 아니한 입법자의 환경보호의무 위반 여부(헌법 제35조 제2항)를 과소보호금지원칙을 기준으로 심사했다. 하지만 본 사안에서는 오히려 확성장치의 사용에 따른 소음공해의 무제한성을 문제 삼은 것으로 볼 수 있다. 이는 즉 국가가 소음공해를 초래함으로써 청구인의 환경권(헌법 제35조 제1항)에 대한 과잉제한여부의 정당성을 판단해야 함을 의미한다. 그러므로 비례의 원칙(과잉금지원칙)에 맞게 본 사안을 판단하면 과소보호금지원칙에 따른 심사는 불필요한 것이다. 비례의 원칙에 의하여 공직선거의 기능과 목적을 고려하여 확성장치사용을 허가하는 규정은 공공복리를 위한 입법목적의 정당성과 수단의 적절성을 인정할 수 있고, 확성장치사용의 소음한도를 규정하지 않았다 하더라도 장소, 시간, 용도 등을 제한하고 있으므로, 피해의 최소성을 부인하기 어렵다. 공직선거의 공익성을 고려하고 확성장치사용에 대한 공직선거법 관련규정을 살펴볼 때 소음공해의 정도와 환경권침해의 수인기대가능성을 긍정할 수 있으므로, 법익의 균형성도 인정할 수 있다.

2) 4인 재판관[48]의 헌법불합치의견

3인의 합헌의견과 마찬가지로 이 사건에서는 환경을 보장해야 할 국가의 기본권보호의무 위반이 문제되고 그에 대한 심사기준은 과소보호금지원칙이다. 이는 헌법이 요구하는 최소한의 기본권보호수준에 미달하였는지를 판단하는 것을 내용으로 한다. 그 기본권보호수준이란 일률적으로 결정할 수는 없지만 사안에 따라 법익의 중대성, 헌법질서에서의 위상, 법익침해의 직접성·심각성·불가역성 등을 종합 검토하여 명백성 통제에서 엄밀한 내용통제에 이르는 다양한 심사를 할 수 있다. 이러한 점에서 본 사안에서는 기본권침해의 계속 반복의 위험성이 있고, 확성장치를 사용한 선거운동에 대한 부정적 인식의 불식필요성 내지 선거운동의 자유보장, 쾌적한 주거생활 보장의무(헌법 제35조 제3항)를 고려하여 내용통제를 하는 것이 타당하다.

Ⅴ. 보호의무

1. 의 의

보호의무는 국가에게 기본권보장의 보호대상을 비국가적 측면으로부터 야기되며 그에 대하여 국가의 공동책임이 없는 위험이나 침해로부터 보호할 것을 명령한다.

2. 내 용

보호의무는 기본권의 보호대상을 보호하도록 명령한다. 하지만 다양한 방법으로 보호될 수 있기 때문에 보호의무의 내용을 엄밀히 확정하기에는 어려움이 발생한다.

---

48) 재판관 김희옥, 재판관 김종대, 재판관 민형기, 재판관 목영준.

방어권으로서의 기본권은 비교적 분명히 인식할 수 있는 내용을 가진다. 그 해석과 적용에 있어서 판례는 가령 비례의 원칙과 같이 국가적 제한을 통제하기 위한 실용적이고도 일반적으로 인정된 기준들을 발전시켰다. 이에 반하여 어떠한 가치결단이 입법자의 적극적 조치에 의하여 어떻게 실현되어야 할 것인지는 일반적으로 매우 복잡한 문제이다. 그러한 한에서, 불가피하게 일반적으로 표현되는 가치결단은 헌법위임으로서의 특징을 가질 수 있을 것인데, 이 헌법위임은 모든 국가행위에 대하여 방향을 제시하기는 하지만, 구속력 있는 입법규정이 뒷따라야만 한다. 개개의 사실적 상황, 구체적 목적설정과 그 우선순위, 가능한 수단과 방법의 적합성에 따라서 매우 상이한 해결들이 가능하다.

이러한 형성의 자유를 고려할 때, 보호의무와 결부된 기본권적 청구권은 공권력이 기본권의 보호를 위하여 완전히 부적합하거나 완전히 불충분하지 않은 조치들을 취하는 것을 목표로 하고 있다. 단지 일정한 조치만이 보호의무를 충족시킬 수 있다고 하는 방법으로 이러한 형성의 자유가 축소될 수 있는 것은 매우 특별한 상황에서만 가능하다.

보호의 유형과 범위를 개별적으로 확정하는 것은 입법자의 과제이다. 헌법은 보호를 목적으로서 규정하고 있지 개별적인 형태를 규정하고 있지는 않다. 물론 입법자는 과소금지원칙(Untermaßverbot)을 존중하여야 한다. 그러한 한, 입법자는 헌법적 통제 하에 놓이게 된다. 과소금지원칙이 침해되지 않기 위해서는 법질서에 의한 보호의 구체화는 최소한의 요건에 부합하여야 한다. 대립하고 있는 법익들을 고려하여 적정한 보호가 필요하다. 중요한 것은 보호가 그 자체로서 효과적이어야 한다는 것이다. 입법자가 취하는 조치들은 적정하고도 효과적인 보호를 위하여 충분하여야 하며, 또한 면밀한 사실확인과 납득가능한 평가에 기초하여야 한다. 보호조치가 적합한 것이냐의 심사는 헌법적으로 요구되는 실제적 보호의 목적을 고려하여 이루어져 한다. 현실적인 침해를 가능한 방지하기 위해서 충분한 보호조치가 취해져야 한다는 것을 요구한다.

3. 종류

(1) 금지의무(Verbotspflicht)

보호의무가 일정한 행위를 금지하는 것을 요구하는 경우이다.

금지의무의 특수성은 일정한 행위를 금지하는 것이 요구되는지 여부에 대해서만 판단되기 때문에 보호의무의 내용이 곧바로 확정된다는 데 있다. 따라서 그 판단에 있어서 입법자에게는 원칙적으로 특별한 형성의 여지가 주어지지 않는다는 것이다.

(2) 안전보장의무(Sicherheitspflicht)

보호의무가 국가에게 국민을 제3자에 의한 위법한 침해로부터 보호할 것을 명령하는 경우이다.

국가가 국민을 어떠한 형태로 그리고 어떠한 수단으로 위법한 침해로부터 보호하는가는 더 이상 기본권에 의하여 직접적으로 결정되지 않는 문제이다. 국가는 어쨌든 행위를 하여야 하며, 이 경우에 유용한 수단을 사용하여 전체적으로 적정한 안전수준이나 보호수준을 현실에서 실현하도록 하는 것만이 요구된다.

(3) 위험부담의무(Risikopflicht)

보호의무가 국가에게 기본권보호대상의 침해를 수반할 수 있는 합법적인 위험으로부터 국민을 보호하도록 명령하는 경우이다.

현대적 기술로 야기되는 침해위험을 기대가능한 정도로 제한하기 위하여 충분한 보호조치와 배려조치가 취해졌는지 여부가 문제된다.

4. 적용의 전제조건

기본권의 보호의무는 그 보호영역에 포함된 기본권적 지위가 제3자에 의하여 제약되는 경우에 발생한다.

제3자는 전형적으로 국가가 아닌 사인(私人)이다. 외국이나 자연재해가 보호의무의 의미에서의 제3자로서 어느 정도까지 고려될 수 있는지는 통일적으로 답변되고 있지 않다. 위험부담의무의 경우에는 국가가 외국으로부터 위협되거나 자연재해로부터 발생하는 위험에 대처할 기본권적 의무가 주어질 수 있는지 여부에 대하여 고려할 수 있을 것이다.

기본권의 최소보호수준은 일의적으로 확정할 수 없다. 최소보호수준은 개별적 사건, 보호법익의 종류, 보호법익의 중요도, 위험의 정도(침해의 심각성, 침해의 빈도) 등을 고려하여 판단할 수 있다. 그러나 일반적으로 국가가 지금까지 전혀 어떠한 조치를 취하지 않는 경우, 제3자의 권리나 공익을 침해함이 없이 이미 존재하는 보호수단 보다도 더 개선된 보호수단이 있는 경우, 또는 유효한 법률에 의거하여 존재하는 법익의 장애 또는 위험에 대하여 사익 및 공익을 형량할 때 수인할 수 없는 경우에는 과소금지원칙을 위반하는 것이다. 다시말해 만일 침해적 행위가 금지되어야만 하거나, 국가가 명백하게 충분한 보호조치를 취하여만 함에도 불구하고, 공권력이 보호조치를 전혀 취하지 않았다거나 행해진 규정과 조치가 보호목적을 달성하기에 완전히 부적합하거나 완전히 불충분하다고 판단될 때, 보호의무 위반이 선언될 수 있을 것이다.

5. 심사기준과 통제강도

(1) 심사기준

과소금지원칙은 입법자는 보호의무의 이행과 관련하여 헌법이 요구하는 최소한의 보장수준의 하한을 준수해야 한다는 원칙이다. 과소금지원칙은 각각의 기본권보호의무에서 정하는 최소한의 보호수준, 즉 '보호의무의 목적'에 초점이 있다. 과소금지원칙은 기본권보호의무에 의거하여 기본권 보호의 최소수준을 마련하기 위해 충돌하는 법익들을 고려할 것을 요청한다. 헌법적 의무에 근거하는 기본권보호의 법률적 최소수준은 불가피하게 상대적이다. 그리고 다른 사람의 기본권행사와 관련하여 최소수준의 절대성을 충족할 수는 없다. 즉, 기본권보호의무를 실현해야 되는 입법자에게 충돌하는 다른 기본권에 대한 고려를 포기하도록 하는 것이 과소금지원칙이기 때문이다. 따라서 다른 기본권의 침해를 통해서 당해 기본권의 보호가 달성될 수 있다는 것이다.

입법자의 기본권보호조치는 적합하고 효과적이며 충분해야 하지만, 원칙적으로 최대한의 보호에 대한 요청을 헌법상 명령하지는 않는다. 과소금지원칙은 입법자의 형성의 자유에 대한 하한을 설정해 준다.

(2) 통제강도

기본권적 법익에 관한 보호입법에 대한 심사에 있어서 헌법재판소가 가하는 통제의 강도는 보호의무 위반이 일견 명백한지의 여부에 대한 통제, 입법자가 문제의 법률을 통하여 제시한 보호구상 자체가 설득력이 있는지의 여부에 대한 통제, 그리고 입법내용에 대한 엄밀한 통제 등으로 분화될 수 있다.

Ⅵ. 신뢰보호원칙

1. 의 의

법적 안정성은 객관적 요소로서 법질서의 신뢰성·항구성·법적 투명성과 법적 평화를 의미하고, 이와 내적인 상호연관 관계에 있는 법적 안정성의 주관적 측면은 한 번 제정된 법규범은 원칙적으로 존속력을 갖고 자신의 행위기준으로 작용하리라는 개인의 신뢰보호원칙이다.[49] 법치국가의 원칙상 법률이 개정되는 경우에는 구법질서에 대하여 가지고 있던 당사자의 신뢰는 보호되어야 할 것이다.[50]

신뢰보호의 원칙은 법치국가원리에 근거를 두고 있는 헌법상의 원칙으로서 특정한 법률에 의하여 발생한 법률관계는 그 법에 따라 파악되고 판단되어야 하고, 과거의 사실관계가 그 뒤에 생긴 새로운 법률의 기준에 따라 판단되지 않는다는 국민의 신뢰를 보호하기 위한 것이나, 사회환경이나 경제여건의 변화에 따른 정책적인 필요에 의하여 공권력행사의 내용은 신축적으로 바뀔 수밖에 없고, 그 바뀐 공권력행사에 의하여 발생된 새로운 법질서와 기존의 법질서와의 사이에는 어느 정도 이해관계의 상충이 불가피하므로, 국민들의 국가의 공권력행사에 관하여 가지는 모든 기대 내지 신뢰가 절대적인 권리로서 보호되는 것은 아니라고 할 것이다.[51]

법률의 개정시 구법질서에 대한 당사자의 신뢰가 합리적이고도 정당하며 법률의 개정으로 야기되는 당사자의 손해가 극심하여 새로운 입법으로 달성하고자 하는 공익적 목적이 그러한 당사자의 신뢰의 파괴를 정당화할 수 없다면 그러한 새 입법은 신뢰보호의 원칙상 허용될 수 없다. 국민이 가지는 모든 기대 내지 신뢰가 헌법상 권리로서 보호될 것은 아니고, 신뢰의 근거 및 종류, 상실된 이익의 중요성, 침해의 방법 등에 의하여 개정된 법규·제도의 존속에 대한 개인의 신뢰가 합리적이어서 권리로서 보호할 필요성이 인정되어야 한다.[52]

---

49) 헌재 1996. 2. 16. 96헌가2 등, 판례집 8-1, 51, 84.

50) 헌재 1997. 11. 27. 97헌바10, 판례집 9-2, 651, 668.

51) 헌재 1996. 4. 25. 94헌마119, 판례집 8-1, 433, 445-446.

52) 헌재 2002. 2. 28. 99헌바4, 판례집 14-1, 106, 116.

2. 내용

신뢰보호의 원칙은 헌법상 법치국가의 원칙으로부터 도출되는데, 그 내용은 법률의 제정이나 개정시 구법질서에 대한 당사자의 신뢰가 합리적이고도 정당하며 법률의 제정이나 개정으로 야기되는 당사자의 손해가 극심하여 새로운 입법으로 달성하고자 하는 공익적 목적이 그러한 당사자의 신뢰의 파괴를 정당화할 수 없다면, 그러한 새로운 입법은 신뢰보호의 원칙상 허용될 수 없다는 것이다.[53] 국민이 어떤 법률이나 제도가 장래에도 그대로 존속될 것이라는 합리적인 신뢰를 바탕으로 하여 일정한 법적 지위를 형성한 경우, 국가는 그와 같은 법적 지위와 관련된 법규나 제도의 개폐에 있어서 법치국가의 원칙에 따라 국민의 신뢰를 최대한 보호하여 법적 안정성을 도모하여야 한다. 법률의 제정이나 개정시 구법질서에 대한 당사자의 신뢰가 합리적이고 정당하며, 법률의 제정이나 개정으로 야기되는 당사자의 손해가 극심하여 새로운 입법으로 달성하고자 하는 공익적 목적이 그러한 당사자의 신뢰의 파괴를 정당화할 수 없다면, 그러한 새로운 입법은 신뢰보호의 원칙을 위배한다.[54]

3. 소급입법의 종류와 신뢰보호의 원칙

과거의 사실관계 또는 법률관계를 규율하기 위한 소급입법의 태양에는 이미 과거에 완성된 사실 또는 법률관계를 규율의 대상으로 하는 이른바 진정소급효의 입법과 이미 과거에 시작하였으나 아직 완성되지 아니하고 진행과정에 있는 사실 또는 법률관계를 규율의 대상으로 하는 이른바 부진정소급효의 입법을 상정할 수 있다고 할 것이다. 전자의 경우에는 입

53) 헌재 2002. 11. 28. 2002헌바45, 판례집 14-2, 704, 712-713.
54) 헌재 2004. 12. 16. 2003헌마226 등, 판례집 16-2 하, 580, 590.

법권자의 입법형성권보다도 당사자가 구법질서에 기대했던 신뢰보호의 견지에서 그리고 법적 안정성을 도모하기 위해 특단의 사정이 없는 한 구법에 의하여 이미 얻은 자격 또는 권리를 새 입법을 하는 마당에 그대로 존중할 의무가 있다고 할 것이나, 후자의 경우에는 구법질서에 대하여 기대했던 당사자의 신뢰보호보다는 광범위한 입법권자의 입법형성권을 경시해서는 안 될 일이므로, 특단의 사정이 없는 한 새 입법을 하면서 구법관계 내지 구법상의 기대이익을 존중하여야 할 의무가 발생하지는 않는다.[55]

일정한 법적 상태를 새로이 규율하는 규정이 장래에 발생하는 사실관계뿐만 아니라 이미 과거에 시작하였으나 아직 완성되지 아니한 채 진행과정에 있는 사실관계에도 적용되는 예는 법률개정의 경우 흔히 찾아 볼 수 있는 현상이며, 여기서 발생하는 문제는 소급입법의 문제가 아니라 종래의 법적 상태에서 새로운 법적 상태로 이행하는 과정에서 불가피하게 발생하는 법치국가적 문제, 구체적으로 입법자에 대한 신뢰보호의 문제이다.[56]

4. 신뢰보호의 원칙의 심사기준

신뢰보호원칙의 위반 여부는 한편으로는 침해받은 신뢰이익의 보호가치, 침해의 중한 정도, 신뢰침해의 방법 등과 다른 한편으로는 새 입법을 통해 실현코자하는 공익목적을 종합적으로 비교·형량하여 판단하여야 한다.[57] 법률을 새로이 제정하거나 개정함에 있어서는 기존 법질서와의 어느 정도의 마찰은 불가피한 것인바, 신뢰보호의 원칙에 위반되는지를 판단하기 위하여는 신뢰보호의 필요성과 새로이 달성하려는 공익목적을 비교·형량하여야 한다.[58]

---

55) 헌재 1989. 3. 17. 88헌마1, 판례집 1, 9, 17-18.

56) 헌재 1999. 4. 29. 94헌바37, 판례집 11-1, 289, 318.

57) 헌재 1995. 3. 23. 93헌바18 등, 판례집 7-1, 376, 385.

58) 헌재 1998. 3. 26. 93헌바12, 판례집 10-1, 226, 251.

신뢰보호의 필요성과 개정법률로 달성하려는 공익을 비교·형량하여 신뢰보호원칙을 판단하는 것은 부진정소급입법의 경우에도 당연히 적용되어야 할 것이다.59)

국민이 어떤 법률이나 제도가 장래에도 그대로 존속될 것이라는 합리적인 신뢰를 바탕으로 하여 일정한 법적 지위를 형성한 경우, 국가는 그와 같은 법적 지위와 관련된 법규나 제도의 개폐에 있어서 국민의 신뢰를 최대한 보호하여 법적 안정성을 도모하여야 한다. 물론 이러한 신뢰의 보호는 새로운 입법을 통하여 실현하고자 하는 공익을 위하여 제한될 수 있는 것이지만 이 경우에도 그 제한이 위헌으로 되지 않기 위하여는 비례의 원칙이 준수되어야 한다. 따라서 신뢰이익의 제한이 있는 경우에는 신뢰이익과 공공복리의 중요성을 비교형량하여 비례의 원칙이 지켜졌는지 여부를 판단하고 그에 따라 위헌 여부를 결정하여야 할 것이다.60)

5. 재산권 보장의 원칙과의 관계

헌법상 재산권 보장의 중요한 기능은 국민에게 법적 안정성을 보장하고 합헌적인 법률에 의하여 형성된 구체적 재산권의 존속에 대한 신뢰를 보호하고자 하는 데 있다. 이러한 의미에서 재산권에 관한 법치국가적 신뢰보호원칙은 헌법상 재산권 보장의 원칙을 통하여 고유하게 형성되고 구체적으로 표현되었다고 할 수 있다.61)

6. 조세법 영역에서의 신뢰보호

조세법의 영역에 있어서는 국가가 조세·재정정책을 탄력적·합리적으

59) 헌재 1995. 10. 26. 94헌바12, 판례집 7-2, 447, 458.

60) 헌재 2001. 9. 27. 2000헌마152, 판례집 13-2, 338, 346.

61) 헌재 1999. 4. 29. 94헌바37, 판례집 11-1, 289, 319.

로 운용할 필요성이 매우 큰 만큼, 조세에 관한 법규·제도는 신축적으로 변할 수밖에 없다는 점에서 납세의무자로서는 구법질서에 의거한 신뢰를 바탕으로 적극적으로 새로운 법률관계를 형성하였다든지 하는 특별한 사정이 없는 한 원칙적으로 세율 등 현재의 세법이 변함없이 유지되리라고 기대하거나 신뢰할 수는 없다.[62)]

7. 개인의 신뢰이익의 보호가치에 대한 판단기준

법률의 존속에 대한 개인의 신뢰가 어느 정도로 보호되는지 여부에 대한 주요한 판단기준으로 다음과 같은 2가지 요소를 거시할 수 있다. 먼저, 법적 상태의 존속에 대한 개인의 신뢰는 그가 어느 정도로 법적 상태의 변화를 예측할 수 있는지 혹은 예측하였어야 하는지 여부에 따라 상이한 강도를 가진다. 그런데 일반적으로 법률은 현실상황의 변화나 입법정책의 변경 등으로 언제라도 개정될 수 있는 것이기 때문에, 원칙적으로 이에 관한 법률의 개정은 예측할 수 있다고 보아야 한다. 다음으로, 개인의 신뢰이익에 대한 보호가치는 법령에 따른 개인의 행위가 국가에 의하여 일정방향으로 유인된 신뢰의 행사인지, 아니면 단지 법률이 부여한 기회를 활용한 것으로서 원칙적으로 사적 위험부담의 범위에 속하는 것인지 여부에 따라 달라진다. 만일 법률에 따른 개인의 행위가 단지 법률이 반사적으로 부여하는 기회의 활용을 넘어서 국가에 의하여 일정 방향으로 유인된 것이라면 특별히 보호가치가 있는 신뢰이익이 인정될 수 있고, 원칙적으로 개인의 신뢰보호가 국가의 법률개정이익에 우선된다고 볼 여지가 있다.[63)]

---

62) 헌재 2002. 2. 28. 99헌바4, 판례집 14-1, 106, 116.
63) 헌재 2002. 11. 28. 2002헌바45, 판례집 14-2, 704, 713-714.

Ⅶ. 명확성의 원칙

1. 의 의

법치국가원리의 한 표현인 명확성의 원칙은 기본적으로 모든 기본권 제한입법에 대하여 요구된다. 규범의 의미내용으로부터 무엇이 금지되는 행위이고 무엇이 허용되는 행위인지를 수범자가 알 수 없다면 법적 안정성과 예측가능성은 확보될 수 없게 될 것이고, 또한 법 집행 당국에 의한 자의적 집행을 가능하게 할 것이기 때문이다.64)

법률은 명확한 용어로 규정함으로써 적용대상자에게 그 규제내용을 미리 알 수 있도록 공정한 고지를 하여 장래의 행동지침을 제공하고, 동시에 법집행자에게 객관적 판단지침을 주어 차별적이거나 자의적인 법해석을 예방할 수 있다. 따라서 법률은 국민의 신뢰를 보호하고 법적 안정성을 확보하기 위하여 되도록 명확한 용어로 규정하여야 하는 것이다. 특히 법률이 형벌법규인 때에는 더욱 그러하다. 왜냐하면 법률이 규정한 용어나 기준이 불명확하여 그 적용대상자가 누구인지 어떠한 행위가 금지되는지의 여부를 보통의 지성을 갖춘 사람이 보통의 이해력과 관행에 따라 판단할 수 없는 경우에도 처벌된다면, 그 적용대상자에게 가혹하고 불공정한 것일 뿐만 아니라, 결과적으로 어떠한 행위가 범죄로 되어야 하는가를 결정하는 입법권을 법관에게 위임하는 것으로 되기 때문에 권력분립의 원칙에도 반하는 것으로 되기 때문이다.65)

기본권제한입법이라 하더라도 규율대상이 지극히 다양하거나 수시로 변화하는 성질의 것이어서 입법기술상 일의적으로 규정할 수 없는 경우에는 명확성의 요건이 완화되어야 할 것이다. 또 당해 규정이 명확한지 여부

64) 헌재 1998. 4. 30. 95헌가16, 판례집 10-1, 327, 341-342.

65) 헌재 1992. 4. 28. 90헌바27 등, 판례집 4, 255, 268-269.

는 그 규정의 문언만으로 판단할 것이 아니라 관련 조항을 유기적·체계적으로 종합하여 판단하여야 할 것이다.[66] 법률은 명확한 용어로 규정함으로써 적용대상자에게 그 규제내용을 미리 알 수 있도록 공정한 고지를 하여 장래의 행동지침을 제공하고, 동시에 법집행자에게 객관적 판단지침을 주어 차별적이거나 자의적인 법해석을 예방할 수 있다. 따라서 법규범의 의미내용으로부터 무엇이 금지되는 행위이고 무엇이 허용되는 행위인지를 국민이 알 수 없다면 법적 안정성과 예측가능성은 확보될 수 없게 될 것이고, 법집행 당국에 의한 자의적 집행이 가능하게 될 것이다.[67]

2. 명확성 원칙의 헌법적 근거

명확성 원칙은 헌법상 내재하는 법치국가원리로부터 파생될 뿐만 아니라, 국민의 자유와 권리를 보호하는 기본권보장으로부터도 나온다. 헌법 제37조 제2항에 의거하여 국민의 자유와 권리를 제한하는 법률은 명확하게 규정되어야 한다.[68]

3. 명확성 원칙의 심사기준

일반적이거나 불확정된 개념이 사용된 경우에는 당해 법률의 입법목적과 당해 법률의 다른 규정들을 원용하거나 다른 규정과의 상호관계를 고려하여 합리적인 해석이 가능한지 여부에 따라 명확성 여부가 가려져야 할 것이다.[69]

66) 헌재 2002. 7. 18. 2000헌바57, 판례집 14-2, 1, 16.
67) 헌재 2001. 6. 28. 99헌바34, 판례집 13-1, 1255, 1264.
68) 헌재 2001. 6. 28. 99헌바34, 판례집 13-1, 1255, 1264.
69) 헌재 2001. 6. 28. 99헌바34, 판례집 13-1, 1255, 1265.

4. 입법의 성격에 따른 명확성 원칙의 차별 적용

명확성의 원칙은 모든 법률에 있어서 동일한 정도로 요구되는 것은 아니고 개개의 법률이나 법조항의 성격에 따라 요구되는 정도에 차이가 있을 수 있으며 각각의 구성요건의 특수성과 그러한 법률이 제정된 배경이나 상황에 따라 달라질 수 있다고 할 것이다. 일반론으로는 어떠한 규정이 부담적 성격을 가지는 경우에는 수익적 성격을 가지는 경우에 비하여 명확성의 원칙이 더욱 엄격하게 요구된다고 할 것이고, 따라서 형사법이나 국민의 이해관계가 첨예하게 대립되는 법률에 있어서는 불명확한 내용의 법률용어가 허용될 수 없으며, 만일 불명확한 용어의 사용이 불가피한 경우라면 용어의 개념정의, 한정적 수식어의 사용, 적용한계조항의 설정 등 제반방법을 강구하여 동 법규가 자의적으로 해석될 수 있는 소지를 봉쇄해야 하는 것이다.[70)]

5. 명확성 원칙과 조세법률주의

과세요건법정주의와 과세요건명확주의를 핵심내용으로 하는 조세법률주의의 이념은 과세요건을 법률로 명확하게 규정함으로써 국민의 재산권을 보장함과 동시에 국민의 경제생활에 법적 안정성과 예측가능성을 보장함에 있다.[71)]

6. 일반적 명확성 원칙과 죄형법정주의 상의 명확성 원칙과의 구별

죄형법정주의가 지배되는 형사관련 법률에서는 명확성의 정도가 강화

---

70) 헌재 1992. 2. 25. 89헌가104, 판례집 4, 64, 78-79.
71) 헌재 1992. 12. 24. 90헌바21, 판례집 4, 890, 900.

되어 더 엄격한 기준이 적용된다(죄형법정주의 상의 명확성 원칙). 그러나 일반적인 법률에서는 명확성의 정도가 범죄와 형벌에 관한 규정만큼 강하게 요구되지 않기 때문에 상대적으로 완화된 기준이 적용된다(일반적 명확성 원칙).

7. 구성요건 명확성의 원칙

죄형법정주의는 범죄와 형벌이 법률로 정하여져야 함을 의미하는 것으로 이러한 죄형법정주의에서 파생되는 명확성의 원칙은 누구나 법률이 처벌하고자 하는 행위가 무엇이며 그에 대한 형벌이 어떠한 것인지를 예견할 수 있고 그에 따라 자신의 행위를 결정 지울 수 있도록 구성요건이 명확할 것을 의미하는 것이다. 여기서 구성요건이 명확하여야 한다는 것은 그 법률을 적용하는 단계에서 가치판단을 전혀 배제한 무색 투명한 서술적 개념으로 규정되어져야 한다는 것을 의미하는 것은 아니고 입법자의 입법의도가 건전한 일반상식을 가진 자에 의하여 일의적으로 파악될 수 있는 정도의 것을 의미하는 것이라고 할 것이다. 따라서 다소 광범위하고 어느 정도의 범위에서는 법관의 보충적인 해석을 필요로 하는 개념을 사용하여 규정하였다고 하더라도 그 적용단계에서 다의적(多義的)으로 해석될 우려가 없는 이상 그 점만으로 헌법이 요구하는 명확성의 요구에 배치된다고는 보기 어렵다 할 것이다. 그렇지 않으면 처벌법규의 구성요건이 지나치게 구체적이고 복잡하게 정형화되어 다양하게 변화하는 생활관계를 제대로 규율할 수 없게 될 것이기 때문이다.[72]

헌법 제12조 제1항 후문은 누구든지 법률과 적법한 절차에 의하지 아니하고는 처벌·보안처분 또는 강제노역을 받지 아니한다고 규정하고 있다. 이러한 죄형법정주의의 원칙은 법률이 처벌하고자 하는 행위가 무엇이며 그에 대한 형벌이 어떠한 것인지를 누구나 예견할 수 있고, 그에 따라

72) 헌재 1989. 12. 22. 88헌가13, 판례집 1, 357, 383.

자신의 행위를 결정할 수 있도록 구성요건을 명확하게 규정할 것을 요구한다. 건전한 상식과 통상적인 법감정을 가진 사람으로 하여금 그 적용대상자가 누구이며 구체적으로 어떠한 행위가 금지되고 있는지 충분히 알 수 있도록 규정되어 있다면 죄형법정주의의 명확성의 원칙에 위배되지 않는다고 보아야 한다.73)

Ⅷ. 법률유보의 원칙

1. 의 의

국민주권주의, 권력분립주의 및 법치주의를 기본원리로 채택하고 있는 우리 헌법상 국민의 헌법상 기본권 및 기본의무와 관련된 중요한 사항 내지 본질적인 내용에 대한 정책형성기능은 원칙적으로 주권자인 국민에 의하여 선출된 대표자들로 구성되는 입법부가 담당하여 법률의 형식으로써 이를 수행하여야 하고, 이와 같이 입법화된 정책을 집행하거나 적용함을 임무로 하는 행정부나 사법부에 그 기능을 넘겨서는 아니된다.74)

오늘날 세계의 많은 나라가 소위 행정국가를 지향하고 있어 행정의 영역이 방대해지고 있는데, 공법영역에서 종래의 행정행위 개념 이외에 다양한 행정작용(사실행위, 행정지도, 공법상 계약, 행정계획 등)개념들을 논의하고 있는 중요한 이유는, 무엇보다도 실질적 법치주의의 관점에서 법률유보·법치행정의 원칙을 각 행정작용에 가능한 한 관철시켜 행정작용에 대한 법적 구속력과 통제를 강화함으로써 국민의 자유와 권리가 실질적으로 보장되도록 도모하기 위해서라고 할 수 있으며, 광범위한 대상영역과 정보를 가지고

---

73) 헌재 1998. 5. 28. 97헌바68, 판례집 10-1, 640, 655.

74) 헌재 1999. 1. 28. 97헌가8, 판례집 11-1, 1, 7.

있는 행정기관이 행정편의를 위해서 법적 구속에서 벗어날 수 있는 '비권력적 행정작용으로의 도피'를 가능한 한 막아보자는 데 있는 것이다.[75]

국회의 입법절차는 전문관료들만에 의하여 이루어지는 행정입법절차와는 달리 공익의 발견과 상충하는 이익간의 정당한 조정에 보다 적합한 민주적 과정이라 할 수 있으므로, 규율대상이 기본권적 중요성을 가질수록 그리고 그에 관한 공개적 토론의 필요성 내지 상충하는 이익 간 조정의 필요성이 클수록, 그것이 국회의 법률에 의해 직접 규율될 필요성 및 그 규율밀도의 요구정도는 그만큼 더 증대되는 것으로 보아야 한다.[76]

2. 내용

헌법은 법치주의를 그 기본원리의 하나로 하고 있으며, 법치주의는 행정작용에 국회가 제정한 형식적 법률의 근거가 요청된다는 법률유보를 그 핵심적 내용의 하나로 하고 있다. 그런데 오늘날 법률유보원칙은 단순히 행정작용이 법률에 근거를 두기만 하면 충분한 것이 아니라, 국가공동체와 그 구성원에게 기본적이고도 중요한 의미를 갖는 영역, 특히 국민의 기본권실현에 관련된 영역에 있어서는 행정에 맡길 것이 아니라 국민의 대표자인 입법자 스스로 그 본질적 사항에 대하여 결정하여야 한다는 요구까지 내포하는 것으로 이해하여야 한다(이른바 의회유보원칙). 그리고 행정작용이 미치는 범위가 광범위하게 확산되고 있으며, 그 내용도 복잡·다양하게 전개되는 것이 현대행정의 양상임을 고려할 때, 형식상 법률상의 근거를 갖출 것을 요구하는 것만으로는 국가작용과 국민생활의 기본적이고도 중요한 요소마저 행정에 의하여 결정되는 결과를 초래하게 될 것인바, 이러한 결과는 국가의사의 근본적 결정권한이 국민의 대표기관인 의회에 있다고 하는 의회민주주

---

75) 헌재 1994. 5. 6. 89헌마35, 판례집 6-1, 462, 511.

76) 헌재 2004. 3. 25. 2001헌마882, 판례집 16-1, 441, 454

의의 원리에 배치되는 것이라 할 것이다. 적어도 헌법상 보장된 국민의 자유나 권리를 제한할 때에는 그 제한의 본질적인 사항에 관한 한 입법자가 법률로써 스스로 규율하여야 할 것이다. 헌법 제37조 제2항은 '국민의 모든 자유와 권리는 국가안전보장·질서유지 또는 공공복리를 위하여 필요한 경우에 한하여 법률로써 제한할 수 있다'고 규정하고 있는바, 여기서 '법률로써'라고 한 것은 국민의 자유나 권리를 제한하는 행정작용의 경우 적어도 그 제한의 본질적인 사항에 관한 한 국회가 제정하는 법률에 근거를 두는 것만으로 충분한 것이 아니라 국회가 직접 결정함으로써 실질에 있어서도 법률에 의한 규율이 되도록 요구하고 있는 것으로 이해하여야 한다.[77]

헌법 제37조 제2항은 기본권제한에 관한 일반적 법률유보조항이라고 할 수 있는데, 법률유보의 원칙은 "법률에 의한 규율"만을 요청하는 것이 아니라 "법률에 근거한 규율"을 요청하는 것이기 때문에 기본권의 제한에는 법률의 근거가 필요할 뿐이고 기본권제한의 형식이 반드시 법률의 형식일 필요는 없다.[78]

Ⅸ. 포괄위임금지의 원칙

1. 의 의

헌법 제75조는 "대통령은 법률에서 구체적으로 범위를 정하여 위임받은 사항… 에 관하여 대통령령을 발할 수 있다"고 규정하여 위임입법의 헌법상 근거를 마련하는 한편 대통령령으로 입법할 수 있는 사항을 "법률에서 구체적으로 범위를 정하여 위임받은 사항"으로 한정함으로써 일반적

77) 헌재 1999. 5. 27. 98헌바70, 판례집 11-1, 633, 643-644.

78) 헌재 2005. 3. 31. 2003헌마87, 판례집 17-1, 437, 448

이고 포괄적인 위임입법은 허용되지 않는다는 것을 명백히 하고 있는데, 이는 국민주권주의, 권력분립주의 및 법치주의를 기본원리로 하고 있는 우리 헌법하에서 국민의 헌법상 기본권 및 기본의무와 관련된 중요한 사항 내지 본질적인 내용에 대한 정책 형성기능은 원칙적으로 주권자인 국민에 의하여 선출된 대표자들로 구성되는 입법부가 담당하여 법률의 형식으로써 이를 수행하여야 하고, 이와 같이 입법화된 정책을 집행하거나 적용함을 임무로 하는 행정부나 사법부에 그 기능을 넘겨서는 아니 되기 때문이다.[79]

2. 내용

위임입법이란 법률 또는 상위명령에서 구체적으로 범위를 정하여 위임받은 사항에 관하여 법규로서의 성질을 가지는 일반적·추상적 규범을 정립하는 것을 의미하는 것으로서 형식적 의미의 법률(국회입법)에는 속하지 않지만 실질적으로는 행정에 의한 입법으로서 법률과 같은 성질을 갖는 법규의 정립이기 때문에 권력분립주의 내지 법치주의 원리에 비추어 그 요건이 엄격할 수밖에 없으니 법규적 효력을 가지는 행정입법의 제정에는 반드시 구체적이며 명확한 법률의 위임을 요하는 것이다.[80] 헌법 제75조는 행정입법의 수요와 헌법상 기본권보장의 원칙과의 조화를 기하기 위하여 위임입법은 허용하되 백지위임만은 허용되지 아니한다는 점을 밝히고 있는 것이다.[81]

위임입법의 한계의 법리는 헌법의 근본원리인 권력분립주의와 의회주의 내지 법치주의에 바탕을 두는 것이기 때문에 행정부에서 제정된 대통령령에서 규정한 내용이 정당한지 여부와는 직접적으로 관계가 없다고 하여야 할 것이다. 즉 대통령령에서 규정한 내용이 헌법에 위반될 경우 그

---

79) 헌재 1995. 7. 21. 94헌마125, 판례집 7-2, 155, 165-166.

80) 헌재 1993. 5. 13. 92헌마80, 판례집 5-1, 365, 379.

81) 헌재 1998. 2. 27. 95헌바59, 판례집 10-1, 103, 111.

대통령령의 규정이 위헌일 것은 물론이지만, 반대로 하위법규인 대통령령의 내용이 합헌적이라고 하여 수권법률의 합헌성까지를 의미하는 것은 아니다.[82)]

3. 위임입법의 구체성·명확성·예측가능성 요구 정도

법률이 어떤 사항에 관하여 대통령령에 위임할 경우에는 국민이 장래 대통령령으로 규정될 내용을 일일이 예견할 수는 없다고 할지라도 적어도 그 기본적 윤곽만은 예견할 수 있도록 기본적인 사항들에 관하여 법률에서 구체적으로 규정하여야 한다. 그러나 위임의 구체성·명확성의 요구 정도는 규제대상의 종류와 성격에 따라 다른 것으로 기본권침해영역에서는 급부행정영역에서보다 구체성의 요구가 강화되고, 다양한 사실관계를 규율하거나 사실관계가 수시로 변화될 것이 예상될 때에는 명확성의 요건이 완화될 수밖에 없는 것이다.[83)]

위임조항 자체에서 위임의 구체적 범위를 명확히 규정하고 있지 않다고 하더라도 당해법률의 전반적 체계와 관련규정에 비추어 위임조항의 내재적인 위임의 범위나 한계를 객관적으로 분명히 확정할 수 있다면 이를 일반적이고 포괄적인 백지위임에 해당하는 것으로 볼 수는 없다고 할 것이다.[84)]

헌법 제75조의 "구체적으로 범위를 정하여"라 함은 대통령령 등 하위법규에 규정될 내용 및 범위의 기본사항이 가능한 한 구체적이고도 명확하게 법률에 규정되어 있어서 누구라도 당해 법률 그 자체로부터 대통령령 등에 규정될 내용의 대강을 예측할 수 있음을 의미한다 할 것이다. 이

82) 헌재 1995. 11. 30. 93헌바32, 판례집 7-2, 598, 609.
83) 헌재 1991. 2. 11. 90헌가27, 판례집 3, 11, 29-30.
84) 헌재 1994. 7. 29. 93헌가12, 판례집 6-2, 53, 61-62.

러한 예측가능성의 유무는 당해 특정조항 하나만을 가지고 판단할 것이 아니라 관련 법조항 전체를 유기적 체계적으로 종합하여 판단하여야 하고 위임된 사항의 성질에 따라 구체적 개별적으로 검토하여야 할 것이다.[85] 법률조항 자체에서 위임의 구체적 범위를 명확히 규정하고 있지 않다고 하더라도 당해 법률의 전반적 체계와 관련규정에 비추어 위임조항의 내재적인 위임의 범위나 한계를 객관적으로 분명히 확정할 수 있다면 이를 일반적이고 포괄적인 백지위임에 해당하는 것으로 볼 수는 없다.[86]

우리 헌법의 지도이념인 법의 지배 내지 법치주의의 원리는 국가권력 행사의 예측가능성 보장을 위하여 그 주체와 방법 및 그 범위를 법률로 규정할 것을 요구하며 예외적으로 위임입법을 허용하는 경우에 있어서도 법률에 의한 수권에 의거한 명령의 내용이 어떠한 것이 될 수 있을 것인가를 국민에게 예측 가능한 것임을 요구하는 것으로서 그것은 법규명령에 의하여 비로소가 아니라 그보다 먼저 그 수권법률의 내용으로부터 예견가능하여야 하는 것을 의미하는 것이다. 그리고 형벌이나 행정제재와 관련되는 경우에는 그 요건은 더욱 엄격한 것이다. 물론 법규명령제도의 생성내력에 비추어 볼 때 장래 정립될 법규명령의 구체적 내용이 정확하게 예견될 수 있을 것을 의미하는 것은 아니라 할지라도 적어도 정립될 수 있는 법규명령의 기본적 윤곽에 대한 예견가능성은 보장이 되어야 한다는 것이다.[87]

4. 하위법령의 내용과 모법의 위법 여부

법률조항의 위임에 따라 대통령령으로 규정한 내용이 헌법에 위반될 경우라도 그 대통령령의 규정이 위헌으로 되는 것은 별론으로 하고, 그로

85) 헌재 2001. 1. 18. 98헌바75 등, 판례집 13-1, 1, 18.
86) 헌재 2004. 11. 25. 2004헌가15, 판례집 16-2 하, 267, 273-274.
87) 헌재 1993. 5. 13. 92헌마80, 판례집 5-1, 365, 379-380.

인하여 수권법률까지 위헌으로 되는 것은 아니다.[88] 법률조항 자체에는 헌법에 위반되는 사유가 들어 있지 않으며, 따라서 비록 그 위임에 따라 대통령령으로 규정한 내용이 헌법에 위반되는 경우에도 그 대통령령의 규정이 위헌으로 되는 것은 별론으로 하고, 그로 인하여 정당하고 적법하게 입법권을 위임한 수권법률인 법률조항까지도 위헌으로 되는 것은 아니다.[89]

5. 법률이 입법사항을 행정규칙에 위임할 수 있는지 여부

의료보험법 제29조(요양급여) 제3항이 "요양급여의 방법·절차·범위·상한기준 등 요양급여의 기준을 '보건복지부장관이 정한다'고 한 뜻은, '보건복지부의 법규명령'으로 정한다는 의미로 해석하여야 한다. '보건복지부의 행정규칙'에 위임할 수 있는 헌법상의 근거가 없기 때문이다. 입법론으로서는 '보건복지부령이 정한다'라고 규정하였으면 더욱 분명하고 좋았을 것이다.[90])

오늘날 의회의 입법독점주의에서 입법중심주의로 전환하여 일정한 범위 내에서 행정입법을 허용하게 된 동기가 사회적 변화에 대응한 입법수요의 급증과 종래의 형식적 권력분립주의로는 현대사회에 대응할 수 없다는 기능적 권력분립론에 있다는 점 등을 감안하여 헌법 제40조와 헌법 제75조, 제95조의 의미를 살펴보면, 국회입법에 의한 수권이 입법기관이 아닌 행정기관에게 법률 등으로 구체적인 범위를 정하여 위임한 사항에 관하여는 당해 행정기관에게 법정립의 권한을 갖게 되고, 입법자가 규율의 형식도 선택할 수도 있다 할 것이므로, 헌법이 인정하고 있는 위임입법의 형식은 예시적인 것으로 보아야 할 것이고, 그것은 법률이 행정규칙에 위임하더라도 그 행정규칙은 위임된 사항만을 규율할 수 있으므로,

---

88) 헌재 1996. 6. 26. 93헌바2, 판례집 8-1, 525, 537.

89) 헌재 2001. 1. 18. 98헌바75 등, 판례집 13-1, 1, 17.

90) 헌재 2000. 1. 27. 99헌바23, 판례집 12-1, 62, 73-74.

국회입법의 원칙과 상치되지도 않는다. 다만, 형식의 선택에 있어서 규율의 밀도와 규율영역의 특성이 개별적으로 고찰되어야 할 것이고, 그에 따라 입법자에게 상세한 규율이 불가능한 것으로 보이는 영역이라면 행정부에게 필요한 보충을 할 책임이 인정되고 극히 전문적인 식견에 좌우되는 영역에서는 행정기관에 의한 구체화의 우위가 불가피하게 있을 수 있다. 그러한 영역에서 행정규칙에 대한 위임입법이 제한적으로 인정될 수 있다.[91)]

행정규칙은 법규명령과 같은 엄격한 제정 및 개정절차를 요하지 아니하므로, 재산권 등과 같은 기본권을 제한하는 작용을 하는 법률이 입법위임을 할 때에는 "대통령령", "총리령", "부령" 등 법규명령에 위임함이 바람직하고, 금융감독위원회의 고시와 같은 형식으로 입법위임을 할 때에는 적어도 행정규제기본법 제4조 제2항 단서에서 정한 바와 같이 법령이 전문적·기술적 사항이나 경미한 사항으로서 업무의 성질상 위임이 불가피한 사항에 한정된다 할 것이고, 그러한 사항이라 하더라도 포괄위임금지의 원칙상 법률의 위임은 반드시 구체적·개별적으로 한정된 사항에 대하여 행하여져야 한다.[92)]

---

91) 헌재 2004. 10. 28. 99헌바91, 판례집 16-2 하, 104, 118-119.
 – 반대의견(재판관 권 성, 주선회, 이상경)
 우리 헌법은 제40조에서 국회입법의 원칙을 천명하면서 예외적으로 법규명령으로 대통령령, 총리령과 부령, 대법원규칙, 헌법재판소규칙, 중앙선거관리위원회규칙을 한정적으로 열거하고 있는 한편, 우리 헌법은 그것에 저촉되는 법률을 포함한 일체의 국가의사가 유효하게 존립될 수 없는 경성헌법이므로, 법률 또는 그 이하의 입법형식으로써 헌법상 원칙에 대한 예외를 인정하여 고시와 같은 행정규칙에 입법사항을 위임할 수는 없다. 우리 헌법을 이렇게 해석한다면 위임에 따른 행정규칙은 법률의 위임 없이도 제정될 수 있는 집행명령(헌법 제75조 후단)에 의하여 규정할 수 있는 사항 또는 법률의 의미를 구체화하는 내용만을 규정할 수 있다고 보아야 하는 것이고 새로운 입법사항을 규정하거나 국민의 새로운 권리·의무를 규정할 수는 없다(판례집 16-2 하, 104, 129-130).

92) 헌재 2004. 10. 28. 99헌바91, 판례집 16-2 하, 104, 119-120.

6. 법률이 정관에 자치법적 사항을 위임한 경우 포괄위임 금지 법리 적용 가능성

헌법 제75조, 제95조의 문리해석 상 정관에 위임한 경우까지 그 적용 대상으로 하고 있지 않다. 즉 헌법상의 포괄위임입법금지 원칙은 법규적 효력을 가지는 행정입법의 제정(법규명령)을 주된 대상으로 하고 있는 것이다. 위임입법을 엄격한 헌법적 한계 내에 두는 이유는 무엇보다도 권력분립의 원칙에 따라 국민의 자유와 권리에 관계되는 사항은 국민의 대표기관이 정하는 것이 원칙이라는 법리에 기인한 것인데, 법률이 행정부가 아니거나 행정부에 속하지 않는 공법적 기관의 정관에 특정 사항을 정할 수 있다고 위임하는 경우에는 그러한 권력분립의 원칙을 훼손할 여지가 없으므로 헌법상의 포괄위임입법금지의 원칙이 원칙적으로 적용되지 않는다.[93)]

법률이 자치적인 사항을 정관에 위임할 경우 원칙적으로 헌법상의 포괄위임입법금지원칙이 적용되지 않는다 하더라도, 그 사항이 국민의 권리·의무에 관련되는 것일 경우에는, 적어도 국민의 권리와 의무의 형성에 관한 사항을 비롯하여 국가의 통치조직과 작용에 관한 기본적이고 본질적인 사항은 반드시 국회가 정하여야 한다.[94)]

---

93) 헌재 2001. 4. 26. 2000헌마122, 판례집 13-1, 962, 972-973. 헌법 제75조, 제95조의 문리해석 상 및 법리해석 상 포괄적인 위임입법의 금지는 법규적 효력을 가지는 행정입법의 제정을 그 주된 대상으로 하고 있는바, 행정부에 의한 법규사항의 제정은 입법부의 권한 내지 의무를 침해하고 자의적인 시행령 제정으로 국민들의 자유와 권리를 침해할 수 있기 때문에 엄격한 헌법적 기속을 받게 하는 것인데, 법률이 행정부가 아니거나 행정부에 속하지 않는 공법적 기관의 정관에 특정 사항을 정할 수 있다고 위임하는 경우에는 그러한 권력분립의 원칙을 훼손할 여지가 없으므로 법률이 정관에 자치법적 사항을 위임한 경우에는 헌법 제75조, 제95조가 정하는 포괄위임입법의 금지는 원칙적으로 적용되지 않는다고 봄이 상당하다.
헌재 2006. 3. 30. 2005헌바31, 판례집 18-1 상, 362, 367-368.

94) 헌재 2006. 3. 30. 2005헌바31, 판례집 18-1 상, 362, 368.

7. 위임입법의 범위와 한계

법률의 위임은 반드시 구체적이고 개별적으로 한정된 사항에 대하여 행해져야 한다. 그렇지 아니하고 일반적이고 포괄적인 위임을 한다면 이는 사실상 입법권을 백지위임하는 것이나 다름없이 의회입법의 원칙이나 법치주의를 부인하는 것이 되고 행정권의 부당한 자의와 기본권행사에 대한 무제한적 침해를 초래할 위험이 있기 때문이다. 헌법 제75조도 "대통령령은 법률에서 구체적인 범위를 정하여 위임받은 사항과 법률을 집행하기 위하여 필요한 사항에 관하여 대통령령을 발할 수 있다"고 규정하여 위임입법의 근거와 아울러 그 범위와 한계를 제시하고 있다. 여기서 법률에서 구체적인 범위를 정하여 위임받은 사항이란 법률에 이미 대통령령으로 규정될 내용 및 범위의 기본사항이 구체적으로 규정되어 있어서 누구라도 당해 법률로부터 대통령령에 규정될 내용의 대강을 예측할 수 있어야 함을 의미한다.[95)]

8. 입법권자에 대한 한계와 법규명령 제정자에 대한 한계

위임입법의 내용에 관한 헌법적 한계는 그 수범자가 누구냐에 따라 입법권자에 대한 한계와 수권법률에 의해 법규명령을 제정하는 수임자에 대한 한계로 구별할 수 있다. 즉, 국회가 법률에 의하여 입법권을 위임하는 경우에도 헌법 등 상위규범에 위반해서는 아니 된다는 것이 전자의 문

---

95) 헌재 1996. 8. 29. 95헌바36, 판례집 8-2, 90, 99.
헌법 제75조도 "대통령은 법률에서 구체적으로 범위를 정하여 위임받은 사항에 관하여 대통령령을 발할 수 있다"라고 규정함으로써 위임입법의 근거를 마련함과 동시에 위임은 반드시 구체적 개별적으로 행하여질 것을 요구하고 있다. 헌재 2001. 1. 18. 98헌바75 등, 판례집 13-1, 1, 18

제이고, 반면에 법률의 우위원칙에 따른 위임입법의 내용적 한계는 후자에 속한다. 일반적으로 위임입법의 내용적 한계라고 하는 경우에는 주로 후자가 문제되고 있다. 그러므로 위임명령의 내용은 수권법률이 수권한 규율대상과 목적의 범위 안에서 정해야 하는데 이를 위배한 위임명령은 위법이라고 평가되며, 여기에서 모법의 수권조건에 의한 위임명령의 한계가 도출된다. 즉, 모법상 아무런 규정이 없는 입법사항을 하위명령이 규율하는 것은 위임입법의 한계를 위배하는 것이다.[96)]

9. 입법사항을 총리령이나 부령에 위임할 수 있는지 여부

헌법 제75조는 대통령에 대한 입법권한의 위임에 관한 규정이지만, 국무총리나 행정각부의 장으로 하여금 법률의 위임에 따라 총리령 또는 부령을 발할 수 있도록 하고 있는 헌법 제95조의 취지에 비추어 볼 때, 입법자는 법률에서 구체적으로 범위를 정하기만 한다면 대통령령뿐만 아니라 부령에 입법사항을 위임할 수도 있다.[97)]

10. 재위임의 한계

법률에서 위임받은 사항을 전혀 규정하지 않고 재위임하는 것은 위임금지의 법리에 반할 뿐 아니라 수권법의 내용변경을 초래하는 것이 되고, 부령의 제정·개정절차가 대통령령에 비하여 보다 용이한 점을 고려할 때 재위임에 의한 부령의 경우에도 위임에 의한 대통령령에 가해지는 헌법상의 제한이 당연히 적용되어야 할 것이므로, 법률에서 위임받은 사항을 전혀 규정하지 아니하고 그대로 재위임하는 것은 허용되지 않으며 위임받은

96) 헌재 1997. 4. 24. 95헌마273, 판례집 9-1, 487, 495.

97) 헌재 1998. 2. 27. 97헌마64, 판례집 10-1, 187, 194.

사항에 관하여 대강을 정하고 그 중의 특정사항을 범위를 정하여 하위법령에 다시 위임하는 경우에만 재위임이 허용된다.[98]

11. 조세법규 위임의 한계

조세법률주의의 이념에 비추어 국민의 재산권을 직접적으로 제한하거나 침해하는 내용의 조세법규에 있어서는 일반적인 급부행정법규에서와는 달리, 그 위임의 요건과 범위가 보다 엄격하고 제한적으로 규정되어야 한다.[99]

12. 처벌법규 위임의 한계

범죄와 형벌에 관한 사항에 있어서도 위임입법의 근거와 한계에 관한 헌법 제75조는 적용되는 것이고, 다만 법률에 의한 처벌법규의 위임은, 헌법이 특히 인권을 최대한 보장하기 위하여 죄형법정주의와 적법절차를 규정하고, 법률에 의한 처벌을 강조하고 있는 기본권보장 우위사상에 비추어 바람직하지 못한 일이므로, 그 요건과 범위가 보다 엄격하게 제한적으로 적용되어야 하는바, 따라서 처벌법규의 위임을 하기 위하여는 첫째, 특히 긴급한 필요가 있거나 미리 법률로써 자세히 정할 수 없는 부득이한 사정이 있는 경우에 한정되어야 하며, 둘째, 이러한 경우에도 법률에서 범죄의 구성요건은 처벌대상행위가 어떠한 것일 것이라고 예측할 수 있을 정도로 구체적으로 정하고, 셋째, 형벌의 종류 및 그 상한과 폭을 명백히 규정하여야 하되, 위임입법의 위와 같은 예측가능성의 유무를 판단함에 있어서는 당해 특정 조항 하나만을 가지고 판단할 것

98) 헌재 1996. 2. 29. 94헌마213, 판례집 8-1, 147, 163.
99) 헌재 1994. 7. 29. 92헌바49 등, 판례집 6-2, 64, 101.

이 아니고 관련 법조항 전체를 유기적·체계적으로 종합하여 판단하여야 한다.[100]

13. 조례에 대한 위임의 한계

조례의 제정권자인 지방의회는 선거를 통해서 그 지역적인 민주적 정당성을 지니고 있는 주민의 대표기관이고 헌법이 지방자치단체에 포괄적인 자치권을 보장하고 있는 취지로 볼 때, 조례에 대한 법률의 위임은 법규명령에 대한 법률의 위임과 같이 반드시 구체적으로 범위를 정하여 할 필요가 없으며 포괄적인 것으로 족하다.[101]

14. 법률의 명확성 원칙과의 관계

헌법 제75조는 "대통령은 법률에서 구체적으로 범위를 정하여 위임받은 사항과 법률을 집행하기 위하여 필요한 사항에 관하여 대통령령을 발할 수 있다"고 규정함으로써 위임입법의 근거를 마련함과 동시에, 위임은 구체적으로 범위를 정하여 하도록 하여 그 한계를 제시하고 있다. 이는 행정부에 입법을 위임하는 수권법률의 명확성 원칙에 관한 것으로서, 법률의 명확성 원칙이 행정입법에 관하여 구체화된 특별규정이라고 할 수 있다. 따라서 합리적인 법률해석을 통하여 수권법률에 표현된 입법자의 객관화된 의사, 즉 위임의 내용, 목적과 정도가 밝혀질 수 있다면 위임입법의 한계를 일탈한 것이 아니다.[102]

수권법률에 대하여 명확성의 원칙에 의한 심사와 포괄위임입법금지의

---

100) 헌재 1991. 7. 8. 91헌가4, 판례집 3, 336, 341.

101) 헌재 1995. 4. 20. 92헌마264 등, 판례집 7-1, 564, 572.

102) 헌재 1999. 4. 29. 94헌바37, 판례집 11-1, 289, 325-326.

원칙에 의한 심사는 합치하여 이루어지기도 하지만, 원칙적으로 양립하여 심사가 이루어진다.[103] 특히 처벌내용에 관한 수권법률의 경우가 그러하다.

Ⅹ. 소급입법금지의 원칙

1. 형벌불소급 원칙의 적용범위

헌법 제12조 제1항 후단은 '… 법률과 적법한 절차에 의하지 아니하고는 처벌·보안처분 또는 강제노역을 받지 아니한다'라고 규정하고, 제13조 제1항 전단은 '모든 국민은 행위시의 법률에 의하여 범죄를 구성하지 않는 행위로 소추되지 아니하며…'라고 하여 죄형법정주의와 형벌불소급의 원칙을 규정하고 있다. 헌법 제12조 제1항과 제13조 제1항의 근본 뜻은 형벌법규는 허용된 행위와 금지된 행위의 경계를 명확히 설정하여 어떠한 행위가 금지되어 있고, 그에 위반한 경우 어떠한 형벌이 정해져 있는가를 미리 개인에 알려 자신의 행위를 그에 맞출 수 있도록 하자는 데 있다. 이로써 위 헌법조항은 실체적 형사법 영역에서의 어떠한 소급효력도 금지하고 있고, '범죄를 구성하지 않는 행위'라고 표현함으로써 절대적 소급효금지의 대상은 '범죄구성요건'과 관련되는 것임을 밝히고 있다.[104]

2. 공소시효와 형벌불소급의 원칙

헌법의 규정은 '행위의 가벌성'에 관한 것이기 때문에 소추가능성에만 연관될 뿐, 가벌성에는 영향을 미치지 않는 공소시효에 관한 규정은 원칙적으로 그 효력범위에 포함되지 않는다. 행위의 가벌성은 행위에 대한 소

103) 헌재 2010. 2. 25. 2008헌가6, 판례집 22-1 상, 1.

104) 헌재 1996. 2. 16. 96헌가2 등, 판례집 8-1, 51, 82-83.

추가능성의 전제조건이지만 소추가능성은 가벌성의 조건이 아니므로, 공소시효의 정지규정을 과거에 이미 행한 범죄에 대하여 적용하도록 하는 법률이라 하더라도 그 사유만으로 헌법 제12조 제1항 및 제13조 제1항에 규정한 죄형법정주의의 파생원칙인 형벌불소급의 원칙에 언제나 위배되는 것으로 단정할 수는 없다.[105)]

3. 시혜적인 소급입법에 대한 입법형성권

헌법상의 기본원칙인 죄형법정주의나 법치주의로부터 도출되는 신체의 자유와 법적 안정성 및 신뢰보호의 원칙상 모든 법규범은 현재와 장래에 한하여 효력을 가지는 것이기 때문에 소급입법에 의한 처벌은 원칙적으로 금지 내지 제한되지만, 신법이 피적용자에게 유리한 경우에 이른바 "시혜적인 소급입법을 할 것인지의 여부는 입법재량의 문제로서 그 판단은 일차적으로 입법기관에 맡겨져 있는 것이므로, 이와 같은 시혜적 조치를 할 것인가를 결정함에 있어서는 국민의 권리를 제한하거나 새로운 의무를 부과하는 경우와는 달리 입법자에게 보다 광범위한 입법형성의 자유가 인정된다. 입법자는 입법목적, 사회실정이나 국민의 법감정, 법률의 개정이유나 경위 등을 참작하여 시혜적 소급입법을 할 것인가 여부를 결정할 수 있고, 그 판단은 존중되어야 하며, 그 결정이 합리적 재량의 범위를 벗어나 현저하게 불합리하고 불공정한 것이 아닌 한 헌법에 위반된다고 할 수 없다.[106)]

4. 소급과세입법의 금지

헌법 제13조 제2항은 "모든 국민은 소급입법에 의하여… 재산권을 박탈당하지 아니한다"고 규정하고 있으므로, 새로운 입법으로 과거에 소급하

---

105) 헌재 1996. 2. 16. 96헌가2 등, 판례집 8-1, 51, 83-84.

106) 헌재 1998. 11. 26. 97헌바65, 판례집 10-2, 685, 694.

여 과세하거나 또는 납세의무가 존재하는 경우에도 소급하여 중과세하도록 하는 것은 위 헌법조항에 위반된다.107)

5. 소급입법에 의한 재산권박탈금지원칙의 적용범위

일반적으로 과거의 사실 또는 법률관계를 규율하기 위한 소급입법의 태양에는 이미 과거에 완성된 사실 또는 법률관계를 규율의 대상으로 하는 이른바 '진정소급효의 입법'과 이미 과거에 시작하였으나 아직 완성되지 아니하고 진행과정에 있는 사실 또는 법률관계를 규율의 대상으로 하는 이른바 '부진정소급효의 입법'이 있으며, 소급입법에 의한 재산권의 박탈이 금지되는 것은 전자인 진정소급효의 입법이고 소위 부진정소급효의 입법의 경우에는 원칙적으로 허용되는 것이다.108)

6. 진정소급입법과 부진정소급입법의 구별 및 그 허용 여부

소급입법은 새로운 입법으로 이미 종료된 사실관계 또는 법률관계에 작용케 하는 진정소급입법과 현재 진행중인 사실관계 또는 법률관계에 작용케 하는 부진정소급입법으로 나눌 수 있는바, 부진정소급입법은 원칙적으로 허용되지만 소급효를 요구하는 공익상의 사유와 신뢰보호의 요청 사이의 교량과정에서 신뢰보호의 관점이 입법자의 형성권에 제한을 가하게 되는 데 반하여, 기존의 법에 의하여 형성되어 이미 굳어진 개인의 법적 지위를 사후입법을 통하여 박탈하는 것 등을 내용으로 하는 진정소급입법은 개인의 신뢰보호와 법적 안정성을 내용으로 하는 법치국가원리에 의하여 특단의 사정이 없는 한 헌법적으로 허용되지 아니하는 것이 원칙이고,

---

107) 헌재 1995. 3. 23. 93헌바18 등, 판례집 7-1, 376, 383.
108) 헌재 1997. 6. 26. 96헌바94, 판례집 9-1, 631, 639.

다만 일반적으로 국민이 소급입법을 예상할 수 있었거나 법적 상태가 불확실하고 혼란스러워 보호할 만한 신뢰이익이 적은 경우와 소급입법에 의한 당사자의 손실이 없거나 아주 경미한 경우 그리고 신뢰보호의 요청에 우선하는 심히 중대한 공익상의 사유가 소급입법을 정당화하는 경우 등에는 예외적으로 진정소급입법이 허용된다.[109]

XI. 적법절차원칙

1. 적법절차원칙의 내용 및 적용범위

우리 헌법 제12조 제1항 후문은 "누구든지 법률에 의하지 아니하고는 체포·구속·압수·수색 또는 심문을 받지 아니하며, 법률과 적법한 절차에 의하지 아니하고는 처벌·보안처분 또는 강제노역을 받지 아니한다"고 규정하여 적법절차의 원칙을 헌법원리로 수용하고 있는바, 이 적법절차의 원칙은 법률이 정한 형식적 절차와 실체적 내용이 모두 합리성과 정당성을 갖춘 적정한 것이어야 한다는 실질적 의미를 지니고 있는 것으로서 특히 형사소송절차와 관련시켜 적용함에 있어서는 형사소송절차의 전반을 기본권 보장의 측면에서 규율하여야 한다는 기본원리를 천명하고 있는 것으로 이해하여야 한다.[110]

적법절차는 비단 신체의 자유(헌법 제12조)에서만이 아니고 모든 기본권보장과 관련이 있는 것이고, 법치주의의 구체적 실현원리라고 할 것이다.[111]

적법절차의 원칙은 공권력에 의한 국민의 생명·자유·재산의 침해는

109) 헌재 1999. 7. 22. 97헌바76 등, 판례집 11-2, 175, 193.
110) 헌재 1992. 12. 24. 92헌가8, 판례집 4, 853, 876-877.
111) 헌재 1992. 11. 12. 91헌가2, 판례집 4, 713, 722.

반드시 합리적이고 정당한 법률에 의거해서 정당한 절차를 밟은 경우에만 유효하다는 원리로서, 1987. 10. 29. 공포된 9차 개정헌법에서 처음으로 인신보호를 위한 헌법상의 기속원리로 채택되었는데, 그 의미는 누구든지 합리적이고 정당한 법률의 근거가 있고 적법한 절차에 의하지 아니하고는 체포·구속·압수·수색을 당하지 아니함은 물론, 형사처벌 및 행정벌과 보안처분, 강제노역 등을 받지 아니한다고 이해되는바, 이는 형사절차상의 제한된 범위 내에서만 적용되는 것이 아니라 국가작용으로서 기본권 제한과 관련되든 아니든 모든 입법작용 및 행정작용에도 광범위하게 적용된다고 해석하여야 한다.[112)]

2. 기본권제한의 법률유보원리로서 적법절차원칙

헌법 제12조 제1항 후문과 제3항은 적법절차의 원칙을 헌법상 명문규정으로 두고 있는데 이는 현행 헌법에서 처음으로 영미법계의 국가에서 국민의 인권을 보장하기 위한 기본원리의 하나로 발달되어 온 적법절차의 원칙을 도입하여 헌법에 명문화한 것이며, 미국 수정헌법 제5조 제3문과 1868년 미국 수정헌법 제14조에 명문화되어 미국헌법의 기본원리의 하나로 자리잡고 모든 국가작용을 지배하는 일반원리로 해석·적용되는 중요한 원칙으로서, 오늘날에는 독일 등 대륙법계의 국가에서도 이에 상응하여 일반적인 법치국가원리 또는 기본권제한의 법률유보원리로 정립되게 되었다.[113)]

현행 헌법에 규정된 적법절차의 원칙을 어떻게 해석할 것인가에 대하여 표현의 차이는 있지만 대체적으로 적법절차의 원칙이 독자적인 헌법원리의 하나로 수용되고 있으며 이는 절차의 적법성뿐만 아니라 절차의 적정성까지 보장되어야 한다는 뜻으로 이해하는 것이 마땅하다. 다시 말하면

---

112) 헌재 2001. 11. 29. 2001헌바41, 판례집 13-2, 699, 703-704.

113) 헌재 1992. 12. 24. 92헌가8, 판례집 4, 853, 876.

형식적인 절차뿐만 아니라 실체적 법률내용이 합리성과 정당성을 갖춘 것이어야 한다는 실질적인 의미로 확대 해석하고 있다. 이러한 적법절차의 원리가 형사절차 이외 행정절차에도 적용되는가에 관하여 우리 헌법재판소는 이 적법절차의 원칙의 적용범위를 형사소송절차에 국한하지 않고 모든 국가작용에 대하여 문제된 법률의 실체적 내용이 합리성과 정당성을 갖추고 있는지 여부를 판단하는 기준으로 적용된다고 판시하고 있다.[114]

3. 적법절차원칙에서 도출되는 절차적 요청

적법절차원칙에서 도출할 수 있는 가장 중요한 절차적 요청 중의 하나로, 당사자에게 적절한 고지(告知)를 행할 것, 당사자에게 의견 및 자료 제출의 기회를 부여할 것을 들 수 있겠으나, 이 원칙이 구체적으로 어떠한 절차를 어느 정도로 요구하는지는 일률적으로 말하기 어렵고, 규율되는 사항의 성질, 관련 당사자의 사익(私益), 절차의 이행으로 제고될 가치, 국가작용의 효율성, 절차에 소요되는 비용, 불복의 기회 등 다양한 요소들을 형량하여 개별적으로 판단할 수밖에 없을 것이다.[115]

4. 적법절차의 의미와 과잉금지 원칙의 관계

현행 헌법에서는 제12조 제1항의 처벌, 보안처분, 강제노역 등 및 제12조 제3항의 영장주의와 관련하여 각각 적법절차의 원칙을 규정하고 있지만 이는 그 대상을 한정적으로 열거하고 있는 것이 아니라 그 적용대상을 예시한 것에 불과하다. 적법절차의 원칙이 독자적인 헌법원리의 하나로 수용되고 있으며 이는 형식적인 절차뿐만 아니라 실체적 법률내용이 합리성과 정

114) 헌재 1998. 5. 28. 96헌바4, 판례집 10-1, 610, 617-618.

115) 헌재 2003. 7. 24. 2001헌가25, 판례집 15-2 상, 1, 18.

당성을 갖춘 것이어야 한다는 실질적 의미로 확대 해석하고 있으며 법률이 정한 절차와 그 실체적인 내용이 합리성과 정당성을 갖춘 적정한 것이어야 한다는 것으로 이해한다면, 그 법률이 기본권의 제한입법에 해당하는 한 헌법 제37조 제2항의 일반적 법률유보조항의 해석상 요구되는 기본권제한법률의 정당성 요건과 개념상 중복되는 것으로 볼 수도 있을 것이나, 현행 헌법이 명문화하고 있는 적법절차의 원칙은 단순히 입법권의 유보제한이라는 한정적인 의미에 그치는 것이 아니라 모든 국가작용을 지배하는 독자적인 헌법의 기본원리로서 해석되어야 할 원칙이라는 점에서 입법권의 유보적 한계를 선언하는 과잉입법금지의 원칙과는 구별된다고 할 것이다.[116)]

적법절차의 원칙이 법률의 위헌 여부에 관한 심사기준으로 작용하는 경우 특히 형사소송절차에서는 법률에 따른 형벌권의 행사라고 할지라도 신체의 자유의 본질적인 내용을 침해하지 않아야 할 뿐 아니라 비례의 원칙이나 과잉입법금지의 원칙에 반하지 아니하는 한도 내에서만 그 적정성과 합헌성이 인정된다는 의미를 가진다.[117)]

6. 평 가

(1) 실체적 적법절차

헌법 제37조 제2항 상의 과잉금지원칙을 고려할 때, 나아가 사실상 실체적 적법절차가 구현하고자 하는 목적과 동일하게 우리 헌법재판소가 채택하고 있는 법률의 실체적 내용에 관한 여러 가지 심사기준들을 함께 고려할 때, 기본권제한의 헌법적 정당성을 심사하는 데 있어서 미국 헌법상의 실체적 적법절차를 원용하는 것은 우리 헌법구조상 무의미하다고 본다. 우리 헌법 제37조 제1항과 유사하게 미국 수정헌법 제9조는 어떤 권

116) 헌재 1992. 12. 24. 92헌가8, 판례집 4, 853, 876-878.

117) 헌재 2004. 9. 23. 2002헌가17 등, 판례집 16-2 상, 379, 389-390.

리가 헌법에 열거되어 있다고 하여 열거되지 않은 국민보유의 권리들을 부인하거나 경시하는 것으로 해석되어서는 아니된다고 규정하고 있다. 그러나 미국헌법은 우리 헌법 제37조 제2항과 같은 규정은 가지고 있지 아니하다. 따라서 미국헌법 하에서 실체적 적법절차가 기능할 영역은 넓다. 즉, 미국에서는 실체적 적법절차가 모든 기본권제한에 관한 실체적 내용의 정당성심사에 원용될 여지도 있고, 적어도 미국 연방대법원이 발견하고 있는 근본적인 권리로서 미국헌법에 열거되지 않은 기본권의 심사에 그 적용의 의의를 찾을 수도 있다. 하지만 실체적 적법절차가 추구하는 지표인 기본권제한 법률의 실체적 내용에 관한 헌법적 정당성은 우리 헌법 하에서 대부분 과잉금지원칙 심사로 대체하게 된다고 말할 수 있다.

(2) 절차적 적법절차

그러나 절차적 적법절차는 우리 헌법 아래에서도 필요충분한 의미를 가진다. 따라서 우리 헌법재판소의 다음과 같은 논지는 정당하다 할 것이다. 적법절차원칙에서 도출할 수 있는 가장 중요한 절차적 요청 중의 하나로, 당사자에게 적절한 고지(告知)를 행할 것, 당사자에게 의견 및 자료 제출의 기회를 부여할 것을 들 수 있겠으나, 이 원칙이 구체적으로 어떠한 절차를 어느 정도로 요구하는지는 일률적으로 말하기 어렵고, 규율되는 사항의 성질, 관련 당사자의 사익(私益), 절차의 이행으로 제고될 가치, 국가작용의 효율성, 절차에 소요되는 비용, 불복의 기회 등 다양한 요소들을 형량하여 개별적으로 판단할 수밖에 없을 것이다.[118]

---

118) 헌재 2003. 7. 24. 2001헌가25, 판례집 15-2 상, 1, 18.

입법자에 대한 연방헌법재판소 규범폐기재판의 기속력*

슈테판 코리오트**
허 완 중 옮김***

I

연방헌법재판소가 규범의 위헌성을 확인하고 나서, 입법자는 연방헌법재판소가 이미 폐기한(verworfen) 규범과 내용이 같은 법률을 새롭게 제정

---

* Die Bindungswirkung normverwerfender Entscheidungen des Bundesverfassungsgerichts für den Gesetzgeber: Der Staat 30 (1991), S. 549-571. 본 논문은 연방헌법재판소재판의 기속력이 입법자에게 미치지 않는다는 것을 구체적이고 충실한 논증을 통해서 철저하게 밝혀낸 아주 탁월한 논문이다. 그래서 이러한 문제를 논의할 때에 본 논문은 언제나 빠짐없이 언급되고 참조된다. 스승인 클라우스 슐라이히(Klaus Schlaich)의 책이라고 하면서 학설 변경 없이 새로운 판례와 문헌을 추가하고 가끔 표현과 구성만 바꾸는 식으로만 개정하는 헌법재판 교과서에서도 지은이는 예외적으로 이와 관련된 부분은 본 논문의 내용으로 바꿨다(*Klaus Schlaich*/*Stefan Korioth*, Das Bundesverfassungsgericht – Stellung, Verfahren, Entscheidungen, 8. Aufl., München 2010, Rdnr. 484).

본 번역문에서는 입법자가 규범을 폐지하는 것(Aufhebung, aufheben)과 구별하기 위해서 연방헌법재판소가 규범의 무효를 확인하는 것(Verwerfung, verwerfen)을 '폐기'라고 번역하였다. Kassation은 주체가 연방헌법재판소인지 입법자인지에 따라 각각 '폐기'와 '폐지'로 번역하였다. 그리고 'Entscheidung'은 '재판', 'Urteil'은 '판결', 'Beschluss'는 '결정'으로 각각 번역하였다. 판결은 구두변론을 한 때이고, 결정은 구두변론을 하지 않은 때이며(독일연방헌법재판소법 제25조 제2항), 판결과 결정을 포괄하는 용어가 재판이다. 번역은 직역을 원칙으로 하고, 의미를 쉽게 전달하기 위해서 부분적으로 의역하였으며, 의미를 위해서 삽입한 부분은 [ ]로 표시하였다.

할 수 있는가? 입법자는 규범내용을 반복하는 법률을 통해서 연방헌법재판소의 헌법해석에서 벗어날 수 있는가? 연방헌법재판소는 현재까지 이 문제를 오로지 세 개의 재판에서만 다루었다. 특히 연방헌법재판소의 첫 번째 중요한 재판인 1951년 10월 23일 남서지방판결(Südweststaats-Urteil)에서 연방헌법재판소는 논증 없이 아주 확실하게 언급하였다: "법규정이 독일기본법에 어긋나면, 연방헌법재판소법 제78조를 따라서 연방헌법재판소

** Prof. Dr. jur. Stefan Korioth, 독일 뮌헨대학교 법과대학 교수.

지은이는 독일 만하임과 본에서 법학을 공부하였고, 1990년 본대학교(Friedrich-Wilhelms-Universität Bonn)에서 "통합과 연방국가－국법학과 헌법학에 대한 루돌프 스멘트의 공헌(Integration und Bundesstaat－Ein Beitrag zur Staats- und Verfassungslehre Rudolf Smends)"이라는 주제로 박사학위를 받았으며, 1996년 같은 대학교에서 "연방과 주들 사이의 재정조정(Der Finanzausgleich zwischen Bund und Ländern)"이라는 주제로 교수자격을 취득하였다. 1996년부터 2000년까지 그라이프스발트대학교(Ernst-Moritz-Arndt-Universität Greifswald) 법과대학 교수로 재직하였고, 2000년 9월 1일부터 뮌헨대학교(Ludwig-Maximilians-Universität München) 법과대학 교수로 재직 중이다(공법과 교회법 연구실[Lehrstuhl für Öffentliches Recht und Kirchenrecht] 소유). 지은이는 클라우스 슐라이히의 수제자로서 가장 권위 있는 헌법소송법 교과서인 "연방헌법재판소－지위, 절차, 재판"(이 책 제4판을 정태호 교수가 번역하여 "독일헌법재판론－독일연방헌법재판소의 지위·절차·재판－"이라는 제목으로 2001년 미리교역에서 출판되었다)을 2001년 제5판부터 이어받아 쓰고 있다(2010년 제8판 출간). 지은이는 재정헌법, 헌법소송법, 종교의 자유와 교회법, 루돌프 스멘트(Rudolf Smend)와 통합론, 헌법사를 주로 연구하고 있다. 지은이가 (갑작스러운 발병으로 발표는 못 하였지만) 2010년 7월 16일 제헌 62주년 기념 국제학술대회를 위해서 준비한 영문발표문("German Grundgesetz－Continuity and Development of a Constitution")과 그 한글번역문("독일 기본법－헌법의 지속성과 발전")이 한국헌법학회에서 2010년 9월 30일에 간행한 헌법학연구 제16권 제3호에 수록되었다(239～254쪽[발표문], 255～268쪽[번역문]).

*** Dr. jur. Heo, Wan-Jung, 고려대학교 법학연구원 연구교수, 법학박사.

옮긴이는 2008년 5월 지은이의 지도를 받아 "헌법재판소결정이 입법자를 구속하는 범위와 한계(Umfang und Grenzen der gesetzgeberischen Bindung durch verfassungsgerichtliche Entscheidung)"라는 주제로 독일 뮌헨대학교 법과대학에서 박사학위를 취득하였다. 옮긴이는 지은이가 2009년 12월 10일 대만 사법원에서 강연한 논문인 "Die Kunst der Tenorierung - Die Entscheidungsvarianten des Bundesverfassungsgerichts bei Normbeanstandungen"을 번역한 적이 있다("주문선택의 기술－규범의 위헌성을 확인하였을 때에 연방헌법재판소의 변형재판－", 「헌법판례연구」 제11권, 박영사, 2010, 223－244쪽).

는 법규정의 무효를 확인하여야 한다. … 이러한 언급(Ausspruch: 판결주문에서 언급된 것)은 … 수반되는 중요한 재판이유(tragende Entscheidungsgründe)와 함께 … 연방헌법재판소법 제31조를 따라서 같은 내용의 연방법률을 입법기관이 다시 심의·의결하고 연방대통령이 공포할 수 없다는 방식으로 모든 연방헌법기관을 구속한다."[1] [그러나] 이러한 확인은 방론(부수적 의견: obiter dichtum)이었다. 독일기본법에 바로 2년 전에 규정된 입법자의 구속이 재판에서 중요한 것이 아니었고 그러한 것일 수도 없었다. 입법자가 [구속에서] 벗어날 수 있었던 연방헌법재판소의 규범통제재판(Normenkontrollentscheidung)은 아직 없었다. 적어도 입법자에 대한 규범통제재판의 의무부과적(verpflicht-end) 효력에 대한, 부수적으로 관련된 이전의 이러한 언급에서 연방헌법재판소가 규범폐기재판에 따른 입법적 반복행위 금지를 자명한 것으로 여긴다는 것을 인식할 수 있다. 이것은 확장된 논의에 오랫동안 큰 영향을 미쳤다. 연방헌법재판소법 제31조의 기속력(Bindungswirkung)이 재판주문(Entschei-dungstenor) 이외에 중요한 재판이유에도 주어진다는 연방헌법재판소의 견해[2]는 다른 법원들[3]뿐 아니라 문헌[4]에서도 여러 차례 반대에 부딪혔다.

---

1) BVerfGE 1, 14 (36f.).

2) BVerfGE 19, 377 (392); 20, 56 (87); 40, 88 (93f.); 79, 256 (264)에서 볼 수 있듯이 이후 재판들이 이것을 재삼 확인하고 계속 발전시켰다. BVerfGE 36, 1 (36) (기본조약판결)은 특별함이 있다. 여기서 연방헌법재판소는 모든 이유를 중요한 재판이유로 선언하였다. 이러한 점에 대한 비판은 *M. Kriele*, Recht und Politik in der Verfassungsrechtsprechung: NJW 1976, S. 777 (779).

3) 특히 BGHZ - GS - 13, 265 (277ff.).

4) 그 사이에 오로지 헌법재판소재판의 주문만이 연방헌법재판소법 제31조 제1항의 수범자들을 구속한다는 것은 문헌에서 지배적 견해라고 볼 수 있게 되었다. *N. Wischermann*, Rechtskraft und Bindungswirkung verfassungsgerichtlicher Entscheidungen, 1979, S. 57ff.; *W. Hoffmann-Riem*, Beharrung oder Innovation – Zur Bindungswirkung verfassungsrechtlicher Entscheidungen: Der Staat 13 (1974), S. 335ff.; *M. Sachs*, Die Bindung des BVerfG an seine Entscheidungen, 1977, S. 111; *C. Langfried*, Bundesverfassungsgericht und Gesetzgeber, 1984, S. 171ff.; *K. Schlaich*, Das Bundesverfassungsgericht, 1985, S. 204ff.; *K. A. Bettermann*, Richterliche Normenkontrolle als negative Gesetzgebung?: DVBl. 1982, S. 91 (95).

그러나 동일규범반복제정금지(Normwiederholungsverbot)는 한 번도 의심되지 않았다.[5] 그래서 1985년에 연방헌법재판소 제2재판부(Senat)는 동일규범반복제정금지를 (다시 재판의 방론에서) 완전히 자명한 것으로 또 한 번 언급하고, 1951년의 최초재판을 인용하면서 명확하게 확인할 수 있었다.[6]

이러한 재판들이 언급하는 입법자에 대한 포괄적인 구속 안에서 확고하고 바뀌지 않는, 헌법과 헌법재판소재판에 대한 이해가 드러난다. 일단 폐기되었던 것은 반복될 수 없다. 즉 위헌인 것은 위헌으로 계속 남는다. 놀랍게도 연방헌법재판소는 최근에 자기가 내린 재판에서 동일규범반복제정금지를 스스로 부정하였다. 1987년 10월 6일 근로진흥법 제12a조에 대한 재판에서 연방헌법재판소 제1재판부는 제2재판부의 35년 전 견해에 반대하였다: "연방헌법재판소법 제31조와 규범을 폐기하는 헌법재판소재판의 확정력(Rechtskraft)이 입법자가 내용이 같거나 비슷한 새로운 규율을 의결하는 것을 방해하지 않는다."[7] 현재까지의 판례를 따르면 이러한 문장은

5) 이러한 평가에 대해서는 *M. Sachs*, Der Fortbestand der Fristenlösung für die DDR und das Abtreibungsurteil des BVerfG: DtZ 1990, S. 193 (197 mit FN 45) 참조. 명확하게 *W. Seuffert*, Über Gesetzgebung, Rechtsprechung und Bindungswirkungen: AöR 104 (1979), S. 169 (190)도 동일규범반복제정금지를 판결의 형성력 때문에 이미 '자명한' 것으로 본다. 동일규범반복제정금지에 대한 문헌 중에서 무엇보다도 *W. Geiger*, Kommentar zum BVerfGG, 1952, § 31 Anm. b); *ders.*, Die Grenzen der Bindung verfassungsrechtlicher Entscheidungen (§ 31 Abs. 1 BVerfGG): NJW 1954, S. 1057ff.; *ders.*, Einige Besonderheiten im verfassungsgerichtlichen Prozeß, 1981, S. 32f.; *M. Kriele*, Theorie der Rechtsgewinnung, 2. Aufl. 1976, S. 294ff.; *K. Lange*, Rechtskraft, Bindungswirkung und Gesetzeskraft der Entscheidungen des BVerfG: JuS 1978, S. 1 (4); *W. Löwer*, Zuständigkeiten und Verfahren des BVerfG, in: J. Isensee/P. Kirchhof (Hrsg.), HStR, Bd. II, 1987, S. 796; *K. Stern*, in: BK, Art. 100 Rdnr. 202; *K. Vogel*, Rechtskraft und Gesetzeskraft der Entscheidungen des BVerfG, in: BVerfG und GG, Bd. I, 1976, S. 568 (589). *G. Leibholz/R. Rupprecht*, BVerfGG, 1968, § 31 Anm. 1도 참조.

6) BVerfGE 69, 112 (115ff.) – 여기서도 행정소송적 규범통제절차와 관련된다.

7) BVerfGE 77, 84 (103); 이에 대해서는 *J. Berkemann*, Aus der Rechtsprechung des BVerfG: JR 1988, S. 230 (236f.); *V. Busse*, Kontinuität und Wandelbarkeit in der verfassungsgerichtlichen Judikatur: ZG 1988, S. 353ff.; *P. Gerber*, Die Rechts-

획기적이라고 말할 수 있다. 새롭게 방론으로 언급된 것이므로, 물론 이러한 언급의 효력은 약해진다.[8] 그럼에도, 이 문제가 연방헌법재판소에 얼마나 중요한 것인지는, 입법자의 결정자유(Entscheidungsfreiheit)를 특히 강하게 강조하면서 더 나중 시점에 선고된 일련의 다른 재판들에 삽입된, 문제의 핵심에 지향된 간명한 논증을 연방헌법재판소가 자기 명제(These)에 부가하였던 것에서 나타난다.[9] 독일기본법 제20조 제3항은 입법권을 그에 반대되는 일반법률적(einfachgesetzlich) 법이 아니라 오로지 헌법합치적 질서에 구속하게 한다고 한다. 그래서 연방헌법재판소법 제31조 제1항에서 일반법률로 규정된 기속력이 "입법자가 같은 내용의 새로운 규율이 필요하다고 생각하면, 그러한 규율의 의결을 통해서 형성자유(Gestaltungsfreiheit)와 형성책임(Gestaltungsverantwortung)을 충족시키는 것"을 입법자에게 금지할 수 없다고 한다.[10] 이러한 견해를 연방헌법재판소는 더 확장된 기능적 관점을 통해서 보강한다. 법을 바뀌는 '사회적 요구와 사회적 질서관념'에 적응시키는 것은 특별한 책임을 지는 입법자라고 한다. 연방헌법재판소가 자발적으로(aus eigener Initiative) 고칠 수 없는 연방헌법재판소판례의 고정(Festschreiben)은 법치국가적 및 사회국가적 민주주의와 일치할 수 없는 '법발전의 고착화(Erstarrung)'로 나타날 것이라고 한다.[11]

이러한 세 번째 재판과 함께 동일규범반복제정금지는 연방헌법재판소의 재판부 사이에서 논쟁거리가 되었다. 연방헌법재판소의 제2재판부가

---

setzungsdirektiven des BVerfG: DÖV 1989, S. 698 (704ff.); *M. Sachs*, Anm. zu BVerfGE 75, 166: JuS 1988, S. 981ff.; *ders.*, Fortbestand (FN 5), S. 193ff.

8) 합헌으로 결정되었던 규정인 노동지원법(AFG: Arbeitsförderungsgesetz) 제12a조는 BVerfGE 21, 261에서 위헌으로 선언되었던 규범의 반복이 아니었다.

9) 단지 BVerfGE 77, 170 (215, 231) – 화학무기(C-Waffen); 77, 263 (273); 79, 174 (202) – 소음에 대한 보호(Lärmschutz); 79, 311 (343) – 국가책임(Staatsverschuldung); 입법자의 예단통제(Kontrolle von Prognosen)에 대해서는 기본적으로 BVerfGE 50, 290 (332ff.) – 공동결정(Mitbestimmung) 참조.

10) BVerfGE 77, 84 (104).

11) BVerfGE 77, 84 (104).

남서지방판결에서 완전히 자명한 것으로 전제된 입장을 포기하지 않는다면, 연방헌법재판소법 제16조를 따라서 조만간 연방헌법재판소의 전체회의(Plenum)에 제소되어야 할 것이다. 그러나 연방헌법재판소의 어느 재판부가 지금 이것에 동의할 수 있을까? 이 문제는 법리적(rechtsdogmatisch) 그리고 법정치적(rechtspolitisch) 근거에서 주목된다.

법리적으로(dogmatisch) 동일규범반복제정금지에 대한 논쟁은 먼저 연방헌법재판소법 제31조 제1항과 제2항에 따른 규범통제재판의 확정력, 나아가 기속력과 법률적 효력(Gesetzeskraft)에 대한 소송법적 문제의 교차점에 있다. 규범통제의 인용재판에서 의무부과적 효력이 단지 [규범을] 폐기하는 재판주문(kassatorischer Entscheidungsausspruch)에만 부여되어서, 심사된 규범이 어떠한 관점에서도 더는 법적 효력을 발생시킬 수 없는지나 의무부과적 효력이 그것을 넘어 입법적 반복행위 금지도 포함하여서 앞날의 입법행위에 의미가 있는지라는 문제가 드러난다. 그와 동시에 헌법소송법적 문제 이상의 것이 언급된다. 소송법의 틀 속에서 동일규범반복제정금지는 국가기능체계 안에서 헌법재판을 어떻게 분류할 것인지에 대한 기본문제와 관련된다.[12] 지난 15년 동안 여러 차례 지침(Direktive), 지시(Hinweise) 및 경고(Mahnung)와 함께 내려진 기본적인 연방헌법재판소 재판들[13]과 결합하여 자세한 논의대상이 되었던 연방헌법재판소와 입법자의 관계가 문제 된다.[14]

---

12) *W. Hoffmann-Riem* (FN 4), S. 341; *K. Vogel* (FN 5), S. 575; *H. Kerbusch*, Die Bindung an Entscheidungen des BVerfG, Diss. Köln 1982, S. 2도 참조.

13) 1973년 5월 29일 대학판결(Hochschulurteil: BVerfGE 35, 79ff.)이 출발점을 찍는다. 나아가 BVerfGE 36, 11ff. (독일형법 제218조의 개정조항에 대한 판결); 65, 1ff. (인구조사판결[Volkszählungsurteil]); 73, 118ff. (제4차 방송판결[4. Rundfunkurteil]).

14) *K. Stern*, Das Staatsrecht der Bundesrepublik Deutschland, Bd. II, 1980, S. 329–369, S. 933–1044; *K. Schlaich*, Die Verfassungsgerichtsbarkeit im Gefüge der Staatsfunktionen: VVDStRL 39 (1981), S. 99ff.; *ders.*, BVerfG (FN 4), S. 216ff.; *C. Gusy*, Parlamentarischer Gesetzgeber und BVerfG, 1985; *H.-P. Schneider*, Richter oder Schlichter? Das BVerfG als Integrationsfaktor, in: FS Zeidler, 1987, S. 293ff.; *K. Chryssogonos*, Verfassungsgerichtsbarkeit und Gesetzgebung, 1987; 끝으로 *Kurt Vogel*, Das BVerfG und die übrigen Verfassungsorgane, 1988.

이러한 관계 속에서 기속력문제는 시간이 흐름에 따라 중요한 연방헌법재판소 재판이 늘어나기 때문에 특히 중요해진다.[15)]

재판 증가는 주로 간결하고 원칙적으로 규정된 독일기본법의 조항들을 연방헌법재판소가 점차 구체화한다는 것을 뜻한다. 헌법해석에서 빈틈은 거의 남지 않는다. 연방헌법재판소 재판의 기속력 범위는 이러한 관점에서 사회형성에 대한 어떤 몫이 입법자에 대한 관계 속에서 연방헌법재판소에 귀속되는지를 함께 결정한다.

이러한 준거점 아래에서 새로운 연방헌법재판소 재판의 법정치적 결론은 중요할 수 있다. 동일규범반복제정금지 거부는 입법자에 대한 연방헌법재판소의 영향 가능성에 의문을 제기한다. 연방헌법재판소의 헌법해석을 통해서 부담 지워지지 않고 구속되지 않은 채 사항영역을 혁신적으로 규율하거나 새롭게 규율할 수 있는 자유영역이 입법자에게 당장 열린 것처럼 보인다. 연방헌법재판소가 설치되고 나서 입법자는 대체로 연방헌법재판소의 지침과 해석지시를 고려하려고 열심히 노력하였으므로, 이러한 가능성은 현재까지 실질적 의미가 거의 없었다. 이것이 바뀔 것인지는 기다려 보아야 한다. 연방헌법재판소의 권위적 판단(Machtspruch)에 따라서 결론이 난 것처럼 보였던, 많은 정치적 그리고 사법적 논쟁이 독일통일 과정에서 새롭게 발생할 수 있고, 현재의 입법상태를 검토하고 바꾸어야 하는지 그리고 그렇다면 어떠한 범위에서 그러한지에 대한 문제가 입법자에게 제기될 것이라고 긍정될 수 있을 것이다. 1987년 10월 6일 연방헌법재판소 재판은 즉시 이러한 검토를 활성화한다.

그러나 연방헌법재판소 재판에 특별한 사실적 의미를 부여하는 것은 연방헌법재판소와 입법자 사이의 관계 변화에 어긋날 수 있을 것이다. 연방헌법재판소 재판은 3가지 요소로 말미암아 다른 법원의 재판보다 더 강

15) *H. Brox*, Zur Zulässigkeit der erneuten Überprüfung einer Norm durch das BVerfG, in: FS Geiger, 1974, S. 809ff.; *W. Hoffmann-Riem* (FN 4), S. 358ff.; *N. Wischermann* (FN 4), S. 120 참조.

력하거나 심지어 그것과 다르게 형성된다[16]: 첫째, 소송물(Streitgegenstand)(규범통제의 객관소송에서는 심판대상[Verfahrensgegenstand])에 대한 결정은 사법적 개별사건결정(gerichtliche Einzelfallentscheidung)이다. 그리고 둘째, 재판은 선례(Präjudiz)이다.[17] 재판은 개별사건을 넘어 헌법에 대한 올바른 해석에 대해서 말한다. 끝으로 셋째, 정치적 논의에서 정치적 논증으로 즐겨 수용되는 바람직한 정치적 또는 사회적 목적에 대한 진술이 재판에서 표현된다. 동일규범반복제정금지는 둘째 요소인 입법자를 특별히 겨냥한 선례형성과 관련된다. 여기서 어떻게든 논증된 연방헌법재판소 재판의 법적 구속력과 상관없이 연방헌법재판소라는 기관[18]과 그 재판은 높은 사실적 권위를 누린다는 것을 확인할 수 있다[19]. 또한, 그러한 권위는 그에 따른 다른 국가기관에 대한 연방헌법재판소 재판의 강력한 '결정력(Determinierungskraft)'[20]과 관련된다. 입법자의 측면에서 연방헌법재판소 재판은 헌법을 적용할 때에 가장 중요한 지향점이다.[21] 심지어 때때로 정치적 논의에서 헌법 자체

16) 이러한 구분에 대해서는 *I. Ebsen*, Entscheidungsspezifische und adressatenspezifische Durchsetzungsbedingungen des BVerfG, in: Th. Raiser/H. Voigt (Hrsg.), Durchsetzung und Wirkung von Rechtsentscheidungen, 1990, S. 167ff.

17) (연방헌법재판소법 제31조 제1항에 따른 기속력과 다른) 예를 들어 '추정적 구속력(präsumtive Verbindlichkeit)', 논증을 통해서 제거될 수 있는 선례를 위한 추정이나 심지어 선례의 구속력이라는 의미에서(*M. Kriele*, Theorie der Rechtsgewinnung [FN 5], S. 243ff. 참조) 연방헌법재판소의 선례에 다른 법원에 대한 구속력이 귀속되는지는 여기서 다루어야 할 규범 반복 문제에서 무시될 수 있다.

18) 국가기관에 대한 신뢰를 대상으로 하는 여론조사는 한결같이 연방헌법재판소가 가장 높은 명성을 누린다는 결과에 이른다. *C. Landfried* (FN 4), S. 152; *K. Chryssogonos* (FN 14), S. 61ff. 참조.

19) *I. Ebsen* (FN 16), S. 174; *M. Sachs*, Bindung (FN 4), S. 125ff.; *A. Rinken*, in: Alternativ-Kommentar zum GG, 2. Aufl. 1989, Art. 94 Rdnr. 65; *R. Eckertz*, Die Kompetenz des BVerfG und die Eigenheit des Politischen: Der Staat 17 (1978), S. 183 (191ff.). 이미 1962년 루돌프 스멘트의 확인은 고전적이다: "독일기본법은 현재 실질적으로 연방헌법재판소가 그것을 해석하는 대로 효력이 있다…", *R. Smend*, Das Bundesverfassungsgericht, in: Staatsrechtliche Abhandlungen, 2. Aufl. 1968, S. 581 (582).

20) *I. Ebsen* (FN 16), S. 174.

21) 예를 들어 가능한 헌법적 이의제기에 대해서 법률안을 보호하기 위하여 행정부처들이

보다 연방헌법재판소 재판이 더 중요하게 받아들여지는 것이 관찰되기도 한다. 그러나 이러한 사실적 권위는 어떤 것도 거의 바꿀 수 없다. 특히 규범 폐기도 입법자의 정치적 패배이다. 그러한 패배가 반복될 위험은 다른 헌법적 판단에 대한 좋은 근거가 있을 때조차도 입법자의 형성용이성(Gestaltungsfreudigkeit)을 장기간에 걸쳐 희석할 수 있다. 물론 이것은 입법자가 앞날에도 기속력의 법적 한계를 다투지 않는다는 것이 아니라 연방헌법재판소 재판의 사실적 권위를 받아들인다는 것을 의미할 수 있다.

다음 고찰은 입법적 반복행위에 대한 헌법소송적 그리고 실정헌법적 문제에 집중된다. 연방헌법재판소 판례가 입법적 결정 여지와 책임 여지를 확장할 수 있게 한 것은 어쨌든 결과적으로 설득력이 있다는 것이 지적되어야 한다(이에 대해서 II와 III). 그밖에 새로운 판례가 (그것이 계속되어야 한다면) 규범통제절차와 관련된 연방헌법재판소의 재판실무(Entscheidungspraxis)에서 성과를 낼 수 있을지가 관심거리이다(이에 대해서 IV).

Ⅱ

‘동일규범반복제정금지’ 개념과 함께 문제의 상투적 요약은 해명이 필요하다. 금지의 어법은 개념적으로(gedanklich) 그것을 위반할 때에 따르는 제재(Sanktion)를 포함한다. 입법적 반복행위에 이러한 제재가 있는가? 새로운 규범을 대상으로 하는 규범통제절차에서 연방헌법재판소가 규범의 무

연방헌법재판소판례에 근거하여 심사목록을 작성할 수 있다는 전 연방헌법재판소장인 에른스트 벤다(*E. Benda*, Grundrechtswidrige Gesetze, 1979, S. 34)의 제안은 의미가 있다. 이에 대해서 헌법구체화, 특히 기본권구체화는 입법자의 과제가 아니라는 반론이 제기된다(그러나 이러한 방향에서 *H. Ehmke*, Prinzipien der Verfassungsinterpretation: VVDStRL 20 [1963], S. 53 [68f.]). 예를 들어 *G.-F. Schuppert*, Funktionell-rechtliche Grenzen der Verfassungsinterpretation, 1980, S. 55가 정당하게 표현하는 것처럼 입법자는 또한 헌법을 집행하지 않고 독자적으로 형성한다.

효를 새롭게 확인할 수 있다는 것은 자명하다.[22] 이것은 반복의 사실에서 도출되는 특별함이 없다. 입법자는 이때에 단지 짧은 시간 동안 법률의 새로운 효력 발생을 성취한다. 그러나 규범통제절차의 청구권자(möglicher Initiator)가 연방헌법재판소에 청구하지 않는다면, 이전에 폐기된 법률을 반복하는 규범에 무슨 일이 일어나는가? 이러한 상황은 예를 들어 국민에 대한 직접적인 효력이 없어서 헌법소원을 제기할 수 없고 (어떤 이유에서든) 현재 모든 정치적 세력이 함께 합의한 법률에서 발생할 수 있을 것이다. 여기서 한 가지가 명백하다: 규범은 반복규범(Wiederholungsnorm)이라는 특성 때문에 법을 적용하는 기관이 미리 무시할 수 없다. 이것은 형식적 법률과 관련하여 연방헌법재판소에 집중된 폐기독점[23]을 깨뜨릴 것이다.

이것과 상관없이 이전 규범에 대한 연방헌법재판소 심사의 결과와 논증이 직접 새로운 규범에 전용될 수 있어서, 반복규범의 위헌성이 이미 확정되었는지에 대한 문제가 남는다. 이러한 확장에 대해서 다양한 근거, 때로는 소송법적(prozessual) 근거, 때로는 실질적 헌법에 속하는 규범적 근거가 고려된다.

1. 1987년 10월 6일 연방헌법재판소 재판은 적절하게 단지 한 단어로 규범통제재판의 확정력[24]을 언급하였고, 입법적 반복행위에 대한 확정

---

22) 그러나 반대로 연방헌법재판소는 논란 없이 자기 자신의 판례에 구속되지 않으므로, 연방헌법재판소도 그의 이전 평가에서 벗어날 수 있고 결과적으로 규범의 합헌성에 도달할 수 있다. BVerfGE 4, 31 (38); 20, 56 (87); 78, 320 (328); *C. Gusy* (FN 14), S. 236; *K. Lange* (FN 5), S. 4; *M. Sachs*, Bindung (FN 4), S. 93ff.; *M. Kriele*, Theorie der Rechtsgewinnung (FN 5), S. 286ff. 참조. 연방헌법재판소는 오로지 자기 선례에 관한, 논증이 수반된 토론 속에서만 자기 판례 포기를 하라고 요구한다.

23) 이에 대해서는 *K. Schlaich*, BVerfG (FN 4), S. 63.

24) 이러한 재판에서 불가쟁력(formelle Rechtskraft)과 기판력(materielle Rechtskraft)이 발생한다는 것은 오늘날 널리 인정된다. 단지 BVerfGE 4, 31 (38); 5, 34 (37f.); 20, 56 (88); *H. Brox* (FN 15), S. 814ff.; *C. Gusy* (FN 14), S. 224ff.; *K. Lange* (FN 5), S. 2; *M. Sachs*, Bindung (FN 4), S. 32; 제한적으로는 *M. Kriele*, Theorie der Rechtsgewinnung (FN 5), S. 294ff.; 규범통제재판의 기판력에 대해 부정적인 견해로

력의 관계를 즉시 부정하였다. 기판력(실질적 확정력: materielle Rechtskraft)이라는 제도(Institut)는 이러한 특별한 상황에서 곧 그 작용력(Leistungsfähigkeit)의 한계에 부딪힌다.25) 주관적 측면에서 확정력은 소송당사자들(Prozeßbeteiligte)에게만 미친다.26) 그러나 규범통제가 이루어질 수 있는27) 소송유형은 자기 법률이 심사되는 입법기관의 소송 참여를 필수적으로 전제하지 않는다. 객관적 확정력(objektive Rechtskraft)은 오로지 연방헌법재판소의 재판주문에 포함되는,28) 소송물에 관한 판단에만 귀속된다. 이러한 주문은 오로지 심

는 *E. Friesenhahn*, Zum Inhalt und zur Wirkung der Entscheidungen des deutschen BVerfG, in: Scritti in Onore di Gaspare Ambrosini, 1970, S. 671 (697ff.) 참조.

25) 다른 견해로는 *M. Sachs*, Bindung (FN 4), S. 311ff.; *ders.*, Fortbestand (FN 5), S. 197ff.; *K. Vogel*, Rechtskraft (FN 5), S. 589; *B. Pieroth*, Arbeitnehmerüberlassung und GG, 1982, S. 97; 비슷하게 *K. Lange* (FN 5), S. 3.

26) BVerfGE 4, 31 (38); *M. Sachs* (FN 4), S. 45. 보도 피어로트(*B. Pieroth* [FN 25])가 동의하는 클라우스 포겔(*K. Vogel*, [FN 5], S. 592f., 609, 617)의 견해를 따르면, 형식적으로 소송에 참가하지 않은, 소송 개시를 통보받았고 소송에 참가할 권한이 있는 기관에도 당연히 기판력이 확장되어야 한다고 한다. 그를 따르면 규범통제에서 입법자는 실질적으로 언제나 확정력의 수범자일 것이다. 이러한 확정력의 주관적 한계 확장은 설득력이 없다. 연방헌법재판소법은 확정력을 언급하지 않는다. 확정력은 다른 소송법을 유추적용함으로써 헌법소송에 준용된다(*N. Wischermann* [FN 4], S. 27ff 참조). 그것은 다른 소송법을 따라서 확정력의 당사자간 효력(inter-partes-Wirkung)을 고수하라고 요구한다. 그 밖의 기관에 대한 구속력이 문제 되는 한 연방헌법재판소법 제31조 제1항이 해당 규정이다.

27) 독일기본법 제93조 제1항 제2호와 제4a호, 제100조 제1항, 연방헌법재판소법 제13조 제6호, 제8a호, 제11호를 따라서 추상적 및 구체적 규범통제 그리고 헌법소원의 절차. 독일기본법 제93조 제1항 제1호, 연방헌법재판소법 제13조 제5호를 따른 기관쟁의절차에서 실질적으로 규범통제에 이를 수 있으나(*K. Schlaich*, BVerfG [FN 4], S. 52 참조), 여기서 재판주문은 규범의 무효를 확인할 수 없다(BVerfGE 20, 119 [129]): 소송물은 규범의 유효성이 아니라 규범제정이다(BVerfGE 1, 208 [219f.]).

28) *K. Schlaich*, BVerfG (FN 4), S. 202. 다시 다른 견해로는 *K. Vogel*, Rechtskraft (FN 5), S. 589f. 이 견해를 따르면 [청구를] 인용하는 규범통제재판에서 특정한 재판이유에도 확정력이 귀속된다. 이것은 "즉시 일반적으로 형성되어서 구체적으로 선고된 재판을 넘어 그것에 일치하는 같은 종류의 사건에 대한 재판에서 도출되는, 주문의 언급을 근거 지우는 법적 견해"라고 한다. 클라우스 포겔(*K. Vogel*)은 이유의 이러한 부분을 '구체적 재판규범'이라고 한다. 또한, 그를 통해서, 즉 재판주문과 재판이유의 일반적 관계를 포기함으로써 확정력이론의 틀을 벗어난다. 주관적 한계가 유동적으로 되

사된 규범과 관련된다. 같은 내용이 있는 이후의 규정은 이후에 제정되었으므로 이미 다른 규범이다.

물론 매우 형식적으로 이해된 이러한 확정력 개념에 대해서, 심사된(beanstandet) 처분의 반복행위는 재판내용에 따라야 한다는, 확정력에 내재된 명령에 어긋나므로, 이러한 반복도 기판력에 포함되어야 한다는[29] 반론이 제기되었다. 그러나 이것은 한계설정의 어려움에 부딪힌다. 객관적 측면에서 반복법률(Wiederholungsgesetz)이라고 말하기 위해서는 어느 정도의 내용 일치가 있어야 하는가? 기판력의 시간적 한계는 무엇인가? 이러한 어려움에 실정헌법과 헌법소송법에서만 중요한 입법적 반복행위가 서로 다투는(streitig) 재판을 전제하는 일반소송법에서 유래한 확정력이라는 제도와 결합할 수 없다는 충고가 나올 수 있다.

2. 연방헌법재판소법 제31조 제1항에서 일반법률로 규정된 연방헌법재판소재판의 기속력도 큰 도움이 되지 못한다. 그것은 특히 바로 이 규정이 헌법소송에 독특한 것이고 연방헌법재판소의 재판행위(Spruchtätigkeit) 효력을 다른 모든 법원의 재판행위 효력과 구별하고 그것을 강화하므로 놀라울 수 있다.[30] 그러나 이 규정이 수범자(Normadressat)로서 '연방의 헌법기관'을 거론하는 한, 이것은 입법활동을 하는 범위에서 연방의 입법기관을 포함하지 않는다.[31] 한편으로는 [규범을] 폐기하는(kassatorisch) 재판주문

는 것이 특히 문제된다. 재판은 '구체적 재판규범'에 속하는 것에 대한 다양한 결과를 낳을 수 있는 해석이 필요하다. 이것은 확정력의 안정화기능(Befriedungsfunktion)에 어긋난다. 재판의 중요한 법적 견해는 연방헌법재판소법 제31조 제1항의 문제이다.

29) 이에 대해서는 *M. Sachs*, Bindung (FN 4), S. 311; *ders.*, Fortbestand (FN 5), S. 197; *K. Vogel*, Rechtskraft (FN 5), S. 589f.; *B. Pieroth* (FN 25); *H. Kerbusch* (FN 12), S. 20ff.도 참조.

30) *K. Schlaich*, BVerfG (FN 4), S. 201ff.; *C. Gusy* (FN 14), S. 234ff. 참조.

31) 결과적으로 그러한 BVerfGE 77, 84 (104); 현재까지 완전히 지배적인 이론인 다른 견해는 예를 들어 *Th. Maunz*, in: Th. Maunz/B. Schmidt-Bleibtreu/F. Klein/G. Ulsamer, BVerfGG, § 31 Rdnr. 20; *M. Sachs*, Fortbestand (FN 5), S. 196은 또한 그래서 BVerfGE 77, 84의 연방헌법재판소재판이 입법자를 연방헌법재판소법 제31조

의 의무부과적 효력은 헌법 자체에서 도출된다. 독일기본법 제100조 제1항에 근거하는 연방헌법재판소의 [규범]폐기권한은 그것에 필요한, 이면(Kehrseite)으로서 폐기(Kassation)에 대한 다른 헌법기관의 구속과 상응한다. 그러나 이러한 구속은 단지 심사된 규범의 무효와 관련된다. 같은 내용이 있는 이후의 규범에 대한 효력은 여기서 도출되지 않는다. 주문은 오로지 심판대상에 대해서만 말하고, 어떤 금지도 언급하지 않는다. [규범]폐기는 어떤 금지효력도 발생시키지 않는다. 그러나 다른 한편으로는 연방헌법재판소법 제31조 제1항도 연방입법의 산물로서 연방입법자에게 연방헌법재판소의 선례를 존중할 의무를 부과할 수 없다.[32] 다른 모든 것은 연방헌법재판소의 해석을 내용으로 하는 재판(Interpretationssentenz)에 대한 임의적 복종으로서는 가능하지만, 앞날의 입법자에 대한 지속적인 구속으로서는 가능하지 않은,[33] 입법자의 자기구속을 가져온다. (일반)입법자의 활동자유(Bewegungsfreiheit)는 오로지 법률보다 규범서열에서 우위에 있어서 입법자의 구속에서 벗어나는 규범적 행위에서만 그 한계를 발견한다. 연방헌법재판소법 제31조 제1항이 동일규범반복제정금지의 근거라면, 입법자는 이 규정 자체를 폐지함으로써 동일규범반복제정금지를 제거할 수 있을 것이다. 입법자가 연방헌법재판소법 제31조 제1항을 명시적으로 개정하지 않고 규범 반복을 통해서 연방헌법재판소의 선례를 무시한다면, 여기서는 후법우선원칙을 따라 연방헌법재판소법 제31조 제1항의 묵시적 [규범]폐기(stillschweigende Durchbrechung)가 존재할 것이다. 따라서 이러

제1항에 따른 기속력에서 “자유롭게 하였다”라고 말한다; 나아가 *B. Pieroth* (FN 25), S. 99; *C. Gusy* (FN 14), S. 235.

32) 그러한 범위에서 확실히 일치하는 *M. Sachs*, Fortbestand (FN 5), S. 196.

33) 국민에 대한 관계에서 입법자의 자기구속에 대한 매우 좁은 적용범위에 대해서는 *H. Maurer*, Kontinuitätsgewähr und Vertrauensschutz, in: J. Isensee/P. Kirchhof (Hrsg.), HStR, Bd. III, 1988, § 60, Rdnr. 57ff. 독일기본법 제109조 제3항에 따른 원칙입법을 통한 예산법률입법자의 자기구속에 대해서는 *W. Heun*, Staatshaushalt und Staatsleistung, 1989, S. 165ff.

한 규범도 입법자를 연방헌법재판소의 해석 굴레 안에 가둘 수 없다.[34)]

3. a) 연방헌법재판소법 제31조 제1항에 대한 고찰은 동일규범반복제정금지가 헌법적 규범서열이 있을 때에만 존재할 수 있다는 것을 보여준다. 이러한 문제는 헌법판례(Verfassungsrechtsprechung)가 입법자를 구속하는 실정헌법(Verfassungsrecht)을 만들어내는지에 관한 것이다. 그래서 입법자의 구속에 대한 동의 여부에서 규범적 기준점(Bezugspunkt)은 (독일기본법 제94조 제2항은 이 문제에 대한 어떠한 성과도 내지 못한다[35)]) 독일기본법 제20조 제3항이 설정한다. 1987년 10월 6일 연방헌법재판소재판은 이러한 문제의 명확한 규범적 자리매김(Verortung)에 동의한다. 그러나 이러한 자리매김은 결과적으로 상반되는 남서지방판결의 자리매김과도 같다. 1951년 9월 23일의 판결에서 연방헌법재판소는 오로지 연방헌법재판소법 제31조 제1항만을 거론하였다. 그러나 이러한 처음에 인용한 이전판결의 구절에서 발견된, 선고된 사건을 넘어선 구속이 재판이유에 대한 구속에서 도출되는,[36)] 앞날의 입법행위에 대해서 규범통제재판이 가지는 의무부과적 효력의 법기술적 변용은 소송규범적 관계를 넘어 더 깊숙한 곳에 도달한다. 중요한 재판이유에도 미치는 구속력 명령을 통해서 연방헌법재판소는 자신을 위해서 헌법에 대한 규준적이고 유권적인 해석권한을 요구하였다.[37)] 이렇게 이해된 기속력의 맥락에서 동일규범반복제정금지라는 명제는 헌법적 서열이 있는 금지로서 이해되어야 한다. 따라서 연방헌법재판소와 입법자의 관

34) 연방헌법재판소법 제31조 제1항의 '재판'이라는 용어를 재판주문에 국한하고 중요한 재판이유에 대한 구속을 부정하는 해석은 같은 결론에 이르러야 한다. 이러한 결론이 거론된 필자들에 의해서 이끌어지지 않을지라도, 주 4의 문헌 참조.

35) 논증 없는 다른 견해로는 *J. Berkemann* (FN 7), S. 237; *K. Stern*, in: BK, Art. 94 Rdnr. 127도 참조.

36) BVerfGE 1, 14 (36f.).

37) 더 명확한 BVerfGE 40, 88 (93f.): 법원이 연방헌법재판소의 헌법합치적 규범해석에서 벗어나면, 법원은 위헌적으로 재판한 것이고, '독일기본법 제20조 제3항에 규정된 사법의 법률과 법에 대한 구속'에 어긋난다.

계에서 연방헌법재판소법 제31조 제1항은 이러한 금지를 선언하는 일반법률적 표현인 것처럼 보인다. 이것은 넓게 이해된 기속력이 형성한 동일규범반복제정금지의 헌법이론적 관계에 대한 관점을 가리킨다. 즉 기속력이 주문과 해당 사건에 관한 판단을 넘어 이유와 거기에 포함된 헌법해석까지 확장된다면, 이것은 법원으로서 구체적 분쟁에 관하여 결정하고 그와 함께 분쟁을 종결시키는, 연방헌법재판소의 본질적인 사법적 기능을 몰아낼 것이다. 재판의 중심은 과거를 판단하는 재판주문에서 앞날에 지향된 입법자에 대한 행위명령(Verhaltensanweisung)으로 이동한다. 재판이유에 포함된, 헌법재판소의 헌법구체화에 대한 이러한 구속은 헌법판례가 그 본질에 비추어 헌법입법(Verfassungsgesetzgebung)이라는 것을 뜻한다.[38] 재판이유에서 구체적 재판주문을 도출(Ableitung)하고 추론(Herleitung)하는 것은 헌법적 규범서열을 획득한다. 즉 독일기본법 제20조 제3항에 따라서 헌법합치적 질서에 구속되지만, 일반법률에 구속되지 않는 입법자가 연방헌법재판소의 재판이유에 구속된다면, 이것은 헌법합치적 질서의 구성요소, 즉 실정헌법이다.[39] 연방헌법재판소의 헌법해석은 법률의 내용적 형성을 위한 지침이다. 법질서 발전은 입법자와 연방헌법재판소의 경쟁 속에서 이루어진다. 연방헌법재판소는 먼저 입법자의 우위적 행위에 근거하여 통제적으로 활동하기는 하지만, 입법자에 대한 구속수단을 넘어 형성까지 통제를 확장할 수 있다.

---

38) *E.-W. Böckenförde*, Die Methoden der Verfassungsinterpretation: NJW 1976, S. 2089 (2099 m. Anm. 113); *ders.*, Grundrechte als Grundsatznormen: Der Staat 29 (1990), S. 1 (25)의 명제는 그렇다. 헌법제정자(Verfassungsgesetzgeber)로서 규범을 통제하는 헌법재판소에 대한 견해는 *C. Schmitt*, Der Hüter der Verfassung, 1931, S. 45에서 기인한다.

39) 명확하게 *W. Geiger*, Besonderheiten (FN 5), S. 32: "독일기본법의 압축적 명제(Satz)에 포함되고 형성된 것은 법의 구체적 명제 형태 속에서 드러난다. 연방헌법재판소가 발전시킨 구체적 명제는 실질적 헌법, 정확히 구체화한 두 번째 단계의 실정헌법이다." 결과적으로 같은 *G. Hoffmann*, Verfassungsbezogenes Richterrecht und Verfassungsrichterrecht, in: FS E. Wolff, 1985, S. 183ff., S. 212ff.; 비판적인 견해로는 *C. Gusy*, Die Offenheit des Grundgesetzes: JöR n.F. 33 (1984), S. 105 (115ff.).

기속력은 입법과 헌법재판의 관계를 결과적으로 바꾸는 요소의 하나로서 밝혀진다. 의회적 입법국가(parlamentarischer Gesetzgebungsstaat)는 헌법재판적 사법국가(verfassungsgerichtlicher Jurisdiktionsstaat)의 방향으로 이동한다.[40]

b) 단지 이러한 관계 속에서만[41] 논증될 수 있는 동일규범반복제정금지는 자기 측면에서 중요한 근거들이 있는 것처럼 보인다. 즉 왜 입법자는 규범폐기적 재판주문에 구속되어야 하고, 그에 반하여 방해받지 않고 내용이 같거나 비슷한 규정을 새로 제정할 수 있는가? 그것은 연방헌법재판소의 재판이 논란이 있을 때에, 입법자가 연방헌법재판소의 규범폐기적 재판 이후 곧바로 새롭게 법률을 제정할 수 있어서, 입법자가 명백하게 의심할 여지 없이 독일기본법 제20조 제3항에 어긋나지 않는다는, 주목할 만한 감내하기 어려운 결과에 이르지 못하였는가? 그러한 '고집스러운 반복'[42]은 연방헌법재판소의 권위를 추락시킬 것이다. 그리고 연방헌법재판소에 부여되는, 실정헌법의 발전과 계속형성에 결정적으로 이바지하여야 하는[43] 과제는 규범폐기적 재판에서 기초를 이루는 헌법해석도 구속력이 있어야 한다는 것을 요구하는 것처럼 보인다.

끝으로 독일기본법의 제정사는 또한 연방헌법재판소법의 제정사로서 헌법정립의 한 유형인 규범통제적 헌법재판의 이러한 개념을 위해서 인용

40) 구체화가 필요한 원칙규범인 기본권과 관련된 *E.-W Böckenförde*, Grundrechte (FN 38), S. 25의 고찰도 참조.

41) 독일기본법 제20조 제3항에 따른 구속력(Bindungskraft)이 있는, 실정헌법에 대한 연방헌법재판소의 헌법해석을 강화할 폭넓은 가능성을 생각할 수 있다: 이러한 규범구체화는 헌법관습법(Verfassungsgewohnheitsrecht)을 발생시킬 수 있을 것이다. 그러나 이것은 헌법관습법의 존재에 대한 원칙적인 비판(이에 대해서는 *C. Tomuschat*, Verfassungsgewohnheitsrecht?, 1972, S. 88ff.)을 일단 도외시하고도 따를 필요가 없다. 법원은 법관법(Richterrecht)을 형성한다. 관습법이라는 완전히 다른 법원과 법관법의 혼합은 단지 혼란만 일으키고, 법관법의 특별한 문제와 좁은 한계(이에 대해서는 *C. Tomuschat*, ebd., S. 81ff.; *K. Larenz*, Methodenlehre der Rechtswissenschaft, 6 Auflage 1983, S. 45)를 따라서 좌우된다.

42) *M. Kriele*, Theorie der Rechtsgewinnung (FN 5), S. 296.

43) 단지 BVerfGE 40, 88 (93f.); *K. Stern*, in: BK, Art. 93 Rdnr. 37ff. 참조.

할 만한 시사점을 제공한다. 물론 이러한 준거점은 이중의 근거에서 큰 중요성이 없다. 먼저 헌법재판을 형성할 때에 헌법이론적 관련은 (옛날 바이마르 시대의 논의에도[44]) 아주 명확하게 인식되지 않았다. 그리고 필요하고 기대되는 입법부에 대한 연방헌법재판소의 영향 가능성은 독일기본법을 논의할 때에는 물론 연방헌법재판소법 입법과정에서도 완벽하게 명확하지 않았다.[45] 이것은 헌법소송법의 단편적 규율과 연방헌법재판소법이 포함한, 연방헌법재판소의 지위에 대한 단지 암시적인 규정에 상응하여 일반적으로[46] 판례 발전에 맡겨야 하였다.

의회위원회(Parlamentarischer Rat)에서 중앙위원회(Hauptausschuss) 심의는 연방헌법재판소의 규범통제재판이 독일기본법의 규정을 따라서 법률적 효력이 있어야 하는지에 대한 논의와 관련하여 헌법재판소재판의 효력문제를 다투었다. 폰 망골트(v. Mangolt) 의원은 이에 대해서 법률적 효력이 '법발전의 고착화'를 일으킨다고 하면서 반대하였다: 그에 따라 법원은 연방헌법재판소의 추상적 법명제를 고수하고 이미 심사된 것으로 보이는 그러한 사안을 다시 연방헌법재판소에 제청하지 않는 경향이 있을 것이라고 하였다. 그에 반해서 찐(Zinn) 의원은 "입법자는 언제나 새로운 법안을 제출할 수 있고, 그러면 연방헌법재판소는 이전 재판에서 벗어날 가능성이 있으므로"[47], 법발전의 고착화가 나타나지 않으리라고 생각하였다. 이러한 계속된 논의에서 이 문제는 해결되지 않았다. 연방헌법재판소 재판의 효력

---

44) 이에 대해서는 *C. Schmitt* (FN 38); 나아가 *C. Behr*, Die Rechtskraft der Entscheidungen des Staatsgerichtshofes: AöR 56 (1929), S. 436ff. 참조.

45) 제정사의 이러한 평가에 대해서는 BGHZ -GS- 13, 265 (275); *M. Sachs*, Bindung (FN 4), S. 73. *R. Thoma*, Rechtsgutachten v. 15. 3. 1952 betreffend die Stellung des BVerfG: JöR n.F. 6 (1957), S. 161 (169)의 논평도 시사하는 바가 크다: 입법자는 연방헌법재판소법 제31조 제1항에서 기속력을 규정하는 것을 '감행하였다'. "이러한 명제는 개별적으로 해석되어야 할지라도 … 오늘날 아직 간과될 수 없는 사정거리가 있고, 독일기본법에서 명확하게 의도되지 않았다."

46) BVerfGE 1, 108 (110f.); 33, 199 (204); 50, 254 (255); *K. Schlaich*, BVerfG (FN 4), S. 18ff. 참조.

47) JöR n.F. 1 (1951), S. 686f.

은 독일기본법의 규율 없이 남았다. 중앙위원회는 옛 독일기본법(서독기본법) 제94조의 입법위임을 통해서 이러한 복합적 문제(Problemkomplex) 해결을 입법자에게 넘기는 것으로 나중에 결정하였다. 옛 독일기본법(서독기본법) 제94조 제2항이 제정되어야 할 연방헌법재판소법에서 법률적 효력을 규율하여야 한다는 원칙적인 필요성만을 강조하였다.

입법자는 연방헌법재판소법 심의에서 독일기본법 제94조 제2항에 언급된 이러한 법률적 효력에 주목할 뿐 아니라 이미 전에 헤렌킴제의 헌법제정회의(Herrenchiemseer Verfassungskonvent)가 처음으로 독일기본법적 규범화를 예정하였던 연방헌법재판소 재판의 기속력[48]도 계승하였다. 1950년 2월 28일 연방헌법재판소법에 대한 정부 초안 제27조 제1항(=연방헌법재판소법 제31조 제1항)의 논증에서 구속력에 이중적 의미가 있다고 생각하였다는 것이 인식된다. 먼저 "구체적 결정을 따라야 하는, 특히 그것에 어긋나는 모든 처분은 폐지하거나 바꿔야 하는"[49] 모든 참가자에 대한 강제가 강조된다. 그래서 법률의 무효선언이 문제 되는 한, [규범을] 폐기하는 재판내용의 구속력이 해명되었다. 그러나 입법자는 더 많은 것을 의도하였다.[50] 연방의 모든 기관, 법원과 행정관청은 "앞날에 처분을 내릴 때에 연방헌법재판소가 자기 판례를 바꾸지 않는 한 재판을 존중할"[51] 의무를 져

---

48) 헤렌킴제 초안 제99조 제1항(Bucher [Hrsg.], Der Parlamentarische Rat 1948－1949, Bd. II, S. 579ff.에 수록)을 따르면 '연방헌법재판소재판과 그 관철을 위해서 제정된 규정들은' 모든 법원과 그 밖의 행정관청(Behörde)을 구속하여야 한다고 하였다. 즉시 여기서 헌법재판에 귀속된다고 여겼던 "진정한 의미의 '헌법수호자'의 과제"(Bericht über den Verfassungskonvent von Herrenchiemsee vom 10.－23. 8. 1948, in: Bucher, ebd., S. 554)는 표현되어야 한다고 하였다. 초안 제99조 제1항의 의미에서 '행정관청'이 어떻게 이해되어야 하는지는 심의에서 결정되지 않았다. 제정회의에서 개별 문제에 몰두하는 것이 아니라 헌법재판을 위한 원칙적인 결정을 준비하고 초안에 수용하는 것이 문제되었다.

49) 초안은 *R. Schiffers* (Bearb.), Quellen zur Geschichte des Parlamentarismus und der politischen Parteien, Vierte Reihe, Bd. 2, 1984, S. 51ff.에 수록되었다.

50) *B.-O. Bryde*, Verfassungsentwicklung, 1982, S. 420도 참조.

51) *R. Schiffers* (FN 49), S. 63.

야 하였다. 여기서 구속력이 객관적으로 선고된 개별 사건을 넘어, 주관적으로 소송당사자를 넘어 미쳐야 한다는 것이 명백해진다. 따라서 사법위원회(Rechtausschuss)의 보고자인 발(Wahl) 의원은 규범의 과제도 설명하였다. 즉 연방헌법재판소 재판과 함께 "헌법재판소가 확인한 기본권이나 그 밖의 다투어진 헌법규정 내용은 구체적 해당 사건뿐 아니라 모든 유사 사건에도 구속력이 있다고 선언된다."[52]라고 하였다. 여기서 암시된 연방헌법재판소법 입법자의 역사적 의사는 유권적 헌법해석에 대한 연방헌법재판소의 권한에서 출발하였고, 연방헌법재판소법 제31조 제1항의 기속력이 입법적 반복행위 금지를 전제한다는 것을 긍정한다.

그러나 연방헌법재판소가 하여야 하는 헌법해석의 이러한 개념은 연방헌법재판소와 입법자의 관계에서 심각한 의문에 부딪힌다. 헌법제정자에 대한 경쟁 속에서 재판을 통하여 독일기본법 제20조 제3항의 헌법합치적 질서를 확정하는 연방헌법재판소의 권한은 독일기본법 제79조 제1항 제1문 및 제2항과 갈등에 빠진다. 헌법정립(Verfassungsrechtsetzung)은 헌법제정자의 일이지만, 헌법판례에 헌법적 규범서열을 부여하는 이론을 따르면 독일기본법의 문구(Text) 이외에 연방헌법재판소의 판례집(Entscheidungssammlung)이 등장할 것이다[53]. 법이론적으로도 헌법재판소의 규범통제가 실정헌법을 창출하는 것은 요구되지 않는다. 왜 규범이 헌법에 어긋나는지를 논증할 수 있다면, 연방헌법재판소는 규범을 폐기할 수 있을 뿐이다. 그래서 헌법규범의 간결한 문구를 구체화함으로써 비로소 심사기준을 확인하지 않으면, 연방헌법재판소의 헌법해석이 결코 헌법내용의 구속적 확인은 아니다. 독일기본법 제100조 제1항을 통해서 연방헌법재판소에 부여된 [규범]폐기권한은 오로지 연방헌법재판소의 헌법해석을 법치국가적으로 요구된 재판근거로서

---

52) BT-Sten.Ber. I, 4226 B (Sitzung v. 18. 1. 1951).

53) 단지 개별적으로 무엇이 중요한 재판이유인지를 확인하는 것의 어려움이 지적된다고 한다. 이에 대해서는 *K. Schlaich*, BVerfG (FN 4), S. 204 (206); *K. Vogel*, Rechtskraft (FN 5), S. 599ff.; *W. Hoffmann-Riem* (FN 4), S. 349.

만 다루라고 요구한다. 연방헌법재판소의 헌법해석에 진정한 헌법내용의 규범서열을 부여하는 것[54]은 논리적으로 강제되지 않을 뿐 아니라 설득력이 있지도 않다. 따라서 헌법적 규범서열의 결여 때문에 규범폐기적 재판은 입법자의 형성자유에 어떠한 한계도 설정할 수 없다. 규범을 반복하는 입법자의 헌법적 한계는 다른 관계 속에서 찾아야 한다(이에 대해서는 아래 III)

c) 한편에 있는 헌법을 해석하는 연방헌법재판소 재판의 규범서열 확정과 다른 편에 있는 동일규범반복제정금지 사이의 관계에서 1987년 10월 6일 판결의 의미가 도출된다. 즉 연방헌법재판소 제1재판부는 지금까지의 판례에 포함된 개별 쟁점(Einzelpunkt)을 수정하는 것에 그치지 않는다. 동일규범반복제정금지와 함께 헌법을 유권적으로 해석하고 중요한 재판이유에서 실정헌법을 정립하고자 하는 더욱 중요한 연방헌법재판소의 기대(Anspruch)가 드러난다.

그러나 재판의 법원(法源)적 성격에 대한 문제는 그를 통해서 부정적으로만 대답 된다. 새로운 판례에서 규범통제재판이 일반법률적 질서에 속한다는 것을 끄집어낼 수 없다.[55] 입법자의 의무에 대한 좁은 이해는 소극적 입법자(Negativer Gesetzgeber)나 부수적 입법자(Nebengesetzgeber)로서 연방헌법재판소가 활동하는 것을 방해하려고 한다.[56] 그러나 연방헌법재판소

---

54) 그러나 후자의 의미에서 *E.-W. Böckenförde*, Diskussionsbeitrag: VVDStRL 39 (1981), S. 173.

55) 그러나 그렇게 보는 *V. Busse* (FN 7), S. 356. 연방헌법재판소법 제31조 제2항의 고찰 속에서 연방헌법재판소재판을 개별 법질서에 귀속하려는 시도를 연방헌법재판소는 이미 이전에 거부하였다. 규범통제재판을 법률처럼 연방헌법재판소가 심사할 수 있다는 논증과 함께 남서지방판결에 대한 헌법소원이 제기되었을 때에, 연방헌법재판소는 이러한 소원이 허용되지 않는 것으로 기각하였다. BVerfGE 1, 89 (90): 재판은 연방헌법재판소법 제31조 제2항에 따라서 법률이 되지 않는다.

56) 규범통제는 입법이 아니다. 단지 *E. Friesenhahn* (FN 24), S. 690f.; *K. A. Bettermann* (FN 4), S. 91ff.; *K. Schlaich*, Verfassungsgerichtsbarkeit (FN 14); 다른 견해로는 *W. Henke*, Verfassung, Gesetz und Richter: Der Staat 3 (1964), S. 433 (299ff.); *C. Starck*, Die Bindung des Richters an Gesetz und Verfassung: VVDStRL 34 (1976), S. 43 (67, 74) 참조. 오로지 재판주문에 연방헌법재판소법 제31조 제2항에 따라서 법률유사적 효력이 귀속된다. 그러나 이것도 주문이 법률이라는 것을 뜻하지 않는다.

재판에 일반(연방)법률의 규범서열과 효력(Geltungskraft)이 인정되면, 정확히 그것이 드러난다. 그에 따라 입법자의 상황이 헌법합치적 질서의 구성요소인 연방헌법재판소 재판의 구속이 인정될 때보다 덜 어려워지는 것은 아니다. 즉 일반법질서의 형성자로서 입법자는 연방헌법재판소의 다른 형성행위와 맞닥뜨린다. 이러한 다른 기원의 법정립 귀속은 어떻게 성공할 수 있을까? 입법자에게 연방헌법재판소 재판을 입법과정에서 바꿀 권한이 부여되지 말아야 하는가? 따라서 당연히 규범의 유효성에 대한 재판이 일반법률적 질서에 속하지도 않는다. 규범통제재판은 규범질서와 규범서열 안에 자리 잡을 법원(法源)이 아니다. 이러한 재판은 사법판결이어서, 오로지 법관법 형성 속에서만 법형성적 효력을 획득할 수 있다.[57)]

d) 동일규범반복제정금지에 대한 연방헌법재판소의 포기는 국가기능의 협력질서(Zusammenordnung) 속에서 드러나는 연방헌법재판소의 지위에 대한 기능법적 고찰과 일치한다.[58)] 연방헌법재판소의 지위에 대한 현재까지의 논의는 대부분 부분적으로 일치하는, 두 가지 자주 논쟁적으로 이해되는 대조에 따라서 형성되었고, 형성된다. 법과 정치의 관계와 연방헌법재판소법 제1조를 따라 법원과 헌법기관으로서 이해되는 연방헌법재판소의 이중적 성격이 문제 된다. 양자는 헌법재판소가 ('국가기능체계에 대한 기습적인 침투라는 결과와 함께'[59)]) 자기 역할을 스스로 확정하려고 노력하였던, 1952년에 제출된 이른바 연방헌법재판소의 지위에 관한 각서(Status-Denkschrift)[60)]에

단지 *C. Gusy*, Gesetzgeber (FN 14), S. 246ff.; *K. Vogel*, Rechtskraft (FN 5), S. 613 참조.

57) *K. Schlaich*, Verfassungsgerichtsbarkeit (FN 14), S. 126ff.

58) 연방헌법재판소재판은 법규기능(Rechtssatzfunktion)이 있어서, 재판이유에 대한 구속이 이미 권력분립원리 침해로서, 즉 입법영역에 대한 연방헌법재판소의 침해로서 이해된다면, 물론 문제는 축소된다. 그러나 이렇게 보는 *W. Hoffmann-Riem* (FN 4), S. 357; *N. Wischermann* (FN 4), S. 68ff. 권력의 기능적 중첩에 대한 증명은 독일기본법의 권력교차적 체계 속에서 이례적인 것이 아니고 아직 의심스러운 상태가 아니다. *K. Stern*, Das Staatsrecht der Bundesrepublik Deutschland, Bd. I, 2. Aufl. 1984, S. 783, 792ff. 참조.

59) *K. Schlaich*, Verfassungsgerichtsbarkeit (FN 14), S. 101.

60) JöR n.F. 6 (1957), S. 144ff.에 수록; 이에 대해서 자세한 것은 *Kurt Vogel*, BVerfG

서 이미 상기된다. 연방헌법재판소는 여기서 자신을 '선택받은(berufen) 헌법의 수호자'로 그리고 동시에 '최고권위를 가지고 형성된 헌법기관'으로 이해한다.[61] 한편으로는 연방헌법재판소는 독립적인 법원일 뿐 아니라 '전체 국가와 국민 안에서 정치적으로 통합하는 기능'이 있다고 한다.[62] 다른 한편으로는 자신의 사법적 활동을 통해서 동시에 최고의 국가권력에 참여하고 정치적으로 형성할 기능을 부여받았다고 한다.[63] 이러한 헌법재판소의 지위 확정(Standortbestimmung) 시도는 이후에 확인되었을 뿐 아니라 비판적으로 수정되어 계속 발전하였다. 한 측면은 연방헌법재판소의 과제를 정치적 과정을 함께 이끌고 함께 형성하는 것으로 확장하였다.[64] 이러한 발전의 임시종결점은 엡젠(Ebsen)을 따르면 민주주의원리에서 도출되는, 정치－사회적 과정의 '조정자(Regulator)'로서 기능하는 연방헌법재판소의 역할이다. 연방헌법재판소는 여기서 정치적 과정을 조화시키고 개방시키는 '합의를 이끄는 중재재판소기능'을 수행한다.[65] 동시에 엡젠은 분쟁심판(Streitentscheidung)

(FN 14), S. 13ff.

61) Status-Bericht, JöR n.F. 6 (1957), S. 145.

62) JöR n.F. 6 (1957), S. 146. *K. Doehring*, Staatsrecht, 2. Aufl. 1980, S. 23도 참조: 연방헌법재판소는 "제4의 권력(vierte Gewalt)이라는 유형으로 다른 모든 국가권력에 저지적으로(verhindernd) 그리고 교정적으로(korrigierend) 개입"할 수 있을 것이다.

63) Den Bericht des Richters Leibholz an das Plenum des BVerfG zur Vorbereitung der Statusdiskussion: JöR n.F. 6 (1957), S. 120ff. 참조.

64) 특히 *W. Geiger*, Das Verhältnis von Recht und Politik im Verständnis des BVerfG, in: ders., Vom Selbstverständnis des BVerfG, 1979, S. 5 (6): "그것(즉 연방헌법재판소)은 (그리고 어떤 부정도 도움이 되지 않으므로) 독일헌법 안에서 이중기능, 즉 법을 말하고 그를 통해서 정치절차를 함께 형성하는 기능이 있다. 더는 오로지 연방의회와 연방정부만이 정치영역에 있지 않다. 그들은 연방헌법재판소와 함께 국가를 지도한다." 더 조심스러운 견해는 예를 들어 *K. Hesse*, Grundzüge des Verfassungsrechts der BR Deutschland, 16. Aufl. 1988, Rdnr. 669: 연방헌법재판소는 최고지도에 대한 (제한된) 몫이 있다.

65) *I. Ebsen*, Das BVerfG als Element gesellschaftlicher Selbstregierung, 1985, 특히 S. 218ff. '조정자(Regulator)'의 개념은 *P. Häberle*, Verfassungsgerichtsbarkeit als politische Kraft, in: ders., Kommentierte Verfassungsrechtsprechung, 1979, S. 425 (438)에서 기인한다.

이 주어진 규범에 근거하여 수행되는 한, 분쟁해결에 대한 연방헌법재판소의 과제와 작별을 고한다.[66] 다른 측면은 다른 법원에 대한 연방헌법재판소의 특수성이 오로지 그 배타적인 심사기준에 있다는 것을 고수한다.[67] 연방헌법재판소의 과제는 헌법에 근거하여 개별 국가행위를 심사하는 것이다. 헌법은 선재하는 심사기준을 형성하고 연방헌법재판소의 통제권한 범위를 확정한다.

논의의 양 출발점은 물론 기속력의 범위 확정을 위해서 거의 도움이 되지 않는 것처럼 보인다. 양자의 배경은 연방헌법재판소의 통제활동 범위이다.[68] 먼저 지위 확정과 결합한 결론은 국가기관, 행정관청 그리고 법원의 활동이 어떤 범위에서 통제될 수 있고 통제되어야 하는지를 겨냥한다. 모든 국가기관에 대해서 앞날을 향하여 지시하는 지침으로서 기능하는 헌법재판소재판에 대한 구속은 이것과 구별되어야 한다. 국가지도(Staatsleitung)에 연방헌법재판소를 위한 몫을 인정하는 것은 헌법재판소의 헌법해석에 대한 구속과 결합한다는 것이 확실히 드러난다.[69] 그러나 이것은 필연적이지 않다. 마찬가지로 순수한 법통제로서 사법활동을 분류하는 것에서 주문에서 선고한 것에 기속력을 국한하는 것이 도출되지 않는다. 그럼에도, 헌법에 근거한 재판에 한정되고 정치적으로 함께 형성하려는 모든 시도를 하는 연방헌법재판소가 입법자에게 앞날의 행위에 대해서 명령하는 것을 정당화할 수 있다. 반대로 정치적으로 함께 형성하여야 하거나 함께 형성

66) *I. Ebsen* (FN 65), S. 192: "헌법재판의 기능 확정과 정당성은 (한편으로는 통제기준과 관련하여, 다른 한편으로는 통제권한의 헌법이론적 정당화와 관련하여) 이로부터 안정성을 획득할 정치과정 밖의 축점 사고와 결별하여야 한다."

67) *K. Schlaich*, BVerfG (FN 4), 23: "연방헌법재판소는 자기 기능 안에서 법원이다.… 그것은 추가적으로도 다른 어떤 것도 아니다."

68) 이미 *G. Leibholz* (FN 63), S. 126f.; 나아가 *H.-P Schneider*, Verfassungsgerichtsbarkeit und Gewaltenteilung: NJW 1980, S. 2103 (2104) 참조.

69) 정확히 이러한 의미에서 이미 *W. Geiger*, Einige Probleme der Bundesverfassungsgerichtsbarkeit: DÖV 1952, S. 481 (482): "그 밖의 헌법기관의 의사(Wollen)와 능력(Können)에 최종적으로 미칠 큰 영향"은 연방헌법재판소의 손안에 있다; 나아가 *Leibholz* (FN 63), S. 123.

하려고 하는 헌법재판소는 먼저 형성을 본질적 과제로 삼는 입법기관 및 행정기관과 오로지 대등한 위치에 있다. 헌법재판소의 헌법이해에 따른 의무부과에서 드러날 수 있을 헌법재판의 우위는 그것에서 도출되지 않는다.

그러나 연방헌법재판소 기능에 대한 문제는 광범위하고, 연방헌법재판소와 입법자 사이의 과제분배를 목적으로 한다. "법질서를 요동하는 사회적 요구와 바뀐 질서관념에 적응시키는 것"[70]은 입법자의 과제 및 책임영역에서 결정되므로, 입법자는 그에게 헌법적으로 무엇이 요구되는지와 그가 어떤 형성 재량이 있는지에 대한 독자적 평가를 할 능력이 있어야 한다. 입법은 헌법집행도 헌법구체화도 아니지만,[71] 이것이 입법자가 기획된 규범의 헌법적 허용 문제를 스스로 연방헌법재판소의 판례에서 벗어나 대답할 수 없다는 것을 뜻하지 않는다. 헌법해석과 헌법구체화에서 연방헌법재판소의 우위는 없다. 여기서 입법자와 헌법재판소는 다른 기능을 가지고 나란히 서 있으며, 헌법에 대한 그들의 관계는 다르다. 즉 헌법규범은 입법형성의 자유를 한계 짓고, 헌법재판소의 통제를 확정한다. 후자의 말은 오로지 연방헌법재판소에 심판이 청구된 규범의 위헌성에 대한 재판에만 귀속된다. 앞날의 입법에 대한 권력우위적 지침효력(gewaltenübergreifende Direktivwirkung)은 규범통제재판에 없다. 어쨌든 입법자가 연방헌법재판소 제1재판부의 견해를 철저하게 수용하여야 하고 법률내용도 이전의 연방헌법재판소 재판에서 끌어낸 좌표의 관점에서 더는 확정하지 않는다면, 그것은 오늘날 '연방헌법재판소 적극주의(Bundesverfassungsgerichtspositivismus)'[72]의 징후 아래에서 입법행위의 법적 안정성과 예측 가능성(Berechenbarkeit) 상실을 의미할지도 모른다. 그럼에도, 헌법재판소를 개별 사건에서 교란된 법질서의 재확립에 철저히 국한하는 것은 입법자에게 재량을 부여하는 데

70) BVerfGE 77, 84 (104).

71) 주 21 참조.

72) 연방헌법재판소에 대한 국법학의 관계를 설명하기 위해서 그렇게 보는 *B. Schlink*, Die Entthronung der Staatsrechtswissenschaft durch die Verfassungsgerichtsbarkeit: Der Staat 28 (1989), S. 161 (163).

필수적이다. 동시에 입법자는 의무를 진다. 헌법적 가능성을 구속적으로 미리 확정하여서, 특정한 입법기획에서 어떤 재량도 허용하지 않는, 특정 연방헌법재판소 판례를 지적하면서 책임을 회피하는 것[73]은 더는 가능하지 않다.

결국, 오직 준칙화한(kanonisiert) 연방헌법재판소의 견해에서 입법자를 이렇게 자유롭게 하는 것과 그를 통해서 열린 형성책임만이 민주주의원리에서 고려된다. 유일하게 국민이 직접 선출한 국가기관인 의회의 결정 재량을 유권적인 헌법해석이 축소한다면, 국민의 선거결정 의미는 의회의 영향과 함께 감소한다.[74]

Ⅲ

1. 자유는 자의를 뜻하지 않는다. 연방헌법재판소가 입법자에게 어떤 헌법해석도 강제하지 않는다는 확인이 연방헌법재판소 재판과 관련된 입법

---

73) 연방헌법재판소의 관점에서 의회가 책임에서 도망갈 위험은 볼프강 짜이들러(*W. Zeidler*, Diskussionsbeitrag auf dem 55. DJT 1984 [Verhandlungen, Bd. 2, S. N 92f.])가 설득력 있게 설명하였다. 크리스티네 란트프리드(*C. Landfried* [FN 4], S. 84)가 1983년 초에 실시한 재직 중인 헌법재판관에 대한 여론조사는 그들 중 8명이 의원들이 이미 의회의결 전에 가능한 연방헌법재판소의 이의를 예상한다는 인상을 받는다는 결과를 얻었다. 재판관들은 이것을 정치적 용기 부족에서 비롯된 '너무 광범위한' 순종(Gehorsam)으로 평가하였다. 의회에게 '친구인 연방헌법재판소보다 비겁'을 조심하라고 한 *E. Benda*, Das Verhältnis von Parlament und BVerfG, in: Thaysen u.a. (Hrsg.), US-Kongreß und Deutscher Bundestag, 1989, S. 218 (219)도 참조: "입법자는 당연히 자기 결정의 정치적 결과뿐 아니라 가능한 헌법적 한계도 고려하여야 한다."

74) *C. Gusy*, Offenheit (FN 39), S. 117 참조. 국민이 직접 선출한 입법자가 헌법제정자가 명확하게 결정하지 않은 사안에서 연방헌법재판소보다 먼저 결정을 정당화한다는 고려에 대해서는 무엇보다도 *J. Ipsen*, Richterrecht und Verfassung, 1975, S. 158ff.; *G. F. Schuppert*, Die verfassungsgerichtliche Kontrolle der Auswärtigen Gewalt, 1973, S. 207ff. 참조.

자의 자유 한계에 대한 문제에서 아직 벗어나게 하지 않는다. 동일규범반복제정금지를 정당하게 거부하는 연방헌법재판소 제1재판부의 재판은 입법자가 (정치적 어려움과 장애를 완전히 도외시하면) 규범폐기재판에 즉각적으로 반응하여 같은 내용의 법을 고집스럽게 새로 제정할 수 있다는 결론을 허용하지 않는다. 연방헌법재판소 선례를 고려 없이 무시하는 것은 연방헌법재판소의 굴욕(Brüskierung)이므로, 심지어 심사된 규범의 유효성에 대한 구체적 재판주문과 관련하여 연방헌법재판소의 권위가 전혀 흔들리지 않는 곳에서도 연방헌법재판소의 권위에 의문을 제기할 것이다. 입법자가 즉시 반복규범을 의결하여 [청구를] 인용하는 규범통제재판을 무시할 수 있다면, 도대체 [청구를] 인용하는 규범통제재판에 어떤 의미 있는(befriedend) 가치가 아직 있을 수 있겠는가? 헌법재판소의 통제는 앞날을 지향하는(vorwärts blickend) 계속발전의 요소를 포함한다.[75] 따라서 연방헌법재판소의 선례는 법원론적(法源論的)으로는 아닐지라도 '헌법의 규범적 효력 요소'이다.[76] 그래서 '지속적인 헌법발전 보장'[77]을 위해서 더 깊이 들어갈 필요도 없이 1987년 10월 6일 판결의 이유에서 감지되는 강조가 필요하다. 연방헌법재판소는 입법자의 형성자유 이외에 입법자의 형성책임을 내세운다.[78] 그것은 입법자에게 독일기본법 제20조 제3항에 따른 헌법구속의 측면에서 연방헌법재판소의 선례를 경솔하게 무시하지 않을 의무를 지운다. 기속력에서 벗어난다는 것은 헌법의 유동화(Dynamisierung)에 대한 위임을 의미하는 것이 아니라 언제 안정성을 보장하는 헌법판례의 궤도에서 벗어날 수 있

75) *O. Bachof*, Der Verfassungsrichter zwischen Recht und Politik, in: Summum Ius – summa iniuria, Ringvorlesung, gehalten vor Mitgliedern der Tübinger Juristenfakultät im Rahmen der Dies academicus, Wintersemester 1962/63, 1963, S. 41 (43)도 참조: 헌법재판관은 개별사건재판관(Einzelfallrichter)만은 아니다.

76) *P. Badura*, Die Bedeutung von Präjudizien im öffentlichen Recht, in: U. Blaurock (Hrsg.), Die Bedeutung von Präjudizien im deutschen und französischen Recht, 1985, S. 49 (50).

77) 기속력의 목적을 그렇게 보는 *B.-O. Bryde* (FN 50), S. 400.

78) BVerfGE 77, 84 (104).

는지에 대한 더욱더 정확한 심사를 요구한다. 이에 대한 규범적 근거는 입법자에게 연방헌법재판소를 존중하는 방향으로 활동하고 연방헌법재판소의 이전 행위를 방해하는 행위를 하지 않을 의무를 부과하는 헌법기관충실(Verfassungsorgantreue)원칙[79]이다.[80] 그러나 이러한 상황(Unterlaufen)은 입법자가 반복행위를 통해서 연방헌법재판소 측의 이전 통제결과를 무력하게 하거나 연방헌법재판소의 통제에서 반복된 규범내용을 배제하려고 시도할 때에만 발생한다.[81] 광범위한 요구는 주장될 수 없다. 헌법기관충실의무는

---

79) 이에 대해서는 일반적으로 연방헌법재판소의 무시 금지는 아마도 또한 "권력분립이론에 내재한 효율성 명령(Effektivitätsgebot)과 더불어 정당화할 수 있다는" 지적과 함께 *W.-R Schenke*, Die Verfassungstreue, 1977, 특히 S. 115ff.; *R. Smend*, Verfassung und Verfassungsrecht, in: Staatsrechtliche Anhandlungen, 2. Aufl. 1968, S. 119ff., S. 246ff.; *H. Schneider*, Der Niedergang des Gesetzgebungsverfahrens, in: FS G. Müller, 1970, S. 421 (422f.)도 참조. 연방헌법재판소 스스로 헌법기관충실의무를 지는지는 연방헌법재판소의 헌법기관성(연방헌법재판소법 제1조)에 어떤 의미가 부여되는지에 대한 논쟁(이에 대해서는 *K. Schlaich*, BVerfG [FN 4], S. 18ff.)에 달려 있지 않다. 여기서는 오로지 입법자의 충실의무(Treuepflicht)만 문제가 된다.

80) 그러나 반복규범의 입법자에게 왜 그가 연방헌법재판소의 헌법해석에 따르지 않으려고 하는지나 사실관계 변화에 근거하여 달라진 헌법적 평가에 이르렀는지에 대한 어떠한 설명부담(Darlegungslast)도 지워지지 않는다(그러나 발상에서 그러한 *M. Sachs*, Fortbestand [FN 5], S. 197ff.): 입법은 헌법집행이 아니어서, 입법자는 '법률 이외의 어떤 것에도' 책임지지 않는다. 그러한 견해로는 *W. Geiger*, Gegenwartsprobleme der Verfassungsgerichtsbarkeit aus deutscher Sicht, in: Berberich (Hrsg.), Neue Entwicklungen im öffentlichen Recht, 1979, S. 141 그리고 *K. Schlaich*, BVerfG (FN 4), S. 236. BVerfGE 79, 311 (344f.) (국가책임)에서 독일기본법 제115조 제1항 제2문 전문의 권한을 행사하려는 예산법률입법자에게 요구되는 설명의무는 일반화할 수 없다. 첫째 여기서 설명의무는 독일기본법 제115조 제1항 제2문 전문은 예외요건을 포함하므로 설명의무를 정당화한다는 것에서 설명되고, 둘째 이것은 (헌)법적 관점이 아니라 규범에 포함된 '경제전체적 균형 교란'이라는 불명확한 법개념의 확인하기 어려운 사실적 전제요건과 관련된다.

81) 이에 대해서 입법자에게 규범 반복 전에 이전의 연방헌법재판소 통제에서 중요하였던 이러한 상황변화를 예측할 것을 전반에 걸쳐 요구할 수 없다. 그것은 부분적인 동일규범반복제정금지의 조장(Wiederaufrichtung)과 일치할 것이다. 규범통제재판이 사법재판으로서 시점과 관련되고, 확정력의 시간적 한계 때문에 그것의 구속력이 상실될 수 있으며, 이러한 이유에서 규범내용에 대한 헌법재판소 판단이 바뀔 수 있다는 것은 자명하다. BVerfGE 33, 199 (203); 39, 169 (181ff.) – 이전 제청절차에서 이미 심

국가기관의 기능영역을 보호하는 것을 목적으로 한다. 연방헌법재판소의 일은 다른 기관의 통제이다. 따라서 입법자는 통제 가능성을 배제하지 않고 통제결과를 존중할 의무가 있다. 그 이상의 실질적 의무를 헌법기관충실은 포함하지 않는다. 입법자가 사실관계와 법적 상황에 대한 신중한 심사를 통해서 연방헌법재판소가 이전에 위헌으로 선고한 규범내용이 다르게 판단될 수 있다는 평가에 이르렀다면, 입법자는 이러한 규범을 반복하는 것이 허용된다. 그에 따라 연방헌법재판소가 새로운 규범을 이후의 새로운 절차에서 위헌으로 선고하여야 할지라도, 의회의 다수는 위헌적 행위를 하였다는 비판을 받지 않을 수 있다. "의회의 다수가 중대한 과실로 헌법적 의심을 간과하였을 때에, 의회의 다수는 위헌적 행위라는 비판을 받을 수 있다."[82)]

2. 동시에 한계 설정은 헌법해석에 대한 논의에서 얻어지는 오늘날의 인식과 일치한다. 단지 소수의 사안에서만 유일하게 옳은 헌법해석이 존재한다.[83)] 이것은 헌법담론을 가능한 한 넓게 개방시키라고 요구한다.

사된 규범과 관련하여 독일기본법 제100조 제1항에 따른 새로운 법관제청의 허용성 참조; *H. Kerbusch* (FN 12), S. 71ff.; *K. Lange* (FN 5), S. 3; *Th. Maunz*, in: Th. Maunz/B. Schmidt-Bleibtreu/Klein/Ulsamer, BVerfGG, § 31 Rdnr. 10; *B. Pieroth* (FN 25), S. 101ff.도 참조. 개선의무와 개선유보의 확정에서도 연방헌법재판소는 심사시점에 아직 합헌이었던 것이 위헌이 될 수 있다는 것을 고려한다. BVerfGE 49, 89 (130); 50, 290 (335, 377f.); 65, 1 (55f.) 참조; *P. Badura*, Die verfassungsrechtliche Pflicht des gesetzgebenden Parlaments zur „Nachbesserung" von Gesetzen, in: FS Eichenberger, 1982, S. 481 (484ff.)도 보라.

82) *E. Benda* (FN 73), S. 218.

83) 헌법해석의 방법논쟁과 특별한 어려움에 대해서는 *E.-W. Böckenförde*, Methoden (FN 38), S. 2089ff.; *B. Schlink*, Bemerkungen zum Stand der Methodendiskussion in der Verfassungsrechtswissenschaft: Der Staat 19 (1980), S. 73ff.를 보라; BVerfGE 62, 1 (45): 헌법의 해석은 '규범문장(Normtext)의 개방 문제'와 대립한다; *K. Stern* (FN 58), § 4 III; *K. Hesse* (FN 64), Rdnrn. 49ff.; *W. Hoffmann-Riem* (FN 4), S. 347 m. FN 46도 참조.

모든 국가기관은 기능적으로 헌법의 해석과 실현에 대한 책임을 진다.[84)] – 헌법해석이 연방헌법재판소의 법보호를 실질적으로 실현하는 것과 관련이 있는 범위에서, 이미 한 국가행위와 관련하여 연방헌법재판소에 통제 및 [규범]폐기권한이 허용되는 한에서만 연방헌법재판소의 우위가 존재한다. 또한, 그래서 1987년 10월 6일 제1재판부의 판결이 입법자를 연방헌법재판소의 헌법해석에 묶어두는 것을 포기하였다면, 그것은 논리일관적이다. 아마도 이전에 상반되는 제2재판부의 판례는 헌법해석에서 드러나는 방법적 확실성 상실에 대한 표현이고 동시에 보완이었을 것이다. 어쨌든 국가를 위해서 일하는 다양한 기능수행자(Funktionsträger)들의 관계 속에서 이러한 상실을 연방헌법재판소의 구속적 헌법해석을 통해서 제도적으로 (다시) 복구하려는 것이 드러날 수 있다.[85)] 연방헌법재판소는 현재 그렇게 복구된 확실성이 기만적일 것이고, 더불어 이러한 과제는 연방헌법재판소에 과도한 요구일 것이라는 것을 분명하게 말한다.[86)] 헌법해석과정은 사법재판을 통해서 쟁점별로 계속되고(anhalten) 고정될 수 없다.[87)] 자기 판례를 스스로 바꿀 수 없는 법원의 유권적 헌법해석을 통해서 발생할, 법발전이 경직될 위험성(Gefahr einer Erstarrung)을 연방헌법재판소가 적절하게 지적한다. 연방헌법재판소는 이미 이전에 연방헌법재판소법 제31조 제1항에 따른, 자신의 중요한 판결이유의 기속력에서 스스로 벗어났다.[88)] 그러나 동시에 규범심사절차의 중요한 청구인인 최고의 국가기관이 연방헌법재판소의

---

84) BVerfGE 62, 1 (39).

85) 이러한 의미에서 재판이유의 구속력 속에서 국가실무(Staatspraxis)를 위한 헌법의 '획득된 명확성(Eindeutigkeit)'을 말하는 *W. Geiger*, Überlegungen zum Institut der Verfassungsbeschwerde: EuGRZ 1984, S. 481 (483); *C. Gusy*, Offenheit (FN 39), S. 115도 보라.

86) 특히 1970년 이래로 가능한 소수의견(연방헌법재판소법 제30조 제2항 제1문)은 연방헌법재판소판결이 헌법적 담론을 끝내려고 하지도 않고 할 수도 없다는 것을 증명한다.

87) *W. Zeidler* (FN 73), S. N 92 참조: 헌법은 "어떤 지역에 놓여 있는 석류석으로 만든 표석(Granatfindling)처럼 … 특징 없이 고정된 것(monolithischer Block)이 아니라 살아 있고 커지며 바뀌는 것이다."

88) 주 22 참조.

법적 견해에 구속되어서, 엄밀히 말하자면 연방헌법재판소에 자기 판례를 심사할 기회를 줄 수 없다면, 이러한 예외는 실질적으로 효과가 없다.[89)]

Ⅳ

1987년 10월 6일 연방헌법재판소 제1재판부의 재판은 동일규범반복제정금지와 결별하는 것과 함께 후속문제를 제기하는 연방헌법재판소와 입법자의 관계를 규명할, 새롭고 명확한 요소를 포함한다. 이 재판은 [청구를] 인용하는 규범통제재판에 대한 연방헌법재판소 판례에서 발전한, 법률의 독일기본법에 대한 단순한 불합치선언(bloße Unvereinbarerklärung)이라는 변형재판(Entscheidungsvariante)과 관련된다.[90)] 규범통제재판의 법적 효과를 제한하는 이러한 재판기속력에 대한 엄격한 해석에 비추어 주문이 앞날에도 그동안 가졌던(inzwischen) 중요한 자신의 의미[91)]를 유지할 수 있는지가 문제 된다. 의심[92)]은 다음의 것에서 비롯된다. 단순한 불합치선언에서 연

89) 여기에 자리 잡는 문제를 입법자에 대한 중요한 재판이유의 기속력을 인정하는 이론 지지자도 알고 있다. 여기서 예를 들어 *B.-O. Bryde* (FN 50), S. 430의 설득력 없는 시도는 연방헌법재판소법 제31조 제1항에 따라서 구속되는 기관들은 "연방헌법재판소의 매우 확실한(wahrscheinlich) 견해유지(Haltung)에 대한 예견적(prospektiv) 고려"를 할 권한이 있다는 것에서 시작한다. 비슷한 사건에서 또는 오로지 '판례의 전체적 경향(Duktus)' 그리고 '판례에서 자명해질 수 있는 기본견해'에서조차 "연방헌법재판소가 이전 재판을 십중팔구 더는 고수하지 않으리라는 것이 도출될 수 있다면, 국가의 행위자(staatliche Akteure)도 구속될 거라고 더는 느낄 필요가 없다." 이러한 복잡한 전제의 증명은 커다란 어려움에 봉착할 것이다.

90) 이에 대해서는 *P. Hein*, Die Unvereinbarerklärung verfassungswidriger Gesetze durch das BVerfG, 1988; *K. Schlaich*, BVerfG (FN 4), S. 167ff.; *C. Gusy*, Gesetzgeber (FN 14), S. 188ff.

91) *K. Schlaich*, BVerfG (FN 4), S. 169; 그러나 *M. Sachs*, Zu den Folgen von Gleichheitsverstößen in Tarifverträgen: RdA 1989, S. 25 (28 m. Anm. 43－45)도 참조: 지난해 평등침해 영역에서 불합치선언과 비교하여 무효선언의 숫자가 다시 증가하였다.

92) 무엇보다도 미하엘 작스(*M. Sachs*, Anmerkung [FN 7], S. 392)가 물론 자세한 논증

방헌법재판소는 규범의 위헌성에도 불구하고 이러한 사건에서 원칙적으로 예정된 소급무효(ex-tunc-Nichtigkeit) 확인을 회피한다. 연방헌법재판소는 법질서를 스스로 바꾸지 않고 입법자의 적극적 형성행위에 맡긴다. 법률상황을 바꾸고 그것을 헌법적 지침에 맞추는 과제는 입법자에게 귀속된다.[93] 위헌성을 제거할 때에 연방헌법재판소와 입법자의 이러한 협동작업은 입법자가 헌법상황에 대한 연방헌법재판소의 판단을 따라야 하므로, 행위가 법적으로 의무를 지워 요구될 때에만 가능할 수 있다. 즉시 이것은 연방헌법재판소 재판의 기속력에 대한 제한적 이해 때문에 의문스러운 것처럼 보인다. 입법자가 이전에 위헌으로 인식된 규범을 반복하는 것이 저지되지 않는다면, 어떻게 입법자가 불합치선언을 따라 위헌규범을 변경하거나 심지어 폐지할 의무를 지는가?

그러나 자세한 고찰은 동일규범반복제정금지의 존재 여부에서 불합치선언이라는 주문형식에 대한 어떠한 대답도 나오지 않는 것을 지적한다. 그리고 재판주문이 이러한 의무를 명확하게 언급하는지나 재판이유가 이러한 의무를 설명하는지와 상관없이 입법자는 여전히 연방헌법재판소가

없이 이러한 의심을 말한다. 미하엘 작스(Michael Sachs)가 그의 의심에 이른바 '촉구재판'(이러한 변형재판에 대해서는 *W. Rupp-v. Brünneck*, Darf das BVerfG an den Gesetzgeber appellieren?, in: FS G. Müller, 1971, S. 355ff.; *K. Schlaich*, BVerfG [FN 4], S. 181ff.; *M. Schulte*, Appellentscheidungen des BVerfG: DVBl. 1988, S. 120ff.)의 계속존속도 연관시키는 한, 처음부터 그것을 따를 수 없다: 촉구재판의 특수성은 그것이 규범의 무효를 확인하지 않고 이후에 위헌이 될 가능성을 예고한다는 것에 있다. 그와 함께 이러한 시점의 헌법상황을 판단하는 구체적 재판에서 위헌성 확인이 없다. 규범폐기적 재판의 기속력에 대한 문제는 제기되지 않는다. 연방헌법재판소가 이후의 가능한 법적 상황에 대해 말하는 한, 그밖에 구속력이 없는, 당연히 연방헌법재판소법 제31조의 수범자도 구속하지 않는 방론이 문제 된다(그렇지 않다면, 예외적으로 위헌으로 갑자기 바뀌는 것[Umschlagen in die Verfassungswidrigkeit]이 시간상으로 정확하게 미리 확정될 수 있을 것이다. *B.-O. Bryde* [FN 50], S. 398 참조).

93) 연방헌법재판소는 대부분 분명하게 규범의 불합치성이 입법자에게 행위를 의무 지운다고 말한다. 예를 들어 BVerfGE 32, 189 (221); 34, 9 (44); 37, 217 (262f.); 41, 399 (426); 46, 97 (113); 61, 319 (356f.) 참조.

불합치선언에서 언급한 법률개정의무에도 구속된다. 불합치선언은 본래 요구되는 무효확인의 배제(Minus)이다. 입법자가 법률상황 변경을 보장할 때에만 불합치선언은 그러한 배제로서 용인될 수 있다. 따라서 입법자에 대한 적절한 명령(Weisung)은 구체적으로 심사된 규범에 대한 불합치선언의 중요한(konstituierend) 구성요소이다. 명령은 통제의 부분이고, 예방적 금지가 아니다. 그리고 변경의무는 규범이 앞날에 위헌이 된다는 것을 예고하는 촉구재판(Appellentscheidung)에서 그러한 것처럼[94] 단지 아마도 나중에 비로소 발생할 가능성이 있는 위헌상태에서는 발생하지 않는다. 헌법과 합치할 수 없는 규범 변경에 대한 연방헌법재판소의 요구는 위헌이 될 가능성에 대한 가정적 판결의 요소를 포함하지 않고, 그것은 규범위헌성의 다른 면이며 그와 함께 규범의 위헌성과 분리될 수 없는 부분이다. 재판주문에서 불합치성을 확인하는 부분의 기속력은 문제가 되지 않는다. 위헌인 규범과 어떠한 법적 효과도 더는 결합할 수 없기 때문이다('적용배제 [Anwendungssperre]').[95] 분명히 이러한 의무가 불합치선언 이외에 요구되는 연방헌법재판소의 규범폐기를 대체하는 두 번째 부분이므로, 이러한 기속력은 독일기본법과 합치하지 않는 규범을 개정하여야 하는 입법자의 의무를 포괄한다. 연방헌법재판소 대신에 입법자가 [규범을] 폐기할 의무를 진다.[96] 이러한 의무는 헌법에서 직접 도출된다. 헌법구속은 새로운 규율을

94) 이러한 변형재판에 대해서는 주 90의 문헌 참조.

95) 연방헌법재판소는 불합치선언이 원칙적으로 무효선언과 같은 효력이 있다고 말한다. BVerfGE 37, 217 (262) 참조. 그럼에도, 연방헌법재판소는 예외적으로 규범의 계속 적용을 명령하는 권한을 유보하였다. BVerfGE 61, 319 (320f., 356); 72, 330 (333); 73, 40 (41) 참조.

96) *J. Ipsen*, Rechtsfolgen der Verfassungswidrigkeit von Norm und Einzelakt, 1980, S. 213도 참조: "따라서 무효선언과 위헌선언(Verfassungswidrigerklärung = 불합치선언)은 연방헌법재판소가 전자의 사안에서 독일기본법에 어긋난다는 것을 확인하고 **스스로** 제거하지만, 연방헌법재판소는 후자의 사안에서 입법자에게 위헌(Verfassungsverstoß) 제거를 의무 지운다는 것에 의해서만 구별된다." 이러한 의무의 효율화를 위해서 연방헌법재판소는 1986년의 재정조정(Finanzausgleich)에 대한 자기 재판에서 처음으로 새로운 규율을 위한 기한을 설정하였다. BVerfGE 72, 330 (333).

의무 지운다. 입법자가 폐지할 의무를 진다는 특수성과 함께 연방헌법재판소가 입법자의 폐지권한(Aufhebungskompetenz)을 위해서 자신의 폐기권한(Verwerfungskompetenz)을 포기한다. 입법자의 형성자유는 다른 방식으로 보호된다. 연방헌법재판소의 폐기 포기는 규범을 완전히 폐지하거나 개정을 통해 위헌성의 오점(Makel)을 제거하는 방식으로 형성할 수 있도록 한다. 입법자의 이러한 입법행위 이후에 헌법과 불합치하는 것으로 선언된 규범내용을 반복하려고 한다면, 비로소 (무효확인에 따른 상황과 다른 특수성 없이) 예방적인 그리고 여기서 부정된 동일규범반복제정금지가 문제 된다.

V

"입법자의 형성자유를 존중하는 적합한 도구 획득은 아마도 다음 10년 동안 사법(司法)의 중요과제에 속할 것이다."[97] 1975년 헌법재판관 루프-폰 브뤼넥(Rupp-v. Brünneck)과 지몬(Simon)의 소수의견에서 드러난 예상은 진실임이 판명되었다. 1987년 10월 6일 제1재판부의 재판은 이러한 해결과제를 설명한 최근의 다른 연방헌법재판소 판결들[98]과 동일선상에 있다. 연방헌법재판소가 유권적으로, 즉 헌법적 규범서열을 가지고 헌법을 해석하지 않으므로, 연방헌법재판소법 제31조 제1항도 독일기본법 제20조 제3항도 입법자가 폐기된(beanstandet) 규범을 반복하는 것을 방해하지 않는다. 입법자는 연방헌법재판소와 달리 생각할 헌법적 자유가 있다. 그러나 연방헌법재판소의 권위를 손상하지(untergraben) 않기 위해서 입법자가 충실하게 활동할 것이 요구되어야 한다. 연방헌법재판소가 위헌으로 판단하였던 규범내용의 '고집스러운 반복'[99]은 헌법기관충실의무에 어긋난다.

---

97) BVerfGE 39, 1 (72).

98) 주 9 참조.

99) *M. Kriele*, Theorie der Rechtsgewinnung (FN 5), S. 296.

법령 헌법소원의 청구기간에 관한 몇 가지 쟁점

오 휜*

Ⅰ. 법령 헌법소원 청구기간 기산점 확정 일반론
1. 법령에 대한 헌법소원심판의 특성
2. 법령에 대한 헌법소원심판에 있어서 청구기간 기산점 확정의 문제
3. 소 결
Ⅱ. 법령에 해당하는 사유가 발생한 최초의 날의 의미
1. 문제의 소재
2. 헌법재판소의 입장
3. 검 토
4. 소 결
5. 보 론－선거 관련법의 경우
Ⅲ. 형사법 영역에서의 청구기간 기산점
1. 문제의 소재
2. 헌법재판소의 입장
3. 형사법 조항의 청구기간 기산점에 관한 검토
4. 재판규범의 경우
5. 소 결
Ⅳ. 결 어

Ⅰ. 법령 헌법소원 청구기간 기산점 확정 일반론

1. 법령에 대한 헌법소원심판의 특성

통상적인 행정청의 고권적 작용으로서의 행정처분(주로 침익적 처분이 될

* 헌법재판소 헌법연구관.

것이다)의 경우는 행정절차법에 의해 사전통지가 필수적이고[1] 처분은 문서로서 하여야 하며[2] 그 이유를 제시해야 한다.[3] 무엇보다 구체적 사실에 관한 법집행이라는 처분 그 자체의 특성에 의해 특정 상대방에 대한 구체적인 의사표시로서 있게 되므로 통상적으로 그 수범자는 분명하다.[4]

이처럼 행정청에게는 그 처분이 효력을 발생하기 위하여 통지 또는 공고하여야 할 의무, 즉 행정을 국민에게 알려야 하는 의무가 있고, 처분은 그 상대방에게 개별적으로 통지되므로 행정처분에 관한 한 처

---

1) 행정절차법 제21조(처분의 사전통지) ① 행정청은 당사자에게 의무를 과하거나 권익을 제한하는 처분을 하는 경우에는 미리 다음 각호의 사항을 당사자등에게 통지하여야 한다.
1. 처분의 제목
2. 당사자의 성명 또는 명칭과 주소
3. 처분하고자 하는 원인이 되는 사실과 처분의 내용 및 법적 근거
4. 제3호에 대하여 의견을 제출할 수 있다는 뜻과 의견을 제출하지 아니하는 경우의 처리방법
5. 의견제출기관의 명칭과 주소
6. 의견제출기한
7. 기타 필요한 사항

2) 행정절차법 제24조(처분의 방식) ① 행정청이 처분을 하는 때에는 다른 법령등에 특별한 규정이 있는 경우를 제외하고는 문서로 하여야 하며, 전자문서로 하는 경우에는 당사자등의 동의가 있어야 한다. 다만, 신속을 요하거나 사안이 경미한 경우에는 구술 기타 방법으로 할 수 있으며 이 경우 당사자의 요청이 있는 때에는 지체없이 처분에 관한 문서를 주어야 한다.
② 처분을 하는 문서에는 그 처분행정청 및 담당자의 소속·성명과 연락처(전화번호·모사전송번호·전자우편주소 등을 말한다)를 기재하여야 한다.

3) 행정절차법 제23조(처분의 이유제시) ① 행정청은 처분을 하는 때에는 다음 각호의 1에 해당하는 경우를 제외하고는 당사자에게 그 근거와 이유를 제시하여야 한다.
1. 신청내용을 모두 그대로 인정하는 처분인 경우
2. 단순·반복적인 처분 또는 경미한 처분으로서 당사자가 그 이유를 명백히 알 수 있는 경우
3. 긴급을 요하는 경우
② 행정청은 제1항 제2호 및 제3호의 경우에 처분 후 당사자가 요청하는 경우에는 그 근거와 이유를 제시하여야 한다.

4) 물론 수익적 행정처분으로 인하여 불이익을 받은 제3자가 있는 경우 혹은 고시·공고에 의하여 행정처분을 하는 경우 등은 그 수규자가 분명하지 아니할 여지는 있지만 여기서는 처분의 전형적인 모습인 침입적 처분을 상정하기로 한다.

분이 존재한다는 것을 인식할 수 있는 가능성은 현실적·구체적으로 보장된다.[5]

그런데 이와 같은 처분에 대한 인식가능성이 높다는 것은 그 처분에 대하여 대응하고 다툴 수 있는 기회가 보장된다는 것이고 이는 곧 재판청구권이 비교적 충실히 보장될 수 있다는 것을 의미한다. 결국 행정소송의 원인이 되는 위와 같은 처분의 특성들을 고려해 보면, 현행 행정소송법상 이해관계인이 처분이 있음을 알지 못하여 쟁송을 제기할 기회가 전혀 없었음에도 불구하고 제소기간으로 인하여 쟁송의 제기가 차단되는 경우는 예외적인 경우에 한정된다고 할 것이다.

그러나 법령의 경우는 처분과는 다른 특성을 지니고 있다. 즉, 법령은 관보에 게재함으로써 공포되나[6] 그 규율대상이 추상적이고 관련자가 불특정 다수이므로 현실적이고 구체적인 침해의 인식가능성을 보장해 주지 못한다. 수없이 제·개정되는 법령들 중에서 어떠한 법령이 자신과 관련되어 기본권을 침해한다는 사실은 그와 관련된 법적 상태에 놓일 때에 이르러서야 비로소 인식할 수 있기 때문이다.[7] 즉, 규율대상이 추상적이고 관련자가 불특정한 법령 그 자체의 특성으로 인하여 그 수규자는 국민 전체가 되지만(국민에게는 기본권 침해의 잠재적 가능성이 있을 뿐이다) 그 해당 법령에 의해서 기본권 침해가 현실화 되는 시기(時期)와 인적범위는 유동적일 수 밖에 없다.

어떤 국민은 법령의 시행과 동시에 그 법령과 관련 있는 법적 상태에 놓여 있기 때문에 그 법령의 시행과 동시에 기본권을 침해 받을 수도 있고, 다른 국민은 시간이 흐른 뒤에 그 법령이 적용되는 법적 상태에 도달할 수도 있으며, 어떤 국민은 그 법령과 무관한 상태에 계속 머무를 수도

5) 따라서 행정소송에 있어서 주관적 기산점인 '안 날'은 곧 객관적 기산점인 '처분이 있은 날'과 대체로 일치되며 오히려 객관적 기산점이 적용될 여지가 작다.

6) 법령 등 공포에 관한 법률 제11조.

7) 이는 법령 대한 헌법소원심판에 있어서 청구기간의 적용을 완화시켜야 할 요소가 된다.

있다. 또한 법령은 장래의 불특정한 사안을 되풀이 하여 규율하기 때문에 (이를 규율대상이 추상적이라고 표현할 수도 있다) 법령의 효력발생시점 이후에도 그 법령의 적용을 받게 되는 자가 계속하여 새로이 생긴다는 특성도 지닌다.

이처럼 법령에 의한 기본권 침해는 그 인식가능성이 낮고 사람에 따라 법령에 의한 기본권 침해의 시기가 다를 수 있다는 점, 규율대상의 추상성으로 인하여 그 법령의 적용을 받게 되는 자는 계속적으로 새로이 발생한다는 점 등의 특성에 비추어 볼 때, 헌법재판소법 제69조 제1항의 '그 사유'를 '법령의 시행'이라고만 해석하여 법령의 시행된 사실을 안 날로부터 90일, 시행된 날로부터 1년을 도과하였다는 이유로 다툴 수 없게 한다면, 국민의 법령에 대한 헌법소원심판청구권을 과도하게 제한하는 결과가 될 것이다. 청구기간 도과 전에는 법령에 대한 자기관련성이 없어 각하되고, 자기관련성이 생긴 후에는 청구기간이 도과하여 각하되는 경우가 발생하기 때문이다.

한편, 법령의 수규자는 전체 국민이므로 이 법령을 토대로 여러 법률관계가 맺어지고 이에 따라 공동체 구성원의 이해관계가 형성되는 만큼 법령에 대한 헌법소원심판의 경우 법적 안정성의 요청이 오히려 행정처분보다 높다고 볼 수도 있다. 즉, 법령에 대한 헌법소원심판에 있어서도 청구기간 적용의 필요성을 부정할 수는 없는 것이다.

이와 같이 법령에 대한 헌법소원심판에 있어서는 청구기간의 적용을 완화해야 하는 측면과 청구기간을 적용해야 하는 양 측면이 모두 존재한다. 결국 법령에 대한 헌법소원심판에서 청구기간이라는 제도는 국민의 '재판청구권'과 '법적 안정성'의 긴장관계 속에 놓여 있다고 볼 수 있다.

2. 법령에 대한 헌법소원심판에 있어서 청구기간 기산점 확정의 문제

(1) 판단의 순서

통상 법령에 대한 헌법소원심판청구 사건에서 청구기간의 기산점을 판단하는 순서는 다음과 같다. 먼저 그 법령의 시행과 동시에 기본권을 침해 받은 경우인가, 법령이 시행된 후에 그 법령에 해당하는 사유가 발생하여 기본권의 침해를 받게 된 경우인가를 판단한다. 후자로 판단될 경우 법령에 해당하는 사유가 발생한 날, 즉 사유발생일을 확정한 다음 그 사유가 발생한 날부터 1년을 도과하였는지 혹은 사유가 발생하였음을 안 날로부터 90일을 도과하였는지를 살펴 청구기간 준수 여부를 판단한다.

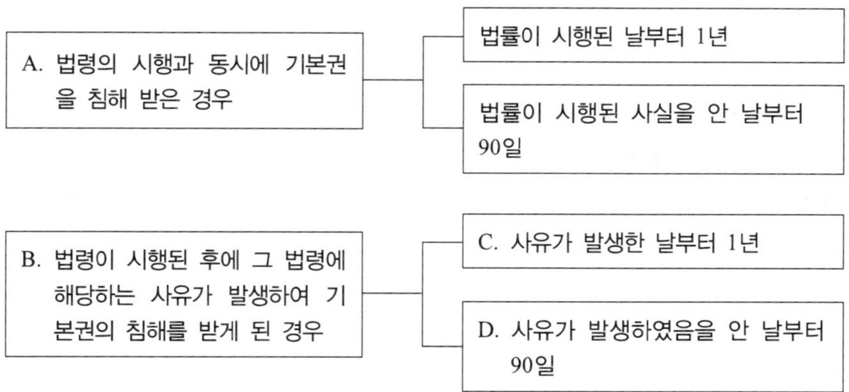

C와 D의 구분은 법령에 의한 기본권 침해 사실에 대한 '인식'의 문제(이는 소송법상 '사실상 추정'의 문제이다)라고 할 것이나, A와 B의 구분은 법령에 의한 기본권 침해 사실을 어떻게 볼 것인가 하는 보다 근본적이고 핵심적인 문제이다. 다음 항에서 A와 B의 구분 기준을 좀 더 살펴본다.

(2) '법령의 시행과 동시에 기본권을 침해받은 경우'와 '법령이 시행된 후에 그 법령에 해당하는 사유가 발생하여 기본권의 침해를 받게 된 경우'의 구분 기준

1) 법적요건의 충족

대체로 헌법재판소는 '법령의 시행과 동시에 기본권을 침해받는 경우'와 '법령이 시행된 후에 그 법령에 해당하는 사유가 발생하여 기본권의 침해를 받게 된 경우'를 ⅰ) 시행과 동시에 해당 법령의 법적요건을 만족시키는 경우와 ⅱ) 법령이 시행된 이후에 비로소 법령의 법적요건을 만족시키는 경우로 구별하고 있는 것으로 보인다.

이를 잘 보여주는 흥미로운 사건은 헌법재판소 90헌마18 결정이다. 만 30세 미만인 청구인들은 자동차운수사업법시행규칙에 의한 개인택시면허를 취득하고자 하였는데, 1987. 9. 19.부터 시행된 위 규칙에 의하면 개인택시면허의 허가기준을 면허신청일 현재 만 30세 이상인 자로 제한하고 있어, 청구인들은 1990. 2. 8. 이를 다투는 헌법소원심판을 청구하였다.

이 규칙에 의하면 개인택시면허를 취득하기 위해서는 ① 면허신청일 현재 만 30세 이상일 것, ② 국내에서 사업용 자동차를 운전한 경력이 5년 이상일 것, ③ 과거 5년 이상 무사고운전경력이 있을 것이라는 법적요건을 규정하고 있었다.[8)]

이 사건에서 헌법재판소는 청구인들은 모두 사업용 자동차를 운전하고 있다는 것을 인정한 뒤, 해당 규칙 시행 당시 아직 동 규칙이 정하는 개인택시면허를 취득할 수 있는 사업용 자동차 운전기간 및 무사고 운전경력의 요건을 갖추지 못하고 있었던 청구인(이하 '청구인 乙'이라 한다)에 대해서는 위 사업용 자동차 운전기간 및 무사고 운전경력의 요건을 갖추게 되는 날의 다음날인 1988. 4. 28.로부터, 위 규칙 시행 당시인 1987. 9. 19. 이전에 이미 사업용 자동차 운전기간 및 무사고 운전경력의 요건을 갖추

---

8) 청구인들은 이 중 ① 요건을 다투고 있는 것이다.

고 있었던 청구인(이하 '청구인 丙'이라 한다)에 대해서는 위 규칙이 시행된 날로부터 청구기간이 각 진행된다고 보았다.9)

만약, 위 사안에서 운전면허증도 없는 일반 국민(이하 '청구인 甲'이라 한다)이 위 헌법소원심판을 청구하였다면 자기관련성의 결여로 각하되었을 것이다.

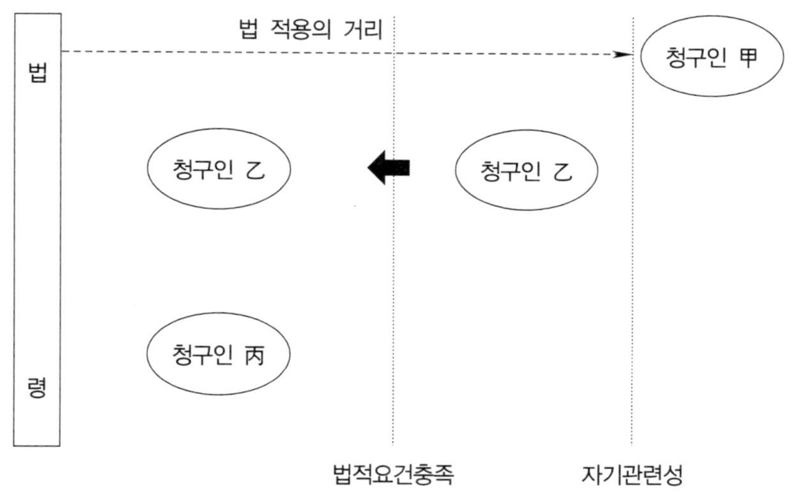

청구인 甲: 자기관련성이 없어 각하
청구인 乙: 법령이 시행된 이후 그 법령에 해당하는 사유가 발생한 경우
청구인 丙: 법령의 시행과 동시에 기본권 침해 받은 경우

위 사안에 의하면, '자기관련성 자체가 없는 자'(사업용 자동차를 운전하지 아니하는 자)와 '자기관련성은 있으나 아직 법적 요건을 충족하지 못한

9) 헌재 1990. 10. 8. 90헌마18, 판례집 2, 357, 361-361. 다만 헌법재판소가 1988. 9. 19. 비로소 구성되었으므로 청구기간은 그 때로부터 진행된다고 보고 청구인들의 이 사건 심판청구는 1990. 2. 8.에 제기되었으므로 결국 모두 청구기간이 도과되었다고 판단하였다.

자'(사업용 자동차를 운전하고는 있으나 운전기간 및 무사고 기간의 요건을 갖추지 못한 자), '법령 시행 당시부터 이미 법적 요건을 충족한 자'와 같이 단계적 구조를 갖으며, 청구기간의 기산점인 '그 법령에 해당하는 사유가 발생한 날'은 법적요건을 충족한 날로 볼 여지가 있다.

이와 같이 자기관련성과 법적요건 충족이 비교적 명확히 구분되는 경우도 있으나, 자기관련성과 법적요건의 충족이 동시에 이루어짐으로서 그 구분이 모호한 경우도 있다. 실무상 소송요건을 심리함에 있어 자기관련성이 먼저 인정되어야 청구기간의 요건을 살피게 되므로 법적요건을 충족하였는지에 대한 판단보다는 자기관련성 구비 여부를 먼저 판단하게 된다.[10]

2) 법적요건 충족의 의미

이처럼 '법적요건을 충족'하면 청구기간을 기산하게 된다고 하였는데, 그렇다면 다시 '법적요건의 충족'이란 무엇을 의미하는 것인지 생각해 보지 않을 수 없다.

재판청구권을 일정하게 제한하는 청구기간의 기산일 확정은 결국 해당 법령에 의한 '기본권 침해일'을 찾고자 하는 것이다. 기본권 침해 사실이 없는데도 불구하고 청구기간을 기산할 수는 없는 것이고, 기본권 침해일로부터 기산해서 일정 기간 헌법소원심판 청구가 가능하게 하여야만(즉, 일정 정도의 재판청구권을 보장해 주어야만) 청구기간 제도는 그 정당성을 가질 수 있다. 즉, 청구기간의 기산점을 확정하는데 있어서 법적요건의 충족이란 결국 기본권 침해와의 밀접한 관련성 속에서 살펴봐야 한다는 것이다. 따라서 법적요건이란 '기본권 침해 발생의 요건'이라는 의미이다.

이렇게 본다면 청구기간 기산점을 찾기 위해서는 먼저 기본권 침해 사실을 무엇으로 볼 것인가를 확정짓는 것이 중요한 문제가 된다. 그 다음 그에 따른 법적요건이 언제 충족되었는지를 살피는 순서를 취하게 될 것이다.

---

10) 유예기간 규정에 대한 사건인 헌재 1996. 3. 28. 93헌마198, 판례집 8-1, 241 참조.

예컨대, 교육공무원의 정년을 65세에서 62세로 단축하는 내용의 교육공무원법을 헌법소원심판으로 다툰 경우, 기본권 침해 사실을 (아직은 도래하지 아니하였지만) '앞으로 3년 일찍 퇴직하게 되는 법적 지위의 변동'으로 보게 되면 교육공무원 신분이라는 사실만으로 그 법적요건은 충족하게 되고 청구기간은 기산된다.[11][12] 그러나 위 법령에 의한 기본권 침해 사실을 더 구체적·현실적으로 보아 '실제로 3년 일찍 퇴직하게 되는 것'(즉 62세에 이르기 전까지는 청구인들에게 아무런 기본권 침해가 없다)으로 보게 되면, 그 법적요건의 충족은 62세에 이르러 정년퇴직하는 요건을 갖춘 때[13]가 되는 것이고 이 때부터 청구기간은 기산하게 될 것이다.[14]

---

11) 헌법재판소의 태도이다. 헌재 2002. 1. 31. 2000헌마274, 판례집 14-1, 72, 76

12) 위 결정에서 헌법재판소는 실제 정년 퇴직일을 청구기간 기산점으로 삼는다면 향후 수 십 년간 동일한 헌법소원심판이 청구되므로 법적 안정성이 해쳐질 우려가 있다고 판시하였지만, 사실 이는 정년을 단축하는 법령에 국한되는 문제는 아니다. 즉, 헌법재판소가 '법령이 시행된 후에 그 법령에 해당하는 사유가 발생하여 기본권의 침해를 받게 된 경우'라는 해석론을 창안하여 청구기간 기산점을 개별화·주관화한 이상, 새롭게 기본권을 침해받는 자는 계속해서 발생할 수 있어, 청구기간은 계속하여 새롭게 기산되므로, 어떠한 법령에 대한 헌법소원심판 사건의 경우에도 위와 동일한 문제는 발생하는 것이다. 더욱이 새로이 그 신분을 취득한 자는 그 신분을 취득한 날부터 기산한다고 판시한 것에 비추어 보면, 시행일부터 청구기간을 기산함으로 법적 안정성을 도모할 실익은 매우 협소해 진다. 언제라도 새로이 신분을 취득한 자는 90일 혹은 1년 이내에 해당 법령을 다툴 수 있기 때문이다(그러나 이를 법령에 대한 헌법소원심판의 청구기간이 아예 적용되지 않는다고 볼 수는 없다. 실제 정년 퇴직일로부터 90일 혹은 1년이 도과한 청구인은 위 법령에 대한 헌법소원심판을 청구할 수 없기 때문이다). 따라서 기본권 침해를 법적지위의 변동이라는 추상적인 요소를 그 지표로 삼기 보다는, 기본권이 구체적이고 현실적으로 침해된 때 그 법령에 대한 청구기간을 기산하는 것이 법령에 의한 기본권 침해의 의미를 올바르게 해석하는 방법일 것이다.

13) 기타 정년퇴직 함에 아무런 장애가 없어야 함은 물론이다.

14) 이는 유예기간이 있는 법령의 경우도 마찬가지이다. 학교환경위생정화구역내에서 비디오 감상실을 운영하는 자에게 일정시점까지 이전 또는 폐쇄하도록 한 법령을 다투는 경우, 기본권 침해 사실을 '일정 시점까지 영업을 할 수 있게 된 법적 지위의 변동'으로 보는 경우에 법령의 시행과 동시에 청구기간을 기산하게 되지만, 유예기간 경과 후에 '실제로 영업을 할 수 없는 것'을 기본권 침해 사실로 보게 되면 유예기간이 끝나는 때부터 청구기간을 기산하게 된다.

3) 구체적이고 현실적인 기본권 침해

아래와 같은 이유에서 법령에 의한 기본권 침해 사실은 최대한 구체적·현실적으로 보는 것[15]이 타당하다.

먼저 법적 안정성의 측면에서 보면, 어떤 법령에 의한 구체적·현실적인 기본권 침해가 존재하지 아니함에도 불구하고 일반 국민이 이에 대하여 헌법소원심판을 청구할 수 있다면 추상적 규범통제 내지 민중소송이 될 우려가 있다. 따라서 법령에 의한 구체적·현실적 침해가 있는 자만이 이에 대한 헌법소원심판을 청구하게 함으로써 법적 안정성은 좀 더 용이하게 확보될 수 있다.

다음으로 재판청구권의 측면을 보면, 국민의 입장에서는 추상적·일반적 규범인 법령에 의한 기본권 침해 사실을 인지하기 어렵기 때문에 이를 다툴 기대가능성도 낮다. 즉, 법령에 의한 기본권 침해가 명백히 구체적·현실적으로 발생할 때야 비로소 이를 인지하고 다툴 수 있게 되므로, 기본권 침해 사실을 구체적·현실적으로 본다는 것은 재판청구권의 보장 측면에서도 중요한 것이다.

결국 법령에 의한 기본권 침해 사실을 명백히 구체적·현실적으로 보는 것은 법적 안정성의 확보와 재판청구권의 보장이라는 두 가지 가치 모두에게 이로운 것이다.

또한 실무적인 측면에서도 법령은 개별·구체적 효력이 있는 행정처분과 달리 일반적·추상적 효력이 있는 것이 특징이므로, 법령에 의한 침해 사실을 최대한 구체적·현실적으로 보는 것이 청구인과 해당 법령과의 접점(接點)을 확인하기도 용이하고, 따라서 청구기간의 기산점을 확정하기도 쉬운 장점이 있다.

그러므로 법적 지위의 변동과 같은 추상적 사유가 발생한 날을 법령

15) 헌법재판소도 법령에 의한 기본권 침해 사실은 명백히 구체적·현실적으로 봐야 한다고 반복적으로 판시해 오고 있다. 헌재 1990. 6. 25. 89헌마220, 판례집 2, 200, 204; 헌재 1994. 6. 30. 91헌마162, 판례집 6-1, 672, 677-678 등 다수.

에 의한 기본권 침해 사유발생일로 보기 보다는 유예기간이 경과하여 실제로 약국을 개설할 수 없게 된 때, 유예기간이 경과하여 영업을 할 수 없게 된 때, 이중국적자가 2년 이내에 하나의 국적을 선택하지 아니하여 실제로 국적을 상실한 때 혹은 정년을 단축하는 법령이 적용되어 실제 3년 일찍 퇴직하게 된 때 등과 같이 기본권 침해가 구체화·현실화 된 때를 법령에 의한 기본권 침해 사유발생일로 보는 것이 타당하다.[16][17]

4) 구체적·현실적 기본권 침해 관점으로의 변화 가능성

4기 재판부[18] 들어 기본권 침해 사실(법적요건의 충족 여부)을 좀 더 구체적으로 보는 경향을 읽을 수 있다.

예컨대, 중개업자로 하여금 자신이 중개한 부동산 거래내역을 신고하도록 한 '공인중개사의 업무 및 부동산 거래신고에 관한 법률'을 다툰 사안에서, 이 사건 신고의무 조항은 '중개업자'를 수범자로 하고 있는데, '공인중개사'와 '중개업자'는 명확히 구별되는 개념이고 공인중개사는 중개사무소를 개설·등록하여야 중개업을 영위할 수 있으므로 '중개업자'의 의무에 관하여 규정하고 있는 이 사건 신고의무 조항은 청구인들이 '공인중개사 자격을 취득한 시점'이 아닌 '사무소를 개설·등록하여 중개업을 영위할 수 있게 된 시점'에 비로소 기본권 침해사유가 발생한다고 보았다.[19] 청구

---

16) 다만 유예기간 경과 전 혹은 정년이 도래하기 전에 헌법소원심판을 청구한다면 청구인은 장래 기본권 침해가 있을 것으로 확실히 예측된다고 보아 현재성이 인정되어 적법하게 될 여지가 있다.

17) 현재성 요건의 완화에 대해서는 헌재 1999. 12. 23. 98헌마363, 판례집 11-2, 770, 781-781 참조. "장래 확실히 기본권침해가 예측되어 현재관련성을 인정하는 이상 청구기간이 경과하였다고 할 수 없다. 청구기간을 준수하였는지 여부는 이미 기본권침해가 발생한 경우에 비로소 문제될 수 있는 것인데, 이 사건의 경우 아직 기본권침해는 없으나 장래 확실히 기본권침해가 예측되므로 미리 앞당겨 현재의 법적 관련성을 인정하는 것이기 때문이다."

18) 일반적으로 헌법재판관 6년 임기를 기준으로 1988. 9. 15～1994. 9. 14.까지를 1기 재판부, 1994. 9. 15.～2000. 9. 14.까지를 2기 재판부, 2000. 9. 15～2006. 9. 14.까지를 3기 재판부, 2006. 9. 15.～2012. 9. 14.까지를 4기 재판부라 칭한다.

19) 헌재 2009. 3. 26. 2007헌마988등, 판례집 21-1상, 689, 700.

인들이 공인중개사라면 위 법령에 의한 자기관련성은 인정할 수 있을 것이지만 위 법령에 의해서 부동산 거래내역을 신고할 의무를 부담하게 되는 것은 '중개사무소를 개설 등록한 때'이므로 그 때에 비로소 구체적·현실적인 기본권 침해가 발생할 수 있는 법적요건을 갖추었다고 본 것이다.[20]

또한 기본권 침해 사실에 관하여 좀 더 현실적·구체적으로 보면서 선례와 다른 판단을 한 예도 있다.

선거일 현재 금고 이상의 형의 선고를 받고 그 집행이 종료되지 아니한 자는 선거권이 없다고 규정하고 있는 '공직선거법 제18조 제1항 중 제2호 전단 부분'[21]에 대하여 수형자가 헌법소원심판을 청구한 사건에서, 3기 재판부는 청구인에 대한 '징역형이 확정된 때' 기본권 침해가 발생하였다고 보았다.[22] 그러나 동일한 법률조항에 관하여 4기 재판부 중 8인의 재판관은 위 법률조항이 금고 이상의 형을 선고받고 선거일 현재 그 집행이 종료되지 아니한 자에 해당할 때 '당해 선거에서의 선거권을 제한'하는 규정이고 따라서 위 법률조항으로 인한 선거권 등 기본권의 침해는 그 시행 후 청구인이 이에 해당되는 사유가 발생하였을 때 비로소 이루어지기 때문에, 구체적인 기본권 침해 사유발생일은 '선거일'이라고 보았다.[23] 청구

---

20) 그리하여 "청구인 김○일을 제외한 나머지 공인중개사인 청구인들은 2007. 6. 8.부터 같은 해 8. 2.까지 사이에 공인중개사 사무소를 개설·등록하였으므로 법률이 시행된 뒤에 비로소 그 법률에 해당하는 사유가 발생하여 기본권의 침해를 받게 되는 경우인바, 중개사무소의 개설·등록일부터 90일 이내에 제기한 이 사건 심판청구는 청구기간이 준수되었다."고 판시하였다(헌재 2009. 3. 26. 2007헌마988, 판례집 21-1상, 689, 700).

21) 공직선거법 제18조(선거권이 없는 자) ① 선거일 현재 다음 각 호의 1에 해당하는 자는 선거권이 없다.
    2. 금고 이상의 형의 선고를 받고 그 집행이 종료되지 아니하거나 그 집행을 받지 아니하기로 확정되지 아니한 자

22) 헌재 2004. 3. 25. 2002헌마411, 판례집 16-1, 468, 476. 아마도 형법 제43조 제2항을 염두에 둔 것이라 보이나, 이 사건 심판대상은 어디까지나 공직선거법 제18조 제1항 제2호이고 위 공직선거법 조항에 의하면 '선거일 현재'라고 규정되어 있기에 구체적·현실적인 기본권 침해는 선거일에 비로소 침해된다고 보는 것이 타당하다.

23) 사유발생일을 확정하는 것은 기본권 침해 시점을 확정하는 것이고, 기본권 침해 시점

인은 2007. 12. 19. 실시된 제17대 대통령선거에서 '선거일 현재' 징역형의 집행이 종료되지 아니하여 위 법률조항으로 인한 선거권 제한 사유에 해당하게 되었으므로, 이 때 선거권 등 기본권침해 사유가 발생하였고 그 무렵 이를 알게 되었다는 것이다.[24] 즉, 헌법재판소의 기존 관점과 달리 4기 재판부는 더 구체적이고 현실적으로 기본권 침해 사실을 확정함으로써 '청구인이 실제로 선거를 못하게 된 때'를 사유발생일로 본 것이다.[25][26]

3. 소 결

법령은 일반적·추상적 효력을 그 본질로 하고 있으므로, 법령에 의한 기본권 침해의 시기는 행정처분과 같은 공권력 행사와 비교해 볼 때 그 불명확성이 크다. 청구인이 어떤 정도의 법적 관련 상태(즉, 법 적용의 사정거리)에 놓였을 때 기본권 침해 상태로 볼 것인지를 획일적으로 확정하기

은 결국 청구기간의 기산점이 되는 것이기 때문에 사유발생일 확정은 법령의 시행과 동시에 청구기간을 기산할 것인지 여부를 결정하는데 있어서 중요한 문제가 된다.

24) 그 때로부터 90일 이내에 청구한 헌법소원심판은 청구기간을 준수하였다고 판시하였다. 헌재 2009. 10. 29. 2007헌마1462, 판례집 21-2하, 327, 338

25) 이와는 달리 1인의 각하의견은 위 2001헌마411과 같이 기본권 침해는 판결이 확정된 때 발생한다고 보아 청구기간을 도과하였다고 판단하였다. "이 사건 법률조항은 형법 제43조 제2항(유기징역 또는 유기금고의 판결을 받은 자는 그 형의 집행이 종료하거나 면제될 때까지 공법상의 선거권 등의 자격이 정지된다)의 효과를 반영한 것이므로 이로 인한 선거권 제한 등 기본권침해 사유 역시 형법 제43조 제2항에서와 마찬가지로 판결이 확정된 때 발생한다 할 것인데, 청구인은 이 사건 징역형을 선고받아 그 형이 확정됨으로써 공법상의 선거권 등의 자격이 정지된 때인 2006. 11. 23.로부터 1년이 경과한 2007. 12. 27. 이 사건 헌법소원심판을 청구하였으므로, 이 사건 심판청구는 헌법재판소법 제69조 제1항 소정의 기본권침해 사유가 있은 날부터 1년 이내에 제기하여야 하는 청구기간을 준수하지 못하여 부적법하여 각하되어야 한다."(헌재 2009. 10. 29. 2007헌마1462, 판례집 21-2하, 327, 331)

26) 다만 선거권에 대한 것이 아니라 선거범으로서 100만 원 이상의 벌금형을 선고받아 확정되면 5년 동안 피선거권이 제한되는 공직선거법 제19조 제1호를 다툰 사안에 대해서는 여전히 판결확정시를 기본권 침해 사유발생일로 보고 있다(헌재 2008. 1. 17. 2004헌마41, 판례집 20-1 상, 98, 103).

가 어렵기 때문이다.

결국 법령의 시행과 동시에 기본권을 침해받은 경우인지 법령 시행 후 기본권이 침해받게 된 경우인지의 문제는 '기본권 침해 사실'을 어떻게 볼 것인지의 문제로 귀착되게 된다. 따라서 이러한 경우에는 구체적이고 현실적인 기본권 침해 사실을 전제로 그러한 기본권 침해 사실이 발생하는 법적 요건이 언제 충족되는지를 살펴야 할 것이다.

기본권 침해 사실을 구체적·현실적으로 본다는 것은 법적 지위의 변동과 같은 이론적·관념적 침해와 달리 청구인에게 '당해 법령에 의한 권리 침해가 눈앞에 현실적으로 발생하여 청구인이 더 이상 그 권리를 행사할 수 없는 때에 이른 것'을 의미한다. 이와 같이 기본권 침해 사실을 구체적이고 현실적으로 보는 이유는 자기관련성의 범위를 비교적 엄격하게 봄으로써 법적 안정성에 기여할 뿐만 아니라, 법령에 의한 기본권 침해에 대한 인식가능성을 제고함으로써 국민의 재판청구권을 신장시키는데 기여하기 때문이다.

Ⅱ. 법령에 해당하는 사유가 발생한 최초의 날의 의미

1. 문제의 소재

헌법재판소는 법령에 대한 헌법소원에 청구기간을 적용함에 있어 법령의 시행과 동시에 기본권을 침해받는 경우와 법령이 시행된 뒤 비로소 기본권을 침해받게 된 경우로 나누어 기산함으로써, 결과적으로 법령에 대한 헌법소원의 청구기간을 확장하고 있다. 그러나 이와 같이 확장된 청구기간 기산점에 대한 해석론 하에서도 청구기간 산정의 기산점이 되는 '법령에 해당하는 사유가 발생한 날'이란 법령의 규율을 구체적이고 현실적으로 적용받게 된 '최초의 날'을 의미하는 것으로 본다. 즉, 일단 '법령에 해당하는 사유가 발생'하면 그 때로부터 당해 법령에 대한 헌법소원의 청구기간의 진행이 개시되며, 그 이후에 새로이 '법령에 해당하는 사유가 발생'한다고 하여서 일단 개시된 청구기간의 진행이 정지되고 새로운 청구기간의 진행이 개시된다고 볼 수는 없다는 것이다.[27)]

그런데 위 '최초의 날'의 의미와 관련하여 재판소원을 금지하는 헌법재판소법 제68조 제1항(이하 '재판소원금지조항'이라 한다)을 다투는 사건이 문제된다. 예컨대, 甲이라는 청구인이 2004년경부터 일반 법원으로부터 판결을 선고받은 후에 선고받은 법원의 재판 및 재판소원을 금지하는 헌법재판소법 제68조 제1항을 심판대상으로 하여 반복적으로 헌법소원심판을 청구하는 경우, 재판소원금지조항에 의한 기본권 침해 사유발생일 혹은 그 사유발생을 안 날을 어떻게 볼 것인지 문제된다.

2. 헌법재판소의 입장

헌법재판소는 재판소원을 금지하는 헌법재판소법 제68조 제1항에 관한 사건을 제외하고는 대체로 '법령의 규율을 구체적이고 현실적으로 적용받게 된 최초의 날'을 청구기간의 기산점으로 보고 있다.[28)29)]

---

27) 헌재 2009. 3. 26. 2007헌마1421, 공보 제150호, 772, 774; 헌재 2004. 4. 29. 2003헌마484, 판례집 16-1, 574, 584 참조.

28) 헌재 2001. 11. 29. 2001헌마576, 전원재판부, 판례집 13-2, 795, 803: 청구인이 이전에 신문에 칼럼을 연재한 사실과 관련하여 선거관리위원회로부터 공선법 제272조의2에 의하여 서면답변을 요구받자 위 조항에 대하여 헌법소원심판을 청구한 바 있고, 이번에 다시 택시운행중 게시대에 청구인의 사진 등 넣어 공선법을 위반하였다는 이유로 위와 동일한 조항인 공선법 제272조의2에 의하여 서면답변을 요구받자 재차 헌법소원심판을 청구한 사안에서, 최초로 위 조항에 의하여 서면답변을 요구받았던 때로부터 청구기간을 기산하여 각하 결정을 한 사안이다.

29) "청구인은 헌법재판소 2003헌마400 사건에서 스스로 주장한 바와 같이 2002. 11. 4.

그러나 재판소원금지조항을 헌법소원심판으로 다툰 사건에서는 청구기간을 준수하였음을 전제로 본안으로 들어가 기각 결정을 한 예가 많다.30)

다만, 지정재판부의 경우에는 위와 같은 사안에서 '법원의 재판은 헌법소원의 대상이 되지 아니한다는 헌법재판소의 결정이 송달된 날'을 기본권 침해 사유발생을 안 날로 보아 청구기간 도과를 이유로 각한한 예도 있다.31)32)33)34)

다른 건축주와 공사감리계약을 체결한 사실이 있으므로, 청구인은 늦어도 위 계약체결시에는 이 사건 법률조항에 의한 기본권침해를 알았다고 보아야 하는데, 그로부터 90일이 경과한 이후인 2003. 7. 22. 제기한 이 사건 헌법소원심판청구는 청구기간을 도과한 것으로 부적법하다."(헌재 2004. 4. 29. 2003헌마484, 전원재판부, 판례집 16-1, 574, 584)

30) 헌재 2004. 2. 26. 2003헌마798; 헌재 2004. 4. 29. 2003헌마41; 헌재 2006. 4. 27. 2004헌마441; 헌재 2006. 2. 23. 2005헌마49; 헌재 2006. 2. 23. 2005헌마650; 헌재 2006. 2. 23. 2005헌마896; 헌재 2006. 5. 25. 2005헌마729; 헌재 2006. 6. 29. 2005헌마124 등.

31) "청구인은 2008. 7. 7.경에도 법원의 재정신청결정 지연의 위헌확인을 구하는 헌법소원심판을 청구하였다가 같은 달 29. 헌법재판소법 제68조 제1항 본문 규정에 의해 법원의 재판은 헌법소원심판의 대상이 되지 않는다는 이유로 각하 결정을 선고받은 바 있고(2008헌마490), 그 결정정본이 2008. 8. 1. 청구인에게 송달되었다. 그렇다면 청구인은 늦어도 위 2008헌마490 사건의 결정정본을 송달받은 2008. 8. 1.경에는 재판소원금지조항으로 인하여 기본권침해 사유가 발생하였음을 알았다고 할 것이며, 그로부터 90일이 경과한 2009. 3. 25. 제기된 이 사건 심판청구는 청구기간을 도과하여 부적법하다."(헌재 2009. 4. 14. 2009헌마174, 제2지정재판부)

32) "청구인은 2008. 7. 7.경에도 법원의 재정신청결정 지연의 위헌확인을 구하는 헌법소원심판을 청구하였다가 같은 달 29. 헌법재판소법 제68조 제1항 본문 규정에 의해 법원의 재판은 헌법소원심판의 대상이 되지 않는다는 이유로 각하 결정을 선고받은 바 있고(2008헌마490), 그 결정정본이 2008. 8. 1. 청구인에게 송달되었다. 그렇다면 청구인은 늦어도 위 2008헌마490 사건의 결정정본을 송달받은 2008. 8. 1.경에는 재판소원금지조항으로 인하여 기본권침해 사유가 발생하였음을 알았다고 할 것이며, 그로부터 90일이 경과한 2009. 6. 22. 제기된 이 사건 심판청구는 청구기간을 도과하여 부적법하다."(헌재 2009. 7. 14. 2009헌마336, 제2지정재판부)

33) "청구인이 2004허7142호 거절결정(특) 사건에서 법원이 증거에 관하여 한 결정의 위헌확인을 구하는 헌법소원심판을 청구하였으나, 헌법재판소가 2010. 4. 6. 이 사건 법률조항에 따라 법원의 재판은 원칙적으로 헌법소원의 대상이 되지 않는다는 이유로 각하결정하였으므로(헌재 2010헌마161), 적어도 청구인은 위 2010헌마161 각하결정의 정본이 청구인에게 송달된 날인 2010. 4. 9. 이 사건 법률조항으로 인한 기본권 침해 사유가 있음을 알았다고 할 것인데, 그로부터 90일이 지났음이 역수상 명백한

3. 검 토

위와 같이 당해 심판청구 전에 이미 수차례에 걸쳐 재판소원금지조항에 대하여 헌법소원심판을 청구하였던 사안에 대해서, 법원의 재판이 각기 다르므로 그 재판시 마다 청구기간을 새롭게 기산해야 한다는 견해가 있다. 즉, 재판소원금지조항에 의하여 헌법소원의 대상이 되지 않는 법원의 재판은 "헌법재판소가 위헌으로 결정한 법령을 적용함으로써 국민의 기본권을 침해한 재판에 포함되는 경우"가 아니라야 하며, 이와 같이 헌법소원의 대상이 되는 '법원의 재판'에 해당하는지 여부는 개별 사건별로 판단되어야 하므로, 재판소원금지조항에 의해 청구인에 대한 기본권침해사유가 발생한 것은 일반법원의 결정이 있은 때라고 할 것이고, 따라서 청구기간의 기산점 역시 각각의 구체적 재판청구권 침해시마다 새로이 산정해야 한다는 것이다.

그러나 만약 청구인의 이와 같은 반복적인 헌법소원심판청구에 대해서 그 당해 법원의 판결이 다르다는 이유로 청구기간을 계속하여 새롭게 기산하여 준다면,[35] 우선 이는 '법령에 해당하는 사유가 발생한 날'이란 법령의 규율을 구체적이고 현실적으로 적용받게 된 최초의 날이라고 일관되게 판시해 온 재판소의 선례와 모순(矛盾)될 뿐만 아니라, 청구인이 임의로 또 다른 소송을 제기하고 이를 계기로 청구기간의 구애를 받지 않고 헌법재판소법 제68조 제1항의 위헌성 여부를 다툴 수 있게 됨으로써, 자신의 반복되는 소송행위를 통하여 법률에 대한 청구기간의 도과여부를 자유롭게 결정할 수 있는 결과가 발생하게 되고, 이에 따라 청구기간에 관한 헌법재판소법 제69조 제1항 규정의 공동화(空洞化)를 초래하게 될 우려가

2010. 7. 19. 이 사건 헌법소원심판을 청구하였으므로, 청구기간을 도과하였다."(헌법재판소 2010. 7. 27. 2010헌마445 제2지정재판부)

34) 헌재 2011. 3. 22. 2011헌마101.

35) 예컨대, 이는 어떤 규제 법령에 의해 여러번 과징금 부과 처분을 받았는데, 과징금 부과 처분마다 그 근거 법령의 청구기간을 새롭게 기산하는 것과 같다.

있다. 특히, 반복적으로 재판의 취소를 다투면서 법원의 재판을 제외하고 있는 헌법재판소법 제68조 제1항에 대하여 헌법소원심판청구를 하고 있는 청구인 甲에 대해서는, 헌법소원심판제도의 남용을 막고 한정된 자원인 헌법재판절차의 효율적이고 의미 있는 사용을 담보한다는 측면에서도 청구기간을 완화하여 적용할 이유가 없다.

또한 재판소원을 금지하고 있는 헌법재판소법 제68조 제1항에 대한 헌법소원심판에서 청구인의 기본권을 제한하는 공권력의 행사는 '헌법재판소법 제68조 제1항' 조항이지, 법원의 재판이 아니다. 즉, 개별 공권력 행사에 의한 반복적인 기본권 침해는 개별 공권력 행사가 각각 기본권을 침해하는 구조가 되므로 헌법소원의 심판대상 역시 공권력 행사들마다 서로 구별된다고 할 것이어서 청구기간의 기산점도 심판대상별로 별도 산정하여야 할 것이나, 동일한 법령에 의한 반복적인 기본권 침해는 헌법소원의 심판대상이 동일하다 할 것이므로 청구기간의 기산점 역시 법령에 의한 최초의 기본권 침해 사유 발생일로 봄이 타당하다.

4. 소 결

상술한 바와 같이 헌법재판소는 법령에 대한 헌법소원에 청구기간을 기산함에 있어 '법령이 시행된 뒤 비로소 기본권을 침해받게 된 경우'라는 해석론을 창안함으로써 법령에 대한 청구기간의 기산점은 상당 부분 주관화·개별화되었다. 만약 여기에서 더 나아가 '법령에 해당하는 사유가 발생'한 이후에 재판소원금지조항의 규율을 적용받게 되는 사유가 발생하는 때마다 새로이 청구기간이 진행된다고 본다면, 사실상 재판소원금지조항에 대한 헌법소원에 대하여는 청구기간의 제한이 적용되지 아니하는 것과 같은 결과를 초래하게 될 것이고, 이는 법령소원의 경우에도 헌법재판소법 제69조 제1항의 청구기간이 적용되어야 함을 판시하고 있는 헌법재판소의 일관된 태도와도 배치되는 것이다.

재판소원금지조항에 대한 청구기간 기산점을 다른 법령의 경우와 달리 볼 만큼 재판소원금지조항의 특유성을 찾기는 어려우므로, 위와 같은 심판청구 사건의 경우 '최초로 법원으로부터 재판을 받아 헌법재판소법 제68조 제1항이 적용된 때' 법령에 의한 기본권 침해 사유가 발생한 날이라고 볼 것이다. 또한 기본권 침해 사유를 안 날은 늦어도 '최초 재판소원금지조항에 의해 헌법재판소로부터 각하 결정을 송달받은 날'이라고 할 것이므로, 이때부터 청구기간을 기산함이 상당하다.

5. 보 론 – 선거 관련법의 경우

헌법재판소는 18세 내지 19세인 청구인이 선거권자의 연령을 20세로 제한한 공직선거 및 선거부정방지법을 다툰 사안에서 기본권 침해가 예측된다는 이유로 현재성을 인정한 다음, 다시 청구기간을 도과여부를 판단하면서 "청구인들은 제16대 국회의원 선거일이 임박해지자 이 사건 법률조항의 적용으로 인하여 18～19세가 된 청구인들로서는 선거권을 행사할 수 없게 됨을 알게 되면서 바로 이 사건 헌법소원심판을 청구하였다고 봄이 상당하고, 따라서, 본건 심판청구는 이 사건 법률조항의 시행 후 그 법령에 해당하는 사유가 발생하였음을 안 날로부터 60일 이내에 제기된 것으로 보아야 할 것이다."라고 판시하였다.[36)]

그런데, 앞서 본 바와 같이 헌법재판소는 청구기간 산정의 기산점이

---

36) 헌재 2001. 6. 28. 2000헌마111, 판례집 13-1, 1418, 1423-1424 : 현재성을 미리 앞당겨서 인정하는 한 기본권 침해가 아직 발생하지 아니하였기에 청구기간 문제가 발생할 수 없다는 점에 비추어 보면, 위와 같이 현재관련성을 인정하고 난 다음에 다시 청구기간 도과 여부를 판단한 것은 불필요한 설시를 한 것으로 보인다(위 사건에서 청구인들의 기본권이 침해된 날을 확정하자면, 위 공선법 조항에 의하여 선거를 하지 못한 '선거일 당일'이라고 할 것이다. 따라서 기본권 침해 사실을 안 날은 최소한 선거일 당일과 같거나 그 이후라고 보는 것이 상당하다).

되는 '법령에 해당하는 사유가 발생한 날'을 '법령의 규율을 구체적이고 현실적으로 적용받게 된 최초의 날'이라고 판시하고 있는바, 이와 같은 기산점의 의미에 의하면 위 사안은 청구기간을 도과하였다고 볼 여지도 있다. 즉, 선거권자 연령을 20세로 제한하는 공선법 조항은 1994. 3. 16.부터 시행되어 왔고, 1996. 4. 11. 제15대 국회의원 선거가 치러졌으므로 청구인들에게 있어서 위 법령에 해당하는 사유가 발생한 최초의 날은 1996. 4. 11.이라 볼 수 있다. 그렇다면 비록 청구인들이 2000. 4. 13. 실시예정인 제16대 국회의원 선거에 참여하기 위하여 2000. 2. 16. 헌법소원을 청구하였다고 하여도('정당한 사유'에 해당됨은 별론으로 한다) '법령의 시행'과 '헌법소원심판청구' 사이에 선거가 실시되어 기본권 침해가 발생한 최초의 날은 이미 존재하게 되었고, 그 이후에 새로이 '법령에 해당하는 사유가 발생'한다고 하여도 청구기간은 새롭게 기산되지 아니하므로, 그로부터 1년이 훨씬 도과하여 헌법소원심판을 청구한 것은 청구기간을 준수하지 못하여 부적법한 청구로 볼 여지도 충분하다는 것이다.[37)]

다만, 이와 같이 '법령에 해당하는 사유가 발생한 날'의 의미를 '사유가 발생한 최초의 날'이라고 엄격히 새긴다면 선거관련 법령의 경우 선거가 실시 된 후 1년이 지나면 법령이 개정되지 않는 한 이를 다툴 수 없게 되는 현실적인 문제가 발생한다. 헌법재판소는 아직 선거 관련 법령에 대한 헌법소원심판사건에서 '법령에 해당하는 사유가 발생한 최초의 날'의 의미와 이에 관한 청구기간을 문제를 동시에 판시한 예는 없다. 차제에 논의가 요구되는 부분이다.

---

37) 지방자치단체 장의 피선거권 자격요건으로서 60일 이상 당해 지방자치단체의 관할 구역 내에 주민등록이 되어 있을 것을 요구하는 공선법은 1998. 4. 30.부터 시행되고 있었는데, 청구인이 2004년에 보궐선거에 출마하려고 하면서 헌법소원을 청구한 사건에서도 이와 동일한 문제가 발생할 수 있다(헌재 2004. 12. 16. 2004헌마376, 판례집 16-2 하, 598, 603).

Ⅲ. 형사법 영역에서의 청구기간 기산점

1. 문제의 소재

형사법의 경우, 사실상 모든 국민은 형법 조항에 의하여 일반적인 행위금지의무를 이미 부과 받고 있다고 할 것이므로, 일응 모든 국민에게 자기관련성이 인정되고, 기본권 침해 가능성 또한 존재한다고 볼 여지도 있다. 그러나 이처럼 어떠한 행동을 이미 제한받고 있다는 측면(이것을 기본권 침해 사실이라고 보는 경우)에 주목하여 형사법 조항에 대하여 일반 국민의 자기관련성을 그대로 인정한다면, 모든 국민은 어떠한 형사법 조항에 대해서도 다툴 수 있게 되고 이는 구체적인 사건을 전제로 하지 아니하는 추상적 규범통제를 인정하는 것과 같게 된다.[38)]

헌법재판소도 "청구기간의 기산점을 판단함에 있어서, 일반인을 수범자로 하는 금지규정과 형벌규정을 둔 법이 시행되는 경우 법시행과 동시에 모든 사람에 대하여 바로 법률에 해당하는 사유가 발생하였다고 볼 것은 아니며, 심판청구인에 대한 구체적, 현실적인 침해사유가 있어야 비로소 법률에 해당하는 사유가 발생하였다고 할 것이다"라고 판시[39)]하고 있다.[40)][41)]

---

38) 또한 청구기간의 기산점 측면에서 보아도 기본권 침해 사유발생일을 언제로 봐야하는지 확정하기 어렵다. 만약 일반적 금지 자체를 기본권 침해 사유로 본다면 형법 조항의 경우 대부분 오래된 조문이기에 거의 모든 조항이 청구기간이 도과되어 다툴 수 없게 되는 문제가 발생한다.

39) 헌재 2009. 9. 24. 2007헌마949, 판례집 21-2 상, 749, 757-758; 헌재 2000. 4. 27. 98헌가16, 판례집 12-1, 427, 443-444

40) 국가보안법 위반사유가 없는 사람이 국가보안법 조항을 다툰 경우, 자기관련성과 현재성이 없다는 이유로 각하한 사안으로는 아래 헌재 1994. 6. 30. 91헌마162, 판례집 6-1, 672, 677-678 참조.

"청구인들은 위 법률이 특별형사실체법으로서 별도의 집행행위를 기다릴 것도 없이 그 자체로서 일반국민 개인에게 그 각 법조 소정의 의무를 발생시키고 그에 저촉되는 행위를 하면 처벌의 대상이 되므로, 입법절차의 하자로 무효인 위 법률의 시행으로 따라서 형사법 조항과의 자기관련성을 인정하고 청구기간을 기산하기 위해서는 좀 더 현실적이고 구체적인 형사법 조항과의 접점(接點)을 요구하게 되는데, 모든 사람에게 금지의무가 부과된다는 형사법의 특성상 이를 확정하기는 쉽지 않은 문제이다.[42)]

2. 헌법재판소의 입장

형사법 조항의 청구기간 기산점에 관하여 헌법재판소도 명확한 기준

인하여 청구인들이 법률에 의하지 아니하고 처벌받지 아니할 헌법상 기본권을 침해당할 현재의 위험·불안한 상태에 있다고 주장한다.

그러나 일반국민을 수범자로 하는, 추상적이고 일반적인 성격을 지닌 법률에 대하여 모든 국민 개개인에게 어느 시점에서나 헌법소원심판을 청구할 수 있게 하는 것은 민중소송을 인정하는 것에 다름 아니어서 우리의 헌법재판제도상 허용될 수 없는 것이다. 그러므로 그러한 법률에 대한 헌법소원심판청구가 적법하기 위하여는 청구인에게 당해 법률에 해당되는 사유가 발생함으로써 그 법률이 청구인의 기본권을 명백히 구체적으로 현실 침해하였거나 침해가 확실히 예상되는 경우에 한정된다고 할 것이다.

그런데 이 사건 청구인들은 그들에게 위 법률에 해당되는 사유가 발생한 바 없으므로 그 법률에 의하여 자신의 기본권을 구체적으로 현실 침해당하였다거나 또는 침해가 확실히 예상된다고 할 수 없고, 장차 위 법률 소정의 해당사유가 발생할 경우 기본권침해를 받을 우려가 있다고 하더라도 이는 잠재적인 것에 불과하다고 할 것이어서 이 사건 헌법소원심판청구는 자기관련성과 현재성을 갖추지 못하였다. 청구인들은 혹 사후에 위 법률에 해당하는 사유가 발생한다면 그 사유발생일을 청구기간의 기산점으로 하여 위 법률에 대한 헌법소원심판청구를 할 수 있고, 형사재판절차에서 위 법률이나 그 법률조항이 재판의 전제가 되면 위헌여부심판제청신청도 가능하므로, 청구인들에게 미리 헌법소원을 허용하지 않으면 안 될 만한 아무런 특별한 사정도 존재하지 않는다. 따라서 위 법률을 대상으로 한 청구인들의 헌법소원심판청구도 또한 부적법하다고 할 것이다."(헌재 1994. 6. 30. 91헌마162, 판례집 6-1, 672, 677-678)

41) 또한, 단순히 사형을 법정형으로 규정하고 있는 형법 제250조가 위헌이라고 주장하며 헌법소원심판을 청구한 사건에서 "헌법소원은 원칙적으로 기본권을 침해당하고 있는 자만이 제기할 수 있다고 할 것이고, 제3자는 특별한 사정이 없는 한 기본권 침해에 직접 관련되었다고 볼 수 없다. 청구인은 자신이 위 법률조항에 의하여 기본권 침해를 당한 구체적 사실과 주장은 하지 않은 채 막연히 사형제가 위헌이라는 당위성만을 주장하고 있는바, 이와 같은 주장만으로는 자기관련성을 인정할 수 없다."(헌법재판소 2008. 3. 25, 2008헌마234, 제2지정재판부)고 판시하면서 각하하였다.

42) 이와 유사한 문제의식으로는 허영, 「헌법소송법론」, 박영사, 2011, 384면.

을 제시하지 못하고 있다.

즉, '형사법을 위반하였을 때' 해당 법률에 해당하는 사유가 발생하여 기본권이 침해된 날이라고 본 경우,[43][44] 해당 형사 법령으로 '구속된 때' 기본권 침해 사유가 발생한 사실을 알았다고 본 경우,[45][46] 검사의 '공소제기 시점'이 기본권 침해 사유가 발생한 날이고 1심 판결이 '선고된 시점'이 그 사유가 발생하였음을 안 날이라고 본 경우,[47][48] 검사로부터 '공

---

43) 음란물의 제조, 판매 등을 처벌하고 있는 형법 제234조 등을 다툰 사안에서 "이 사건 심판청구이후에 제출한 신문광고문 자료에 의하면 청구인이 1995. 9. 18.에 위 서적을 이미 저술하여 통신판매를 시작한 것을 알 수 있고, 그렇다면 적어도 위 일자에 이 사건 법률규정에 해당되는 사유가 발생하였고 청구인은 그 때에 비로소 그 사실을 알았다고 보아야 할 것이다."라고 판시하면서 안 날로부터 60일이 경과하여 청구한 심판청구는 부적법하다고 하여 각하하였다(헌재 1997. 11. 27. 96헌마103).

44) 모의총포의 소지를 처벌하는 규정인 '총포·도검·화약류 등 단속법을 다툰 사안에서 "이 사건 법률조항에 의한 기본권침해 사유의 발생은 청구인들이 모의총포를 소지함으로써 이 사건 법률조항의 적용대상이 된 때라 할 것이므로, 청구인들이 이 사건 모조 총포를 구입한 시기인 2007. 3.경부터 2007. 6.경까지 사이라 할 것이다."라고 하면서 그로부터 1년 및 90일 이내에 청구되었으므로 청구기간을 준수하였다고 판시하였다(헌재 2009. 9. 24. 2007헌마949, 판례집 21-2상, 749, 758).

45) 변호사법 제109조 제1호 위반으로 구속 기소된 후 위 조항에 관하여 헌법소원심판을 청구한 사안에서 "청구인은 구속당시 공소사실의 요지 등 구속사유를 고지 받았을 것으로 보인다. 나아가 청구인은 위 구속당시의 죄명으로 2005. 1. 14. 법원에 구속기소 되었다. 이러한 사정을 종합하여 보면 청구인은 2005. 1. 9. 구속될 당시 이미 변호사법 제109조 제1호 등 위 계쟁법률에 그 주장과 같은 위헌사유가 있음을 알고 있었다고 인정된다. 그렇다면 그 사유발생을 안 날부터 90일이 지난 2005. 4. 15. 청구된 이 사건 헌법소원심판은 청구기간이 도과되어 부적법하다."(헌재 2005. 5. 3. 2005헌마389, 제2지정재판부)

46) 간통죄를 규정하고 있는 형법 제241조를 다툰 사안에서 "청구인은 구속시점인 2005. 11. 18. 형법 제241조에 해당하는 사유가 발생하였음을 알았다고 볼 수 있고 이 사건 헌법소원은 이로부터 90일이 경과하였음이 역수상 명백한 2006. 2. 20.에서야 비로소 제기되었다."(헌재 2006. 3. 21. 2006헌마239, 제2지정재판부)

47) 허위감정죄에 관한 형법 제152조 제1항을 다툰 사안에서 "그 사유가 발생한 날은 최소한 기소된 시점이라고 봄이 상당한 점에 비추어 보면 기소된 1996. 4. 12.로부터 180일이 경과한 1996. 10. 11.경에 이미 청구기간이 경과되었다고 보아야 할 것이고, 또한 청구인이 위 1심 판결에 불복하여 항소를 하였으므로 그 사유가 발생하였음을 안 날은 늦어도 위 1심 판결이 선고된 시점이라고 봄이 상당한 점에 비추어 보면 그 판결이 선고된 1996. 8. 22.로부터 60일이 경과한 1996. 10. 21.경에 이미 청구기간이 경과되었다고 보아야 한다."(헌재 2001. 9. 11. 2001헌마619, 제3지정재판부)

소장 부본을 송달받은 시점'을 기본권 침해 사유가 발생하였음을 안 날이라고 본 경우,[49] '항소를 제기한 무렵'을 기본권 침해 사유가 발생하였음을 안 날이라고 본 경우,[50] '재판이 확정된 때' 기본권의 침해를 받게 되는 사유가 발생하였다고 본 경우[51] 등 형사법의 청구기간 기산점에 관하여 매우 다양한 선례가 존재한다.[52]

---

48) 공소제기 시점 뿐 아니라 판결 선고시를 기본권 침해 사유발생일로 본 경우도 있다. "서울지방검찰청 검사가 2000. 4. 11. 청구인을 구 변호사법 위반으로 기소한 때에 이 사건 법률조항들에 해당하는 사유가 발생하여 청구인이 현실적으로 기본권의 침해를 받게 되는 사유가 발생하였다 할 것이고, 늦어도 2002. 10. 10. 청구인이 이 사건 법률조항들 위반으로 유죄의 판결을 선고받았을 때에는 기본권의 침해를 받았다고 할 것이다. (중략) 기본권 침해사유가 발생한 날인 2000. 4. 11. 늦어도 2002. 10. 10.부터 1년 이내에 청구하여야 할 것인데, 이 사건 헌법소원 심판청구는 2004. 1. 16.에 청구되었으므로 청구기간이 도과되었음이 날짜 계산상 명백하다."(헌재 2004. 1. 27. 2004헌마46, 지정재판부)

49) 형법 제35조에 대한 헌법소원심판사건에서 "청구인이 이 사건 법률조항에 의하여 기본권침해를 받았다면, 청구인은 이 사건 법률조항의 적용을 구하는 공소장을 송달받았을 때 그 침해사유가 발생하였음을 알게 되었다 할 것이다."라고 하면서 안 날로부터 60일이 경과하여 청구한 헌법소원심판은 청구기간을 도과하여 부적법하다고 판시하였다(헌재 1999. 9. 14. 99헌마487, 공보 제38호, 779, 780, 제3지정재판부). 동일한 취지로 헌재 2009. 12. 1. 2009헌마649 참조.

50) "청구인은 서울남부지방법원 2005. 2. 16. 선고 2004고단1752 판결에서 누범으로 가중처벌되었고 같은 달에 항소하였으므로 청구인이 항소를 제기할 무렵에는 위 조항으로 인한 기본권 침해를 알았다고 볼 것이다. 그러면 그 때부터 90일이 경과된 이 부분 심판청구는 부적법하다."(헌재 2006. 4. 27. 2006헌마187)

51) "청구인이 위헌이라고 주장하는 위 각 형법조항들을 적용하였거나 적용하지 아니한 위 각 판결은 대법원이 청구인의 상고를 기각한 2004. 4. 9. 무렵에 확정되었다 할 것이고, 위 판결이 확정된 때 위 형법조항들로 인하여 청구인의 기본권이 침해받게 되는 것이므로, 이 사건 헌법소원심판청구는 그로부터 1년이 훨씬 지난 후에 제기되었음이 명백하니, 이 사건 헌법소원은 그 청구기간이 도과하여 부적법하다."(헌재 2006. 1. 24. 2006헌마40, 제1지정재판부)

52) 기타 기소된 때 기본권 침해 사유가 발생하였고 동시에 이를 알았다고 본 경우도 있다. "특정범죄가중처벌등에관한법률은 1990. 12. 31.부터 시행되고 있을 뿐만 아니라 청구인은 1992. 2. 26. 위 법 위반으로 기소되었으므로 늦어도 이 기소된 때에 청구인의 이 사건 헌법소원심판청구의 사유가 발생하였다고 볼 것이고 또한 청구인이 이를 알았다고 볼 것이다. 따라서 위 기소된 날로부터 계산하여도 60일은 물론이요 180일이 훨씬 지난 후임이 날짜계산상 분명한 1993. 5. 17. 비로소 청구된 위 심판청구부분 역시 부적법하다."(헌재 1993. 6. 15. 93헌마112, 판례집 5-1, 436, 439-440, 제2지정재판부)

이는 형사법 분야에서 청구기간의 산정에 많은 어려움이 있다는 사실을 반증함과 동시에 일반 국민에 대해서 형사법 분야의 청구기간 기산점에 관한 한 어느 정도의 예측가능성도 제공해 주지 못함을 의미한다.

3. 형사법 조항의 청구기간 기산점에 관한 검토

(1) 사유발생일에 관한 검토

1) 제 안

형사법 조항의 청구기간 기산점은 우리나라 헌법소원심판제도의 활용가능성을 고려한 국민의 기본권 구제의 측면, 법적 안정성을 고려한 청구기간이라는 소송요건의 역할, 법령에 의한 기본권 침해의 의미 등을 종합적으로 고려하여 확정할 수밖에 없다.

헌법재판소는 법령에 의한 기본권 침해가 명백히 구체적으로 현실 침해 할 것을 요하고 있는 점,[53] 일반적 행위금지의무를 부과하는 법령의 경우에도 기본권 침해의 직접성은 인정되기에[54] 기본권 침해 사유발생일은 구속이나 검사의 공소제기[55] 또는 판결의 확정과 같은 집행행위의 유무와 상관없이 확정되어야 하는 점, 기본권 침해 사유발생일은 청구인의 주관적 인식 여부와는 상관없는 객관적 소송요건이라는 점, 공소제기 이후라면 청구인은 1심에서 3심에 이르기까지 언제라도 헌법재판소법 제41조

---

53) 이는 헌재 1990. 6. 25. 89헌마220, 판례집 2, 200, 204; 헌재 1994. 6. 30. 91헌마162, 판례집 6-1, 672, 677-678 등 다수 결정에서 확고히 판시하고 있는 바이다.

54) 청구기간 기산점과는 달리 형사법 조항의 기본권 침해의 직접성에 대해서는 이를 긍정하는 일반적 경향성을 보이고 있다. 헌재 2009. 9. 24. 2007헌마949, 판례집 21-2상, 749, 756; 헌재 1998. 3. 26. 97헌마194, 판례집 10-1, 302, 312; 헌재 1996. 2. 29. 94헌마213, 판례집 8-1, 147, 154 등 다수. 다만, 형법 총칙 규정의 경우에는 재판규범으로서의 성격이 짙으므로 이론의 여지가 있다.

55) 공소제기시를 사유발생일로 본다면 해당 법령에 의한 기본권 침해가 아니라 공소제기라는 검사의 공권력 행사에 의해 기본권이 침해된 것으로 해석될 위험이 있다.

에 의한 위헌법률심판(이는 '헌가 유형의 헌법소송'이라고도 한다) 혹은 헌법재판소법 제68조 제2항에 의한 헌법소원심판(이는 '헌바 유형의 헌법소송'이라고도 한다)으로 청구기간의 제한 없이 해당 법령의 위헌성을 다툴 수 있는 점 등을 종합하여 보면, 형사법령에 해당하는 사유가 발생하여 기본권이 침해된 날은 '형사 법령을 위반한 때'라고 보는 것이 타당하다. 즉, 청구인이 '형사 법령을 위반하였을 때' 그 법령이 정한 요건에 해당하여 기본권을 침해받은 날이라고 보는 것이다.

이처럼 해당 법령 위반시를 기본권 침해 사유발생일로 보게 되면 공소장이나 불기소결정서에 기재된 범죄행위 일시를 원용하면 되기 때문에 기산일 특정도 용이하다는 실무상 장점도 있다.

2) 제안에 대한 반론 및 반론에 대한 검토

다만 위와 같은 견해를 취할 경우 아래와 같은 비판이 있을 수 있다.

첫째, 해당 법 규정을 다투기 위해서는 해당 법 규정을 위반해야만 비로소 다툴 수 있어 형법 조항에 관한 한 국민들이 헌법소원심판을 청구할 여지가 줄어든다는 점이고, 둘째, 공소장에 기재된 법령과 실제 청구인이 위반한 법령과 차이가 있을 수 있다는 점이다. 예컨대, 청구인이 특수절도로 기소되어 특수절도의 근거 법령인 형법 제331조를 헌법재판소법 제68조 제1항의 헌법소원심판으로 다투었는데, 그 후 공판과정에서 합동성이 인정되지 아니하여 단순절도로 의율된 경우, 형법 제331조에 의한 기본권 침해를 전제로 청구기간을 기산한 것에 모순이 발생한다는 것이다.[56)]

그런데, 첫 번째 문제의 경우 우리 법제상 법령에 대한 규범통제가 추상적 규범통제를 채택하고 있지 아니하고 구체적 규범통제를 원칙으로 하는 한 어쩔 수 없는 당연한 결과이다. 다른 공권력 행사의 경우와는 달리 법령이라는 공권력 행사의 경우에만 기본권 침해가 구체화·현실화되지

56) 이는 횡령액이 5억 원 이상이여서 '특정경제범죄 가중처벌 등에 관한 법률' 위반으로 공소 제기되어 이를 다투었는데, 그 후 공판과정에서 5억 원 미만인 것으로 밝혀져 단순 횡령이 된 경우에도 마찬가지이다.

않았음에도 불구하고 헌법소원심판을 허용할 수는 없는 것이다.57)

두 번째 문제의 경우, 기본권 침해 사유발생일이란 '기본권의 침해 가능성'을 의미하는 것이지, 실제로 기본권이 침해되었을 것을 의미하는 것은 아니다. 예컨대, 하나의 헌법소송 내에서도 어떤 법령에 의한 기본권 침해를 전제로 청구기간을 기산한 다음 본안심리에 들어갔는데, 본안에서 그 법령이 기본권을 침해하지 아니한다는 이유로 청구인의 헌법소원심판 청구를 기각하는 경우, 당초 기본권 침해를 전제로 청구기간을 기산하였던 것에 잘못이 있다고 할 수 없는 것과 같다.

3) 판결 선고시나 확정시에 관한 검토

한편, 공소제기 후의 시점 즉 1심 선고시나 확정시를 기본권 침해 사유발생일로 보는 견해, 특히 판결 확정시에 비로소 해당 법령에 의한 기본권 침해가 확정된다는 견해는 청구기간 측면에서는 청구인에게 가장 유리한 견해라고 할 수 있다.

그러나 이는 법령 자체에 의한 기본권 침해라기보다는 그 법령을 적용한 법원의 재판을 기본권 침해로 보는 견해로서 앞서 해당 법령의 직접성을 인정한 것과 모순된다. 뿐만 아니라, 앞서 언급 한 바와 같이 공판단계라면 청구인은 1심에서 3심에 이르기까지 언제라도 헌가 혹은 헌바의 유형의 헌법소송으로 청구기간의 제한 없이 해당 법령의 위헌성을 다툴

57) "이 사건 청구인들은 그들에게 위 법률에 해당되는 사유가 발생한 바 없으므로 그 법률에 의하여 자신의 기본권을 구체적으로 현실 침해당하였다거나 또는 침해가 확실히 예상된다고 할 수 없고, 장차 위 법률 소정의 해당사유가 발생할 경우 기본권침해를 받을 우려가 있다고 하더라도 이는 잠재적인 것에 불과하다고 할 것이어서 이 사건 헌법소원심판청구는 자기관련성과 현재성을 갖추지 못하였다. 청구인들은 혹 사후에 위 법률에 해당하는 사유가 발생한다면 그 사유발생일을 청구기간의 기산점으로 하여 위 법률에 대한 헌법소원심판청구를 할 수 있고, 형사재판절차에서 위 법률이나 그 법률조항이 재판의 전제가 되면 위헌여부심판제청신청도 가능하므로, 청구인들에게 미리 헌법소원을 허용하지 않으면 안 될 만한 아무런 특별한 사정도 존재하지 않는다. 따라서 위 법률을 대상으로 한 청구인들의 헌법소원심판청구도 또한 부적법하다고 할 것이다."(헌재 1994. 6. 30. 91헌마162, 판례집 6-1, 672, 677-678)

수 있고,[58] 소송요건 측면에서도 오히려 헌마 유형의 헌법소원심판보다 간명하여 국민의 기본권 보장에 부족함이 없는데도 불구하고 다시 헌마의 헌법소송 유형으로서 이를 받아들이는 것이 타당한 것인지 의문이다.

따라서 법 위반시부터 공소제기시까지는 헌마 유형의 헌법소송으로 다투고, 공소제기 이후부터 판결 확정시까지는 헌가 혹은 헌바 유형의 헌법소송으로 다투는 것이 형사법 조항의 위헌성을 다투는 적절한 방법이 될 것이다.

(2) 안 날에 관한 검토

법령에 해당하여 기본권이 침해된 사실을 안 날이란 청구인의 인식을 기반으로 하는 주관적인 기산점이므로 사유발생일보다는 훨씬 유동적일 가능성이 있다. 그러나 공소장에는 반드시 적용법조를 기재하도록 되어 있고[59], 법원은 공소제기가 있는 경우 지체 없이 그 부본을 피고인에게 송달하도록 되어 있으므로,[60] 일반적으로 '공소장 부본을 송달받게 된 날'이 해당 법령에

---

58) 형법 조항의 경우 재판의 전제성도 거의 인정된다. 공소 제기된 법령은 당해사건에 적용되는 법령이고, 그 법령의 위헌여부에 따라 재판의 주문이 달라지기 때문이다.

59) 형사소송법 제254조(공소제기의 방식과 공소장) ① 공소를 제기함에는 공소장을 관할 법원에 제출하여야 한다.
② 공소장에는 피고인수에 상응한 부본을 첨부하여야 한다.
③ 공소장에는 다음 사항을 기재하여야 한다.
1. 피고인의 성명 기타 피고인을 특정할 수 있는 사항
2. 죄명
3. 공소사실
4. 적용법조
④ 공소사실의 기재는 범죄의 시일, 장소와 방법을 명시하여 사실을 특정할 수 있도록 하여야 한다.
⑤ 수개의 범죄사실과 적용법조를 예비적 또는 택일적으로 기재할 수 있다.

60) 형사소송법 제266조(공소장부본의 송달) 법원은 공소의 제기가 있는 때에는 지체 없이 공소장의 부본을 피고인 또는 변호인에게 송달하여야 한다. 단, 제1회 공판기일 전 5일까지 송달하여야 한다.
제266조의2(의견서의 제출) ① 피고인 또는 변호인은 공소장 부본을 송달받은 날부터 7일 이내에 공소사실에 대한 인정 여부, 공판준비절차에 관한 의견 등을 기재한 의견

의한 기본권 침해 사유발생일을 안 날이라고 보는 것이 타당하다.[61]

다만, 공소장 부본을 송달 받은 날을 확정할 수 없거나, 공판진행 중 적용법조가 바뀐 경우에는 공소장변경허가신청서 부본을 송달받은 때나 법원이 공소장변경을 허가 한 때[62] 또는 해당 심급 판결이 선고된 날을 그 기산점으로 삼을 여지는 있다.

4. 재판규범의 경우

형법상 일반적 행위금지의무를 부과하는 조항 이외에도 누범가중을 규정하고 있는 형법 제35조, 집행유예의 요건을 규정하고 있는 형법 제66조 등의 형법 총칙 규정은 행위금지규범의 성격뿐만 아니라 재판규범적 성격[63]이 강하기 때문에 기본권 침해의 직접성 인정에 어려움이 있을 수 있다.

특히, 형법 제35조[64] 누범조항에 대한 헌법소원심판청구의 경우 기본

서를 법원에 제출하여야 한다. 다만, 피고인이 진술을 거부하는 경우에는 그 취지를 기재한 의견서를 제출할 수 있다.

② 법원은 제1항의 의견서가 제출된 때에는 이를 검사에게 송부하여야 한다.

61) 이는 반증이 허용되는 사실상의 추정이다. 다만 헌법소원심판은 임의적 변론이고 직권심리주의적인 경향이 강하므로 반증이 허용될 기회는 사실상 많지 아니하다.

62) "청구기간 산정의 기산점이 되는 '법령에 해당하는 사유가 발생한 날'이란 '법령의 규율을 구체적이고 현실적으로 적용받게 된 날'을 의미한다. 그런데 청구인은 유료직업소개사업을 하면서 관할 관청에 등록을 하지 않은 경우 처벌하는 이 사건 규정이 위헌이라고 주장한다. 검사는 청구인에 대한 직업안정법 제46조 제1항 제2호 위반 사건이 대법원에서 파기 환송되자 원심법원인 서울고등법원에서 그 적용 법조를 직업안정법 제47조 제1호, 제19조 제1항으로, 범죄사실을 관할 관청에 등록을 하지 않고 유료직업소개사업을 하였다는 것으로 공소장변경신청을 하였다. 법원은 공판기일인 2005. 7. 6. 청구인이 출석한 가운데 이를 허가하였는바, 청구인은 적어도 위 허가가 있은 때는 이 사건 규정이 현실적으로 자신에게 적용되고 있음을 알았다고 봄이 상당하다."(헌재 2007. 10. 4. 2005헌마1148, 공보 제132호, 1045, 1048-1049)

63) 재판에 적용됨으로써 비로소 국민의 법적 지위에 영향을 주게 된다는 의미이다.

64) 형법(1953. 9. 18. 법률 제293호로 제정된 것)
제35조(누범) ① 금고 이상의 형을 받어 그 집행을 종료하거나 면제를 받은 후 3년내에 금고 이상에 해당하는 죄를 범한 자는 누범으로 처벌한다.

권 침해의 직접성 요건이 문제된다. 기본권 침해의 직접성을 부정하는 견해의 논거는, 형법 제35조는 그 자체로 국민에게 행위금지의무를 부과하는 것이 아니라 재판기관이 형을 선택하고 양정하는데 고려해야 할 요소에 대해서 규정하고 있는 것이고, 청구인이 주장하는 기본권 침해는 위 조항에서 직접 연유한다기보다는 법원이 위 조항을 적용하여 내린 구체적인 판결에 기인하는 것이므로 기본권 침해의 직접성을 인정할 수 없다는 것이다.

이에 대해서 직접성을 긍정하는 견해는 형법 제35조는 누범전과자에 대하여 금고 이상의 형에 해당하는 죄를 범할 경우에 형을 가중하는 조항으로서, 위 조항으로 인하여 그 형의 집행을 종료하거나 면제 받은 후부터 3년 동안은 개별 형벌조항이 규정한 행위금지의무가 보다 강화되어 청구인에게 부과되며, 이처럼 누범전과자인 청구인은 위 조항으로 인하여 '강화된 행위금지의무'를 직접 부담하게 되므로 위 조항으로 인한 기본권 침해의 직접성을 인정할 수 있다는 것이다.

헌법재판소는 대체로 위 형법 제35조에 관하여 기본권 침해의 직접성을 인정하고 상술한 바와 같은 다양한 견해로 청구기간의 기산점을 확정하고 있으나, 기본권 침해의 직접성을 부정하여 각하하여야 한다는 별개의견도 존재한다.[65)]

만약 재판규범적 성격 때문에 법령에 의한 기본권 침해의 직접성이 부정된다면, 기본권 침해가 있을 것을 전제로 심사가 가능한 청구기간의 기산점 문제는 발생하지 않게 된다.[66)]

---

② 누범의 형은 그 죄에 정한 형의 장기의 2배까지 가중한다.

65) "제35조는 형사재판에 적용되는 재판규범으로서 그 자체로 피고인의 기본권에 직접 영향을 주는 것이 아니라 재판에 적용됨으로써 비로소 피고인의 법적 지위에 영향을 주게 된다. 형법 제35조는 기본권을 직접적으로 침해하는 법률규정이 아니므로 헌법재판소법 제68조 제1항의 헌법소원심판의 대상으로 될 수 없다. 따라서 청구인이 형법 제35조를 심판대상으로 삼은 취지라면 그 심판대상이 기본권을 직접 침해하는 것이 아니라는 이유로 각하하여야 한다."(헌재 2010. 4. 29. 2009헌마689, 판례집 22-1 하, 162, 165, 재판관 조대현의 별개의견)

66) 다만 위 2009헌마689 사건에서 별개의견은 청구기간 도과여부를 판단하였다.

5. 소결

이처럼 형사법 조항은 누구에게나 행위금지의무를 부과하기 때문에 청구기간의 기산점인 사유발생일을 확정하기 어려운 면이 있다. 헌법재판소의 선례들이 대부분 기본권 침해 사유발생일에 대해서는 구체적인 판단을 하지 아니하고 '늦어도' 판결이 선고된 때 혹은 항소를 제기한 때 사유발생을 알았다고 판시하고 있는 것에도 그 어려움을 알 수 있다.

그러나 일정한 행위가 금지되는 것은 공소제기나 판결의 선고에 의해서가 아니라 형사법 조항에 의해 직접 그 의무가 부과되는 점, 구성요건에 해당하는 행위를 하였을 때 그 법령에 해당하는 사유가 발생하여 기본권 침해가 명백히 구체적·현실적으로 발생한다고 볼 수 있는 점, 사유발생일은 객관적인 소송요건인 점 등에 비추어 보면, '해당 법령을 위반한 때'에 그 법령에 해당하는 사유가 발생하여 기본권 침해가 발생하였다고 보는 것이 타당하다.

기본권 침해 사유가 발생한 사실을 안 날은 주관적 소송요건이므로 청구인의 인식에 기초하되, 특별한 사정이 없다면 일응 공소장 부본이 송달된 날로 볼 것이다.

Ⅳ. 결어

법령의 시행과 동시에 기본권을 침해받은 경우인지 법령 시행 후 기본권이 침해받게 된 경우인지의 문제는 결국 '기본권 침해 사실'을 어떻게 볼 것인지의 문제라고 할 것이다. 이 때 법령에 의한 기본권 침해 사실은 '법적 안정성의 확보'와 '재판청구권 보장'이라는 두 가지 가치를 모두 제고하기 위해서 청구인에게 당해 법령에 의한 권리 침해가 눈앞에 현실적으로 발생하여 청구인이 더 이상 그 권리를 행사할 수 없는 때에 이를 정도로 구체적·현실적으로 보아야 한다.

또한 법령에 대한 헌법소원심판의 청구기간을 기산함에 있어 '법령에 해당하는 사유가 발생한 날'이란 법령의 규율을 구체적이고 현실적으로 적용받게 된 '최초의 날'을 의미하는 것이므로, 재판소원을 금지하는 헌법재판소법 제68조 제1항에 대한 헌법소원심판의 청구기간의 객관적 기산점은 최초 법원의 재판을 받아 헌법재판소법 제68조 제1항이 적용된 때라고 할 것이지, 청구인에 대한 법원의 재판이 있을 때 마다 새로이 청구기간이 기산되는 것은 아니다.

형사법 영역은 법령의 일반적·추상적 특징이 가장 잘 드러내는 영역이므로 기본권 침해 사실을 확정함에 있어 어려움이 있는 것은 사실이다. 법령에 의한 기본권 침해 사실은 구체적·현실적으로 보아야 한다는 점, 기본권 침해의 직접성을 인정하는 이상 구속이나 검사의 공소제기 또는 판결의 확정과 같은 집행행위 유무와 상관없이 기본권 침해 사유발생일이 확정되어야 하는 점, 청구기간의 제한 없이 헌가나 헌바 유형의 헌법소송으로 해당 법령을 다툴 수 있는 제도적 장치가 마련되어 있는 점 등을 종합적으로 고려해 보면 해당 형사 법령 위반 시를 형사법에 의한 기본권 침해 사유발생일로 보는 것이 타당하다.

[표제어]

청구기간, 기산점, 사유발생일, 법령 헌법소원, 법령소원

filing period, starting point of reckoning, constitutional complaints on statutes and regulations

[참고문헌]

허영, 「헌법소송법론」, 박영사, 2011.

전광석, 「한국헌법론」, 집현재, 2010.
박종보, “법령에 대한 헌법소원”, 서울대학교 박사학위논문, 1994.
최계영, “행정소송의 제소기간에 관한 연구”, 서울대학교 박사학위논문, 2008.

[Abstract]

Issues on the Filing Period of Constitutional Complaints on Statutes and Regulations

Oue Hwon

This article will explore three issues with regard to the filing period of constitutional complaints on statutes and regulations.

First, the infringement on the basic rights by statutes and regulations should be admitted when the infringement is concrete and material in order to respect the legal stability and the right to trial. The concrete and material infringement means that the statute or regulation should directly infringe the basic rights to a certain degree that a complainant cannot exercise the rights at all.

Second, The starting point of reckoning of the filing period of a Constitutional Complaint of Article 68 Section 1 that exempts the trial from the subject matter of a Constitutional Complaint is when Article 68 Section 1 is applied for the first time after completing the first trial.

Third, in criminal law, it would be desirable to regard that ‘the day when the applicant violated the criminal statutes and regulations’ is the date of infringement on the basic rights.

憲法判例硏究 總目次
(1권~11권)

[憲法判例硏究(1)]

在外國民 選擧權制限의 違憲性

－公選法 第37條 第1項 違憲確認事件을 中心으로－ ……………………… 金炳錄

同姓同本禁婚規定에 대한 憲法不合致決定 ……………………………………… 鄭宗燮

職業의 自由와 免許制度에 관한 硏究

－藥事法 附則 第4條 第2項에 대한 憲裁判例를 中心으로 ……………… 李丞祐

國民年金基金의 運用과 統制

－公共資金管理基本法 第5條 第1項 등에 대한

違憲提請事件을 中心으로 ………………………………………………………… 全光錫

學院의設立·運營에관한法律 第3條 등의 違憲與否

－98헌가16 違憲提請事件에 부쳐－ ……………………………………………… 金 旭

우리는 왜 '人間다운 生活을 할 權利'를 憲法에

規定하고 있는가? ……………………………………………………………………… 李憙衍

交通安全基金 分擔金의 法的 性格 : 特別負擔金과 그 正當化 問題

－憲裁決 1999. 1. 28, 97헌가8－ ………………………………………………… 金性洙

憲法裁判所 決定의 效力

－具體的 規範統制決定을 中心으로－ ………………………………………… 張永喆

立法過程에 대한 憲法的 統制

－憲裁決 1997. 7. 16, 96헌라2－ ………………………………………………… 明載眞

國家와 地方自治團體間의 權限爭議

－憲裁決 1998. 6. 25, 94헌라1을 中心으로－ …………………………………… 金南澈

5·18關聯事件의 不起訴處分에 대한 憲法訴願의 取下와

憲法訴願節次의 終了決定 …………………………………………………………… 許 營

檢察廳法 第12條 第4項 등 違憲確認判決에 나타난
過剩禁止原則適用의 問題點 …… 李郁漢
法規命令에 대한 憲法訴願
－憲裁決 1990. 10. 15, 89헌마178과 關聯하여－ …… 鄭然宙
住民直選의 地方自治制度의 定着과 直選團體長의
政治的인 個性伸張權 …… 黃致連
臟器移植에 대한 憲法的 考察 …… 姜泰壽

[憲法判例研究(2)]
1999년의 重要憲法判例 …… 許 營
憲法忠實原則(Verfassungstreue)에 관한
獨逸聯邦憲法裁判所의 解釋論과 그 批判
－특히 急進主義者決定(Radikalen-Beschluß)을 中心으로－ …… 李鍾秀
基本權의 本質
－憲法裁判所見解와 問題點－ …… 明載眞
公薦效力停止 假處分決定
－서울지법 2000. 3. 24, 2000카합489;
2000. 3. 29, 2000카합729 등－ …… 全光錫
加算點制度의 憲法的 問題點
－憲裁決 1999. 12. 23, 98헌마363을 中心으로－ …… 鄭然宙
美聯邦大法院의 多段階審査의 導入과
除隊軍人加算點制度 決定 …… 朴景信
職業教育場選擇의 自由와 憲法裁判所 決定의 評釋
－한약사국가시험을 중심으로－ …… 李丞祐
團體의 選擧運動 制限의 違憲 與否
－公職選擧및選擧不正防止法 第87條를 중심으로－ …… 鄭宗燮
開發制限區域指定에 대한 憲法不合致決定
－憲裁決 1998. 12. 24, 89헌마214,
90헌바16, 87헌바78(병합)－ …… 姜泰壽

公職選擧및選擧不正防止法 제59조 및 제87조의
違憲性에 관한 研究 ························· 李郁漢
勞動組合法 第46條의 3 違憲提請事件
－憲裁決 1998. 3. 26, 96헌가20－ ························· 金炳錄
環境權優先論?
－生活環境上 利益과 建築의 自由－ ························· 李憙衍
選擧區劃定에 대한 違憲性 與否
－憲裁決 1998. 11. 26. 96헌마54－ ························· 李基喆
憲法訴訟에 있어 一般訴訟法 準用規定의 解釋
－憲裁決 1998. 5. 28, 97헌아1;
1995. 1. 20, 93헌아1 등과 關聯하여－ ························· 張永喆
檢事의 不起訴處分에 대한 憲法訴願 ························· 黃致連
裁判取消 등 憲法訴願
－憲裁決 1999. 9. 16, 98헌마265－ ························· 金起暎
地方自治團體의 條例制定權과 法律留保
－憲裁決 1995. 4. 20, 92헌마264·279(병합)－ ························· 金南澈
獨逸의 有料道路法制
－獨逸聯邦道路의 民營化 問題를 중심으로－ ························· 金性洙

[憲法判例研究(3)]

2000년의 重要 憲法判例 ························· 許 營
國民主權과 自由委任
－全國區國會議員 議席繼承未決定 違憲確認却下決定－ ························· 姜京根
南·北韓間 條約締結의 憲法的 檢討
－東西獨 基本條約에 대한 西獨 聯邦憲法裁判所
判例의 教訓 ························· 許 營
國際法과 國內法의 關係에 관한 小考: 97헌바65 결정을 보면서 ························· 金大淳

소위 '百貨店 등 大規模店鋪의 셔틀버스運行禁止'의 憲法的 檢討
－旅客自動車運輸事業法 제73조의 2 등에 대한
憲法訴願事件(2001헌마132)－ ………… 李鍾秀
契約自由의 憲法的 根據 및 性格
－憲裁決 1999. 7. 22, 98헌가3－ ………… 張永喆
獨逸 聯邦憲法裁判所의 障壁射殺判決에 대한 小考 ………… 姜泰壽
國民健康保險法 제40조 제1항의 違憲與否
－憲裁에 계류중인 2000헌마505 사건을 중심으로－ ………… 李丞祐
土地收用法과 正當補償의 原則
－憲裁決 1990. 6. 25, 89헌마107 土地收用法 제46조 제2항의
違憲與否에 관한 憲法訴願－ ………… 鄭然宙
國家賠償法 제2조 제1항 但書 등 違憲訴願事件
－憲裁決定을 논박하며－ ………… 金炳錄
國家有功者補償에 대한 憲法的 保護의 可能性 ………… 全光錫
獨逸 聯邦憲裁의 廢棄物法에 대한 決定과 環境法上 協力의 原則
－과연 21세기 法治主義의 構造를 바꿀 것인가?－ ………… 金性洙
議會主義와 憲法裁判所 決定 ………… 明載眞
인터넷을 이용한 選擧運動에 대한 法的 考察
－2001. 3. 21, 2000헌마37 決定과 關聯하여－ ………… 曺小永
國債發行에 대한 憲法的 制限 ………… 李悳衍
權限爭議審判에서 處分에 대한 無效確認決定의 可能 與否
對象判例: 憲法裁判所 1999. 7. 22. 선고, 98헌라4 결정 ………… 鄭宗燮

[憲法判例研究(4)]
2001년의 重要憲法判例 ………… 許 營
國家와 國家權力의 概念 ………… 李丞祐
違憲的인 差別基準
－憲裁決 2000. 8. 31, 97헌가12에 관한 檢討－ ………… 丁錦禮

青少年對象 性犯罪者의 身上公開에 대한 憲法的 考察 ………………………… 姜泰壽
'텍스트학'의 觀點에서 본 憲法解釋의 理解
　－遵法誓約書 등 違憲確認事件(憲裁決 2002. 4. 25,
　　98헌마425, 99헌마170·498(병합))－ ……………………………………………… 李憲衍
인터넷 規制制度와 憲法裁判所決定 ………………………………………………… 明載眞
制限立法의 解釋原則으로서의 憲法裁判上의 모호성에 의한
　無效의 法理 …………………………………………………………………………… 曺小永
還 買 權
　－憲裁決 1997. 6. 26, 96헌바94 土地收用法 제71조 제7항
　　違憲訴願과 관련하여－ ………………………………………………………… 鄭然宙
都市開發을 위한 民官協力
　－獨逸建築法典上의 開發契約 등을 中心으로(公用換地, Umlegung
　　포함, 土地收用前의 合意, 土地收用 자체에 대한 合意)－ ……………… 金性洙
高校平準化制度의 違憲與否
　－初·中等教育法施行令 제77조 제2항 등 違憲確認事件
　　(2002헌마188)과 관련하여－ …………………………………………………… 張永喆
核廢棄物處分政策에 관한 憲法的 考察
　－美國에서의 論議를 中心으로－ ……………………………………………… 金炳錄
Entwicklung und Stand der Verfassungsgerichtsbarkeit
　in Korea ……………………………………………………………………………… 許　營
憲法裁判에서의 假處分 …………………………………………………………………… 黃致連
憲法裁判所 決定主文의 類型 ……………………………………………………………… 金顯哲
憲法裁判所法 제68조 제1항에 대한 憲法裁判所 決定
　(憲裁決 1997. 12. 24, 96헌마172·173(병합))의 問題點 …………………… 朴炅澈
서평: 한 法學者의 빗나간 憲法사랑
　－박홍규의 '그들이 憲法을 죽였다(개마고원, 2001년)'를
　　위한 提言 ……………………………………………………………………………… 李鍾秀

[憲法判例研究(5)]

2002년의 重要憲法判例 …… 許 營
제 1 부 特輯: 平等權
憲法上의 正義의 原理와 平等權 …… 明載眞
恣意禁止와 比例性의 原則 …… 朴眞完
婚姻과 同姓間의 生活共同體
－BVerfGE(2002. 7. 17)＝NJW 2002,
S. 2543ff. 評釋－ …… 李憲衍
女性割當制의 違憲性 …… 趙在炫
美國聯邦大法院의 性差別에 관한 平等權審査 …… 金顯哲
職業選擇의 自由와 平等權
－公務員의 自動資格附與制度를 中心으로－ …… 李丞祐
敎育平等權 …… 張永喆
選擧에 있어서의 平等具現에 관한 考察
－現行法上의 選擧公營制 檢討를 中心으로－ …… 曺小永
제 2 부 一般論文
解放後 3년간의 憲法構想 …… 全光錫
브렌넌(Brennan)의 自由民主主義
－少數意見을 中心으로－ …… 成鮮濟
映畵上映等級分類保留와 言論·出版의 自由
－憲裁決 2001. 8. 30, 2000헌가9 映畵振興法
제21조 제4항 違憲提請事件을 中心으로－ …… 鄭然宙
憲法附則 제5조에 대한 試論 …… 田鶴善
豫算法의 基本原則과 財政法의 課題 …… 金性洙
警察法上 責任論의 새로운 出發
－一般的 平和攪亂禁止義務에서 協力義務로의 變化－ …… 李起椿
美國의 인터넷藥局의 現況과 問題點 …… 金東健

[憲法判例研究(6)]

2003년 重要憲法判例 ………… 金光錫
慣習憲法이 提起하는 憲法理論的 問題點
－신행정수도의건설을위한특별조치법 違憲決定
(憲裁決 2004. 10. 21, 2004헌마554·566(병합))에
대한 評釋－ ………… 李鍾秀
規制의 必要性과 規制方法論에 대한 憲法的 評價
－大學內에서의 敵意的 表現行爲에 대한 制限學則을
中心으로－ ………… 曺小永
憲法 제21조가 放送에 대해 갖는 意味는 무엇인가? ………… 高旼秀
民族文化遺産에 대한 公用收用
－憲裁決 2003. 1. 30, 2001헌바64 舊傳統寺刹保存法
제6조 제1항 제2호 등 違憲訴願事件을 中心으로－ ………… 李憙衍
憲法裁判에서 立法形成의 自由와 立證責任
－反對意見의 意義와 機能－
選擧權年齡에 대한 憲裁決定(憲裁決 2003. 11. 27,
2002헌마787, 2003헌마516(병합))評釋 ………… 李憙衍
輕犯罪處罰法과 卽決審判節次法에 관한 憲法的 照明
－憲裁決 2004. 9. 23, 2002헌가17·18(병합)과 관련하여 ………… 張永喆
Alter und Alterungsprozesse im Rechtsleben in Korea ………… 許 營
盧武鉉 大統領에 대한 彈劾審判 ………… 許 營
大統領 盧武鉉에 대한 彈劾審判決定의 評釋 ………… 李丞祐
機關訴訟과 權限爭議의 關係 ………… 金基震
獨逸行政法에서의 意圖된 裁量理論과 裁量統制 ………… 金性洙
計劃變更請求權과 取消訴訟의 取消要件
－文化財保護區域 指定解除申請에 따른 拒否處分取消訴訟
(大判 2004. 4. 27, 2003두8821)을 中心으로－ ………… 宋東洙

[憲法判例硏究(7)]

2004년 重要憲法判例 …………………………………………………………………… 李憲衍
2005년 前半期의 重要憲法判例 ……………………………………………………… 許 營
身上公開制度와 細部情報公開制度(案)에 대한 憲法的 檢討
　－憲裁決 2003. 6. 26, 2002헌가14 中心으로－ ………………………………… 鄭然宙
個人情報保護와 프라이버시影響評價 ……………………………………………… 趙在炫
憲法上 政敎分離原則과 文化國家原理 ……………………………………………… 崔祐禎
宗敎의 自由의 客觀的 價値秩序性에 관한 小考
　－獨逸聯邦憲法裁判所의 '히잡(kopftuch)
　　判決(BVerfGE 108, 282)'을 中心으로 ……………………………………… 朴揆煥
環境調整用地의 社會的 羈束性
　－獨逸 土地區劃節次上 私的 配分用地의 法的 性格을 中心으로 …… 鄭慧英
地方自治에서의 電子民主主義 ………………………………………………………… 曺小永
財政과 憲法
　－財政憲法改正의 必須性 …………………………………………………………… 李憲衍
道路交通法 第71條의 15 第2項 違憲提請事件
　－憲裁決 2005. 7. 21, 2004헌가30 ………………………………………………… 金柱暻
金融保險會社 議決權制限에 대한 憲法的 評價 ………………………………… 金光錫

[憲法判例硏究(8)]

2005年度 後半期 및 2006年度 前半期의 重要憲法判例 ……………………… 鄭然宙
'新行政首都의 建設을 위한 特別措置法' 違憲決定
　(憲裁決 2004. 10. 21, 2004헌마554·566(倂合))의
　憲法理論的 問題點 ……………………………………………………………………… 朴炅澈
最近 判例들에서 나타난 憲法裁判所의 政黨觀
　－政黨法上의 政黨登錄制度와 登錄取消制度를 다룬
　　憲法裁判所의 最近 決定(憲裁決 2006. 3. 30, 2004헌마246;
　　憲裁決 2006. 4. 27, 2004헌마562)을 中心으로－ ………………………… 李鍾秀

賃貸借保證金 返還保障保險加入强制制度의 憲法的 正當性
　-契約自由에 관한 憲法裁判所決定分析과 批判을 中心으로- ………… 張永喆
按摩師資格 '非盲除外基準'에 대한 憲裁決定 評釋 …………………………… 李憲衍
按摩師制度에 대한 憲裁決定의 評釋 ………………………………………… 李丞祐
言論의 公正報道와 取材源保護 ……………………………………………… 趙在炫
訂正報道請求權에 대한 憲法的 評價
　-言論仲裁法과 憲裁決 2006. 6. 29, 2005헌마165를 中心으로- ……… 曺小永
放送委員會의 '放送評價에관한規則'에 대한 憲法的 問題點 …………………… 崔祐禎
集會 및 示威에 관한 法律 第11條의 問題點과 改正方案
　-憲裁決 2003. 10. 30, 2000헌바67·83(併合)과 憲裁決
　　2005. 11. 24, 2004헌가17을 中心으로- ………………………………… 李熙勳
獨逸聯邦憲法裁判所 分離理論의 韓國的 受用 ………………………………… 金顯哲
行政情報共同利用의 法原則 ………………………………………………… 全光錫
將來의 犯罪搜査를 위한 指紋情報의 使用과 法律留保
　-同時에 憲法裁判所의 2005. 5. 26. 決定
　　(99헌마513事件)에 대한 評釋- ……………………………………… 孫載榮
基本權과 個人的 公權 ……………………………………………………… 金基震

[憲法判例硏究(9)]

2007年度 憲法判例의 動向 …………………………………………………… 金鎭坤
判例評釋
　-條約批准에 대한 國會同意 관련 個別 國會議員의
　　權限爭議審判 請求人適格(憲裁決 2007. 7. 26, 2005헌라8) ………… 李憲衍
公營放送의 獨立保障을 위한 現行法上의 問題
　-KBS의 人的 構成의 獨立性을 中心으로- ……………………………… 崔祐禎
憲法判例에서 나타난 納稅者의 協力義務에 관한 考察
　-舊 相續稅및贈與稅法 第78條 第1項 違憲訴願
　　(憲裁決 2006. 4. 27, 2003헌바79)- …………………………………… 朴贊權

規範效力과 事例硏究方法 ………… 李丞祐
獨逸 聯邦憲法裁判所와 美國 聯邦大法院의 違憲審査基準論 ………… 李相莖
命令·規則에 대한 司法審査
　－憲法裁判의 觀點에서 본－ ………… 金河烈
憲法訴願의 直接性 要件 ………… 金顯哲
美國 聯邦大法院의 UNITED STATES v. GRACE,
　461 U.S. 171 (1983) 飜譯 ………… 黃致連·李熙勳

[憲法判例硏究(10)]
2008年의 重要 憲法判例 ………… 明載眞
基本權保護義務違反의 審査基準
　－憲裁決 2008. 7. 31, 2006헌마711을 中心으로－ ………… 張永喆
民法 第764條의 違憲與否에 관한 憲裁決定에 대한 批判的 檢討
　－1991. 4. 1, 89헌마160 全員裁判部 決定－ ………… 曺小永
(舊) 附加價値稅法 第30條 第1項에 대한 憲裁 2001. 4. 26,
　99헌바108·2000헌바3·2001헌바1(併合) 決定의 妥當性
　－課稅要件 明確主義를 中心으로－ ………… 李熙勳
基本權侵害事例의 硏究方法 ………… 李丞祐
BTL事業費 處理方式의 合憲性과 國會議員의
　權限爭議審判 請求人適格
　－憲裁決定 評釋(2008. 1. 17, 2005헌라10) ………… 李悳衍
大統領의 憲法訴願에 대한 適法性 認定判示의 問題點
　(憲裁決 2008. 1. 17, 2007헌마700, 憲裁公報 136, 217－257) ………… 許　營
福祉國家의 正當性 ………… 全光錫

[憲法判例硏究(11)]
2009년 중요헌법판례 ………… 정필운
성폭력범죄자에 대한 성충동 약물치료처분의 헌법적 재조명 ………… 이상경
공인중개사의 실거래가신고의무제도의 문제점 ………… 이승우·신희동

장애인고용부담금의 헌법적 정당성 및 제도적 타당성 ········· 전광석
헌법정책적 측면에서 헌법재판소와 법원의 관계 ········· 황치연
주문선택의 기술
　－규범의 위헌성을 확인하였을 때에 연방헌법재판소의 변형재판 ········· 허완중 역
Die Kunst der Tenorierung
　－Die Entscheidungsvarianten des Bundesverfassungsgerichts
　bei Normbeanstandungen ········· Stefan Korioth

韓國憲法判例硏究學會 會則

제1장 總 則

제1조(명칭) 본 학회는 "한국헌법판례연구학회"(Korean Association for Precedential Study of Constitutional Law)라 한다.

제2조(사무소) 본 학회의 주사무소는 서울특별시에 둔다.

제3조(목적) 본 학회는 헌법판례의 연구를 통하여 법학계와 법조계 및 공법학계의 교류를 꾀하고 헌법학과 헌법실무의 발전에 이바지함을 목적으로 한다.

제4조(사업) 본 학회는 前條의 목적을 달성하기 위하여 다음의 사업을 한다.

1. 연구발표회 및 학술강연회의 개최
2. 회지, 논문집 기타 도서의 간행
3. 국내외 연구단체와의 교류
4. 기타 필요한 사업

제2장 會 員

제5조(종류 및 자격) ① 회원의 종류는 정회원, 준회원 및 특별회원으로 나눈다.

② 정회원은 본 학회의 목적에 찬동하는 전임강사 이상의 대학교수, 판사, 검사, 변호사, 군법무관, 5급 이상의 공무원 및 대학원 박사과정 재학생으로 한다.

③ 준회원은 본 학회의 목적에 찬동하는 사법연수생 및 기타 연구기관원으로 한다.

④ 특별회원은 본 학회의 목적에 찬동하여 본 학회의 발전에 기여한 국내외의 개인 또는 단체로 한다.

제6조(가입 및 탈퇴) ① 정회원 또는 준회원이 되고자 하는 자는 정회원 2인 이상의 추천을 받아 가입신청서를 제출하고 이사회의 승인을 얻어야 한다.

② 특별회원이 되고자 하는 자는 정회원 5인 이상의 추천으로 이사회의 승인을 얻어야 한다.

③ 회원이 탈퇴하고자 하는 때에는 미리 그 뜻을 본 학회에 통지하여야 한다.

④ 회원이 본 학회의 명예를 훼손하거나 회칙을 위반한 때에는 이사회의 의결을 거쳐 제명할 수 있다.

제7조(권리 및 의무) ① 모든 회원은 본 학회의 각종 사업에 자유로이 참여하고, 본 학회의 각종 간행물을 배포받을 권리를 가진다.

② 모든 회원은 본 학회의 모든 회칙을 준수하고 각종 회비를 납부할 의무를 진다.

제3장 任 員

제8조(종류 및 정수) 본 학회에 다음의 임원을 둔다.

1. 회장 1인
2. 부회장 1인
3. 상임이사 약간인
4. 이사 약간인
5. 감사 1인

제9조(선임 및 임기) ① 회장·부회장·이사 및 감사는 정회원 중에서 총회가 선임한다.

② 상임이사는 이사 중에서 회장의 추천으로 이사회가 선임한다.

③ 임원의 임기는 2년으로 하되, 연임할 수 있다.

제10조(직무) ① 회장은 본 학회를 대표하고, 會務를 통할한다.

② 부회장은 회장을 보좌하며, 회장이 闕位되거나 사고로 인해 그 직무를 수행할 수 없을 때에는 부회장 중에서 연장자가 그 직무를 대행한다.

③ 상임이사는 총무, 연구, 출판, 섭외 등의 업무를 분담·처리한다.

④ 이사는 이사회 구성원으로서 본 학회의 운영에 관한 중요사항을 심의·의결한다.

⑤ 감사는 본 학회의 업무와 회계에 관하여 감사한다.

제11조(고문) ① 본 학회에 고문 약간인을 둔다.

② 고문은 본 학회의 발전에 기여한 공로가 있는 정회원 중에서 이사회가 추천

한다.

③ 고문은 종신직으로 한다.

제12조(간사) ① 본 학회에 간사 약간인을 둔다.

② 간사는 정회원 또는 준회원 중에서 회장이 임명한다.

③ 간사의 임기는 2년으로 한다.

④ 간사는 회장의 명을 받아 각종 기록의 작성, 연락의 전달, 행사의 준비 기타 會務執行을 보좌한다.

제4장 機 關

제13조(총회의 소집) ① 정기총회는 매년 1회 소집하고, 임시총회는 이사회 또는 회원 10인 이상의 요구에 따라 수시로 소집한다.

② 총회는 회장이 소집하고, 그 의장이 된다.

③ 총회는 재적회원 3분의 1 이상의 출석과, 출석회원 과반수의 찬성으로 의결한다. 다만 可否同數일 때에는 의장이 결정권을 가진다.

제14조(총회의 권한) 총회는 다음 사항을 의결한다.

1. 회칙의 개정
2. 임원의 선출
3. 업무계획의 승인
4. 예산 및 결산의 승인
5. 이사회가 附議하는 사항
6. 기타 필요한 사항

제15조(이사회의 소집) ① 이사회는 회장, 부회장 및 이사로 구성하며, 감사는 이사회에 출석하여 발언할 수 있다.

② 이사회는 필요에 따라 회장이 소집하고, 그 의장이 된다. 다만 재적구성원 3분의 1 이상 또는 감사의 요구가 있을 때에는 회장은 이사회를 소집하여야 한다.

③ 이사회는 재적구성원 과반수의 출석과 출석인원 과반수의 찬성으로 의결한다. 다만 可否同數일 때에는 의장이 결정권을 가진다.

④ 이사회는 필요에 따라 회의 소집함이 없이 書面決議로 의결에 갈음할 수 있다.

제16조(이사회의 권한) 이사회는 다음 사항을 의결한다.

1. 규칙의 제정과 개정
2. 회원의 가입승인 및 제명결정
3. 상임이사의 선임
4. 총회의 소집 및 부의사항의 심의
5. 기타 회장이 부의하는 사항

제17조(상임이사회) ① 상임이사회는 회장, 부회장 및 상임이사로 구성한다.

② 상임이사회는 회장이 필요에 따라 수시로 소집한다.

③ 상임이사회는 회무집행에 관한 중요사항을 심의한다.

제5장 財 政

제18조(재원) ① 본 학회의 재원은 연회비, 임원찬조비, 참가회비, 기부금 기타 수입으로 충당한다.

② 연회비, 임원찬조금 및 참가회비는 이사회에서 정한다.

제19조(예산 및 결산) ① 본 학회의 회계연도는 매년 1. 1부터 12. 31까지로 한다.

② 회장은 회계연도 초에 그 해의 예산안을 작성하여 총회의 승인을 받아야 한다.

③ 회장은 회계연도 초에 전 해의 결산안을 작성하여 총회의 승인을 받아야 한다.

제6장 憲法判例硏究學會誌編輯委員會

제20조(학회지편집위원회) ① 학회에 회지의 게재논문조사·편집 및 간행을 위하여 헌법판례연구학회지편집위원회를 둔다.

② 학회지편집위원회는 회장이 위촉하는 부회장 1인, 총무이사, 학술이사, 출판이사로 구성한다.

③ 학회지편집위원회는 학회지에 게재하고자 하는 논문의 심사 및 편집과 간행에 관한 전반적인 사업을 관장하며, 그 구성과 사업에 관한 세부적인 사항은 따로 규정한다.

제7장 學術賞

제21조(학술상) ① 회원의 학술연구를 장려하기 위하여 학회에 학술상제도를 둔다.

② 학술상에 관한 사항은 따로 규정으로 정한다.

제8장 慶弔事

제22조(경조사) 학회는 회원상호간의 친목과 협조를 도모하기 위하여 경조사에 관한 사항을 따로 규정한다.

附 則

① (시행일) 이 회칙은 2004년 5월 15일부터 시행한다.

② (임원 및 회원에 대한 경과조치) 이 회칙 시행 당시의 회장, 부회장 및 기존회원은 이 회칙에 의하여 선임 및 가입한 것으로 본다.

③ 이 회칙 시행 당시에 이 회칙에 의하여 새로 설치될 기관의 권한에 속하는 직무를 행하고 있는 있는 기관은 이 회칙에 의하여 새로운 기관이 설치될 때까지 계속하여 그 직무를 행한다.

學會誌編輯 · 刊行規程

제 1 조(헌법판례연구) "憲法判例研究"誌는 한국헌법판례연구학회의 학회지로서 회원의 연구논문을 게재한다.

제 2 조(발행횟수) 학회지는 연 1회 이상 정기적으로 간행함을 원칙으로 한다.

제 3 조(학회지편집 · 간행위원회의 구성과 권한) ① 학회지편집 · 간행위원회(이하 "위원회"라 한다)는 회장이 위촉하는 부회장 1인, 총무이사, 학술이사, 출판이사로 구성하며 임기는 3년으로 한다.

② 위원회는 학회지에 게재하고자 하는 논문의 심사와 편집 및 간행에 관한 사항을 관장한다.

제 4 조(논문심사절차와 기준) ① 위원회의 논문심사절차는 다음과 같다.

a) 1단계 전공심사: 전공 여부 합치심사

b) 2단계 내용심사: 투고논문 내용검토

c) 3단계 종합심사: 게재 여부 최종확정

② 위원회의 논문심사기준은 다음과 같다.

a) 연구주제의 타당성, 시의성, 적합성

b) 연구주제의 독창성, 참신성

c) 연구의 목적, 내용, 방법의 논리성

d) 논문투고자의 최근 5년간 연구발표실적의 양과 질적 수준

e) 연구결과의 학문적 기여도

③ 위원회의 위원들은 각 항목별로 A－C까지로 심사하되 종합심사결과 논문심사위원 4분의 3 이상이 평점 "B" 이상을 부여하여야 게재할 수 있다.

제 5 조(논문투고세칙) ① 학회지에 발표되는 논문은 미발표연구물이어야 한다.

② 위원회는 심사결과에 따라서 논문의 수정이나 보완을 요구할 수 있다.

③ 위원회는 회비를 납부하고 논문을 게재하고자 하는 회원에게 소정의 게재료를 부과할 수 있다.

附則

이 규정은 1999년 5월 15일부터 시행한다.

憲法判例硏究〔12〕

초판인쇄 | 2011년 3월 10일
초판발행 | 2011년 3월 18일

편　자 | 한국헌법판례연구학회
발 행 인 | 위 호 준
발 행 처 | 도처출판 집현재
121－130 서울특별시 마포구 토정로
198번지 204호
전화 (02)332－4922　Fax (02)3142－4922
홈페이지: www.jhjbook.co.kr
e-mail: jyp4922@naver.com

출판등록 | 2010년 10월 25일
등록번호 | 제105-91-57581호

정가 35,000원　ISBN 978-89-97304-09-7
ISBN 1228-6567 12